Jacinto Ventura de Molina

Los caminos de la escritura negra en el Río de la Plata

Prólogo de George Reid Andrews

Edición de William G. Acree, Jr. y Alex Borucki

COLECCIÓN EL FUEGO NUEVO, TEXTOS RECOBRADOS, N.º 7

Jacinto Ventura de Molina
Los caminos de la escritura negra en el Río de la Plata

Prólogo de George Reid Andrews
Edición de William G. Acree, Jr. y Alex Borucki

Iberoamericana · Vervuert · 2010

© Iberoamericana, 2010
Amor de Dios, 1 – E-28014 Madrid
Tel.: +34 91 429 35 22
Fax: +34 91 429 53 97
info@iberoamericanalibros.com
www.ibero-americana.net

© Vervuert, 2010
Elisabethenstr. 3-9 – D-60594 Frankfurt am Main
Tel.: +49 69 597 46 17
Fax: 49 69 597 87 43
info@iberoamericanalibros.com
www.ibero-americana.net

ISBN 978-84-8489-492-6 (Iberoamericana)
ISBN 978-3-86527-567-7 (Vervuert)

Depósito Legal: B-22237-2010

Cubierta: Juan Carlos García Cabrera

Impreso en España por Publidisa
The paper on which this book is printed meets the requirements of ISO 9706

ÍNDICE

A la memoria de Jacinto Ventura de Molina y tantos otros como él cuyas voces o se han perdido o todavía no se han encontrado.

Agradecimientos

En Atlanta, un día frío y lluvioso de enero de 2006, empezamos a hablar de la posibilidad –todavía remota– de publicar una selección de los escritos de Jacinto Ventura de Molina. Quizás estábamos llevados por el entusiasmo que impulsa el imaginar un proyecto futuro, quizás todavía no nos habíamos dado cuenta del trabajo que implicaba la realización de esa idea. Lo que sí era cierto es que no hubiéramos podido realizar esa labor ni esta segunda edición sin la ayuda y el apoyo de varias personas e instituciones.

En primer lugar, el Department of Romance Languages and Literatures de Washington University in St. Louis brindó su apoyo material para realizar la publicación de esta edición, y el profesorado allí nos dio sugerencias valiosas que hemos incorporado. Estamos agradecidos a George Reid Andrews, quien no sólo aceptó con entusiasmo escribir el prólogo de este libro, sino que nos ha alentado a seguir con el trabajo desde el inicio. Klaus Vervuert, Simón Bernal, Kerstin Houba y el equipo de Iberoamericana creyeron en el valor de esta segunda edición, aumentada, y han superado todas nuestras expectativas durante el proceso de publicación. En Montevideo, este proyecto no hubiera podido concretarse sin el apoyo del director de la Biblioteca Nacional, Tomás de Mattos, y de Alicia Casas, la directora del Archivo General de la Nación. Asimismo, agradecemos a Ana Frega por sus comentarios sobre las referencias biográficas que figuran en la introducción. Finalmente, agradecemos a Gloria Franco del Museo y Archivo Histórico Municipal y al Departamento de Historiología de la Facultad de Humanidades y Ciencias de la Educación (Universidad de la República) por el apoyo material y logístico para esta tarea.

La investigación detrás de este proyecto se hizo posible gracias a becas otorgadas por el U.S. Department of Education, la Comisión Fulbright de Uruguay y el Council on Library and Information Resources. Debemos las gracias igualmente al Instituto de Estudios Latinoamericanos (hoy el Instituto para el Estudio de las Américas) de la University of North Carolina at Chapel Hill, al Nation Building and Popular Culture Working Group dentro del Consorcio de Estudios Latinoamericanos entre UNC-Chapel Hill y Duke University, a la Graduate School of Arts and Sciences y al Centro de Estudios Latinoamericanos y del Caribe de Emory University.

Estamos endeudados, también, con los coleccionistas e individuos que conservaron los manuscritos de Molina hasta su llegada a la Biblioteca Nacional o al Archivo General de la Nación en Montevideo. Aquí vale una mención especial para Alberto Britos, quien tuvo un papel crucial en la adquisición de los escritos por parte de la Biblioteca, y quien dedicó su vida a generar conocimiento sobre los afrodescendientes en Uruguay.

Esta lista no estaría completa sin nuestros profundos agradecimientos a amigos, colegas, estudiantes y familiares que escucharon hablar (seguramente demasiado) de Molina, tanto que llegó a ser uno más entre nosotros.

Y agradecemos a ustedes, los lectores de esta edición.

Prólogo

En enero de 2002, dediqué varias semanas a leer la colección de documentos de «el Licenciado Negro Jacinto Ventura de Molina» en la Biblioteca Nacional de Montevideo. Dos amigos y colegas me habían comentado la existencia de esa fuente: el activista e historiador Romero Rodríguez y el musicólogo e historiador Gustavo Goldman.[1] Dado que yo estaba trabajando sobre la historia de los movimientos políticos y culturales afrouruguayos, ambos pensaron que yo hallaría interesante la información sobre la labor de Molina como defensor de las sociedades de nación africanas, una forma importante de organización comunitaria africana en Montevideo.

La lectura de los manuscritos de Molina me permitió entrar en un mundo extraño e inesperado. Como abogado autodidacta, Molina de hecho preparó peticiones y otros documentos a nombre de las sociedades africanas. Tales documentos ofrecían información intrigante sobre las naciones, sus miembros y dirigentes, y su política interna. Pero la escritura de Molina no se detenía allí. Él demostró ser un hombre de vasta educación y amplios intereses, que iban desde la historia bíblica, clásica y europea, hasta la teología católica y la filosofía ilustrada. Molina escribió sobre la historia de las poblaciones negras («los descendientes de Cam») en África y en el Nuevo Mundo y sobre los conflictos y enfrentamientos recientes entre los imperios europeos.

Pero como sucede con la mayoría de los seres humanos, el tópico favorito de Molina fue él mismo. Molina escribió relatos detallados (y a veces discordantes entre sí) sobre su juventud y educación; su estrecha relación con el amo de su padre, Don Josef de Molina; su participación en las guerras coloniales entre España y Portugal y las guerras del período de independencia en la década de 1810; su matrimonio con María Rufina Campana; y sus esfuerzos constantes para que sus «méritos» y «servicios» fueran reconocidos y recompensados por las más altas autoridades.

---

[1] Romero, Jorge Rodríguez (2006): *Mbundo malungo a mundele: Historia del movimiento afrouruguayo y sus alternativas de desarrollo.* Montevideo: Rosebud Ediciones, y (2003): *Racismo y derechos humanos en Uruguay.* Montevideo: Organizaciones Mundo Afro; Goldman, Gustavo (2003): *Candombe: ¡Salve Baltasar! La fiesta de Reyes en el Barrio Sur de Montevideo.* Montevideo: Perro Andaluz Ediciones.

Me di cuenta de inmediato que los manuscritos de Molina eran un hallazgo histórico extraordinario. Como la introducción de William Acree nos recuerda, son extremadamente raros los textos escritos por africanos y sus descendientes en la América Latina colonial y del siglo XIX. En los años recientes, los historiadores de América Latina han encontrado dispersas y fragmentarias voces de africanos y afrodescendientes en casos judiciales, peticiones legales y otros documentos oficiales.[2] Pero casi nunca se han encontrado narrativas extensas sobre la vida de los esclavos o de los negros libres, escritas por los propios afrodescendientes.[3] Por tanto, los escritos de Molina constituyen una adición importantísima al minúsculo corpus de escritos de esclavos y negros libres en América Latina, y un tesoro histórico de enorme valor.

Debo advertir que este rico yacimiento no se deja excavar fácilmente. En verdad, me costó mucho hallar el sentido de los textos de Molina. No sólo la estructura de las oraciones, su puntuación, y su ortografía son decididamente excéntricas, sino también el estilo discursivo de Molina, y su hábito de saltar de un tema a otro en forma inesperada. Algunos de sus escritos lindan con lo delirante: por ejemplo, una petición de 1833 al papa Gregorio XVI para establecer un colegio o convento sólo para negros en honor a la difunta esposa de Molina, con Molina como sacerdote mayor (especialmente ordenado para esa función) y director. Como al pasar, Molina le pide al papa que por favor le envíe una copia de esa carta al rey de España, ¡para mantenerlo informado sobre esos asuntos!

Intentando penetrar la espesa bruma generada por la grandilocuencia de Molina, y el concepto exagerado que él tenía sobre su propia importancia, uno percibe las líneas de una historia familiar y emotiva: la de una ambiciosa, inteligente y educada persona de descendencia africana tratando de abrirse paso y de alcan-

---

[2] Ver, por ejemplo, Lauderdale Graham, Sandra (2002): *Caetana Says No: Women's Stories from a Brazilian Slave Society*. Cambridge/New York: Cambridge University Press; Grinberg, Keila (1994): *Liberata: A lei da ambigüidade*. Río de Janeiro: Relume Dumará; Chalhoub, Sidney (1990): *Visões da liberdade: Uma história das últimas decadas da escravidão na Corte*. São Paulo: Companhia das Letras; Maestri Filho, Mário José (1988): *Depoimentos de escravos brasileiros*. São Paulo: Ícone Editora; Chaves, Maria Eugenia (1998): *María Chinquinquirá Díaz, una esclava del siglo XVIII*. Guayaquil: Archivo Histórico del Guayas.

[3] Ver las referencias de Acree al afrocubano Juan Francisco Manzano, Gabriel de la Concepción Valdés, y Esteban Montejo; la afroperuana Úrsula de Jesus; y la afrobrasileña Maria Firmina dos Reis. A éstos uno puede agregar a Mahommah Baquaqua, quien escribió sobre su experiencia como esclavo en Brasil, Estados Unidos y otros países. Law, Robin y Lovejoy, Paul (eds.) (2003): *The Biography of Mahommah Gardo Baquaqua: His Passage from Slavery to Freedom in Africa and America*. Princeton: Markus Wiener Publishers.

zar una buena posición y dignidad en una sociedad basada en el principio de supremacía blanca. Como un anónimo escritor le advirtió mordazmente a Molina: «aparta negro, loco y asqueroso / no seas impertinente y perezoso / trabaja en tu oficio de zapatero / no seas holgazán y perezoso». Mantente en el trabajo manual y abandona todas las pretensiones de entrar al mundo de las letras, la ley y el poder: éstas eran las críticas y actitudes que Molina confrontó a lo largo de su vida y que repetidamente luchó para superar.

Estamos profundamente agradecidos con William Acree y Alex Borucki, dos jóvenes investigadores aventureros, dinámicos y talentosos, por asumir la tarea hercúlea de editar los escritos de Molina y preparar su publicación. Al seleccionar, condensar y ordenar las más de mil páginas de manuscritos que Molina nos dejó, su «primer criterio [...] estuvo orientado a satisfacer el interés de los lectores de hoy día, procedentes de diversos campos disciplinarios y formaciones». En esto ellos han cumplido plenamente y con un éxito contundente. El resultado es un libro que nos ofrece una oportunidad rara y preciosa de dar una mirada profunda al interior del pasado afrouruguayo –y, por tanto, al pasado uruguayo– y de rescatar del olvido una figura histórica excepcional.

George Reid Andrews

MAPA DEL RÍO DE LA PLATA HACIA 1800

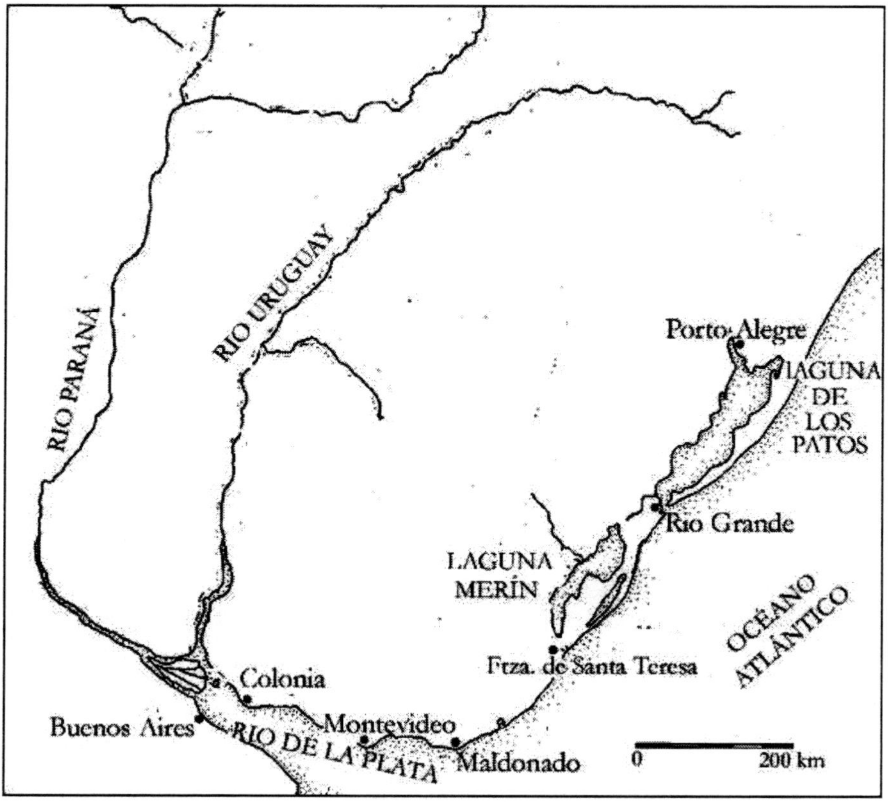

Cronología sobre Molina

1759 José Eusebio de Molina llega al Río de la Plata desde España.

1762 José de Molina compra al esclavo Ventura, quien será el padre de Jacinto, en Colônia do Sacramento. Molina le concede la libertad a Ventura luego de que éste le salvase la vida, pero decide quedarse al servicio de su amo.

1765 Ventura de Molina se casa con Juana del Sacramento en Río Grande de San Pedro, «joben morena libre», que fuera esclava en los dominios de Portugal.

1766 15 de octubre, Jacinto Ventura de Molina nace en Río Grande de San Pedro; hijo de Ventura de Molina y Juana del Sacramento.

c. 1772 Jacinto empezó a estudiar con el Capellán José Galeano, hasta los 11 años, y con el correntino Mateo Cabral.

1775 José de Molina llega a Santa Teresa; a los seis meses, en setiembre u octubre, se instala en Montevideo.

1777 Primer viaje de Jacinto a Buenos Aires.
Juana del Sacramento muere a mediados del año en Maldonado; José de Molina se compromete a cuidar a Jacinto hasta el fin de sus días.

1782 Junio, Ventura de Molina se muere.
15 de octubre, muere José Eusebio de Molina en Montevideo.

1788 27 de julio, Jacinto Ventura de Molina se casa con María Rufina Campana, nacida en Buenos Aires.

1799 Octubre, última vez que Molina estuvo en Buenos Aires.

1819 4 de setiembre, muere María Rufina Campana.

1821-1823 Molina sostiene que le fue otorgado el título de Licenciado en Reales Derechos por el emperador de Brasil.

1827 El Hospital de la Caridad le encarga a Molina escribir *Glorias de la Caridad de Montevideo.*
20 de marzo, Molina conoce a la mujer con la que quiere casarse nuevamente, «la negra» Catalina; Molina ingresa al Hospital de Caridad con inflamación del muslo derecho.

1828 Noviembre, Jacinto trabaja como sacristán en el Hospital de la Caridad desde esta fecha y hasta por lo menos febrero de 1829.

1830 15 de mayo, Molina sale del Hospital de la Caridad; en los tres años que estuvo en el Hospital escribió los seis tomos de *Glorias de la Caridad de Montevideo.*

1832 El Estado uruguayo reconoce a Molina como defensor de los negros y su título de licenciado.

c. 1837 Último documento conocido escrito por Molina.

1841 11 de agosto, muerte de Jacinto Ventura de Molina, registrada en la Iglesia de San Francisco en Montevideo.

El Río de la Plata en los años de Jacinto Ventura de Molina

Alex Borucki

Jacinto Ventura de Molina, o simplemente Jacinto Molina como lo conocieron sus contemporáneos, nació en la villa de Río Grande, en el actual estado brasileño de Río Grande do Sul, el 15 de octubre de 1766. Su vida acabó en Montevideo el 11 de agosto de 1841, pocos meses antes de cumplir los 75 años. Durante esas ocho décadas el Río de la Plata experimentó cambios sorprendentes. Para proteger sus dominios lindantes con la América portuguesa, la corona española creó el Virreinato del Río de la Plata en 1776, que hoy abarcaría los territorios de Argentina, Uruguay, Paraguay y Bolivia. El inicio del siglo XIX vio las invasiones inglesas en el Río de la Plata, la Revolución de Mayo, así como los conflictos entre Buenos Aires y las demás provincias del antiguo virreinato. Montevideo, tras la definitiva derrota española, vivió un breve dominio por parte de las fuerzas de Buenos Aires en 1814, de las tropas de José Artigas en 1815-1816, y finalmente una ocupación luso-brasileña que se extendió entre 1817 y 1829. En los años treinta, Jacinto fue testigo del nacimiento del Estado Oriental del Uruguay, en el cual produjo buena parte de los manuscritos que hoy conserva la Biblioteca Nacional de Montevideo.[1]

Este artículo constituye una intersección entre ciertos aspectos de la vida de Jacinto Molina y la historia de los africanos y sus descendientes en Montevideo desde fines de la década de 1760 hasta la de 1840, cuando la esclavitud fue abolida en el Uruguay independiente. Como fuente para construir la historia de Jacinto hemos empleado parte de los escritos históricos y autobiográficos seleccionados en este libro. Asimismo, hemos enmarcado los fragmentos conocidos de su vida con diferentes aspectos de la historia de los africanos y sus descendientes en el viejo Montevideo.

[1] Una porción bastante menor de sus escritos se encuentra en diferentes fondos del Archivo General de la Nación, en Montevideo. Ver Archivo General de la Nación (en adelante AGN), Fondo Archivos Particulares, Caja 322, Carpeta 4; Fondo Ex Archivo y Museo Histórico Nacional, Caja 205, Carpeta 7.

Además de sus escritos, hasta el momento conocemos al menos ocho fuentes sobre la vida de Jacinto. La única narración publicada sobre este personaje se encuentra en *Montevideo Antiguo*, una obra que Isidoro de María escribiera con mucha posterioridad a los hechos y personajes que allí refiere.[2] Jacinto figura en el censo de Montevideo de 1800,[3] y en la lista de la Compañía de morenos libres de 1807, formada para defender Montevideo de las invasiones inglesas.[4] Jacinto tenía el rango de teniente y era el segundo al mando de una milicia integrada por 96 negros libres. En ese momento Jacinto tenía 38 años de edad. También hay una mención sobre Jacinto en un periódico de Montevideo de 1832, que tangencialmente hizo referencia a su amistad con Lucas Obes, el ministro de Gobierno durante el primer gobierno de Fructuoso Rivera (1830-1834). Otras menciones de la prensa montevideana sobre Jacinto incluyen una referencia a su obra en el semanario *Los Amigos del Pueblo* (1823) y en el periódico *La Cotorrita* (1877). Además, el retrato de Jacinto realizado por Juan Manuel Besnes e Yrigoyen incluye un texto –que anotó el propio artista– en donde describe a Jacinto. Por último, Jacinto ofició como secretario de la Cofradía de San Benito en 1834, como lo atestiguan los registros de esa cofradía –escritos por Jacinto ese año y que son reproducidos en este volumen–. Por otra parte, debemos advertir que personalidades de la elite montevideana también dejaron breves escritos ilustrativos sobre la vida de Jacinto entre los manuscritos que hoy se hallan depositados en la Biblioteca Nacional.

El nacimiento de Jacinto en la villa de Río Grande testimonia uno de los capítulos de las guerras fronterizas entre portugueses y españoles en el territorio al oriente del río Uruguay. En el Río de la Plata se vivió la Guerra de los Siete Años (1756-1763) a partir de la ocupación española del enclave portugués de Colônia do Sacramento, localizado frente a la ciudad de Buenos Aires, y de la toma de la villa de Río Grande, situada en la entrada al sistema de lagunas paralelo al océano Atlántico en el actual Río Grande do Sul. Las fuerzas españolas al mando del gobernador de Buenos Aires Pedro Cevallos tomaron Colônia en 1762. Allí, el capitán José de Molina compró al esclavo Ventura, quien sería el padre de Jacinto.

---

[2] De María, Isidoro (1957): *Montevideo antiguo: tradiciones y recuerdos*. Prólogo de Juan E. Pivel Devoto. Montevideo: Ministerio de Instrucción Pública y Previsión Social (Clásicos Uruguayos, vol. 23), vol. 1, p. 240.

[3] AGN, Fondo Ex-Archivo General Administrativo (en adelante AGA), Libro 240, Padrones 1800-1827.

[4] Archivo General de la Nación, Buenos Aires (en adelante AGN-A), Sala IX, 3-1-3, Lista de la Compañía de morenos libres, enero de 1807.

Según los escritos de Jacinto, su padre Ventura había nacido en el barco esclavista que llevó a la madre de éste –quien sería la abuela de Jacinto– y su hermano desde el Golfo de Benin en África Occidental hasta Salvador de Bahia en Brasil, hacia la primera mitad del siglo XVIII. Según Jacinto, su familia paterna era *Mina Dajome* (Dahomey actualmente República de Benín) y su padre era «anfibio» por haber nacido durante el cruce del Atlántico. Ventura fue llevado desde Salvador hasta Colônia do Sacramento, en donde fue comprado por José de Molina. Luego de la toma de Colônia, los españoles se dirigieron hacia los fuertes de San Miguel y Santa Teresa, en la actual frontera uruguayo-brasileña. Tras la nueva derrota portuguesa, Cevallos envió a José de Molina a ocupar la villa de Río Grande, donde, en 1763, se estableció como comandante militar español, ocupando esa plaza hasta 1776, cuando los portugueses la recuperaron definitivamente.

En los conflictos fronterizos entre españoles y portugueses era usual la huida de esclavos de un bando para obtener la libertad –o mejores condiciones de vida– con el enemigo. Las autoridades fronterizas de los imperios ibéricos entraban en negociaciones y pactos informales sobre la devolución de desertores, criminales y esclavos. En esta trama se encuadra la historia de la madre de Jacinto, Juana Sacramento. Ella se fugó de los portugueses de Río Grande al bando español, al parecer para obtener su libertad, y quedó al servicio de José de Molina –ignoramos si por propia voluntad o a la fuerza–. Hacia mediados del siglo XVIII, Juana de Sacramento había sido embarcada en Benguela (Angola) hacia Río de Janeiro, desde donde partió hacia la villa de Río Grande. Allí tomaron estado de matrimonio Ventura y Juana, de cuya unión nació Jacinto Ventura de Molina en 1766.

Los itinerarios de los padres de Jacinto son representativos de los patrones de tráfico de esclavos hacia el Río de la Plata de mediados del siglo XVIII. Al inicio de ese siglo, el asiento francés de la Compagnie de Guinée (1703-1713) y el inglés de la South Sea Company (1714-1737) introdujeron esclavos directamente desde África a Buenos Aires. Asimismo, una parte importante de los esclavos traídos al Río de la Plata eran re-embarcados desde Río de Janeiro o Bahia hacia Colônia do Sacramento, y luego remitidos a Buenos Aires.[5] También existía una ruta terrestre de tráfico de esclavos: partía de la campaña de Río Grande hasta el litoral del río Uruguay, desde donde los esclavos eran llevados a Buenos Aires o al interior rioplatense. Montevideo, que había sido fundada entre 1724 y 1726 tras un

[5] Scheuss de Studer, Elena Fanny (1958): *La trata de Negros en el Río de la Plata durante el siglo XVIII*. Buenos Aires: Departamento Editorial de la Universidad de Buenos Aires.

intento de fundación portuguesa, recibió esclavos inicialmente a través de estas dos rutas que se iniciaban en Brasil. No obstante, es probable que la mayor parte de la población esclava del Montevideo anterior a 1780 haya arribado a través de la ruta esclavista que tenía a Colônia do Sacramento como terminal. Esta primera población esclava de Montevideo tuvo en común un primer contacto con la esclavitud en la América portuguesa, así como el reembarque hacia uno o más puertos entre Brasil y el Río de la Plata, para terminar un recorrido de varios años en Montevideo.

El caso de los padres de Jacinto también evidencia que durante este período los dos puertos principales de entrada del tráfico de esclavos hacia Brasil –Rio de Janeiro y Bahia– dependían de diferentes regiones africanas. Mientras que a Río llegaban esclavos fundamentalmente de África Centro-Occidental, en particular de lo que hoy es Angola, hacia Bahia arribaron esclavos de Costa de Oro, Golfo de Benin y Golfo de Biafra en África Occidental. A pesar de su origen africano, lo único en común que tenían el padre y la madre de Jacinto fue que su primer contacto con la esclavitud del Nuevo Mundo ocurrió en Brasil, y que sus destinos se cruzaron en la villa de Río Grande, en la frontera meridional de los imperios ibéricos en América.

Jacinto no deja de mencionar en sus escritos que nació libre en la casa de José de Molina. No obstante, no es totalmente clara su situación como esclavo, libre o liberto con relación a José de Molina. Jacinto siempre figuró como libre en la documentación consultada, y él nunca se refiere a José de Molina como amo. Sin embargo, varios personajes se refieren a José de Molina como amo de Jacinto en escritos de Jacinto sobre su infancia y juventud. Isidoro de María relata que Jacinto era esclavo de José de Molina y que integraba el numeroso servicio doméstico del militar español. Sin embargo, debemos recordar que la madre de Jacinto era libre, pues había fugado de los portugueses. Asimismo, Jacinto menciona que José de Molina había concedido la libertad a Ventura, por haberle salvado la vida en una ocasión. Mas allá de si había nacido libre o esclavo, Jacinto fue un dependiente de José de Molina, y tras la muerte de éste en 1782 quedó totalmente libre.

La retirada española de Río Grande en 1776 trastornó la vida de Jacinto y le generó pérdidas personales. En esos años tuvo una vida itinerante entre los puestos españoles de frontera hasta que finalmente llegó a Montevideo. Tras la retirada, el convoy español en que iba Jacinto atravesó la lengua de tierra que separa la Laguna Merín del Atlántico para llegar a la fortaleza de Santa Teresa y continuó al sur hasta el puerto de Maldonado, en donde murió la madre de Jacinto en 1777. El nuevo destino militar de José de Molina fue Montevideo, en donde falleció en

1782. Ese mismo año también murió Ventura, el padre de Jacinto.[6] En poco más de cinco años el joven Jacinto perdió a ambos padres y a su principal referente en el mundo colonial español, José de Molina. Desde 1782 hasta 1800 poco conocemos de la vida de Jacinto, salvo que se casó con María Rufina Campana en 1788 (a quien dedicó varios escritos), y que se desempeñó como zapatero y teniente de un cuerpo de milicia de negros libres en Buenos Aires en 1791. En octubre de 1799 Jacinto se embarcó en Buenos Aires para Montevideo, mas ignoramos la causa de esta mudanza definitiva. Es posible que Jacinto haya empleado sus contactos con excombatientes de Río Grande para hacerse un lugar en Montevideo. En 1800, Jacinto vivía en Montevideo en la casa de Teresa Fagiani, viuda de un combatiente de las campañas de Cevallos.

Las dos décadas que van entre 1786 y 1806 constituyeron la época de oro del tráfico de esclavos en el Río de la Plata, el cual se encuadró en un período general de auge causado por el impacto de las reformas borbónicas en la región y por la iniciativa de los comerciantes locales.[7] En 1791 la corona española autorizó la introducción de esclavos al Río de la Plata, siendo Montevideo el único puerto au-

---

[6] El expediente matrimonial del segundo casamiento de Ventura Molina, el padre de Jacinto, provee datos que confirman y hacen más denso y complejo al relato de Jacinto sobre sus padres. Un expediente matrimonial es un documento producido por la Iglesia católica para testimoniar que no hay impedimentos entre dos individuos que quieren casarse. Estos impedimentos pueden ser lazos de parentesco o estar en ese momento casado, entre otras cosas. El 27 de agosto de 1778, el notario eclesiástico de Montevideo inicia el expediente de «Ventura negro viudo marido que fue de Juana negra que murió en el Pueblo de Maldonado, Natural de la Mina en las costas de Guinea [...]». El notario anotó a Ventura como esclavo del brigadier José de Molina. La novia, María Francisca, también era esclava de José de Molina y era nacida en Río de Janeiro. A pesar que de aquí Ventura figura como esclavo, debemos notar que los dos testigos que provee Ventura para testimoniar su condición de viudo son africanos libres, no esclavos. Los testigos fueron José Araujo, nacido en las Islas de Cabo Verde y Antonio, nacido en la Costa de Mina, o sea, en la misma región de donde provenía Ventura Molina aunque no conocemos si pertenecían a la misma etnia, pues esa denominación de origen es muy amplia en términos africanos. Antonio conocía a Ventura desde hacía seis años en la villa de Río Grande. Ahora bien, que Ventura no fuera libre no necesariamente contradice el relato de Jacinto sobre su padre, quien parecía tener una relación laxa con su amo José de Molina. En los escritos de Jacinto Molina, su padre Ventura parece representado como gozando cierta libertad de movimiento geográfico, la cual a su vez habría estado sujeta a relaciones esclavistas. Por último, el expediente confirma la muerte de la madre de Jacinto, Juana Sacramento, en Maldonado hacia inicios de 1777. Archivo del Arzobispado de Montevideo, Expedientes Matrimoniales, Año 1778, Exp. 40.

[7] Bentancur, Arturo (1998): *El Puerto colonial de Montevideo: cinco lustros de crecimiento, 1791-1806*. Montevideo: Facultad de Humanidades y Ciencias de la Educación.

torizado para la trata hacia el virreinato. Esta medida forma parte de una serie de disposiciones, que entre otras cosas, promovía el comercio y la producción en las colonias para aumentar los dividendos fiscales de la corona. Antes de la apertura de Montevideo a la trata, la corona había intentado promover este tráfico a través de la Compañía de Filipinas. Inicialmente creada para el comercio entre España y las Filipinas, esta compañía realizó el ensayo de trata esclavista hacia el Plata en 1787-1788. No obstante, la operación resultó fallida debido al alto precio de los esclavos, la elevada mortalidad, y la competencia con el tráfico desde Brasil. En este caso, los esclavos fueron embarcados en Bonny y Calabar (Golfo de Biafra) y llevados por fragatas inglesas hasta Montevideo, desde donde fueron reembarcados para Buenos Aires y Lima. En Montevideo, los esclavos fueron en puestos en cuarentena en el Caserío de los Negros, un edificio construido por la Compañía de Filipinas a las afueras de la ciudad y que serviría desde ese momento como el principal sitio de desembarco y cuarentena de los africanos esclavizados traídos al Río de la Plata.

A causa de la presión de los plantadores de azúcar en Cuba, la Corona española optó por liberalizar la trata de esclavos hacia el Caribe en 1789. Esta medida se extendió al Virreinato del Río de la Plata en 1791, lo cual cambió la faz de la región. Entre 1778 y 1810, la población de Buenos Aires se incrementó en un 34 por ciento, mientras que la población esclava aumentó en un 101 por ciento. En Montevideo, la población total creció un 119 por ciento entre 1791 y 1810, mientras que la población esclava lo hizo un 486 por ciento.[8] Hacia 1810, tanto en Buenos Aires como en Montevideo los esclavos llegaron a constituir un tercio del total de la población. Montevideo se favoreció en particular de este tráfico, pues fue el único puerto autorizado para la entrada de esclavos al Río de la Plata, Chile y Perú. El comercio, la producción de haciendas y las rentas públicas se beneficiaron de una forma o de otra de la masiva introducción de esclavos desde África y Brasil. Más de 70.000 esclavos fueron introducidos al Río de la Plata durante el período virreinal. Esto constituye el fenómeno demográfico más importante para el Río de la Plata luego de la colonización ibérica.

[8] Campagna, Ernesto (1990): «La población esclava en ciudades puertos del Río de la Plata: Montevideo y Buenos Aires», en *Actas do primer Congreso sobre a História da População da América Latina (1989)*. São Paulo: SEADE, pp. 218-225.

Tabla 1. Introducción de esclavos al Río de la Plata por vía marítima, 1777-1812.

Años	África	Brasil	Total
1777-1791	2887 (26)	8111 (74)	10998 (100)
1792-1799	4262 (31)	9313 (69)	13575 (100)
1800-1806	18356 (57)	13652 (43)	32008 (100)
1807-1812	2468 (18)	11176 (82)	13644 (100)
Total	27973 (40)	42252 (60)	70225 (100)

FUENTE: Borucki, Alex (2011): «The Slave Trade to the Río de la Plata, 1777-1812: Trans-imperial Networks and Atlantic Warfare», en *Colonial Latin American Review* 20, 1 (en prensa).

Estas cifras resultan sorprendentes si consideramos que Buenos Aires tenía unos 43.000 habitantes en 1810 y que Montevideo no superaba las 11.400 almas para 1803, hacia el tramo final del período de auge de tráfico de esclavos.[9] Debemos notar que no todos los esclavos desembarcados en el Río de la Plata quedaban en Buenos Aires o en Montevideo, sino que seguían hacia el interior de lo que hoy es Argentina, Potosí, Santiago de Chile y Lima. Asimismo, este crecimiento constante del tráfico de esclavos hacia la región resulta extraordinario, pues el Río de la Plata no era una sociedad de plantación esclavista como el Caribe, Brasil o el sur de los Estados Unidos.

Con relación a la esclavitud, tradicionalmente se distingue entre *sociedades esclavistas* y *sociedades con esclavos*.[10] El sur de los Estados Unidos, el Caribe y Brasil constituían sociedades esclavistas, pues la esclavitud era el factor más importante

[9] Johnson, Lyman y Socolow, Susan (1980): «Población y espacio en el Buenos Aires del siglo XVIII», en *Desarrollo Económico*, vol. XX, nº 79, oct.-dec., p. 333. Arredondo, Horacio (1928): «Los apuntes estadísticos del Dr. Andrés Lamas», en *Revista del Instituto Histórico y Geográfico del Uruguay*, vol. IV, nº 1, p. 23.

[10] Finley, Moses (1980): *Ancient Slavery and Modern Ideology*. New York: Viking Press.

para la generación de riqueza y para la reproducción del orden social. En la América continental española se encontraban gran variedad de sociedades con esclavos, en donde la esclavitud era una de entre varias formas de trabajo libre y forzado. Se debe notar que había enclaves de plantación esclavista en ciertas regiones de México y Perú durante el período colonial, no obstante lo cual estas sociedades no eran esclavistas. En este sentido, el Montevideo colonial también constituía una sociedad *con esclavos*, y no una sociedad *esclavista*. Allí, la esclavitud era una entre varias modalidades de provisión de mano de obra y estaba integrada a casi todas las actividades, desde las tareas domésticas, los más variados talleres y oficios urbanos (saladeros, panaderías, fábricas de velas), hasta la construcción, los servicios portuarios, la labranza triguera y las haciendas ganaderas. En general, la propiedad sobre los esclavos tenía gran difusión, pues muchos amos poseían pocos esclavos. Sin embargo, aún en esta sociedad es posible identificar a grandes propietarios de esclavos vinculados a rubros como las estancias o las panaderías. La Banda y/o Provincia Oriental, y luego el Uruguay independiente, fue una sociedad con esclavos, pero se debe agregar, con *muchos* esclavos.[11]

Hacia el final del período colonial también surgieron las *naciones africanas* o *salas de nación* en el Río de la Plata, las asociaciones de origen africano. En este caso, el término *nación* no se vincula al moderno concepto de estado nacional, sino que era empleado por los españoles en América para designar arbitrariamente a diversos grupos humanos, tanto indígenas como africanos. Este término no se encuadraba en fronteras étnicas, pues aunque todos los integrantes de una *sala de nación* fueran africanos o hijos de africanos nacidos en América, no todos pertenecían a una misma etnia, sino que los límites de adscripción étnica eran laxos. A partir de los años 1770 en Buenos Aires y de los 1790 en Montevideo, estas asociaciones comenzaron a tener visibilidad para el orden colonial. Desde 1766 los bandos de los gobernadores y virreyes del Río de la Plata prohibieron con frecuencia casi anual los bailes y juntas de la población negra en Buenos Aires.[12] Un oficio de Manuel Warnes al Cabildo (1791) evidencia que esas juntas constituían ámbitos de sociabilidad de cierta estabilidad y gran convocatoria en Buenos Aires.[13]

---

[11] Borucki, Alex (2005): «¿Es posible integrar la esclavitud al relato de la historia económica uruguaya previa a 1860?», en *Boletín de Historia Económica*, año III, nº 4, pp. 42-50 [AUDHE].

[12] Archivo General de la Nación (1997): *Bando de los Virreyes y Gobernadores del Río de la Plata (1741-1809). Catálogo cronológico y temático.* Buenos Aires: AGN, p. 55.

[13] Chamosa, Óscar (1995): «Elecciones de autoridades en las sociedades africanas de Buenos Aires 1852-1865», en *V Jornadas Interescuelas / Departamentos de Historia – I Jornadas Rioplatenses de Historia.* Montevideo: Facultad de Humanidades y Ciencias de la Educación, 27 al 29 de septiembre, pp. 4-5.

Tras la huida organizada de esclavos de 1803, el Cabildo de Montevideo ordenó a Juan Antonio Martínez realizar un informe sobre estas asociaciones.[14] Martínez afirmó que las naciones –que eran varias– poseían una estructura jerárquica de cargos, hasta el grado máximo de rey, siendo todos los puestos electivos. Durante sus fiestas, los miembros armaban guardias con sables de palo para cuidar el orden, rendir honores a las autoridades de la nación y cobrar multas por mal comportamiento. En días de celebración quienes pertenecían a la nación aportaban dos reales que se destinaban a un fondo para liberar a los miembros esclavos cuyos amos partían de la ciudad. Luego de liberado, el esclavo pagaba su libertad al grupo con su trabajo. Martínez mencionó que la existencia de estas celebraciones implicaba el incumplimiento de la prohibición de reunirse en grupos, de portar armas y de realizar discusiones públicas, por lo cual estas juntas resultaban sediciosas para el orden colonial.

En 1832, Jacinto de Molina señaló con sus respectivos nombres y autoridades a quince naciones africanas en Montevideo. La población negra de Montevideo tenía gran diversidad étnica a causa de las diferentes rutas de tráfico de esclavos que habían operado desde África y Brasil hacia el Río de la Plata. Esto se reflejó en la existencia de diferentes salas de nación africana. Si bien algunas compartían el tronco cultural bantú, estas asociaciones reflejaban la diversidad del África Centro-Occidental: de la cuenca del Río Congo (Congo Gunga o Augunga, Lubolo, Camundá, Songo), de Angola (Benguela, Casanche) y de África Oriental (Mozambique, Muñanbano). Otras salas de nación procedían de regiones de África Occidental como el Golfo de Benín y de Biafra (Moros, Sandes o Santés, Carabali, Urid Uriola, Nagó o Mina Nagó, Tacuá y Magí o Mina Magí), siendo algunas afectadas por islamización (Hausa). En Montevideo, estas sociedades tenían sus autoridades (reyes, reinas y príncipes) cuyo carácter era vitalicio. No obstante, había rotación de funciones en el gobierno efectivo de estos grupos.

Además de estas asociaciones, las cofradías fueron otro ámbito de sociabilidad para esclavos y negros libres. Las cofradías, hermandades laicas dedicadas a un culto específico, constituyen aún hoy parte de la devoción católica. En el período colonial y tras la independencia estas instituciones canalizaron la devoción de los africanos en torno a una figura del santoral católico. La cofradía de San Baltasar (1772), instituida en la Iglesia de La Piedad en Buenos Aires, fue la pri-

[14] AGN, Fondo Escribanía de Gobierno y Hacienda, Caja 80, Exp. 167, Año 1805.

mera hermandad laica de africanos en el Río de la Plata.[15] En los conventos de San Francisco y de Santo Domingo (que poseían gran cantidad de esclavos) también se establecieron cofradías de esclavos y libres, como la de San Benito y la del Santísimo Rosario. La primera cofradía de africanos de Montevideo fue la de San Baltasar, fundada en 1787 en la Iglesia Matriz.[16] También se establecieron las cofradías de la Virgen del Santísimo Rosario y la de San Benito, esta última en la Iglesia de San Francisco. Estos grupos reunían a hombres y mujeres, pero sólo los miembros del sexo masculino podían desempeñarse como funcionarios. Cargos tales como mayordomo, procurador o tesorero, eran nombrados por los hermanos, quienes eran elegidos y electores. Los miembros aportaban una suma mensual de dinero, la cual se vertía al culto, la educación religiosa y los servicios fúnebres de sus miembros.

Tras la muerte de José de Molina en 1782, Jacinto vivió en Buenos Aires y Montevideo. A pesar de su carácter letrado, Jacinto debió ganarse la vida como zapatero en este período. El sistema de castas en principio prohibía a la población no-blanca ocupar puestos relacionados a la lecto-escritura durante el período colonial. Los hombres «de castas» no podían ejercer cargos en la burocracia ni en el ejército profesional. A pesar de estas limitaciones, Jacinto obtuvo algunas ventajas vinculadas a su alfabetización, lo cual explica el alto rango que tenía en las milicias de negros libres en Buenos Aires y en Montevideo. Para esta época Jacinto ya conservaba escritos propios, los cuales no sobrevivieron debido a un incidente ocurrido durante las invasiones inglesas a Montevideo en 1807. María Rufina Campana, la esposa de Jacinto, prendió fuego a esos papeles para no incriminarlo ante los ingleses. Jacinto perdonó a su mujer ya que en última instancia ella quería defenderlo. María Rufina volvería a defender a Jacinto y salvar su vida en 1815 durante el gobierno artiguista de la Provincia Oriental.

La Revolución de Mayo y el proceso de independencia en el Río de la Plata afectaron la situación de los esclavos. El gobierno de Buenos Aires dispuso «rescates» de esclavos para enrolarlos forzadamente en el ejército a partir de 1813.[17] Por otra parte, también estableció un proceso gradual de abolición de la esclavi-

---

[15] Rosal, Miguel Ángel (1984): «Algunas consideraciones sobre las creencias religiosas de los africanos porteños», en *Academia Nacional de Historia, Separata de Investigaciones y Ensayos*, n° 31, Buenos Aires, p. 370.

[16] Montaño, Óscar (1997): *Umkhonto, Historia del aporte negro-africano en la formación del Uruguay*. Montevideo: Rosebud Ediciones, p. 220.

[17] Reid Andrews, George (1989): *Los afroargentinos de Buenos Aires, 1800-1900*. Buenos Aires: Ediciones de la Flor.

tud en 1813, mediante un sistema que prohibía el tráfico de esclavos y declaraba libertos a los nacidos de madre esclava, lo que se denominó ley de «libertad de vientres». Si bien estas medidas postergaban la abolición definitiva, el sistema sembraba las bases para liquidar la esclavitud.

En la Provincia Oriental, el gobierno artiguista se limitó a aplicar las disposiciones generadas por el gobierno de Buenos Aires y no creó nuevas medidas contra la esclavitud. Ana Frega analizó la aplicación de estas medidas en la segunda fase de la revolución artiguista, entre 1815 y 1820. La situación excepcional del territorio oriental, a causa del dominio simultáneo de diferentes jurisdicciones (española, porteña, oriental y portuguesa), generó mayores oportunidades de fuga para los esclavos. La ley de libertad de vientres fue aplicada en el territorio oriental, a pesar de continuar la venta de niños esclavos. Las madres debieron recurrir con frecuencia a los tribunales para reclamar la libertad de sus hijos. Algunos amos emplearon a su favor la autonomía política de la Provincia Oriental con relación al gobierno de Buenos Aires, para argumentar en contra de la libertad de vientres. Sin embargo, la libertad de vientres fue ampliamente aplicada por el gobierno artiguista hasta el advenimiento de la ocupación luso-brasileña. El gobierno artiguista también realizó levas de esclavos en 1815 y 1816, esta última a raíz de la invasión portuguesa. El impacto de la militarización se plasmó en la disminución de la población esclava de Montevideo desde el 30 por ciento de los habitantes, hacia 1805, hasta poco menos del 25 por ciento en 1819. Asimismo, el índice de masculinidad de la población esclava descendió del 119 al 78 en el mismo período, lo cual también indicaría la militarización de los esclavos durante la guerra.[18]

Debido a su lealtad hacia su tutor y por extensión hacia la corona española, Jacinto sufrió privaciones durante la ocupación de Montevideo por las fuerzas de Buenos Aires y luego por las tropas artiguistas. Su oposición a unirse a los rebeldes le valió prisión y cepo. Según su relato, sólo la intermediación de María Rufina Campana logró salvarle la vida ante una probable ejecución. Para Jacinto, sublevarse contra la monarquía constituía una traición a los lazos que lo unían con José de Molina. En tanto que José de Molina había defendido las armas de España, Jacinto consideró una traición levantarse contra la metrópoli. La

[18] Frega, Ana (2004): «Caminos de libertad en tiempos de revolución. Los esclavos en la Provincia Oriental Artiguista, 1815-1820», en Bentancur, Arturo; Borucki, Alex y Frega, Ana (eds.), *Estudios sobre la cultura afro-rioplatense*. Montevideo: Departamento de Publicaciones de la Facultad de Humanidades y Ciencias de la Educación, pp. 45-65.

fortuna de Jacinto cambió en 1817 con la entrada de las fuerzas portuguesas en Montevideo. De ahí y hasta 1829, cuando las tropas brasileñas se retiraron de la ciudad, Jacinto se benefició de lazos de patronazgo con las autoridades de ocupación. El comandante Carlos Federico Lecor, el rey de Portugal y el emperador de Brasil ocuparon un lugar central como patronos o protectores –directa o indirectamente– de Jacinto en sus escritos de esta época. Jacinto mantuvo contactos con la elite pro-brasileña de Montevideo, que desempeñaría un rol central en el primer gobierno del Uruguay independiente.[19] Para Jacinto, la nota más negativa de este período fue la muerte de María Rufina Campana en setiembre de 1819.

En lo concerniente a la esclavitud, la ocupación luso-brasileña no reconoció la libertad de vientres y reactivó la introducción de esclavos hacia Montevideo a través de Río de Janeiro. La población esclava en la frontera también se incrementó debido al establecimiento de estancieros brasileños con sus esclavos.[20] Si bien el mando luso-brasileño respetó las leyes y prácticas locales referentes a las relaciones amo-esclavo, atendiendo a los reclamos judiciales de los últimos, la continuidad de la ocupación brasileña implicaba la perpetuación de la esclavitud en el territorio oriental.[21] La reanudación de las operaciones militares contra el ejér-

---

[19] Jacinto era aceptado en ciertos círculos de elite como lo atestiguan Isidoro de María y los escritos de Molina. Esto le serviría durante los años 1830, pues varios miembros de las elites montevideanas involucrados en la invasión luso-brasileña ocuparían puestos de gobierno en el Uruguay independiente. Estas afirmaciones deben ser matizadas, ya que casi todos los miembros de las elites locales estuvieron en pro y en contra de la ocupación luso-brasileña en diferentes períodos, lo cual se entiende a la luz de las cambiantes alianzas políticas y del escenario regional. Ver Real de Azúa, Carlos (1990): *Los orígenes de la nacionalidad uruguaya.* Montevideo: Arca, p. 268.

[20] En 1825, el cónsul inglés en Montevideo realizó una descripción sobre la población oriental, en la cual incluyó a los esclavos. Allí se percibe la opinión de que la revolución habría promovido la indisciplina de los últimos: «De los esclavos se dice que fueron muy numerosos antes de la guerra revolucionaria, pero como la Patria encontraba en ellos una fácil y económica manera de levantar tropas, ofrecía la manumisión a aquellos esclavos que tomaran las armas; se conducían muy bien y fueron la única Infantería de la Patria. Su número disminuyó considerablemente por estas medidas, los propietarios fueron forzados a relajar la disciplina, y ahora se han vuelto tan arrogantes y perezosos que no pueden ser impelidos a trabajar igual que una persona libre. Ha habido un pequeño incremento por la importación desde Río de Janeiro, y con los colonos Brasileños, pero no de importancia», Barrán, José P., Frega, Ana y Nicoliello, Mónica (1998): *El cónsul británico en Montevideo y la independencia del Uruguay: selección de los informes de Thomas Samuel Hood (1824-1829).* Montevideo: Departamento de Publicaciones de la Universidad de la República, p. 67.

[21] Bentancur, Arturo y Aparicio, Fernando (2007): *Amos y Esclavos en el Río de la Plata.* Montevideo: Planeta, pp. 209-121.

cito brasileño ofreció nuevas oportunidades de libertad para los esclavos a partir entre 1825 y 1828.

La Sala de Representantes de la Provincia Oriental puso en efecto nuevamente las leyes contra el tráfico de esclavos y la ley de «libertad de vientres» en 1825. Pero estas medidas recién se aplicaron en Montevideo en 1830, pues ambos puertos se mantuvieron bajo dominio brasileño durante la guerra. De esta forma, se «legalizó» la introducción de esclavos desde el año 1825 hasta esa fecha. La guerra contra las tropas brasileñas también propició la formación de regimientos de morenos y pardos. En 1830, el gobierno oriental estableció una política limitativa sobre la emancipación de los esclavos que habían participado en la guerra de independencia. Cada caso fue evaluado por las autoridades políticas y militares. Esta cuenta podía resultar muy gravosa para el gobierno, pues además de los esclavos enrolados en la guerra con Brasil, también se amparó a los soldados de las fuerzas artiguistas, así como a los esclavos fugados del territorio brasileño. Los soldados-esclavos debieron documentar su participación en la guerra, así como comprobar la duración de tres años de su servicio en las armas. De otra forma, podían retornar a la esclavitud. Los antiguos esclavos emplearon a su favor argumentos republicanos y patrióticos. En la prensa montevideana no surgieron voces contrarias a emancipar los soldados de la patria. Sin embargo, los amos procuraron la retribución monetaria prescrita por el Estado, o la devolución del soldado a su condición de esclavo. A pesar del patriotismo exaltado por la independencia de Uruguay, varios soldados afrodescendientes debieron volver al servicio de sus amos como esclavos.[22]

La fundación del Estado Oriental del Uruguay tras la guerra con Brasil generó una coyuntura propicia para el debate sobre la esclavitud. No obstante, los constituyentes uruguayos de 1830 sólo se limitaron a incluir la libertad de vientres y la prohibición del tráfico de esclavos en la Carta Magna, refrendando y ampliando a todo el territorio las disposiciones establecidas por la Sala de Representantes de la Provincia Oriental en 1825. Hubo un acuerdo tácito de no abrir el debate sobre la esclavitud, pues se entendió que las Cámaras Legislativas debían regular la aplicación de las medidas contra el tráfico y proyectar para el futuro la abolición. Al parecer, los constituyentes prefirieron no generar conflictos sobre un tema que consideraban delicado pero no urgente. El debate en la Asamblea Constituyente

[22] Frega, Ana; Borucki, Alex; Chagas, Karla y Stalla, Natalia (2005): «Esclavitud y abolición en el Río de la Plata en tiempos de revolución y república», en *La ruta del esclavo en el Río de la Plata: su historia y sus consecuencias*. Montevideo: Oficina Unesco en Montevideo, p. 130.

sobre la ampliación de las medidas contra la esclavitud a Montevideo –que se había mantenido bajo dominio brasileño hasta el 1° de mayo de 1829– manifestó la dificultad para idear soluciones que contemplaran al mismo tiempo los derechos de libertad de los esclavos y los de propiedad de sus amos. En esa dicotomía los últimos nunca salieron perjudicados. Las Cámaras Legislativas recién aprobaron en 1837 un reglamento definitivo para la prohibición constitucional del tráfico.[23] En el ínterin, se reactivó la introducción de esclavos.[24]

En los años 1830, algunos de los más interesantes escritos de Jacinto de Molina son las solicitudes dirigidas al gobierno oriental para obtener permiso para las reuniones de la nación Congo de Gunga, que habían sido prohibidas tras una conspiración de esclavos.[25] Una de esas solicitudes enumeró las autoridades de esa sala de nación africana. Los jefes de la nación Congo de Gunga en 1833 eran su «régulo o Presidente», Antonio de la Rosa Brito, esclavo de Luís Ximénez; dos ministros, Juan (o Joaquín) Martínez, libre de nación Congo, y Juan Sosa, libre y mayordomo de la Cofradía de San Benito; dos consejeros, Gregorio Joanicó, «pardo criollo portugués», esclavo de Francisco Joanicó, y Miguel Piñeyro, «mo-

---

[23] Ibíd., pp. 129-130.

[24] Borucki, Alex (2007): «Los 'colonos africanos' de Montevideo. El tráfico ilegal de esclavos en las relaciones entre Gran Bretaña, Brasil y Uruguay (1822-1842)», en Frega, Ana y Vegh, Beatriz (eds.), *En torno a las 'invasiones inglesas'. Relaciones políticas, económicas, y culturales con Gran Bretaña a lo largo de dos siglos*. Montevideo: Facultad de Humanidades y Ciencias de la Educación, pp. 111-118.

[25] La noche del 25 de mayo de 1833 once negros libres y esclavos fueron encarcelados, acusados de conspirar para iniciar una revuelta de esclavos. Uno de los líderes, el esclavo Antonio Rodríguez alias *Duplessis*, fue deportado a Buenos Aires. El otro, Félix Laserna alias *Santo Colomba,* que era libre, fue puesto en prisión, en donde lideró en setiembre una revuelta de los prisioneros, tras la cual Laserna fue sentenciado a muerte el 18 de octubre de 1833. El episodio de mayo es confuso, pues aún no se ha hallado en el AGN el consejo de guerra levantado contra los acusados. AGN, Fondo Ex Archivo y Museo Histórico Nacional, Caja 26 [Nota de José M. Navajas a Fructuoso Rivera], 27 de junio de 1833. AGN, Ministerio de Gobierno, Caja 842 [Informe del Jefe Político de Montevideo], 28 de mayo de 1833. AGN, Ministerio de Guerra, Caja 1220 [Relación del consejo de guerra contra los sublevados de la cárcel pública], 8 y 18 de octubre de 1833. Quedan dudas de que Laserna haya sido ejecutado en esa fecha, pues en los libros policiales de presos fue consignado su arresto, a causa de haber retornado tras su destierro, el 19 de setiembre de 1836. AGN-AGA, Libro 949 [19 de setiembre de 1836]. En otro libro de presos se consignó la captura de Antonio Rodríguez, esclavo apodado *Duplessis*, el 31 de octubre de 1835. AGN-AGA, Libro 945 [31 de octubre de 1835]. La única narración de la conspiración de 1833, cuyo autor sostuvo que leyó el sumario, es la de Juan C. Pedemonte (1943): *Hombres con dueño. Crónica de la esclavitud en el Uruguay*. Montevideo: Independencia, pp. 61-69. El episodio continúa abierto, a la espera de hallazgos documentales que puedan echar alguna luz sobre las incertidumbres.

reno Congo esclavo» quien «sabe leer y es ladino»; un juez de fiestas, Pedro Obes; y un asesor fiscal o juez de muertos, cargo que ocupó Jacinto de Molina, quien estaba «llamado a escribir asuntos de la Nacion». La junta de Congo Gunga estaba compuesta por siete cargos. En 1850, un documento policial atestigua que la junta continuaba integrándose por siete cargos, lo cual evidencia cierta estabilidad.[26] Cabe subrayar la denominación dual del jefe, pues el primer nombre (régulo) tenía connotación monárquica y el segundo (presidente) se ajustaba al escalafón de las sociedades civiles. Esto se relacionaba a que el destinatario de la solicitud era un gobierno republicano basado en el sistema de sociedad civil.

Algunos individuos eran autoridades, al mismo tiempo, de los dos tipos de ámbitos de sociabilidad negra. Ignoramos si Juan Sosa era africano u oriental, pero sabemos que también se desempeñó en el cargo laico más importante de la Cofradía de San Benito. Uno de los consejeros había nacido en el Nuevo Mundo y el otro en el Congo, lo cual manifiesta que estas sociedades, al menos en Montevideo, no estaban estrictamente integradas de acuerdo al origen étnico africano. Dos miembros –pues esto asimismo se aplicaba a Molina– que no eran africanos ni tampoco orientales también ocupaban cargos. Por otra parte, debemos notar la referencia de Molina a las habilidades de lectura de Miguel Piñeyro. El rol de Molina como escribiente –sumado a su infatigable pasión por escribir, lo cual Acree estudia en el siguiente capítulo– nos conduce a pensar que esta sala de nación debió poseer algún tipo de registro escrito. La confirmación sobre esto la brinda el documento policial de 1850 antes mencionado. Allí, las autoridades congas aportaron como prueba de su legitimidad «un expediente por donde consta estaban encargados por los de la nacion p.a representarla» y en el cual figuraban sus antecedentes.[27]

La muerte de Jacinto en 1841 constituye la principal razón de por qué no poseemos manuscritos de Molina sobre un evento de la magnitud de la abolición de la esclavitud. La abolición se procesó en Uruguay durante la Guerra Grande (1839-1852). Bajo una coyuntura apremiante para el segundo gobierno de Fructuoso Rivera, ante la inminente invasión del ejército de la Confederación Argen-

---

[26] AGN, Ministerio de Gobierno, Caja 982, marzo de 1850 [Expediente sobre la escisión de la nación Congo Gunga].

[27] La reducida información policial sobre las salas de nación africanas en Montevideo pone en evidencia la importancia de los textos de Jacinto de Molina. En contraste, las fuentes sobre las sociedades africanas de Buenos Aires son en su mayoría de origen policial y en menor medida notarial. Ver Chamosa, Oscar y Rosal, Miguel Ángel (2005): «Morenos y pardos propietarios de inmuebles y de esclavos en Buenos Aires, 1750-1830», en Bentancur, Arturo; Borucki, Alex y Frega, Ana (eds.), *Estudios sobre la cultura afro-rioplatense*, *op. cit.*, pp. 28-44.

tina al mando de Manuel Oribe, el líder colorado solicitó a las Cámaras Legislativas la emancipación de los esclavos para su enrolamiento compulsivo en 1841. Esto no ocurrió sino después del inicio de la invasión, pues la abolición recién se declaró el 12 diciembre de 1842, para incorporar a los esclavos a las armas. En su respuesta del 29 de abril de 1841 al reclamo del presidente Rivera, el ministro de Gobierno Francisco Vidal sostuvo que cuestiones económicas y de política internacional impedían la abolición.[28]

El caso uruguayo se torna complejo, dado que la emancipación ocurrió durante una guerra civil en donde ambos bandos promulgaron leyes de abolición para crear batallones de libertos, como la de 1842 aplicada en Montevideo y sus alrededores por el gobierno de Fructuoso Rivera (que se llamará Gobierno de la Defensa) y la de 1846 aplicada por el gobierno de Manuel Oribe (que se conocerá como Gobierno del Cerrito) a la campaña bajo su dominio. Ambas medidas coincidieron en el sistema de patronato impuesto a las esclavas y a los esclavos no aptos para la guerra, a quienes el gobierno mantuvo bajo la autoridad de sus antiguos amos hasta el final de la guerra. No existieron mayores diferencias entre ambos textos legislativos, pero sí las hubo en su aplicación. La ley de 1842 generó contradictorias interpretaciones que causaron situaciones de injusticia para las mujeres y para los no aptos para la guerra y que favorecieron la posición de sus antiguos amos. En cambio, el Gobierno del Cerrito respetó el límite de los 25 años de edad del patronato femenino, así como la situación de los menores de edad y aquellos no aptos para la guerra.[29]

Jacinto Ventura de Molina, o simplemente Jacinto, vivió años excepcionales para el Río de la Plata. En la óptica del historiador, esa época es de un interés y complejidad avasallante. No obstante, tales acontecimientos llevaron a los límites de la existencia a quienes los vivieron. En ese sentido, la vida de Jacinto adquirió visos doblemente excepcionales, pues Jacinto fue sobreviviente de esa época y produjo un testimonio que perduró hasta el presente. Su tesón para plasmar su memoria y sentimientos en el papel, así como el interés que despertó en sus contemporáneos, convirtieron a Jacinto en una leyenda urbana del Montevideo antiguo. Aunque el olvido todo lo destruye, los papeles viejos de Molina sobrevivieron 180 años hasta esta edición, que esperemos contribuya a que Jacinto de Molina alcance a un público al que jamás imaginó. ¡Qué otra cosa ansía un escritor sino el ser publicado!

---

[28] Borucki, Alex; Stalla, Natalia y Chagas, Karla (2004): *Esclavitud y trabajo. Un estudio sobre los afrodescendientes en la frontera uruguaya 1835-1855*. Montevideo: Pulmón, p. 35.

[29] Ibíd., pp. 306-10.

Un sueño realizado: un letrado negro y el poder de la escritura

William G. Acree, Jr.

El sueño de Jacinto Ventura de Molina de ver sus obras publicadas y difundidas se realiza ahora otra vez, y más plenamente, en esta segunda edición de sus escritos. Que una selección definitiva de estas obras se publique es casi milagroso dada la trayectoria precaria de sus manuscritos, tan característica de los documentos históricos. Hoy en día, después de andar 180 años en manos de coleccionistas privados, una parte de estos papeles se guarda en la Biblioteca Nacional y en el Archivo General de la Nación de Uruguay. Sabemos que la esposa de Molina, María Rufina Campana, quemó parte de lo que él había escrito hasta 1806-1807, cuando los ingleses invadieron el Río de la Plata.[1] No se sabe cuántas hojas desaparecieron entonces. Los escritos que Molina mandó encuadernar en los tres tomos que hoy existen, además de cartas, un poema impreso y fragmentos autobiográficos conservados por sus contemporáneos, fueron producidos en el entorno del período 1817-1837. La excepción a esta periodización es una solicitud que redactó Jacinto a pedido del negro libre Juan Colorado en 1804. En los cuatros años que transcurrieron entre la última fecha en sus manuscritos y su muerte en agosto de 1841, parecería que Jacinto estuviera demasiado enfermo como para seguir con su gran pasión de escribir.

Estos manuscritos deambularon por las calles de Montevideo, circularon entre oficiales del Hospital de la Caridad, fueron dirigidos a miembros de la corte de Pedro I, emperador del Brasil, tanto como a hombres del nuevo Estado uruguayo y provocaron risa y reacción de sus críticos, todo antes de volver a la posesión de Molina. También escribió cartas, oraciones, memoriales y otros textos «literarios»

[1] T2, 9317-9318. Ver la nota de los editores para una explicación de la numeración de los escritos de Molina. Maria Rufina «extravió» escopetas, un sable y quemó los papeles de Molina cuando un general inglés había dado la orden de que en un plazo de dos horas no se hallara «arma o documento militar». María Rufina temía que los ingleses fueran a registrar la casa. Molina trató de casarse una segunda vez con una esclava nombrada Catalina. Las dificultades de realizar este segundo matrimonio se relatan en *Escritos históricos y autobiográficos*.

que nunca vio después de ser enviados y que se han perdido. A pesar de la historia frágil de estos escritos y todo lo que les sucedió en el paso de los años, las más de mil hojas manuscritas del prolífico Molina presentan una imagen bastante completa de su vida y de sus esfuerzos como teólogo, abogado, filósofo e historiador o, dicho de otra forma, como hombre de letras. En pocas palabras, sus escritos nos aproximan a un afrodescendiente que nació libre y que vivió para escribir.

Los textos que han llegado a nuestros días contienen gran variedad de escritos en distintos registros y para públicos diversos. Hay relaciones biográficas de «su señor», el brigadier español José Eusebio de Molina, amo de su padre, y narraciones autobiográficas que cuentan episodios de su juventud, adolescencia y servicio a la ocupación luso-brasileño. Existen peticiones a los Reyes de España, Portugal y Brasil, y cartas a Carlos Federico Lecor y Manuel Oribe, entre otros. Se encuentran fragmentos de la obra que redactó en seis libros, *Glorias de la Santa Caridad de Montevideo*, menciones de la obra *Real unión*, ejemplares de la que supuestamente «guardaran ciempre [...] las vivliotecas Reales de Lisboa, Madrid, y Roma», además de textos de filosofía política y religiosa.[2] Sus obras preservan las ideas de Molina para fundar un colegio y una abadía para afrodescendientes en Montevideo y un dibujo del edificio que soñaba construir para esta institución («la obra mas perfecta que asta oy se aya ydeado»), y contienen expedientes y peticiones en que sirvió como abogado y escribano para la nación Congos de Gunga, otros afrodescendientes y residentes pobres de Montevideo.[3] Así recibió el título de «defensor de los pobres». Y curiosamente, Molina incluyó respuestas a sus cartas y notas de sus críticos y protectores entre sus propios escritos.

Esta variedad en sí es rica y una muestra de cómo Molina articulaba varios discursos según el público. En lugar de ser loco, como tantos le acusaban, tenía que demostrar que era capaz de comunicarse con la ciudad letrada si no integrarse a ella. Molina tentó este objetivo a través de una escritura florida a veces, pasajes en donde cita a filósofos franceses e incluye referencias bíblicas y oraciones en donde salta de menciones de su proyecto «singular» para educar a los negros en Montevideo a describir la inteligencia militar de Alejandro el Grande. En una palabra, parte de su escritura es extravagante, no porque fue «un negro loco», en la opi-

---

[2] T3, 0206. Queda por saber si copias de la *Real unión* de hecho se pueden encontrar en archivos en dichas ciudades. No sería extraño por lo menos que hubiera muestras de las escrituras de Molina en los archivos de Madrid y Lisboa, pues escribió numerosas cartas a Fernando VII y João VI, entre otros textos dedicados a estos monarcas.

[3] T3, 0543.

nión de uno de sus críticos, sino porque consideraba que tenía que demostrar que él también tenía derecho a ser conocido como letrado.

Ser letrado negro parecía una contradicción de términos para algunos, mientras que otros como el artista que hizo el retrato que ilustra la tapa de este libro se burlaban de Molina a la vez que mostraban cierto respeto por su pluma que nunca descansaba. Debajo del dibujo de Molina realizado por Juan Manuel Besnes e Irigoyen (a quien conoció en la Hermandad de la Caridad), el artista escribió en tono burlón:

> EL Dr. Dn. JACINTO VENTURA de MOLINA
> Escritor original e infatigable sobre toda materia, en prosa y verso, Militar, Teologo, Jurista, Literato, Economista, Historiador, Filosofo,
> *MAESTRO DE OBRA PRIMA*;
> [...]
> de su himeneo con
> MARIA RUFINA CAMPANA
> No queda prole, mas los abortos de su fecundo ingenio, aunq[e] inimitables, dexan fundado un nuevo genero de literatura q[e] ya lleva su nombre, y lo hace tan famoso, o mas, que Dulcinea hizo al Tobozo.[4]

Aquí el retratista combina elogios a Molina (autor original que ha escrito sobre toda materia) con una crítica áspera que apuntaba provocar la risa del que veía el cuadro (del matrimonio con María Rufina sólo resultaron «abortos» que fundaron una literatura nueva y que han dado al autor una fama parecida a la que tiene la mujer soñada de Don Quijote). A pesar de la leyenda irónica, Besnes admite que Molina sin duda fue bien conocido en Montevideo. El dibujo mismo, que data de la década de 1830, ejemplifica el respeto que Besnes le tenía, quizás porque Besnes mismo, ridiculizado a veces por sus pares en el mundo de la pintura, sabía lo que era ser marginado. Aquí Molina fue representado como hombre orgulloso, con dignidad y decoro, lentes posados sobre la frente y la mirada concentrada con una ligera sonrisa. No habría guardado el mismo rostro si hubiera sabido cómo Besnes iba a anotar el dibujo. Como el lector podrá ver en la selección de textos, esta mezcla de burla con respeto le molestó a Molina y es un tema que surge en muchos documentos en formulaciones contra los «filósofos», es decir, sus críticos. Sin embargo, Jacinto los soportó, pues vivía para escribir, y supo navegar en contra de las opiniones adversas.

---

[4] Biblioteca Nacional de Uruguay, Materiales Especiales.

También escribió para vivir, y esto, como veremos, lo distingue de los otros escritores afrodescendientes que conocemos de la América Latina anterior al siglo XX. En el capítulo anterior, Alex Borucki estudia el momento histórico que le tocó vivir a Molina. El propósito de esta introducción es presentar los escritos de Molina en el contexto de la escritura negra en América Latina y el Río de la Plata, y señalar algunas actividades de este letrado que no sólo estaba al servicio de reyes y oficiales del Imperio brasileño y el Estado Oriental, sino también de pobres (tanto blancos como negros). Fue en parte su inserción y actuación en distintos niveles sociales motivo para criticarle. Sus críticos efectivamente vieron de mala gana a un letrado negro que sabía bien manipular el poder de la escritura.

En los orígenes de la escritura afrolatinoamericana

A diferencia de Estados Unidos, conocemos a pocos escritores afrolatinoamericanos que han dejado producción textual desde la época colonial hasta finales del siglo XIX. Una posible explicación de esta diferencia entre las dos Américas reside en el hecho de que gran parte de la escritura de los esclavos, cimarrones y libertos en América del Norte fue impulsada y apoyada por organizaciones y líderes abolicionistas.[5] Tal fue el caso del texto más conocido de un afrodescendiente en América Latina, la *Autobiografía de un esclavo* del cubano Juan Francisco Manzano, escrito a instancia de Domingo del Monte en 1835.[6] Pero los movimientos

---

[5] Numerosos relatos autobiogáficos escritos por esclavos aparecieron desde 1830 a 1850, entre los cuales: Moses Roper, *A Narrative of the Adventures and Escape of Moses Roper from American Slavery* (Philadelphia: Merrihew & Gunn, 1838); William Wells Brown, *Narrative of William W. Brown, a Fugitive Slave* (Boston: Anti-Slavery Office, 1847); Solomon Northup, *Twelve Years a Slave. Narrative of Solomon Northup, a Citizen of New York, Kidnapped in Washington City in 1841, and Rescued in 1853, from a Cotton Plantation near Red River, in Louisiana* (Auburn: Derby and Miller, 1853); y Charles Ball, *Fifty Years in Chains, or, The Life of an American Slave* (New York/Indianapolis: H. Dayton; Asher & Co., 1859). Uno de los mejores y más leídos ejemplos de esta relación entre organizaciones abolicionistas y narrativas que tratan de la esclavitud es Frederick Douglass, *Narrative of the Life of Frederick Douglass, an American Slave*, quien fue respaldado por varias sociedades contra la esclavitud en Massachusetts.

[6] Manzano, Juan Francisco (2007): *Autobiografía del esclavo poeta y otros escritos*. Edición, introducción y y notas de William Luis. Madrid/Frankfurt: Iberoamericana/Vervuert. El proceso de la producción del relato de Manzano está lleno de misterio, pues cuando lo terminó de escribir fue editado primero por Anselmo Suárez y Romero en Cuba y después por Richard Robert Madden en

por la abolición en países latinoamericanos, que se dieron desde la década de 1810 hasta la abolición de la esclavitud en Brasil en 1888, no parecen haber generado narrativas similares, o al menos éstas no se han conocido todavía.

Aparte de la narrativa de Manzano, existe un puñado de textos de otros escritores latinoamericanos de origen africano. El poeta cubano Gabriel de la Concepción Valdés, conocido como *Plácido*, escribió en la misma época que Manzano, y Ricardo Batrell Oviedo aprendió a escribir para contar su experiencia como soldado afrocubano en la última guerra por la independencia de Cuba.[7] Se podría incluir aquí también la biografía de Esteban Montejo, a pesar de haber sido redactada por un antropólogo en 1960, sólo porque es una de las pocas historias vividas por un esclavo cubano del siglo XIX. Si miramos a América del Sur, los ejemplos se hacen más escasos, y más aún cuanto más se vuelve atrás hacia el pasado. El texto más antiguo que se conoce de un afrodescendiente en América es el diario espiritual de la monja limeña Úrsula de Jesús, del siglo XVII, de reciente publicación.[8] Como sugiere el título, este texto trata más la relación de Úrsula con Dios que temas vinculados a la esclavitud o a las jerarquías raciales de la época colonial. Poco menos de un siglo después, otro afroperuano –un musicólogo e inventor– dejó escritos musicales y planes para una máquina para moler caña.[9] Aunque fascinantes, ambas obras poco se ocupan de la esclavitud en Perú. Y en Colombia el mulato Candelario Obeso empleó la voz de comunidades negras en poemas durante la segunda mitad del siglo XIX. Sin tomar en cuenta el caso del Río de la Plata, que se estudia abajo, pocos más entrarían en la lista de afrodescendientes de la América española que han dejado textos que nos han llegado.

Si limitamos esta lista a la producción textual que trata de la diáspora africana o la experiencia de la esclavitud en América, quedamos con muy pocos escrito-

---

su traducción al inglés, que fue la primera versión publicada en Londres. Entre tanto, se perdió la segunda parte de la autobiografía. Estudios recientes atribuyen cada vez más responsabilidad a Del Monte en la creación de la autobiografía. Ver Ghorbal, Karim (2007): «De la conceptualisation de l'esclave: Juan Francisco Manzano ou la création d'un "personnage conceptuel" au service de l'élite créole réformiste cubaine au cours de la première moitié du XIXe siècle», en *Histoire(s) de l'Amérique latine*, vol. 2, <http://www.hisal.org/revue/article/ghorbal2007-1>.

[7] Batrell Oviedo, Ricardo (1912): *Para la historia: apuntes autobiográficos de la vida de Ricardo Batrell Oviedo.* La Habana: Seoane y Álvarez.

[8] Van Deusen, Nancy E. (trad. y ed.) (2004): *The Souls of Purgatory: the Spiritual Diary of a Seventeenth-Century Afro-Peruvian Mystic, Úrsula de Jesús.* Albuquerque: University of New Mexico Press.

[9] Cadena y Herrera, José Onofre Antonio de la (2001): *Cartilla música* (1763); *Dialogo cathe-músico* (1772); *Maquina de moler caña* (1765). Edición e introducción de Juan Carlos Estenssoro Fuchs. Lima: Instituto Francés de Estudios Andinos. Le agradezco a John D. Charles este dato.

res y muchas preguntas. ¿Por qué un vacío tan grande y tan obvio de escritos de afrolatinoamericanos? En Brasil, país al que llegaron más esclavos que a cualquier otra parte de las Américas, ¿no hay registro de escritos de afrodescendientes que preceden la novela abolicionista *Úrsula*, de la mulata Maria Firmina dos Reis, de 1859, o los poemas de Luiz Gama?[10] ¿Fue tan aplastante el poder de la ciudad letrada que describió Ángel Rama que terminó borrando los textos producidos por autores indígenas y negros o prohibió que otros que los nombrados pudieran escribir? Tienen que haber otros documentos producidos por afrodescendientes en este período tanto en la América española como en Brasil. Para responder a estas preguntas, es necesario encontrar los textos que no han desaparecido todavía.

Sabemos que había fisuras en esa ciudad letrada que permitieron a las «castas» aprender a leer, o a leer y escribir (sin entrar aquí en el debate de los distintos niveles de lectura y escritura que se podía dominar), a veces para cumplir con un oficio. En el mundo colonial los afrolatinoamericanos interactuaban con la escritura, en mayor o menor grado según donde vivieran, en el campo o en la ciudad, y esto ocurría con cada vez más frecuencia después de las guerras de independencia a principios del siglo XIX. Como ha estudiado José Ramón Jouve Martín para el caso de Lima colonial, había afroperuanos que trabajaban como mensajeros, entregando mensajes escritos, y otros que manipulaban directamente estos mensajes como escribanos y escribas.[11] Las asociaciones de base africana en América también recurrían a mediadores que podían interpretar y manipular los códigos escritos en las comunicaciones con el gobierno, sea en Buenos Aires, Bahía o Lima, y no es de extrañar que en muchos casos estos mediadores fueran también afrodescendientes.[12] Es curioso que grupos de afrolatinoamericanos lanzaran sus

---

[10] Reis, Maria Firmina dos (2004): *Úrsula: romance; A escrava: conto*. Estudio de Eduardo de Assis Duarte. Florianópolis/Belo Horizonte: Editora Mulheres/PUC Minas. En Brasil también hubo una literatura abolicionista impulsada por autores blancos como «el poeta de los esclavos», Antônio Castro Alves.

[11] Jouve Martín, José Ramón (2005): *Esclavos de la ciudad letrada: esclavitud, escritura y colonialismo en Lima (1650-1700)*. Lima: Instituto de Estudios Peruanos.

[12] Oscar Chamosa rastrea la correspondencia entre varias naciones y el estado de Buenos Aires. Ver Chamosa, Oscar (2003): «"To Honor the Ashes of Their Forbears": The Rise and Crisis of African Nations in the Post-Independence State of Buenos Aires, 1820-1860», en *The Americas*, vol. 59, nº 3, pp. 347-378. Aunque su interpretación de esta correspondencia ilustra bien las metas de las naciones, no toma en cuenta que los que supuestamente firmaron las cartas como representantes no habrán sido en muchos casos los autores de las mismas, sino que habrá habido *ghost writers* al servicio de las naciones que podían enriquecer o empobrecer el mensaje original. Se puede imaginar que los escribas, o *ghost writers*, eran, en su mayoría, de origen africano.

propios periódicos a finales del siglo XIX, sin que sus integrantes o los editores de estas publicaciones escribieran otro tipo de texto. En resumen, este contacto de esclavos, libertos y libres con la cultura escrita antes de 1900 subraya de nuevo el vacío mencionado arriba y hace que los escritos de Jacinto Ventura de Molina se vuelvan aún más valiosos dentro del contexto latinoamericano.

La escasez de textos que relatan la experiencia de los africanos en América a través de los ojos de los mismos africanos y sus descendientes es suficiente para que las obras de Molina sean bienvenidas. Molina vivió una vida «fronteriza» en muchos sentidos: primero porque nació en la frontera entre los Imperios español y portugués; luego porque su vida atravesó el ocaso del control imperial español, la época independentista, la ocupación de la Banda Oriental y los primeros años de independencia de la república uruguaya que volvió a sumergirse en una guerra civil en los últimos días de Molina; y, por fin, en tanto que los escritos de este letrado siempre tenían que cruzar la división racial que estaba profundamente enraizada en el mundo de las letras. Todo esto permite que sus escritos cobren fuerza a nivel panamericano, y todavía más en el marco del Río de la Plata.

La cultura escrita del Plata tuvo un comienzo tardío en comparación con la de ciudades como Lima y México, pues las primeras imprentas no llegaron a Buenos Aires y Montevideo hasta 1780 y 1807, respectivamente, y ambas ciudades tenían poblaciones pequeñas hasta finales del siglo XVIII. Fue sólo tras la creación del virreinato del Río de la Plata en 1776, cuando el comercio (y el contrabando) de cueros y productos de la industria saladera atrajo a nuevos habitantes a la cuenca del Plata, cuando una cultura escrita y los andamios de la ciudad letrada empezaron a tomar forma. Aún así, sabemos que Molina no fue el único afrodescendiente de finales de los 1700 y principios del siglo XIX que tuvo aceso a la escritura. De hecho, entre figuras míticas, autores canónicos y escritores anónimos, se pueden identificar un buen número de afrodescendientes que lograron manipular las formas de comunicación de la lectura y la escritura en distintos niveles. Dentro de la incipiente cultura impresa del Plata no se puede hablar tal vez de una cultura escrita afrorioplatense, pero sí de una producción textual que tuvo un público lector significativo.

La documentación para esta producción varía entre expedientes judiciales, poesía de la época independentista, periódicos que imitan o reproducen formas de hablar de comunidades negras, leyendas y textos de sociedades africanas. Los primeros registros de negros haciendo uso de la lecto-escritura provienen de comunicaciones y peticiones que algunos esclavos remitieron al gobierno colonial, y del debatido personaje Ansina. Como en el caso de Lima colonial estudiado por Jouve Martín –y como seguramente sucedió en Veracruz–, en ciudades como

México, La Habana, Buenos Aires, Montevideo o ciudades brasileñas, hubo esclavos y libertos que habían aprendido a escribir con autorización o sin ella para cumplir sus trabajos y que dejaron evidencia en sus peticiones a los oficiales coloniales y luego al estado republicano. No habrán sido muchos los que pudieron escribir sus propias peticiones sin recurrir a los escribanos o a los escribas, pero existieron.[13] Al parecer, Molina mismo trabajó de escriba, tal como lo revela una solicitud que redactó por Juan Colorado al Gobernador de Montevideo en 1804, incluida en esta edición. También existieron esclavos y libertos que sabían leer, aunque a lo mejor no escribir, en particular, los actores afrodescendientes quienes desempeñaron sus papeles en los teatros y circos bonaerenses y montevideanos como Juana Bertelar, Ana Josefa Echavarría, Juan Antonio Viera y Luis Ambrosio Morante. Aunque parte de su trabajo habrá consistido de la improvisación, y por supuesto tenían que cantar y bailar, ellos además tenían que interpretar los libretos para obras de teatro formales. Es seguro que Molina conoció a Echavarría y Morante, pues Molina asistía frecuentemente al teatro (según los comentarios de Isidoro de María) y era protegido de la Hermandad de la Caridad que a su vez era la propietaria de la sala teatral.[14] En sus escritos también nombra a algunos afrodescendientes que sabían algo de la palabra escrita, como, por ejemplo, Antonio Esteban, «archivero» de la nación Urid Uryola, y Miguel Piñeyro, «moreno Congo, esclavo, 2° Consegero [de la nación Congos de Gunga] [que] sabe leer».[15] La figura del payador negro Ansina hace pensar en otras interacciones de los afrodescendientes con la escritura. Se ha debatido la identidad de este soldado y asistente de José Artigas, y se ha dudado de que él escribiera un grupo de poemas sobre la revolución artiguista y el tiempo de Artigas en Paraguay,[16] pero al menos la

[13] Para Montevideo, algunos ejemplos se encuentran en el Archivo General de la Nación, Escribanía de Gobierno y Hacienda, Caja 52, Exp. 51, Año 1802; Caja 54, Exp. 96, 1802; Caja 60, Exp. 30, Año 1803; Caja 63, Exp. 105, Año 1803; Caja 73, Exp. 110, Año 1804; Caja 82, Exp. 64, 1806. Para el caso de Buenos Aires, ver Chamosa, Oscar y Reid Andrews, George (1980): *The Afro-Argentines of Buenos Aires, 1800-1900*. Madison: University of Wisconsin Press. Ver también, por ejemplo, Molina, T3, 0120.

[14] Borucki, Alex (2006): «Tensiones raciales en el juego de la representación. Actores afro en Montevideo tras la fundación republicana (1830-1840)», en *Gestos*, n° 42, noviembre, pp. 33-56.

[15] T2, 9431, T3, 0120.

[16] Sobre la identidad de Ansina –Manuel Antonio Ledesma o Joaquín Lenzina–, ver Ferreiro, Felipe (1926): «Informe del Dr. Felipe Ferreiro sobre el Memorandum relativo a los antecedentes y gestiones para la comprobación y exhumación de los restos del Sargento Manuel Antonio Ledesma, Ansina, asistente y fiel compañero del General José Gervasio Artigas en su voluntario exilio», en *Revista del Instituto Histórico y Geográfico del Uruguay*, vol. V, n° 2, pp. 731-752; y sobre la supuesta autoría

posibilidad de que Ansina fuese escritor además de payador debe ser motivo para futuras investigaciones sobre los contactos entre milicias y batallones de negros y la escritura durante el primer tercio del siglo XIX. Y se sabe sin duda que hubo payadores negros que inspiraron a quienes sabían escribir para poner en papel los versos improvisados y cantados.[17]

Por otro lado, hay otros escritores bien conocidos de ese período cuya pertenencia racial poco se comenta. Uno de los primeros que logró conectar la cultura oral del campo y la cultura oral de clases populares de zonas urbanas con la cultura escrita fue Bartolomé Hidalgo. Conocido por sus cielitos y diálogos patrióticos, además de obras para el teatro, que hicieron furor durante la década de 1810 y principios de la de 1820, la historia literaria suele colocar a Hidalgo al comienzo de la tradición gauchesca. Sus composiciones no sólo inspiraron a futuros escritores a implorar voces campestres, sino que proveyeron una serie de personajes poéticos (como Chano y Contreras) y trucos retóricos que reaparecieron en poemas a lo largo del siglo XIX. Sus versos y obras de teatro fueron incluidos en las primeras antologías de «literatura nacional», tanto de Argentina (*La lira argentina*) como de Uruguay (*El parnaso oriental*).[18] Sin embargo, pocos se han fijado en que Hidalgo era posiblemente pardo. El padre Castañeda, autor de varios periódicos de índole popular del otro lado del río, le llamó «oscuro montevideano».[19] Nacido en Montevideo, Hidalgo cruzó el río para dis-

de los poemas de Ansina, Gortázar, Alejandro (2003): «Del aullido a la escritura: voces negras en el imaginario nacional», en *Derechos de memoria: nación e independencia en América Latina*. Edición de Hugo Achugar. Montevideo: Facultad de Humanidades y Ciencias de la Educación, pp. 189-263. La compilación de éstos, con notas preliminares, se encuentra en *Ansina me llaman, y Ansina yo soy* (Montevideo: Rosebud Ediciones, 1996). La primera edición de los escritos de Ansina, cuyos editores dicen haber visto los originales, es la de Daniel Hammerly Dupuy y Victor Hammerly Peverini, *Artigas en la poesía de América* (Buenos Aires: Ed. Noel, 1951).

[17] Ver Andrews (*op. cit.*) sobre el caso, aunque posterior, del payador afroargentino Gabino Ezeiza.

[18] Sobre la importancia de estas antologías, ver Achugar, Hugo (1998): «Parnasos fundamentales, letra, nación y Estado en el siglo XIX», en íd. (ed.), *La fundación por la palabra: letra y nación en América Latina en el siglo XIX*. Montevideo: Facultad de Humanidades y Ciencias de la Educación, pp. 39-77.

[19] Algunos estudiosos han mencionado que Hidalgo era mulato: Praderio, Antonio (1986): «Prólogo» a Bartolomé Hidalgo, *Obras completas*. Montevideo: Ministerio de Educación y Cultura (Colección Clásicos Uruguayos, vol. 170), p. viii; Rama, Ángel (1976): *Los gauchipolíticos rioplatenses. Literatura y Sociedad*. Buenos Aires: Calicanto, pp. 56-59; Torres, María Inés de (2000): «Discursos fundacionales: nación y ciudadanía», en Achugar, Hugo y Moraña, Mabel (eds.), *Uruguay: imaginarios culturales*. Montevideo: Trilce, p. 128.

tribuir sus versos en Buenos Aires. Fue uno de los que plasmaron en papel los versos cantados en las payadas, donde habrá conocido a más de un cantor negro. Otro pardo, Luciano Lira, llegó a Montevideo desde Buenos Aires y compiló *El Parnaso oriental*, lo que fue el primer «libro uruguayo», propiamente dicho, y que, al igual que *La lira argentina*, trataba de establecer una base para una literatura nacional.[20] Es difícil rastrear el origen afrodescendiente de estos autores, pues ellos no se jactaban de ser «mulatos» o «pardos», lo cual era considerado un insulto en el mundo literario colonial y de la temprana independencia. Si bien ni Hidalgo ni Lira dejaron escritos sobre la trata de esclavos, la esclavitud o la cultura afrorioplatense, se puede suponer que los poemas gauchescos de Hidalgo, que nacieron dentro del ámbito popular, no excluyen a negros o pardos que habitaban la campaña.

Hacia finales del siglo XIX, distintas sociedades negras del Plata empezaron a editar y publicar sus propios periódicos. Un excelente ejemplo viene de las publicaciones montevideanas *La Conservación* (1872) y *El Progresista* (1873).[21] Entre la poesía de Hidalgo y las publicaciones periódicas de sociedades de afrodescendientes transcurrió un largo período en el que la literatura popular, en particular el verso gauchesco, politizó a las clases populares. Algunos autores como Luis Pérez de Buenos Aires lanzaron publicaciones con pasajes en habla bozal que tuvieron gran recepción entre quienes frecuentaban pulperías y mercados. Pérez escribió *La negrita* y *El negrito*, dirigidos en parte a la comunidad negra de Buenos Aires.[22] Aunque Pérez produjo estos textos y sus otros periódicos, no lo hubiera podido hacer sin haber pasado mucho tiempo entre los afroargentinos, y seguramente habrá puesto en papel más de un verso tal como lo había escuchado improvisar o en payadas o en conversaciones, sin cambio alguno. En Montevideo la misma intersección de oralidad con lo impreso se daba en los periódicos populares de Hilario Ascasubi, como *El Gaucho Jacinto Cielo* y *El Gaucho en Campaña*, y en folletos y periódicos que se oponían a Rosas y Oribe como *El Guerrillero de la Línea* y *El Tambor de la Línea*. Este último lleva la imagen de un afrodescendiente tocando el tambor en la primera página de cada número, un grabado de un soldado negro en

[20] Ver Fernández Saldaña, José María (1945): *Diccionario uruguayo de biografías, 1810-1940*. Montevideo: Editorial Amerindia, p. 752.

[21] Gortázar, Alejandro (2006): «La 'sociedad de color' en el papel *La Conservación* y *El Progresista*: dos semanarios de los afro-uruguayos», en *Revista Iberoamericana*, nº 214, enero-marzo, pp. 109-124.

[22] Ver Acree, William (2007): «Gaucho Gazetteers, Popular Literature, and Politics in the Río de la Plata», en *Studies in Latin American Popular Culture*, 26, pp. 197-215.

su primer número y además presenta conversaciones en bozal.[23] Por otro lado, de 1830 a 1870, hubo autores anónimos, entre ellos autores negros, que dejaron hojas sueltas de la misma índole, que todavía no han sido estudiadas a fondo.[24] Éste es un rico material no sólo para comprender la dinámica de la literatura popular dentro de la cultura popular, sino también porque revela nuevas perspectivas, por una parte, sobre las relaciones entre tradición oral y cultura escrita, y, por otra, sobre la participación de afrodescendientes en esta circulación literaria.

Entonces, ¿dónde se puede situar a Jacinto Ventura de Molina en este trasfondo de la participación de afrodescendientes en la cultura escrita rioplatense? En varios sentidos, debe estar en el centro, pues es el más prolífico escritor afrodescendiente de la región conocido hasta la fecha. El escribir mucho, sin embargo, no es lo que más le merece este reconocimiento. Las composiciones de Ansina seguirán siendo tema de debate. Hidalgo y Lira pudieron valerse de ser más blancos que negros. Y los escritores negros que dejaron registro impreso quedan por ahora en el anonimato. Pero Molina, en comparación con éstos, era orgulloso de ser un letrado negro y de sus escritos. No tenía miedo de expresar su orgullo, como se ve en una carta de 1828 a Carlos Federico Lecor: «Eccl^{mo} Señor, [...] Yo presento a V.E. la ystoria mas singular de el dia y, sin equibocarme, rara en todos los tiempos. En ninguno hasta oy, se vio un ombre negro cuyo nombre es formado por V.E. con mas estimacion en este pais».[25]

Molina no era sólo autor de obra singular, sino que creía que era un ejemplar para «los de mi color», tal como proclama en un Saludo al papa Gregorio XVI de

---

[23] *El Tambor de la Línea*, nº 1, 1843, pp. 1-4; nº 2, p. 3. El grabado del soldado negro es uno de diez que se encuentran en el primer número para representar a distintos grupos que lucharon contra Rosas y Oribe: soldados orientales, españoles, negros, vascos, italianos, franceses, gauchos. Cada grabado es acompañado por palabras que corresponden al soldado representado. El hecho de que el discurso bozal del soldado negro se encuentre al lado de la voz italiana del soldado italiano y las palabras en castellano del oriental y del español, o la proclamación de lealtad a la libertad del francés, señala que esta presentación del habla de negros no se usaba para burlarse de los afrodescendientes, sino para incluir e incorporarlos, y para que el mensaje anti-Oribe del periódico les llegase a través de una voz familiar, aunque retocada. Ver también Zinny, Antonio (1883): *Historia de la prensa periódica de la República Oriental del Uruguay, 1807-1852*. Buenos Aires: Imprenta y Librería de Mayo, pp. 6, 175 y 495.

[24] Ver, por ejemplo, Becco, Horacio Jorge (ed.) (1953): *Negros y morenos en el cancionero rioplatense*. Estudio preliminar de Becco. Buenos Aires: Sociedad Argentina de Americanistas, y Soler Cañas, Luis (ed.) (1958): *Negros, gauchos y compadres en el cancionero de la federación*. Buenos Aires: Instituto de Investigaciones Históricas Juan Manuel de Rosas.

[25] T3, 0050.

1833.[26] Cuando se inauguró la Biblioteca Pública de Montevideo en 1816, Dámaso Antonio Larrañaga, quien había estudiado junto a Molina cuando niño, exclamó que sus puertas estarían abiertas para todos los habitantes de la ciudad: «Toda clase de personas tiene un derecho y tiene una libertad de poseer todas las ciencias por nobles que sean. Todos podrán tener acceso á este depósito augusto de ella. Venid todos, desde el Africano mas rústico hasta el mas culto Europeo».[27] Hubo afroorientales de principios del siglo que, al menos en la retórica, tenían acceso a los textos de la biblioteca. Molina quería que esos lectores pudieran encontrar inspiración en sus propios escritos.

La singularidad de Jacinto de Molina puede a la vez apuntar a la limitada producción textual de escritores negros en la región y en el marco continental. Pero la lectura de sus textos obliga a considerar la extensión de la participación afrodescendiente en la cultura escrita bajo nueva luz. Sus escritos son sin duda clave para trazar un perfil más nítido de la escritura negra en América Latina. Por ello le tenemos que agradecer que su vida estuviera dedicada a la escritura.

Una vida dedicada a la escritura

Cualquier zapatero que escribe al papa o a los reyes de España, Portugal y Brasil, tiene que llamar la atención, sea blanco, indígena o negro, hombre o mujer, joven o viejo, dado que la combinación de la zapatería con la composición de memoriales o expedientes judiciales no es algo muy común. Molina habla de la nobleza del oficio de zapatero, pues Adán y Eva tuvieron que llevar algún tipo de calzado, con lo cual los primeros zapatos, según su razonamiento, fueron hechos por «nuestros padres».[28] A pesar de ser un hombre profundamente religioso y de creer en este nexo de la zapatería con Dios, su verdadera profesión fue la escritura. Sí trabajó de zapatero de vez en cuando, y los «filósofos» solían recurrir a menciones de su oficio como tal cuando lo despreciaban a Molina y le decían que no tenía que meterse en asuntos de letras.[29] Pero estuvo empleado en servicio mi-

---

[26] T3, 0544.

[27] Larrañaga, Dámaso Antonio (1951): *Descripción de las fiestas cívicas celebradas en Montevideo, Mayo de 1816,* y *Oración inaugural pronunciada por Larrañaga en la apertura de la Biblioteca Pública de Montevideo, 1816.* Edición facsimilar. Introducción de Edmundo M. Narancio. Montevideo: Facultad de Humanidades y Ciencias/Instituto de Investigaciones Históricas/Universidad de la República, pp. 29-30.

[28] T2, 9527.

[29] Un buen ejemplo se ve en T2, 9375.

litar, en varios trabajos como copista y escribano para el Hospital y la Imprenta de la Caridad y, sobre todo, en sus «estudios» y su papel de «defensor de los pobres». Por eso comenta en 1833 que las «virtudes de mi buen Sor me proporcionaron estos principios que cimentaron mi gusto y afecto a los estudios. E llegado a la edad de 66 años y deseo terminar la vida en medio de ellos».[30]

Emprendió este camino desde joven. Para los cinco años ya sabía leer, y desde entonces llevó su vida «en medio» de los estudios, al principio con maestros particulares como José Galeano y Mateo Cabral (empleados por José de Molina), luego en la escuela.[31] En la selección de escritos que hemos denominado «históricos y autobiográficos» en este libro, Jacinto presenta recuerdos detallados de cuando estudiaba la cartilla de leyes, el proceso de aprender el latín y cómo se divertía leyendo del catecismo del padre Astete y otros textos a sus padres y al señor Molina.[32]

> Encargandose S.S^a^ [José de Molina] de mi educacion por *Caridad* sobre lo mucho que estimaba a mi *Padre Ventura*, su liberto gratuito, como a mi *madre Juana* del Sacramento. Mi *Savio Tutor* se dibertia tres beses en mi ynstruccion, cada dia, los 16 años que me eccistió dejandome sobre sus documentos, y doctrina, costumbres que emprendió en la pueril edad de 5 años, aun tiempo *leer en libro de corrido, escribir y resar.* [...]
>
> Yo fui de 10 años a B^s^ A^s^ y savia leer, escribir, contar, todo el catecismo de Astete, sobre el que sufrí un dilatado ecsamen tres beses en el *Río Grande.* Mereci la aprobacion y sertificado a mi Sor, del virtuoso Capellan *D^n^ Josef Galeano* que a la edad de seys años y medio me ynstruyó, comfesó, e yso cumplir con la yglecia, de cuya obligacion no me separé asta aqui. De onse años, quando el YLL^mo^ Sor ovispo *D^n^ Fy Sebastian Malbar y Pinto* ovispo de B^s^ A^s^ bino de España en 1779, yo avia pasado ya el digesto esta obra grande, en 6 tomos y dos columnas, una latina otra española. Fue una de las que trajo de España el *Sor Molina* [...] que entre barias tenia en sus baules archibada en casa del Sor *D^n^ Vizente Gil* o de las *S.S^s^ Españolas.* Daba mi leccion de memoria a mi Sor a la noche, en presencia de mi padre y el mayordomo, quando S.S^a^ tomaba Candial o chocolate. Con este motibo S.S^a^ me daba una esplicacion del ydioma latino palabra por palabra, por lo que no solo lo leo y entiendo, pero lo tradusco cin ablarlo, pues ynoro sus reglas y compociciones para formar oraciones y contestos.[33]

---

[30] T3, 0543.

[31] Molina no nombra la escuela de «primeras letras» a la que asistió en Montevideo, pero es muy probable que estudió en algún tipo de aula en la Iglesia Matriz y en la escuela del convento de San Francisco.

[32] T3, 0245.

[33] T3, 0542-0543. Ver también T2, 9805-9806.

De esta larga memoria se ve que Jacinto tuvo acceso a los libros de José de Molina, algunos de los que le fueron regalados a la muerte de éste por su esposa o amante –no se sabe bien–, Catalina Gil.[34] Recibió libros también de doña Francisca Ortega, esposa de un comandante español en Montevideo quien había sido preso. A su despedida de la ciudad, la señora le regaló a Molina la colección de libros de su esposo.[35] Así, Jacinto fue formando su propia biblioteca particular que valoró encima de todas sus posesiones.[36] No hay registro preciso de las obras que poseía, pero sabemos que su colección contenía textos de historia sagrada, historia militar e historia clásica, obras de los padres de la Iglesia católica, además de la gramática de Nebrija y escritos de Tomás Aquino.[37] A este acceso a la cultura escrita se suman el uso que Molina hizo de la biblioteca del Hospital de la Caridad (en la que leyó textos de Jean-Jacques Rousseau y Montesquieu) durante los años que trabajó y estuvo convaleciente allí, y los textos que habrá visto cuando Joaquín Sagra y Périz lo empleó en el Hospital y la Imprenta de la Caridad. Resulta fácil, entonces, entender la gama de referencias que hace, desde historia griega a cuestiones de lógica en la filosofía de Rousseau, en sus escritos.

José de Molina se encargó de los primeros estudios de Jacinto en casa y en escuelas de primeras letras en Río Grande y luego en Montevideo, donde fueron sus condiscípulos Dámaso Antonio Larrañaga y Jerónimo Bianqui,[38] y tuvo apoyo de sus padres y de María Rufina Campana. La importancia que sus padres le dieron a su educación «fue ygual» a la de José de Molina. Jacinto estaba orgulloso de ser un niño educado; se jactó de que «ningun niño en el Riogrande, Sta Teresa, Montevideo y B.^{s} A.^{s} en la escuela me abentajó en la doctrína, en las tablas, y cuentas, en leer, y conocimientos de los puntos, comas, 2 puntos, ynterrogaciones, acmiraciones [...]».[39] María Rufina, por su parte, le animó en la lectura. Ella «gustaba berme leer ynterpretar, y discurrir. La vi llorar en el curso continuo de barias obras que yo leyha refleccionando siempre sobre los principios Morales del Selebre Moralista Consina, Obra Mui Singular en Buenos Ayres».[40]

---

[34] T1, 8562.

[35] T1, 8560; ver además T1, 8810 sobre Francisco y Francisca Ortega.

[36] Ver T3, 0037, 9835.

[37] T1, 8561; T2, 9618; T3, 0543.

[38] T2, 9550; T1, 8472.

[39] T2, 9722.

[40] T1, 8810.

Como resultado de su educación y contacto continuo con la lectura, es seguro que Molina empezó su vida de escritor a mediados de la década de 1770. Vaya a saber qué pasó con los escritos entre entonces y 1806, cuando Jacinto tenía ya casi 40 años. Se sabe que María Rufina destruyó por lo menos sus escritos militares durante las invasiones inglesas. Es muy posible que terminara quemando textos que trataban de otros temas si no sabía leer, lo cual parece ser el caso, puesto que Jacinto lamenta que su esposa fuera forzada a dejar sus estudios. Otro vacío documental en su vida dedicada a la escritura abarca los años de 1807 a 1817. Es muy probable que la mayoría de lo que Molina escribió en estos diez años (comenta que se entretenía escribiendo entre 1814 y 1817) se perdiera durante las ocupaciones de Montevideo, levantamientos y estado general de guerra.[41] No obstante la pérdida de sus escritos –cosa que no le agradaba a Molina–, siguió escribiendo a ritmo veloz después de 1817. Después de todo, estaba determinado a llevar una vida entre sus estudios.

Además de desarrollar sus conocimientos históricos, teológicos, literarios y filosóficos, el estudio y la lectura le proveyeron a Molina modelos y estrategias para componer sus propias obras. En las secciones tituladas «Los afrodescendientes en los escritos de Molina», «Peticiones al poder», «Defensor de los pobres» y «Escritos políticos y literarios», se manifiesta que Molina aprendió a manejar los discursos de la ciudad letrada; es decir, aprendió las estrategias y lógicas de estos discursos. Estas secciones incluyen escritos con formatos formales, tales como los memoriales, peticiones, cartas instructivas y saludos. Molina había estudiado estas estructuras retóricas clásicas y coloniales, y modeló sus escritos en base de ellas. En un texto ilustra este punto, al contar que el doctor de Leyes Antonio Escarranea lo vio copiar un expediente y quedó impresionado:

> Asegurado de que era negro, me mando llamar. E ympuesto de mis conosimientos y gustos que tenia para las siencias me dijo [si] queria apreender el Dro Politico y abogar. Y vista mi boluntad, me dio borradores de todos los metodos de memoriales y [exposiciones] politicas; me dio una suma de las leyes y libros donde devia estudiarlas, como la yse comprando los dos libros de Poilitica yndiana de la testamentaria del Sor oydor Siseron.[42]

Lejos de ser una explicación comprehensiva del proceso de escritura de Molina, este comentario al menos demuestra que, como tantos escritores,

---

[41] T1, 8472.

[42] T1, 8561.

aprendió recursos estilísticos y retóricos a través de copiar textos que vio en libros y en hojas sueltas.[43] Así, por ejemplo, un memorial de Molina se verá muy parecido a otros memoriales de fines de la época colonial; sigue el mismo esquema de salutación, elogios y recuerdos, asunto principal y despedida. Del mismo modo, las peticiones al poder presentan fórmulas conocidas y comunes, usualmente un saludo, elogios del destinatario seguidos por el pedido, justificaciones salpicadas de falsa modestia u otros ornamentos retóricos y la despedida. Entonces, como cualquier otro letrado, Jacinto Ventura de Molina ponía en práctica sus conocimientos de historia, teología, política, filosofía y derecho para lograr sus metas y avanzar sus intereses. Sin embargo, a diferencia de la mayoría de los letrados, Molina estuvo al servicio de reyes y pobres, blancos y negros. Escribió para obtener concesiones para sí mismo, protección de los oficiales del Imperio del Brasil o del Estado uruguayo y limosnas para poder dedicar su tiempo al estudio. Escribió para honrar el legado de José de Molina, y también para los negros y los pobres, como se puede ver en las selecciones de este libro.

Con toda esta actividad no es sorprendente que Molina llegara a ser una leyenda viviente del antiguo Montevideo. El propio Jacinto comenta que sus escritos son objeto de admiración entre los políticos.[44] Un naturalista viajero consideró a Molina como curiosidad y quería mandar un escrito suyo a Bolonia para exhibirse, pues quedó sorprendido de encontrar un texto de «un Etiope [...] tan llen[o] de logica y sublimidad de imaginacion pensativa».[45] El periódico montevideano de corta vida *La Diablada* nombra en 1832 a Molina en la crítica de un ministro de Fructuoso Rivera: «debe ser gran literato pues dice que ha leido cuanto hai escrito desde Beroso, Orfeo, Sanchoniaton y Foie, hasta los legajos del licenciando Jacinto Ventura Molina».[46] Esta mención, agregada a otras aparecidas en la prensa de los años 1820, ilustra que su fama de ser escritor prolífico ya estaba bien establecida al comenzar la década de 1830.

Los críticos de Molina –a quienes él se refiere como los filósofos– agregan otra perspectiva de su popularidad. Como el lector verá en la sección de «Escritos de los contemporáneos», los comentarios sobre Molina van desde la burlona crónica de Isidoro de María a la chocante propuesta de un tal J. Oyuela a Manuel

---

[43] T3, 0048-0049; T1, 8562; T2, 9315.

[44] T3, 0149.

[45] T3, 0211-0223.

[46] *La Diablada o el robo de la bolsa*, 17 de marzo de 1832, pp. 5-6.

Oribe: «Cuando un Caduco Etiope nos distrae con sus impertinentes escritos del tiempo precioso de nuestras obligaciones, soy de opinion, señor gral, que para que en lo succesivo el licenciado Molina no sea mas incomodo, se le marche en primera oportunidad al edificio de la Convalecencia de B^{s} Ayres o al Panoptico de Neu Jorch [New York]».[47] Si bien los «filósofos» podían denigrarlo y criticarlo, no podían ignorarlo.

Las opiniones de sus contemporáneos, inclusive las más críticas, combinan con los escritos de Molina para ilustrar cómo sirvió de mediador entre clases populares y distintos niveles de poder. A primera vista, su vida dedicada a la escritura y su afición a dirigirse a reyes y emperadores harán pensar que este letrado negro tenía poco que ver con la cultura popular de la primera mitad del siglo XIX. Pero estudiado más de cerca, Molina resulta una figura única y fascinante quien supo manejar distintos registros culturales y discursivos para navegar la jerarquía social de ese entonces. Su trabajo como «defensor de los pobres» y sus vínculos con diferentes sociedades africanas en Montevideo, además de su tiempo como soldado en milicias negras, apuntan a sus contactos y vida en ese mundo «popular». Lo que más le conectaba con la esfera del poder, la cultura popular y la sociedad civil fue su escritura, y pensó que había dejado un camino que debían seguir los que escriben para vivir.[48]

Hay un grupo de temas que sobresalen en las obras de Molina: su papel como «defensor de los pobres», que incluye su rol de abogado para sociedades africanas; su religiosidad (recurre a Dios y a la Biblia para justificar muchos argumentos); su orgullo de llevar el nombre Molina (los que criticaban a Jacinto también criticaban a José de Molina y, por extensión, al sistema monárquico en que creyó Jacinto); la protección y títulos que recibió del emperador de Brasil y luego del Estado uruguayo; su capacidad para manipular retóricas de modo que beneficiaran el propósito sobre el que escribe; la crítica de los «filósofos» (enemigos de José de Molina y la fe católica, también); la devoción de María Rufina Campana a Molina y su amor por ella; su humildad (cuando le convenía ser humilde) y erudición; su deseo por dejar un legado, a través de la creación del Colegio María Rufina Campana para afrodescendientes; y su esperanza de ganar un puesto en el mundo literario a través de sus escritos. Por supuesto esta lista no es exhaustiva, pero señala algunos hilos comunes que se mantienen en un grupo de escritos diversos y de una vida dedicada a la escritura.

---

[47] T3, 0214-0215.

[48] T1, 8808, 8810.

Contrapunto a modo de conclusión

No todo lo que escribió Jacinto Ventura de Molina tiene la lógica o la claridad de los textos reunidos en este libro. De hecho, de las más de mil hojas manuscritas, por lo menos un tercio son o muy complicadas o imposibles de entender, no por su tinta borrosa ni porque el papel esté deteriorado, ni por la letra de Molina, sino porque Molina salta de un tema a otro sin conexión aparente, introduce pasajes en latín, compone un texto de digresiones sin salida o relata pensamientos sobre obras filosóficas o religiosas esotéricas para apoyar un argumento sin llegar a plantear el mismo argumento. No fue por nada, entonces, que sus críticos llamaran sus escritos «disparates». Sería imposible de probar, pero no sería extraño que sufriera de alguna enfermedad mental en su vejez, a pesar de producir algunos de sus escritos más lúcidos en sus últimos años. Los escritos sin hilo conductor fueron otra razón para marginarlo, pero no le quitaron la importancia de gran parte de sus obras que van al grano y son organizados con una lógica impecable, ni disminuyeron su estatus de leyenda urbana durante los años 1820 y 1830.

Hasta sus últimos días Molina fue conocido en todo Montevideo, y varios autores de la segunda mitad del siglo todavía lo reconocían, como Isidoro de María y un escritor para el periódico *La Cotorrita.*[49] Gracias a su trabajo de mediador entre el gobierno y los afrodescendientes, entre la cultura letrada y el mundo oral, alcanzó una fama (buena y mala) notable. Hasta hoy, no se conoce otra figura afrodescendiente ni en Uruguay, ni en América Latina, que pudiera operar en y entre tantos registros sociales diferentes, y que fuera tan prolífico como Molina. Pero poco a poco la gente fue olvidando su fama, aunque no completamente. Investigadores como Ildefonso Pereda Valdés, Alberto Britos y Carlos Rama hicieron referencias a Molina y así mantuvieron vivo un cierto interés en él en el siglo XX. A pesar de esa trayectoria precaria por la que pasan los documentos históricos, los escritos y el legado multifacético de Jacinto están otra vez disponibles al público. Y recientemente, académicos como George Reid Andrews, Óscar Montaño, Gustavo Goldman, Alejandro Gortázar y los editores de esta edición han trabajado con los manuscritos de Molina en la Biblioteca Nacional y en otros archivos uruguayos y a su vez han renovado el interés en este personaje.[50]

---

[49] *La Cotorrita: Organo Especial del Sexo Bello*, 6 de enero de 1877, p. 1.

[50] Gortázar ha publicado recientemente *El Licenciado Negro: Jacinto Ventura de Molina* (Montevideo: Trilce, 2007).

Como he intentado demostrar en esta introducción, la lista de razones intelectuales para publicar y estudiar una selección de los escritos de Molina es larga. Pero quizás ninguna es tan válida como la de compartir con un público más amplio una voz afrodescendiente casi olvidada, ahora reencontrada, entre tantas otras todavía no descubiertas. Esto seguramente le hubiera hecho sonreír a Jacinto Ventura de Molina.

Nota de los editores

De las más de mil hojas de los escritos de Jacinto Ventura de Molina presentamos en esta selección aproximadamente la mitad. La mayor parte de sus manuscritos se encuentra en tres tomos que se conservan hoy en día con un impreso y un dibujo del autor hecho por Juan Manuel Besnes e Irigoyen en el Bibliomuseo Arturo Scarone (Sala de Materiales Especiales) de la Biblioteca Nacional en Montevideo, Uruguay. Los tomos no están numerados, lo cual ha complicado la referencia a documentos u hojas específicas. Los manuscritos al interior de los tomos tampoco tienen una numeración fija, pues en ocasiones están foliados por el propio Molina, pero en otras no. Ningún investigador ha dado un orden a los manuscritos hasta ahora. En esta edición hemos empleado como criterio de localización de los manuscritos una numeración arbitraria de los tomos, así como la individualización de las páginas a través de la numeración designada por la copia digital de los manuscritos. Una copia de las imágenes digitales que realizamos en 2006 se encuentra en la Biblioteca Nacional de Montevideo, en donde los investigadores pueden consultar tanto los originales de Jacinto Ventura de Molina, como las copias digitales y su numeración hecha por nosotros. Un volumen mucho menor de escritos reside en distintos fondos del Archivo General de la Nación en Montevideo (AGN).

Cada hoja manuscrita de los tres tomos, tanto como las páginas del único impreso en la colección de la Biblioteca, tiene un número único dentro del grupo de imágenes para cada tomo. El lector verá referencias a estas imágenes en los ensayos introductorios, al igual que en los escritos en el siguiente formato: T (1, 2 o 3, según el tomo), número de imagen. En la selección de los escritos, cada documento se inicia con un título descriptor colocado por nosotros y a continuación entre paréntesis rectos o una nota al pie de página una anotación que indica el tomo o el fondo del AGN al que pertenece el documento. En el interior del documento, la numeración y separación de hojas se presenta entre paréntesis rectos.

Nuestro primer criterio para seleccionar los textos para esta edición estuvo orientado a satisfacer el interés de los lectores de hoy día, procedentes de diversos campos disciplinarios y formaciones. Un grupo pequeño de textos fue de fácil descarte para esta selección pues el pliegue de los manuscritos encuadernados impide su fácil visualización. Otro grupo de textos, algo más numeroso, carecen de coherencia por las continuas digresiones de Molina. De los escritos que quedaban, la amplia mayoría, hemos seleccionado un conjunto que balancea diversos tipos de escritura y de registro, tanto autobiográfica e histórica como filosófica, literaria, judicial y política. Debemos notar que la letra de Molina no obstruye la lectura de los manuscritos, pues su caligrafía es clara, aún más clara que la de algunos letrados de la época. También hay que decir que el estado de conservación de los manuscritos es excelente.

Los escritos de la Biblioteca fueron encuadernados según un orden no siempre lógico. En algunas instancias, hay páginas perdidas de narraciones o documentos que están divididos en diferentes partes dentro de un mismo tomo. Sin embargo, Molina trató de organizar sus papeles de la siguiente manera: el tomo 1 contiene textos teológicos, históricos y literarios; el tomo 2 guarda los escritos históricos y autobiográficos, además de notas de sus contemporáneos y variadas peticiones y memoriales dirigidos a las autoridades; y el tomo 3 posee mayormente escritos autobiográficos y judiciales. Los escritos del AGN fueron dirigidos a particulares en algunas instancias o, en otras, recogidos entre «documentos diversos» de la época. Para facilitar la lectura de los escritos, y para ayudar al lector a percibir la perspectiva comprehensiva de los textos, hemos organizado la edición en secciones temáticas que representan los tipos de escritura que sobresalen en los manuscritos y que reúnen textos que tratan de un mismo tema.

Además de está división temática, hemos agregado puntuación a la escritura de Molina. Jacinto empleó un sistema de puntuación en que casi no hay puntos; los signos de interrogación a veces señalan una pregunta y otras veces no, e incluso en ocasiones se emplean para dar énfasis a la oración. El signo de igual (=) sirve como comilla y guión, cuando no como punto final; y los dos puntos suele funcionar como punto o punto y coma, según el sentido de la frase. Los cambios que hemos realizado a la puntuación tratan de adaptar la puntuación de Molina a la de uso actual a través de insertar puntos, comas, comillas, signos de interrogación o exclamación directamente cuando faltan. La mayoría de los cambios sobre el texto han afectado la puntuación, mientras que otros han sido reemplazar letras minúsculas por mayúsculas, o vice versa, crear dos oraciones de una larga, y convertir palabras como «dela» en «de la» o «enesta» en «en esta». Hemos respetado la acentuación que usó Molina –casi inexistente– con la excepción de cambiar la dirección del tilde (á en lugar de à, por ejemplo).

Aparte de estas modificaciones para facilitar la lectura, hemos intentado preservar la integridad del texto. En muchas ocasiones la ortografía de Molina es extraña al lector contemporáneo (yjo por hijo, o yse por hice). No obstante, estas expresiones no son tan extrañas a la escritura de inicios del siglo XIX en Montevideo. También se notarán varias abreviaturas formales de uso común en la América española colonial, así como otras creadas por el propio Molina. Por esta razón se incluye una lista de las abreviaturas más comunes empleadas por Jacinto.

Sobre esta segunda edición

Aun antes de terminarse de imprimir la primera edición de los escritos de Molina, publicada por Linardi y Risso en 2008 en Uruguay, habíamos comenzado a pensar no sólo en la posibilidad sino en la necesidad de publicar una segunda edición, revisada y aumentada. Por su propia naturaleza, la investigación histórica revela sorpresas, pues como suele ocurrir con los documentos históricos, éstos se presentan en forma incompleta. Tal fue el caso de los escritos de Molina. En la primera edición habíamos trabajado los tres gruesos volúmenes de Molina que están depositados en la Biblioteca Nacional. Sabíamos, por otros estudiosos del tema, de la posible existencia de otros escritos en el Archivo General de la Nación (AGN) en Montevideo, aunque no conocíamos la ubicación de esos documentos. En junio de 2008, tuvimos la oportunidad de explorar los fondos del AGN, y para nuestra sorpresa encontramos no sólo casi sesenta hojas manuscritas de Molina en distintas colecciones particulares y misceláneas, sino también poesías impresas (que son textos sumamente raros), un dibujo hecho por Molina del Colegio para afrodescendientes que él soñaba crear y comentarios de sus contemporáneos sobre su escritura y su título de licenciado. Esta «nueva» documentación nos impactó y nos hizo pensar una vez más sobre qué textos existen que todavía no se han encontrado. Como afirmamos en los ensayos introductorios, seguramente hay o hubo otros escritos que se han perdido. Hemos trabajado en casi todos los archivos públicos del Uruguay donde pudo haber señales de Molina, y si hay todavía textos no encontrados deben estar en manos de coleccionistas o en archivos fuera del Uruguay.

Un dato que nos eludía hasta junio de 2008 fue la certeza sobre la fecha de muerte de Jacinto. Habíamos mirado dos veces los libros de entierros en el Cementerio Central de Montevideo para los años 1835-1843, y el nombre de Jacinto Molina no aparecía. No obstante, en el Archivo del Arzobispado de Montevideo, nos topamos con microfilmes de listas de difuntos, quienes no necesariamente estaban enterrados en el Cementerio Central. En la lista de defunciones de la Iglesia de San Francisco apareció el nombre del «moreno libre Jacinto Molina» en agosto de 1841. Fuimos a la Iglesia de San Francisco, en donde verificamos este dato. De paso, pudimos observar que el dibujo que Molina hizo del Colegio de Magos María Rufina Campana guarda gran semejanza con la propia fachada de la Iglesia de San Francisco.

En esta edición, pues, incorporamos los nuevos escritos valiosos del AGN, revisamos la selección de los textos que provienen de la Biblioteca Nacional, revisamos los ensayos introductorios e incluimos referencias biográficas de los nombres comúnmente mencionados en los escritos. Nuestra meta ha sido afinar la selección de textos para el público más amplio posible, a la vez que agregar el nuevo material. Creemos entonces presentar ahora sí una edición definitiva de los escritos de Jacinto Ventura de Molina.

Abreviaturas

B^{s} A^{s}	Buenos Aires
BLM	Besa la mano
BLP	Besa los pies
Cap.^{l}	Capital
Cap.^{n}	Capitán
Com.te	Comandante
Contd^{a}	Contaduría
Coro.^{l}	Coronel
D^{n}	Don
Dro	Derecho
Eccl^{mo}	Excelentísimo
EMG	Estado Mayor General
Geneiro	Río de Janeiro
Gue	Guarde
Fran.co	Francisco
J.E.A.	Junta Económica Administrativa
M.A.Y.P	Muy alto y poderoso
m.r	Mayor
M^{s}	Mis saludos
M^{s} A^{s}	Muchos años
P^{s}	Pesos
R^{s}	Reales (moneda)
R.^{to}	Regimiento
S^{a}	Señora
SM	Su Majestad
SMB	Su Majestad Británica (rey de Gran Bretaña)
SMC	Su Majestad Católica (rey de España)

SMF	Su Majestad Fidelísima (rey de Portugal)
SMI o SMY	Su Majestad Imperial (emperador de Brasil)
Sor	Señor
S.P.	Sumo Pontífice
S.P.E.	Superior Poder Ejecutivo
S.S^{a}	Su Señoría
Sta	Santa
Trib.^{l}	Tribunal
Tte	Teniente
Vmd	Vuestra Merced
V.M.Y.	Vuestra Muy Ilustrísima
V.S.S^{s}	Vuestras Señorías
YLL^{mo}	Ilustrísimo
Ymf.^{a}	Infantería

Referencias biográficas

José Artigas (1764-1850). Principal líder de la revolución en la Banda Oriental durante los años 1810. Inicialmente, el artiguismo articuló una amplia alianza entre clases propietarias y sectores populares, pero a medida que la guerra se extendió y radicalizó al avanzar la década de 1810, la fortaleza del artiguismo radicó en el apoyo de los sectores populares. El artiguismo no sólo enfrentó al régimen colonial en la Banda Oriental, sino también a los proyectos centralistas de Buenos Aires y a las fuerzas portuguesas de invasión. En 1810, Artigas se unió a la causa de la Junta de Buenos Aires, de la cual se distanció al afirmar su proyecto confederal para los territorios del antiguo virreinato. La base social del gobierno artiguista fue la campaña de la Banda Oriental, ya que el artiguismo sólo ocupó Montevideo entre 1815 y 1816. Una nueva invasión portuguesa se desplegó en la Banda Oriental entre 1816 y 1820. Tras la derrota final, Artigas se retiró al Paraguay.

Carlos III de Borbón (1716-1788). Rey de España (1759-1788) y principal impulsor de las reformas borbónicas en España y sus colonias. Estas medidas se orientaron a mejorar la defensa militar de las colonias ante los Imperios británico y portugués, incrementar su eficiencia administrativa y aumentar el rédito económico que generaban a la metrópolis. La progresiva liberalización del comercio trajo prosperidad económica tanto para Buenos Aires como para Montevideo. No obstante, si bien estas reformas beneficiaron a los comerciantes rioplatenses, no se puede afirmar que mejoraran las condiciones de vida del resto de la población, como los esclavos. En este período, la corona favoreció el auge del tráfico de esclavos, reforzó la vigilancia hacia a la población negra, e incrementó las barreras sociales de diferenciación y exclusión propias de la «sociedad de castas».

Carlos IV de Borbón (1748-1819). Rey de España (1788-1808). El corolario de su reinado, aunque no ocurriera durante su período de gobierno, fue el colapso del Imperio español en 1810. Bajo su reinado, el Imperio español fue víctima de las guerras entre Inglaterra, que controlaba el océano Atlántico, y la

Francia napoleónica, que invadió España en 1808 tras el despliegue de tropas contra Portugal en 1807. Fernando VII, hijo y heredero de Carlos IV, forzó su abdicación en el motín de Aranjuez en 1808. Posteriormente, ambos fueron forzados a abdicar en favor de Napoleón Bonaparte.

Carlota Joaquina de Borbón (1775-1830). Hija de Carlos IV y hermana de Fernando VII, ambos reyes de España, esposa de João VI, príncipe regente y luego rey de Portugal y madre de Pedro I, emperador de Brasil. Tras la caída de los borbones en España, Carlota Joaquina se posicionó como referencia dinástica para los dominios españoles en la América del Sur. Carlota Joaquina, residente en Río de Janeiro con la corte portuguesa, apoyó a los grupos españolistas en el Río de la Plata, en donde surgió un bando «carlotista» en 1808.

Pedro de Cevallos (1715-1778). Gobernador del Río de la Plata (1756-1766). Durante la Guerra de los Siete Años (1756-1763) comandó la fuerza española que capturó Colônia do Sacramento y Río Grande. Tras su retorno a España, la corona creó el Virreinato del Río de la Plata y nombró a Cevallos como primer virrey (1776-1778). Tras esta designación, Cevallos comandó una expedición de 9.000 efectivos que vino al Río de la Plata para apoderarse definitivamente de Colônia, que había sido devuelta a los portugueses en 1763, y tomar la Isla de Santa Catalina, actualmente en Brasil.

Fernando VII de Borbón (1784-1833). Rey de España (1808-1833). Durante la parte inicial de su reinado, juntas y concejos gobernaron en su nombre. Tras la derrota de las fuerzas napoleónicas en España y el intento liberal constitucionalista español de 1812, Fernando VII reimplantó la monarquía absolutista. Durante su reinado combatió los proyectos de instaurar una monarquía liberal-constitucional e intentó, sin éxito, recuperar las colonias españolas de la América continental.

João VI de Braganza (1769-1826). Príncipe regente desde 1792 y luego rey de Portugal (1816-1826). Ante el despliegue pactado de tropas napoleónicas en España en 1807, que tenían la intención de invadir Portugal, João VI ordenó el traslado de la corte de Lisboa a Río de Janeiro en 1808. De este modo, Río de Janeiro se convirtió en la capital del Imperio portugués. Tras la total ocupación portuguesa a la Banda Oriental, João VI fue el monarca de facto de este territorio, conocido como Provincia Cisplatina. Jacinto de Molina le dedicó un sinnúmero de memoriales, peticiones y poemas.

Tomás García de Zúñiga (1783-1843). Rico terrateniente de la Banda Oriental. Se unió a la revolución artiguista en 1811. Integró el gobierno artiguista de Montevideo, pero fue distanciándose de Artigas entre 1813 y 1818, cuando se unió a las fuerzas luso-brasileñas. Integró el círculo más cercano a Lecor y fue Presidente de la Provincia Cisplatina hasta 1828. Hostigó a Jacinto de Molina durante la revolución artiguista y continuó tratando con él durante el régimen luso-brasileño.

Dámaso Antonio Larrañaga (1771-1848). Sacerdote e intelectual, participante del devenir político de la Banda Oriental desde 1808 hasta su muerte. Apoyó la causa artiguista, siendo el primer director de la Biblioteca Pública, pero luego adhirió al régimen portugués. En los años treinta, fue senador uruguayo, principal figura del clero local y referencia intelectual del país dadas sus inquietudes científicas. Fue el primer Vicario Apostólico del Uruguay. Conoció a Jacinto de Molina, quien le dedicó alguno de sus escritos.

Juan Antonio Lavalleja (1784-1853). Militar del bando artiguista durante la revolución oriental. Fue el líder de la Cruzada de los Treinta y Tres Orientales, expedición que en 1825 inició la guerra contra la ocupación brasileña de la Provincia Oriental. Participó activamente de la política uruguaya durante los años 1830 y 1840, así como de las guerras entre los bandos y facciones del Uruguay independiente.

Carlos Federico Lecor, Barón y Vizconde de la Laguna (1767-1837). Comandó la fuerza portuguesa que invadió la Banda Oriental en 1816 y fue la principal autoridad militar, y en varias ocasiones política, en la Provincia Cisplatina. Permaneció en el poder luego de que Brasil declarara su independencia de Portugal (1822) y hasta el desalojo de las tropas brasileñas de Montevideo. Conoció a Jacinto de Molina, quien le dedicó varios escritos.

Lucas José Obes (¿?-1836). Abogado y comerciante, adhirió al artiguismo durante la guerra de independencia, pero luego se convirtió en uno de los más importantes referentes del régimen luso-brasileño como prior del Consulado de Comercio y procurador general del Estado Cisplatino. Apoyó la guerra de los orientales contra Brasil. Luego de la independencia, el presidente Fructuoso Rivera lo designó ministro de Gobierno. Cayó en desgracia durante el gobierno de Manuel Oribe y fue exiliado en Niteroi (Brasil), en donde murió. Conoció a Jacinto de Molina.

MANUEL ORIBE (1792-1857). Participó de la revolución oriental y fue segundo al mando de la Cruzada de los Treinta y Tres Orientales en la guerra con Brasil. Fue segundo presidente de Uruguay y líder del bando *blanco* durante la Guerra Grande (1839-1852). Jacinto le escribió notas en su calidad de comandante general de Armas y ministro de Guerra y Marina (1830-1834).

FERNANDO OTORGUÉS (1774-1831). Jefe militar del bando artiguista durante la guerra contra el régimen español y luego contra las fuerzas de Buenos Aires y Portugal. Gobernador artiguista de Montevideo en 1815. Fue un líder popular y generó resistencia en las clases propietarias de Montevideo.

PEDRO I DE BRAGANZA (1798-1834). Emperador de Brasil (1822-1831) y principal agente de la independencia brasileña. Defendió su dominio de la Banda Oriental, entonces Provincia Cisplatina, ante las fuerzas orientales y argentinas entre 1825 y 1828. Aceptó los términos de la Convención Preliminar de Paz de 1828, con Argentina y Gran Bretaña, que fijó la independencia uruguaya. Jacinto de Molina le dedicó un sinnúmero de escritos.

FRUCTUOSO RIVERA (¿1788?-1854). Militar del bando artiguista durante la revolución oriental, participó del régimen luso-brasileño, pero luego se plegó a las fuerzas orientales contra la ocupación brasileña en 1825. Primer presidente de Uruguay (1830-1834), fue líder del bando *colorado* durante la Guerra Grande (1839-1852).

JOAQUÍN DE LA SAGRA Y PÉRIZ (1784-1853). Abogado de larga actuación en Montevideo, miembro de la Hermandad del Hospital de la Caridad y miembro de la masonería. En la guerra de independencia fue españolista y luego participó del régimen luso-brasileño. Fue diputado entre 1830 y 1834 y se mantuvo en la actividad política hasta su muerte, siendo leal a Fructuoso Rivera. Al parecer fue la conexión más importante de Jacinto de Molina con la elite montevideana de los años 1820 y 1830.

ESCRITOS DE JACINTO VENTURA DE MOLINA, C. 1817-1837

Escritos históricos y autobiográficos

Gran parte de los escritos de Molina consiste de reflexiones históricas y autobiográficas. Dentro de éstas y como homenaje a José de Molina, Jacinto escribió una biografía de ese militar español. En ese escrito Jacinto ofrece una ventana para indagar sobre su propio pasado y presente. Jacinto entendió que escribía al modo de los historiadores –para no dejar en el olvido los hechos memorables– por lo que trató de registrar los hechos que a su modo de ver merecían recordación. Asimismo, Jacinto escribió sobre su vida durante el período revolucionario en el Río de la Plata y la posterior ocupación luso-brasileña de la Banda Oriental. En esta sección también se ofrecen textos sobre el proceso de aprendizaje de Jacinto, donde proclama que cuando tenía cinco años ya sabía leer, y en los que recuerda las noches que leía en voz alta a sus padres y a José de Molina. Además, en esta selección surge su relación con Maria Rufina Campana, su primera esposa, y con la esclava Catalina, a quien quiso liberar en torno a 1830 para casarse.

Los escritos históricos y autobiográficos de Molina no presentan una sola narrativa de su vida o de los eventos que atestiguó. Sin embargo, combinan para dar una imagen bastante comprehensiva. En muchas ocasiones se repite o retoma narrativas iniciadas en otros escritos. El reunir los textos de índole histórica en una sección permite la conexión de hilos narrativos. El lector verá a Molina como protagonista de sus propios escritos tanto como historiador y autor más distanciado del tema sobre el que escribe.

Sus primeros años [T2]

[9548] [...] Nací en la villa del Riogrande, el dia 15 de Octubre de 1766, en casa del Gobernador Dn Josef de Molina, Coronel de Exercito, y primer Com.te General de la Campaña de Montevideo. Mis padres Ventura de Molina, y madre Juana del Sacramento, eran libres, aquel Salbando la vida de su Sor de un agresor a quien dio la muerte de un pistoletaso en el Acto, el cadete entonces Dn Tomas Estrada [...] [9549] [...] Mi padre que salbó al Sor al caer de cabesa, y desnucarse. Fue libre en el acto. Las palabras del Comandante de toda la Ynfanteria de el exercito a las Ordenes del Vrigadier Don Pedro Seballos el año de 1762, que esto susedió, fueron estas: «Ventura, ya eres libre, puedes bolverte o ir donde te diere gana». Mi padre contestó a su Sor: «Sor yo soy Moso, quiero acompañar a Vmd toda mi vida», lo que cumplió, muriendo en esta Ciudad el año 1782 tres meses antes que su Señor. Dn Josef de Molina dio en el acto 40 pesos a mi padre, y pidió que le acompañase toda la vida. 13 años despues en 1775, confirmó esta secion por su Testamento en Sta Teresa perdido el Riogrande eredandole como a mi en quanto se le encontrase, volviendo a sertificarlo en 1779 en Bs As a presencia de el Eclmo Sor Marquez de Tabuerniga. Con motibo de diferencias domesticas, mi padre quiso separarse y Don Josef de Molina Vrigadier lo recomvino con sus tratados y palabras, que ajustaron el afecto de un ombre blanco, otro negro. Esta es la rason de mi umilde y cimpatica avilidad. La piedad de Dn Josef de Molina me pidió a mis padres Madres y no pasé un dia asta 16 años que no reviese una leccion del Vrigadier Dn Josef de Molina.

Mi Madre Muger Joben de 13 años fugó del Vracil Portugues a las lineas Españolas año 1765 y en tiempo de guerra. Espuso su vida, por cuyo *Dro* fue libre. D^{n} Josef de Molina evitó su dicipacion donde avia mucha Tropa y Marina. Era preciosa, y quiso remitirla a B^{s} A^{s}. Mi padre la pidió, y caso con ella de cuyo matrimonio resulté yo yjo unico en 1766.

[9633] [...] El año de 1772 tube yo 6 años y sufrí el ecsamen del Catecismo de Astete, en un dia por la tarde acistimos algunos niños. El Capellan o cura D^{n} Josef Galeano, y el Maestro D^{n} Mateo Cabral, y alternatibam^{te} por partes se nos yba llamando, despues yso barias preguntas el Saserdote sobre la Eucaristia, y aviendo en tres meses sufrído otros dos ecsamenes, manifesto el Saserdote a D^{n} Josef de Molina que yo devia comfesar. D^{n} Josef de Molina se opuso por mi edad, seys años, 3 meses. El padre dijo que me devia ymponer, y a otros niños, y en otros 3 meses confesamos y a la tersera confecion comulgamos.

Desde este año 1772 hasta el de 1775, saludaron los buques que benian a relebar las fuersas y tropas portuguesas, a los buques y baterias Españolas, con bala y ciendo corto el N° de artilleros para las baterias, se ordenaron los niños de la escuela y [9634] dividieron por iguales numeros, tantos niños al muelle n° 10, tantos a la bateria grande, en que residia D^{n} Josef de Molina, al pie del asta de bandera n° señal 2° de †. [...]

[9602] [...] D^{n} Josef de Molina [...] sus reglas generales en su gran casa asta su muerte. La oracion como Carlos 12, rey de Suecia, cin enbargo de ser protestante aserrimo contra la Religion Catolica, acía oracion todos los dias a las 8 y la ordenó soberamente en sus exercitos. D^{n} Josef de Molina la tubo constante tres beses cada dia, resaba solo a las 4 de la maña[na], paseandose en su aposento, despues se desayunaba con mate, poquicima yerba, una bez asucar quemada, mucha agua yrbiendo en un poro, una cortecita de naranja dulse seca. A las 7 tomaba café con leche, jamas con tostadas o viscochos. A las 12 ynfatablemente, comía del modo mas abundante, desente, y Generoso de todos modos; una mesa para los concurrentes, una mesa comun para los criados, mosos dispersos, mayordomo de casa, pages, capatases, niños, ancianos. D^{n} Josef de Molina no senába, usaba bariaciones, chocolate, candial, pero a la oracion cafe con leche, y cin ella los miercoles, viernes y la cuaresma eseptos los domingos. Murio D^{n} Josef de Molina de 75 a^{s} 3 meses, tantos dias, y cuantos conocieron dictaran esta conducta pribada de el Sor que me crió. Oyo misa todos los dias de su vida, y se berifica que resaba tres rosarios cada dia. Gastaba un rosario fino al cuello, y otro en el bolcico del chupetín. Fumaba 20 cigarros de papel y tabacos puro cada dia. Comiendo bebia vino aguado y se limpiaba con una pluma los dientes que conserbó completos y sanos, limpios enjuagandolos con vino puro y una miga de pan. [...]

[9589] Año 1762

Mi padre Ventura de Molina es el primer negro fiel en la Orqueta. D^{n} Josef de Molina cayó con el ympulso de la chusa, movimiento natural para uir del golpe; accion del caballo, de cabesa por la anca ysquierda, o derecha. ¿Como se podrá negar que D^{n} Josef de Molina seria desnucado cayendo aci de cabesa, cin ser auciliado por sus manos? Por la turbacion, naturalmente ymprevista, de cualquier modo reflecciónada. ¡O critica yncipiente! Tales notas das al Publico. Mi padre estaba a caballo recto a su Señor y su accion es natural, le vio caer, desmontó corriendo, lo tomó en sus brasos y desvió de la muerte, y los peligros lo paró. Sacó cortando el calson y chaleco de ante, la chusa, sentado D^{n} Josef de Molina, apelaron a sus cantinas grandes y provistas, tomó alguna cosa y se reparó, reflecciono su peligro, y dió la libertad a mi padre. ¿Ci no lo uviera echo quedaba bien puesto el onor de D^{n} Josef de Molina? ¿Obraba como ombre de rason? ¿Mi padre asi le uviera abandonado? D^{n} Josef de Molina tenia esclabos, Eusevio ayuda de camara, solo era sastre, este le fue ymfiel, y fue a España con Juan Mulato que compró a los SS[s] Samoras en B[s] A[s] para cochero, y a su muger Ysabel. Antoñuelo, yndio libre que fue a España. Mi padre fue comprado para barbero. La curiocidad portuguesa le enseño a Sangrador, y el rose y vibesas con m[r] Recama, repostero del Sor Seballos, le ynspiró aprender a cocinero; lo Suplico a D[n] Josef de Molina. Marchó a España, y lo recomendó a m.[r] Recama. Lo tomó en su regreso por B[s] A[s] dispensandole como antes en la Linea duplicados servicios, en S[n] Josef Cocinero, pastelero, repostero. D[n] Josef de Molina en 22 años en esta America, jamas vio escasa su despensa de los dulses usuales, viscochos, panales, caramelos. En el Río grande usaba rosquetes y licores en su aposento espacioso, objeto de que se valia ecsaminar los desertores portugueses y prisioneros con la afabilidad y gracia mas apreciable. [...]

[9590] [...] Y Ventura no solo dio la comida a su Señor, y cuantos benian a su publica mesa en el campo, pero dio 72 panes cada dia en el orno de campaña que hacia 12 panes. [...] Una de las cosas que apresuraron la vida de D[n] Josef de Molina fue la muerte de Ventura tres meses antes. D[n] Josef de Molina no comió jamas risoto en su casa, no probó pasta, o dulse echo de otras manos, nadie toco su barba, ci solo ese negro. Ni careció de otra acistencia sano, o bueno, en tierra, o enbarcado, que de su negro Ventura. El publico obserbará la rason que tubo D[n] Josef de Molina para pedirle a Ventura que me sediese a el, y se dibertiria en criarme dandole palabra de no enseñarme palabra alguna de los ydiomas; banguela mi madre Juana del Sacramento. Amfibio mi padre, que no ostante savia muchas palabras del ydioma Mina dajome, que fueron mi aguela y tio.

Doy las gracias a los SS[s] criticos que motiban tan larga digrecion. Marselo, negro Portuguez, libró al Señor Vertiz, y a este exercito en la cierra, enviado de esta carsel por baqueano, por Señor D[n] Juaquin del Pino, y no pudiendo por sus delitos octener empleos, le acignó el Señor Vertiz 40 p[s] mensuales con cuya dotacion murió a los 34 años. Mariano, joben negro Limeño, libró al Señor D[n] Frn.[co] de Paula Sans, Director de Tabacos en B[s] A[s] y Peru, al tiempo de la rebolucion de Tupamaro, año 1780. Cercada la casa de campo en Chuquisaca se le notificó que devia morir, el negro buscó un avíto de S[n] Fran[co], lo trajo a su amo y dijo que se comfesaba con un religioso que cuando el frayle saliese a cierta ora, podrian dentrar pues el se escaparía con el frayle. 18 años tenía Mariano entonces y ablaba su idioma Peruano. Adactó su rasonamiento a los yndios, a la oracion saco a su amo, y lo condujo por beredas estraordinarias. Abia preparado una mula y a la ora cabalgó el señor Sans, se despojo el avito y huyo 7 leguas, estas [9591] guiado por su negro. Llegó a un cortijo, y cin decir quien era, pidió postillon y caballerias, o mulas, las pagó y marchó, cin parar, por Potosi, Mendosa, Jujui, Cordoba, a B[s] A[s] donde fue Yntendente [...] Yo e presentado la fidelidad de Tres Negros en el

Pays, cin exemplar en blanco alguno. Adan, esclabo del Rico Comerciante Camperos, lo trajo desde Chuquisaca solo, por beredas desusadas, conducido por una pericia Natural del Negro, criado desde pequeño de contrabandistas portugueses en el Peru. Llego a Cordoba, y compró el Señor Camperos un coche, vino a B^{s} A^{s} y compró otro mas desente. Avía despachado con anticipacion sus capitales a B^{s} A^{s}, no se detubo en macrhar a España. Adan le acompañó aqui, en 1783 le dio aqui 500 p^{s}, los dos coches, mulas, y guarniciones en B^{s} A^{s} con lo que succista, con libreas, viajando con quien lo ocupaba. Ygnoro ci e respondido aun, pero aqui se alla Cacimiro Garcia de Zuñiga en el ataque de los Yngleses a esta Ciudad. Libró y guardó al Coronel, D^{n} Juan Fran^{co} Garcia, cuyo caballo rodó y estando a pie alsó Casimiro a su amo en ancas, picó, y espabiló los yngleses que se le asercaban. Corrió despues al pueblo y el Señor Coronel Garcia le dio la libertad. [...]

[9605] [...] 15 de octubre de 1766

Nací yo el dia mas Glorioso que D^{n} Josef Eusevio de Molina avia tenido desde que tomó el Riogrande, y cubrió ese dia lo muy tedioso que se allaba, erido de la Mordaz critica, que le eria en B^{s} A^{s}, y todas estas provincias. ¡O Dios Providente, Savio, Ynmenso, un ymfeliz negro A de ser la ydea representadora de tus benefisencias a D^{n} Jose de Molina! M.A.Y.P. Señor: Dios por mi naturaleza señalada lo demuestra, tres pequeños pero yguales pomitos de sebo vien cuviertos con el cutis, salian sobre mi frente o lugar del pelo, me los cortaron, me dieron el bautismo, y nombre a las 8 y media del mismo dia! ¡A algun dia se berá que este suseso no fue casual!

Este año fue estrepitoso a España y a America. Fulminado el Rayo baticano contra los Jesuitas, el Alferez de Milicias D^{n} Jose Ygnacio Merlo fue a Lima con la orden del Monarca D^{n} Carlos 3° que berificó aquel virrey y todas las Provincias de este nuevo mundo en un mismo dia [...]

[9607] [En Río Grande] [...] Mi padre Ventura se dió al juego de naypes, con el motibo de la mucha tropa, que empesaba a ber. Juan Samora el co[c]hero, era tambien criollo de buenosayres, y fueron el y su muger Ysabel, padrinos de casamiento de mi padre, cada uno tenia su avitacion en la gran casa, y los unia yntimamente la sociedad domestica de un Señor, una mesa con bariedad de exercicios. Mi padre tenia 5 ayudantes en la cocina. Sus obligaciones: dar mate a su amo por la mañana, café a las 7, afeytarlo, darle de comer a las 12 en punto, cafe a la oracion en el Río grande era a las 9, porque a esa ora concurrian los oficiales a la tertulia que duraba noches asta el dia, la banca, y cacho. D^{n} Josef de Molina usaba bariaciones, no ostante, de candial o chocolate a la ora que lo nesecitaba en la noche, su S.S. o los oficiales, que les tocaban rondas, o patrullas bolvian a la casa, y sus soldados, o se yban a las suyas. Mi padre tenia francas las tardes, y su padrino, y se yban a jugar con los soldados en los medanos. Y motibandose cuestiones sobre sus paradas, yrieron a mi padre en un braso, se deciso el juego, y dicimuló mi padre su erida, se curó; y lo vio Eusevio, tardó mui poco en decírselo a D^{n} Josef de Molina. Dejaré aqui este principio que concluirá a su tiempo. [...]

[9609] [...] Don Juan de Salas tocaba violin, vino la mucica mui buena del batallon, y otros mucicos de Arpa y víolin yndios que avia. Fueron a la Gran sala de Molina, que entre esta y la piesa quadrada de la tertulia ocupaban media quadra el piso de tabla, ygual, cillas de Jacaranda, mesas de arrimo, y vien colgada, su cielo raso ygual, y pintado. Se emprendió el bayle, y ciguío a la una el «ambigu» en que devia aber mucho fiambre, de jamones cocidos y quemados, con asucar lenguas famosamente dispuestas, gallinas y pabos, sebados prebencion militar, tocino, y adobos de serdos. Fue cosa que ciempre tubo pronto la dispensa de D^{n} Josef de Molina alcaparras, alcaparrones, aseytunas, pasas, nueses, vinos de todas especies, pescados, y mariscos que tiene el Riogrande esquicitos, cangrejos, lisas de agua salada, atun, salmonete, salmon, camarones mui grandes, y ricas ensaladas, tiene el riogrande. Acabó este pasage aciendo la amistad mas respetosa, y filial, de D^{n} Josef de Molina, Salas y Figueroa, como de quantos oficiales y becinos soldados ombres y mugeres tubo el Riogrande.

La noche ciguiente en el Rosario, todos en el aposento de D^{n} Josef de Molina, se paseaba aciendo coro, unos parados, las mugeres sentadas, concluyó el rosario, y dijó a mi padre: «Sacate esa chaqueta». Lo berifico y dijo el amo, «¿que tienes en este braso?» «Señor», le dijo umildemente, «estoy erido». «¿Y ci te uvieran muerto, no tendria yo este pesar en mi casa, y tu muger?» [9610] D^{n} Josef de Molina tubo mosos blancos a su sueldo y mandó a uno que llamase dos ordenansas, estando alli dijo «bosotros dirays como sabe el Amo esto, pues sabed que yo pude aber muerto, y bosotros no saviays como. Este compañero buestro, señalando a Eusevio, os a descuvierto a mi, a quien puso antes en el peligro que os digo: tu eres padrino de Ventura, mayor que el, y ladino devias corregirlo, y tu lo pierdes? Llebadlo al Principal; llama al cabo que está en la puerta falsa ... (en la sera del sur) vino, «tome Ud a ese negró, a Eusevio, y esta carta, al Capitan D^{n} Manuel de la Quintana destacado en el fuerte de S^{n} Miguel, be con dios Eusevio! Admira mi corason!» Este pasage de D^{n} Josef de Molina en la carta dijó a D^{n} Manuel de la Quintana que el negro costó en B^{s} A^{s} 400 p^{s} que lo remitiese allá, y que lo bendiese, por qualquier dinero, aunque fuesen 200 p^{s}. D^{n} Manuel de la Quintana lo yso bender por 300 con respeto a su oficio sastre. En el año de 1796, 3 años antes de benir yo ultima vez a esta ciudad vino a berme en B^{s} A^{s} este negro, y asegurandome que era Eusebio de quien avia oydo ablar en casa, puesto que yo estaba en los brazos de mi madre quando el salio de ella, le dige dos beses estuvo el amo aqui, y

¿vmd no lo vio? No, me dijo, ni a tu padre, aunque los vi no me conocieron, y yo tube berguenza de ellos en mi triste desventura. ¡O misera suerte de los ombres!, yo era oficial de zapatero, y me mobió tanto la infelicidad de quien se dijo que abia estado en la corte, y ostentaba dos reloges, que le di limosna. Se fue y no lo vi mas aunque me abia dicho que era esclabo en las imediaciones de Monserrate.

[9827] Esta integridad y rectitud descubre el fondo del Sor Molina y la composicion virtual de sus aciones prudentes, justas, solidas, y reflecibamente medidas. ¿Quien oyó voces en casa de D^n^ Josef de Molina, jacaras, o accion menos honesta, menos ayrosa? Y esto prueba la civilidad, la educación y unidad de [9828] costumbres, que le hicieron usual la caridad, piedad, con todo viviente. Entre los genios de sus domesticos, mi padre Ventura fue sebero, con mi madre, mui joben, bonita, y desente, y conmigo por criollo del pays. Mi madre amó a D^n^ Josef de Molina y yo uyendo de la acrimonia de aquel altibo Ectiope, corriamos al abrigo del Sor, que dejando sus estudios y continuas ocupaciones, llamaba a Ventura: «que te yso tu muger, ombre, no la mortifiques, ten humanidad, cuidado como me la toques, o me lo toques». Qual era la razon, ser vicioso Ventura, jugador, avil para buscarse dinero, mi madre economica, reservada, y opuesta a la profusion de su marido, sostenido por el amor cin medida, que D^n^ Josef de Molina le tuvo. Por estas razones, le contaba especias e historias de los sultanes moros, que en sus palacios tienen pena de la vida el que de una bez. ¿Y cuando abierto, que D^n^ Josef de Molina alcanzó a ciento sesenta mil pesos de perdida en el Riogrande? Cuando le beo alegre, correr carreras con los oficiales, a galope en Sta Teresa, reir y divertirse, allar medios de desaogarse en las defensas contra los S.S. Bertiz y Texada. La sabiduría con que berificó, la constancia que manifestó. Es menester que decida a D^n^ Josef de Molina, solidamente, prudente y Justo. [...]

[9690] [...] El acto que me demuestra esta asercion de mis reflecciones sucedió poco antes en el mismo ynstante que D^n^ Josef de Molina, implorando el socorro para sus amigos y compañeros en la barra expidió aquel orden que llebó el Marquez de Tabuerniga asta la barra. Desayrado D^n^ Josef de Molina solo cin su afecto [9691] pupilo el Marquez, cuyo peligro entre el fuego sostenido a su alcanse desde el norte y su costa asta la barra buques tendidos para sostener el asalto, que debio ser en todo el largo de las 5 leguas asta el pueblo de Riogrande. Era grandioso, debio ser esta decisión, y orden de D^n^ Josef de Molina, que ygnoraba la suerte decidida de las baterias de linea de ataque expuesta, violenta, y acre, asta el ultimo estremo. Partió D^n^ Josef de Molina a su casa, avia dado el orden a su mayordomo foraneo D^n^ Tomas Olibera, que en dos carretas suyas solo se salbase un colchon de cada uno de casa, un baul en que tenia sus papeles y nada otra cosa. El cochero Juancho cargo solo su carreta y muebles, tenia bueyes y marchó. El mayordomo cargaba segun el orden, los colchones de cada uno en la otra carreta. Mi padre Ventura sacaba una caja suya en la cabeza en que mi madre tenia su ropa, prendas y 150 p^s en plata cortada. Yo miraba como chico todo esto, cin refleccion aunque avia visto las lagrimas de mi madre y todas las mugeres de la casa. Llegó Dⁿ Josef de Molina con su ordenanza a caballo y viendo que aun no abia marchado, o estaba unida a la carreta dijo: «Sor Dⁿ Thomas, es posible esta demora, Sor ya marchó Juancho, y boy con esta carreta: nada mas que lo que mandé baya». El zaguan de la casa era espacioso, y se salia a el por otra galeria espaciosa. Salio mi padre con su caja, y lo vio desde la calle Dⁿ Josef Molina, ¡O Marte furibundo con tu claba! Desmontó bolando Dⁿ Josef de Molina, dentró al saguan, sacó el sable, y dirigiendose silencioso a mi padre le dijo «Tira esa caja o mueres aora mismo». Mi padre era humildísimo a su Sor. Bajó la caja y dijo Dⁿ Josef de Molina «te falta que comer» [y respondió Ventura] «no Sor» [y siguió Josef de Molina] «y que bestir a tu mujer y tu yjo» [y respondió Ventura] «no Sor» [y siguió Josef de Molina] «Yo e mandado que solo un colchon de cada uno baya, y ci me bes perder cuanto tengo porque no perderas tu caja». Mi padre se echó a llorar, y todos se enternecieron. Yo me sobrecogí de un temor que di boses de temor y llanto. Dⁿ Josef de Molina [9692] ensendido cual si fuera fuego, enbaynó el sable y dijo a mi padre «Toma alistante el café y llebalo con una bandeja y tasas a la bateria donde ay muchos oficiales». Cabalgó y marchó a galope con su ordenansa.

Jacinto en Maldonado tras la retirada española de Río Grande [T2]

[9721] [...] Cinco dias gasto por la posta Dⁿ Josef de Molina a Montevideo su calesa de 4 acientos, las rompió al llegar a Dⁿ Carlos, y el mismo asendado que llebó de Maldonado las cartas al Doctor Ximenez, y mi padre se anticipó y aviso a Dª Antonia Moncla, su felicidad, pues prendió a su agresor, cobró su dinero, sus papeles y la pronta benida al dia ciguiente de Dⁿ Josef de Molina que dejó en Dⁿ carlos. Lo primero que se trató fue de mi umilde persona: encargada a aquella S^a que nada de esto pensaba, dandome su cuidado acvitrio, para accionar comforme a mi edad 10 años, paso aquel dia y al ciguiente manteniendome en un cuarto de [9722] las criadas detenido para poderme asear pues estaba descalso. Pedi permiso para salir a una diligencia, el lugar era el Gran guerto, que ocupaba caci todo el largo de la cuadra del leste, en la plasa de Sⁿ Fernando de Maldonado. Fui a ese guerto, y aviendo llovido al ameneser de ese dia, estaba umedo el piso, la calle recta a la puerta, estaba en orden de alameda, de una y otra parte pobladas de begetales de durasnos, aciendome ver todo esto que era agosto. ¡Dioses de los vientos! Acordaos, y apuntacme entre buestros Eroes. Mejores servidores: ningun niño en el Riogrande, Sta Teresa, Montevideo y B^{s} A^{s} en la escuela me abentajó en la doctrína, en las tablas, y cuentas, en leér, y conocimientos de los puntos, comas 2 puntos, ynterrogaciones, acmiraciones, etc y en nuestras diberciones y paseos mensuales octuve premiós ciempre en la carrera. Agitada esta pacion dominante por el deseo de ver a D^{n} Josef de Molina, quise saber ci podia ecceder al grande Albarado en su salto en Megico, o en su Cabriola en la Giralda de Zevilla. $S.S^{s}$ di tal carrera, que mil beses creo, que fue buelo; los conocidos usos del pais en la faja de los guertos tuna, no me avian dado aun la felicidad de ynspeccionarlos, lo supe bien entonses, y que por la parte esterior siñe un foso estos muros de cambrones, yrrrecistibles, espinososos. Y esto es, lo que me persuado que fue buelo el mio, llegué a la faja, o serco de tuna, preocupado puse cin temor mis manos en el, y lo salbe con tal violencia, que cai a la otra parte creyendo que moría, cin embargo de que ciendo nueba esta sanja, la tierra no estaba al pie del serco, estaba a la otra parte, umeda por el rocio anterior, pero floja por su mucho bolumen en toda la linea de su estencion. Quedé tendido en la tierra, y no cintiendo mas que el ardor lebe de algunas espinas que se yntrodugeron poco en mis manos, ci me avian visto, ci me seguian o no; emprendi mi cortado buelo, creo tambien que estando el camino de S^{n} carlos, en la calle De^{a} que pasa delante de la Yglecia de Maldonado deseando [9723] ocultarme en las 4 cuadras que entonses estaban pobladas al modo de los campamentos americanos, con ranchos de paja, aunque alineados etc. Corri S.S. con pasos mas ligeros que el buelo de las palomas con mas aseleracion, que rompe el agua un buque que despues de algun tiempo de nabegacion, contadas sus belas refresca el viento, y el buque vien construido ligero recien despalmado, se dise que ecsede al viento. Ygnoro ci serian 2 o tres minutos según la *Tactica militar, de D^{n} Enrrique Ramos* los que tardé en esta Ebolucion.

Fuera del peligro de la vista de los de casa, lo estaba de la linea de poblacion, tan sofocado, que ube por acvitrio tirarme en en el suelo, cinó me caý yo mismo, pero un momento discurcibo creý que el agua pudiese refrigerarme, y me acuerdo que fui a uno de muchos charquitos, que conserbaba de pequeña lluvias el borde prado, y refrigerandome en uno d[e] ellos reparé, y viendo ahora, que lo yse como aquellos 300 que yncignió Dios eran ombres, porque bebieron con las manos, y no como los animales bajando la boca, y merecieron el desprecio del criador, y reforma de Tedeon.

Puesto ya en pie, me dirigí fuera del camino cin perderlo de vista, vi unos niños ermanos blancos que compacibos, me ablarón diciendo «negrito que andas aciendo». «Ando caminando, y dibirtiendo.» «Tu madre se murió dijo uno», ci dige yo. «Pobre negrito, aquella tia que enterraron ahora dias, era tu madre, beni bamos a casa.» Fuimos, dentraron y pidieron la bendicion ambos a su madre, y concluido, dijo la madre ¿que negrito es ese, es yjo de aquella tia que murio etc? Esta muger acia quesos, manteca, pan, sacó uno de picos, lo partio, tomo un requesoncito, lo partio ygualmente, y nos ocsequió a los tres. Toma pobrecito, me dijo, encomenda a Dios a tu madre. [9724] La muger se despidió de mi, y marchó a sus ocupaciones. Los niños yguales a mi en estatura, creo que bariaban poco en 9, 10, 11 años, salimos, vi sus bacadas, corrales, y me despedi, asta oy de ellos y estando distante de Maldonado, tomé el camino de S^n Carlos, resuelto a dormir en el campo, o encontrar, ver, y recibir a mi Sor y a mi padre. Fui al paso del Río que dibide ygualmente los dos pueblos, y estando en la cuesta perpendicular, al paso, avia en ella una gran peña a que suví, y no ostante las nieblas, divisaba largos espacios del camino de D^n Carlos. Y no viendo lo que deseaba, bolvia a sentarme, obserbando las llanuras, o ci podría alguna fiera intersectarme pasé la maña[na], y a las 4 o poco mas empesé a ber algunos bultos, que de ygual modo me vieron a mi. D^n Josef de Molina, decia despues mi padre, preguntó a D^n Pedro Garcia y D^n Thomas Gil que le acompañaban, a caballo «¿que bultíto será aquel, que se dibisa sobre aquella pena?». Algun cabrito o cabra, ¿pero que cabra puede subir a aquel peñasco? Esta duda les yso fijar la vista a proporcion que las bueltas del camino me ocultaban subiendo a lo mas alto yo, para dibisar, y sentandome quando via con claridad seys jinetes que benian hacia mi. Sesó en fin la comun expectatiba, por aprocimarse al paso los viajeros, y conoser yo vien a D^n Josef de Molina, no sé oy la distancia a que está el peñasco de el paso, aunque es verdad que a muy pocos que andubo mi Sor y su comitiba dos ordenansas y mi padre, corria yo tan ympulcibamente, que no pude contenerme viniendo de la montaña que ygualmente suvían. Paró D^n Josef de Molina y mas S.S^s y contenido yo, bolví dando boses ecsaltado, por un llanto que sacó lagrimas a todos, y no pudiendo espresarme, llegué, tomé el pié Derecho de mi Sor, [9725] besé su pie, y me abrase de el, cin poder articular otras palabras, rasones, que lagrimas ¡¡sollosos!! y suspiros. D^n Josef de Molina salió de su rapto entuciastico, rompió el cilencio, y me dijo ya estamos aquí yjo, no llores mas. Mi padre contra su genio vibo, y sostenido por el afecto de su Sor, no pudo contenerse y desmontó vino a mi, quaci languido con mi plaser, y me tomó en sus brasos y conteste a ambos «la bendicion Sor…» y bolvi al llanto.

D^n Josef de Molina dijo a mi padre, ay tienes a tu yjo, y te ago saber que desde este momento, ci yo fuese al fin del mundo, a de yr conmigo, cuida de el, y bamos. Desmontó un ordenansa [...] me puso a las ancas de la cabalgadura de mi padre. Y aunq^{e} e estado largo en este pasage propio deberia preguntar ¿a D^{n} Josef de Molina ci fue solo berme llorar lo que le movio, en ese recivimientó, que ponderó, y descrivió mi ynclinacion natural? ¿Mas no fui yo, quien 6 o 7 dias antes, lo libró a D^{n} Josef de Molina, y todo el Exercito del peligro facticio, del talento militar de los Portugueses, y su sabio baleroso General, D^{n} Juan de Bon? Ci S.S^{s}, yo tenia tan sentada esta prerrogativa, que yendo a Lima despues fallecido D^{n} Josef de Molina, el Marquez de Tabuerniga, Saviendo el Excl^{mo} Sor D^{n} Fernando que D^{n} Thomas Gil que lo escoltaba, era el 2° albasea de D^{n} Josef de Molina le preguntó por mi y cintió que no me uviera conducido, y que S.E. cuidaria de mi, yo de S.E. etc. Al bolber D^{n} Thomas Gil y dar cuentas de su Comicion al Señor Bertiz le hablo de mi queriendo S.E. que me sediere y le cirviese yo a la mano. D^{n} Thomas Gil dijo que D^{n} Josef de Molina le nombró [9726] tutor mio asta que fuese ombre, tuviese oficio, y estado, o empleo onesto, que el conociese, y respondiendo a Dios de mis prosedimientos ci yo me viciase, y perdiese sesó S.E. diciendole que conserbaba las dos cartas que ciete años antes escrivi con la noticia de la llegada del Señor D^{n} Pedro Seballos a Maldon^{do}.

Llegó D^{n} Josef de Molina, aquella tarde a Maldonado, y ordenó a D^{n} Thomas Gil, y D^{n} Pedro Garcia, que me comprasen ropa de luto, botas, recao para montar y fue a visitar a Dª Antonia Moncla. Le cignificó aquella buena S^{a} su cuidado por mi, y dicimuló, D^{n} Josef de Molina, aberme visto. Bolvio, y al tomar café segun su metodo, mandó que me vistiese, sacó de el maleton un sombrero galoneado y lo tendió, mandó que me lo puciese, y me dio un cartucho con 24 p^{s} diciendo, be, vicita a Dª Antonia Moncla, y no le digas que yo te mando, dale las gracias por la acistencia que yso a tu madre, y ci te dise que ci quieres quedarte dile naturalmente lo que te paresca. Despedido de las S.S., be a los criados, reparte ese dinero, dales las gracias, y bente. Mi padre fue conmigo, y me acvirtió que yba a aser oracion a mi madre, y al regresar le allaría a la puerta esperandome. Berifique quanto me ordenaron mi Señor y mi Padre. [...]

Crítica a Manuel Moreno sobre la toma española de Colônia do Sacramento [T1]

[9131] D^{n} Pedro Seballos, Vrigadier entonses, Cap^{n} Xeneral de estas provincias el año de 1759, en consorcio con el Sor D^{n} Gomez Frere de Andrade, Vrigadier de Ynxenieros entonses de la nacion Portuguesa. Y quedando suspendidas las sesiones de los limites y preliminares, se atendio a una guerra que empeso en el pais el año de 1762 con la primera toma de la Colonia por [e]l Sor Seballos, reuniendo hasta el año de 65 una multitud de susesos en esta Provincia de la mayor Consecuencia y Onor a las Armas Españolas. Perdido a principios de este año el Riogrande de S^{n} Pedro, y bolviendo en 1777 el Ecl^{mo} Sor D^{n} Pedro Seballos que tomó Sta Catalina y nuebam^{te} la Colonia que havia sido debuelta a Portugal en 1766, berifico entonses el Sor Seballos la demolicion de esta Ciudad. [9132] Y si el Dro de los S.S. Portugueses al Brasil se funda en la consepcion de el S.P. Martino 5° es primera la de el sumo P Alexandro 6° a los P^{s} Monarcas Catolicos de España. Edificada la Colonia de el Sacramento por ordn del M.P. Sor D^{n} Felipe 3°, Rey de España y Portugal, donde recidió y murio, este pays que nombró Colonia demuestra estar en dominios estranxeros. Pero esto mismo demuestra que esta Poblacion no fue hecha sin rason mui fundada, y lexitima que fue el vien de los Ganados y Caballos en que es esta provincia de Montevideo la mas abundante de el mundo. En esa poblacion costeada por aquel Monarca o corte miserable, segun dise el Secretario Moreno, no solo se cuidó la cria de los animales bacunos y caballares para fomento de Buenos Ayres y todo el Peru, pero se fomentó el comersio de muebles, Oro, Plata y piedras presiosas, el de bevidas y licores ricos, el de xeneros a mejor precio que los de la Europa Española y el de Esclabos de mejor condicion y avilidad que jamas vieron estos Paises por ser los mismos enseñados por los S.S. Portugueses para si. Mi Padre Bentura Molina es uno de los que campea con 4 oficios: cosinero, Repostero, barbero [y] Sangrador, y texia medias y echa piesas texidas en ellas. Sirvio 22 años a D^{n} Josef de Molina. Salbo su vida una bez; fue libre desde entonses y [9133] no obstante de esta rara particularidad susedida el año de 62 quando D^{n} Josef de Molina salio de la Colonia de el Sacramento con 600 ombres a estorbar el desembarco de los Yngleses que vinieron al socorro de la colonia. Aquellos que haviendo sido ynsendiada la capitana en la baiha de la colonia por el Grande Artillero Portuguez nombrado Maneta con bala rasa huyeron y bararon en el banco a quien D^{n} Josef Eusevio de Molina mi Sor nombró el Banco Ynglez [...] No obstante esta rara particularidad, este fiel negro viendose moso y querido de su Sor quiso acompañarlo y lo berifico asta el año de 1782 en que murieron el y su Sor, el negro tres meses antes, el 17 de Junio, su Sor el 15 de Octubre. Tan sumamente hecho a las practicas de su siervo que ni probo bianda, conserba, pasta, cafe, chocolate, candial, te, mate, que este fiel sierbo no ysiese por su mano. Y le echo [de] menos de modo que murio enseguida de Bentura a consecuencia de la opinion comun de quantos los trataron y conosieron. La fama dijo que en aquellos años no hubo en las Provincias de B^{s} A^{s} ofisial mas pulcro, ostentoso, y jeneroso que D^{n} Josef de Molina. Mi padre no bastó solo, pues en el

Río grande tenia 5 ayudantes en la cosina, y despues siempre 2 asta que murio. [9134] Pero si esta relacion parese estraña en el contesto, lo es mucho mas la de el Sor Moreno sobre tal asunto de las cortes de España y Portugal. El Sor D^n Pedro Seballos quemo en la colonia todos los docum^{tos} de España a consecuencia de los reclamos de la Augusta S^a Esposa de el P Sor D^n Josef 1°, Rey de Portugal, y conserbo solo una carta de propio puño de el poderoso Sor D^n Carlos 3°, Rey de España, Ermano de aquella augusta Reyna de Portugal. Esta Carta la trajo mi Sor D^n Josef de Molina, Secretario por S.M.C. de el Sor Seballos. D^n Josef de Molina conserbo sus diarios particulares; estos he visto yo. El mismo D^n Josef de Molina tomó todos los papeles de Portugal en el Río Grande el dia 25 de disiembre de 1763 que lo tomo, vistos por el mismo Sor D^n Pedro Seballos. Se mandaron llebar a B^s A^s, y sosobraron en una Carreta que se llebo el Río solis chico, con bueyes y todo, que jamas parecio. Y defacto el Sor Moreno obra y abla a tientas y a oscuras con una enorme nulidad en las datas y fechas que alli sita. Sobre la mayor ynconsecuencia de este discurso de un rebolucionario probando contra una S^a Ereditaria de los Dros Acsolutos de esta nacion y contra una Ciudad como Montevideo que si huviera desatendido a S Altesa, sabe Dios lo que le huviera susedido.

Jacinto como historiador de José de Molina [T2]

[9569] [...] no niego que los ystoriadores tienen reglas que yo altero escriviendo la vida de D^n Josef de Molina. Creo tambien que tengo esepcion ci le demuestro ombre cingular en sus principios, medio, fin, y resultados lo que no podia suceder ci la Providencia no lo destinara. No tubo un criado que no fue feliz de los libros.

José de Molina: conquistador y libertador de los negros [T1]

[8982] Es selebre el Apellido de Molina en la Villa de S^n Carlos q^e fundó y poblo D^n Josef de Molina por la Gloria de su Soberano en la fortaleza de Sta Teresa, que tomo el 15 de Octubre de 1763, y en la toma del Rio-grande y el Norte, que tomo el 24 de disiembre del mismo año. Por si solo estas 4 plasas poblo y rindio a S.M.C., emviando del Riogrande las familias de las camaras portuguesas que benian a poblar Porto Alegre, Viamon y Río Pardo a poblar como lo berificaron los dos Maldonados. Fue D^n Josef de Molina quien dio el primer paso en esta America a la libertad de los negros Esclabos, pues a quantos tomo en el Río grande los dio libres en nombre de el M.P.S. Rey de España D^n^ Carlos 3°, y a quantos despues vinieron desertados en tiempo de guerra consedio este privilexio, como a mi madre Juana del Sacramento que vino al Riogrande en 1765 a prinsipios y casando mi padre Bentura, Liverto de el Com^te^ xeneral de la Campaña D^n^ Josef de Molina, Gobernador Vitalicio del Riogrande. [...]

Muerte de su padre, Ventura, y de José de Molina [T2]

[9801] El dia 17 de Julio de 1782 murio mi padre de un pasmo real. D^n^ Josef de Molina despues de los muchos aucilios y asistencia que yso a su primer cierbo, y liberador, produjo medicamentos que savia, unturas de limon asado, y desecho en el asufre, fue esta la primera curacion que yso el Doctor *D^n^ Josef Quiros* que condujo a la posada de D^n^ Josef de Molina, su tio D^n^ Jose Pla. Murio Ventura mi buen padre suplicandome dos cosas, una: *jamas te acompañes con nadie*, otra acompaña mientras viba, a mi Señor que es mas vien tu padre que no yo, sabes y tienes muchos mas conocimientos que yo, y todos se los debes a [él], ultimamente te pido hagas esta atencion por mi que te lo pido, y te lo mando, creyendo que es lo unico, y mejor que puedo aconsejarte. Me legó 150 pesos en dinero, y murió al dia ciguiente de la selebrasion de la Virgen del Carmen. [...]

Cumplió la caridad de D^n^ Josef de Molina, con su criado que enterró con la mayor [9802] desencia, D^n^ Josef de Molina todos los deberes de la caridad y humanidad, y dio el pesame a mi nodrisa, su esclaba, y antes a mi, con una sencivilidad, que me dijo: *encomienda a Dios a tu padre, y acvierte que esta suerte emos de tener todos. A nadie pediras en casa nada que te aga falta ci solo a mi que ci la uviere en casa se te dara y cino yo la are buscar.* Mandó a mi nodrisa que cuidase acsolutamente de mi desencia, pues fui la causa de que casase con mi padre. Le ordenó tambien que al aserle su cama, se condugese mi colchon a su aposento y aderesase mi cama frente a la suya, y esto se berifico asta que su S^a^ fallecio. Por ultimo vistio de luto a mi nodrisa, y a mi y una ermanita niña de cinco o seys meses, prediccion que ciendo uso fue pronosticar que seriamos los unicos en su casa, que muy pronto lo llebariamos por S.S^a^. Los S.S^s^ Medina, Blanco y Mont, acistiendo a su mesa, me decian tu padre apresuró la muerte de su Sor, pero dicto por elogio de la virtud moral de la umildad del Vrigadier D^n^ Josef Eusevio de Molina que quiso tanto a su negro Ventura, que en barias cosas se sugeteba al pareser de mi Padre, esto es bueno para V.S., aquello es dañoso, por esta, o aquella rason. De las relaciones que dio a su Negro Bentura, de sus pasages en Ytalia tomé yo las muchas noticias que he dictado en esta historia, y lamentare que D^{n} Josef de Molina no pudiese decir con D^{n} Pedro Calderon de la Barca

Ben Muerte, tan escondida,
Que no te cienta venir;
Porque el Plaser de el vivir,
No me buelba a dar la vida.

El Invierno del año 1782 no contenia la actiba persona de D^{n} Josef de Molina, separandose de casa aun a la ora de el descanso, de la ciesta me llamaba, y yba a tomar el sol al muelle, a los baluartes de la ciudadela, y oprimido de su pesar, solia decir que en su casa faltava algo que el no sabia encontrar, aci existía.

¡Cuando un mayor golpe lo rindió absolutamente al lecho!

[9805] [...] D^{n} Josef de Molina bolvió a casa, y adolecio Agosto, Septiembre, Octubre. Dignaos, Saviduria Eterna Iluminarme, para que pueda escribir con Dignidad las postrimerias y ultimatum del Vrigadier D^{n} Josef Eusevio de Molina.

Nada le dolio, pero una devilidad, disgusto, y mortificante pensar una reflexion viba, un Amor a la *Ley* a la *Religion* un Respeto al *Monarca*, un temor de lo que podria ser, y una *ygnorancia total* sobre el suseso del *Marquez* que desearia Ilustrar, o Defender en correspondencia, un *Duque Grande de España* mui semejante a un *Principe* estremecian el fatigado entendimiento, cilencioso de D^{n} Josef de Molina, su dibercion solo vinculada al Estudio de Jacinto de Molina despues de tomar café, le lleba o pide sus cuadernos y escribe grandes cuentas de multiplicar, ba este al citio de su estudio, saca, y aprende para leer las cuentas que le daba su Señor y abil en las tablas a las dose, se las da, y D^{n} Josef de Molina buelbe al instante a sus meditaciones. La noticia de la indisposicicion de D^{n} Josef de Molina se estendió y vino a berlo el ministro de Marina D^{n} Bernardo Alcalá, compañero del celebre Petisco al comedor de la avitacion de D^{n} Josef de Molina; era tambien la sala y en una gran mesa recidia la de mi estudio y practicas, reglas compaz lapis cortapluma libros cuadernos tintero salbadera. [9806] Yo daba, ciempre recitando de memoria, las materias literarias que D^{n} Josef de Molina me señalaba. La noche antes obgeto que no suspendió, desde que leí en libro de cinco años, ciendo esta la rason de recitar para consevir lo que aprendia, dentró en esta ocacion, el ministro no saludó, ni yo oý sus pasos; llego por la espalda asta mi, y notó mi ocupacion. «Oyes negro», me dijo, «que papeles son esos». «Son mios.» «¿Tuyos?» «Ci Sor.» «¿Quien te enseña y escribe esas cuentas? ¿el amo Molina?» «Ci Señor.» Se retiró de mi, y partió a ver a D^{n} Josef de Molina, su saludo fue, el que se me dió a mi, pocos años ase. «¿Molina esta vmd loco?» «Alcala, esta Vmd bueno.» «¡Ombre, tíene Vmd balor! de estar enseñando ese Negro cuando en Cadiz se esta tratando este asunto de la esclavitud de los negros y es una materia, su ynstruccion que de modo alguno se puede permitir en las Americas. Dege Vmd eso y diviertase Vmd de otro modo.» La mayoria que ostentó el ministro sentó malicimamente a un *Teólogo Moral Politico consumado*. No le contestó una palabra, lo que visto por Alcala dijo «oy esta Vmd de mal umor, asta otro dia.»

El Com^{te} del Río D^{n} Graviel de Guerra era ayjado de casamiento por poder de D^{n} Josef de Molina, amaba con estremo a Molina y le contó este pasage anadiendo: «ci yo tuviera aora diez años menos, cin detencion alguna enviaría aora este negro al Janeiro, estudiaria allá, y tendria el plaser de que despues le yncasen las rodillas. El es libre, deví a su padre la vida, y este es una parte de la correspondencia que debo darle. ¿Que otra cosa debo aser que darle doctrinas, y buenos documentos? La ydea de refleccionar y tomarse mano en cosas de mi casa sobre un negro que nació en ella, acaso dirá dentro de poco que yo le di mala criansa al negro Jacinto». [9807] «Aci suplico a Vmd que se acuerde de mi, recoja Vmd a este ynfeliz, que podra Vmd aun ynstruirlo y aplicarlo.» No supe yo todo esto asta que muerto D^{n} Josef de Molina, me envio a llamar el Com^{te}, me dio la noticia que e concluido y sabiendo que D^{n} Josef de Molina me recomendó caci por fuerza a D^{n} Thomas Gil, su cuñado clandestino 2º albacea. Concluyó el Vrigadier D^{n} Graviel de Guerra, pidele a Dios por tu amo y jamas te olvides de el. [...]

[9813] [...] D^{n} Josef de Molina estaba sentado, con alguna ynmediacion, a un camarin de madera que servia de divicion a la cama que tenia a la espalda, barra y media distante. Di el cigarro a S.S^{a}, tomé la luz, y puesto yo de rrodillas, aplicó el cigarro, y lebantando sus ojos, los fijó de modo que parecio estatico, elebado, ardió todo el cigarro, asta que llegó el fuego a sus dedos, y obserbando yo que los quemaba ynsencible. Retire la luz, y me ocupó el llanto. Bolvió del rapto, diciendome «arrima la bela». «Sor Vmd se quema»; miró sus dedos, y vió el fracmento del cigarro entre sus dedos de la mano derecha. Y arrojando este fracmento al pie del candelero de plata que yo tenia, me dijo, con las mas amable y dulse expresion: «*Jacinto, yo muero, encomiendame* [9814] *a Dios, mira como vibes, porque qualquier cosa que te suseda se atribuirá a la mala criansa que yo te e dado. Tu yras a B^{s} A^{s}, da m^{s} a las S.S^{s} pideles de mi parte, que me encomienden a Dios, y yo asta la Eternidad...*» Estas expresiones yncesantes en mi mente, los dias y años de mis ynstalaciones, por la eccistencia an manejado cin ynterrupcion mis operaciones, quiera mi suerte que llegue al fin, conserbando el alma, tales sentimientos, pues refleccione que las obras, mas que sus palabras, el dia 15 de Octubre de 1782, asta las 8 y ½ de la noche, que fallesio, me persuaden que S.S^{a} Refleccionaba de este modo...

1°

De profundi Clamabyate Domine
De lo Profundo, clamo a ti Señor,
En mi Triste Cituacion,
Misera, Enferma, Afligida,
Y pues gustas que te Pida,
Oye Señor mi oracion,
En esta boz compungida.
Domine exandi: bocem meam.

2°

Fiat aurem tuam intendentem
As que tus oydos me entiendan
Ci eres Señor quien Podrá
De mis Defectos Malda
A mis boses mis Gemidos
como Pido Despachar
In bosem et Deprecationis mea.

3°

Si iniquitatis obserbaberis Dominex
Señor Sabes mis iniquidades
Y yo Tu Inmensa Piedad
Tu Amor, Misericordia, Bondad,
¿como Pude, contenerme?
Ci esto os Causa, el Perdonar.
¿Domine, quis sustinebit?

4°

Quia pud te propitatio eft
Solo tu me acogerás
Y a ti Señor Humillado
Aqui Rendido Postrado
Ya me sostengo Sor
Oy por tu Ley Obligado.
Procter legen Tuan Sustinuite Domine

5°

Sustinuit anima mea in verbo ejus
Sostenida mi alma en sus palabras
Promesas, y Galardon
Que me Perdonen Os ruego:
Mi Alma Espera En ti Sor
Contrito mi corazon
Speravit anima mea in Domino.

6°

A custodia matutina usque act nuetem,
Aguarda de la mañana a la noche
Desde que empesé la vida
Os Dediqué el corason

7°

Quia apud Dominum misericorida
¡Quanta es su misericordia!
[9815] Ci cay mi Dios tan fragil,
oy Espero en ti Señor.
Speret Israel in Domino.
La remicion de mis culpas,
Por los medios del Sor
os presento, por fianza,
Las copias del Redentor.
V copiosa apud eum redemptio.

Regresó D[n] Josef de Molina a su cilla poltrona, cin llamar otro acistente (Juaquin que avia belado) solo me dio la mano, se puso em pie y fue asta la cilla poltrona, con su ciniestra se aseguró del camarin de madera, por estar esta cilla entre la cabesera de su cama y el camarin, y a la otra parte, o pies de su cuja un altar, con su S[to] Cristo, a que se dirigia sentado, y vien cuviertos los piez. Sobre otra cilla, dijo, «cigue leyendo». Se le ofertaron caldos, y ciempre opinó agua. D[n] Ximenez, y el Sor Gil, Tivia, y S.S[a] la gustaba, y se paraba esperando que se enfriase. La mesa o papelera de escrivir, D[n]

Josef de Molina estaba, por la parte esterior, del camarin y yo sentado a ella, con los libros misticos, de la mortalidad. S.S[a] me miraba caci de frente, mui ynmediato, recostado a aquella parte por una almoada, sostenida, por el balancin colateral de la cilla, ancho forrado, fuerte que mantenia la forma, pues era una cugita de campaña y cilla ygualmente; y trasponiendose algunos minutos me manda parar.

Los medicos, de ora en ora, lo vicitaban, y ecsaminaban el pulso, y la ympaciencia de los oficiales le ocserbaba por la pequeña rendija de la puerta. ¿Y será pocible que una dolencia que se figura a la desesperacion, serrados todos los conductos de la expulcion, no sacasen un suspiro, una esprecion, un ay, de D[n] Josef de Molina? Aun mas a las 5 de la tarde, preguntó D[n] Miguel German el efecto que acian los causticos. «Ninguno», contestó, «solo e sentido una especie de picason». [9816] Puede verse ci Sor S.S[a] los descuvrió, y mui superficialmente llamaron el color de la sangre, en las circunferencias del parche. El Sor Gorman dijo «mejor será quitarlos, y esa menor yncomodidad abrá». El mismo Gorman los deslió, bolvio a cubrirlo, y D[n] Josef Eusevio de Molina bolvió a la pocicion que tenia, y es evidente que se avisó a la religion de San Fran[co] entonses muy provista de religiosos, la Yglecia de clerigos, los regimientos, y marina de capellanes. ¡O Digno Expectaculo de mi narracion! dos sentinelas avia desde la una, a la puerta del aposento, una a la puerta ynterior de la sala, otra que se avisaban, por señales, y en los altos del Sur, de D[a] Maria Blanco, de tanta extencion, no se oýha otra bos, mediada, que la de Jacintillo. No produjo D[n] Josef de Molina o articuló palabra, recostado. D[n] Thomas cuidadoso, dentró a preguntarle ci gustaba de algo. Nada Sor D[n] Thomas, llego la noche, cruel para todos los que conocieron, o no, al Vrigadier D[n] Josef de Molina. Ciguió en ella cin descontinuacion, asta las ocho, y lebantando la cabesa de la almuada a que se recostaba, me dijo «Jacinto ayudame a suvir a la cama». Lo yse, en medio de la cama avia una almoada en que depocitaba la cinta, por la seatica, y otra con que se abrasaba, ciempre bestido, con batas fajas, chalecos, de ynvierno o berano, omitio esta noche una almoada con que se abrasaba. *Y dicto con desembaraso y claridad la ultima palabra* que produjo en esta vida: *Tapame que tengo mucho frio…*

Muerte de el Vrigadier
D[n] Josef Eusevio de Molina
el dia 15 de Octubre de 1782 a las 8 y 1/2[a] de la noche

Ventura pide a su hijo Jacinto que asista a José de Molina [T1]

[9017] Mi padre Bentura Molina al morir, tomandome las manos poco antes, llorando dijo: «¡O quanto siento dejar[te] de tan pocos años (tenia yo 15 y nuebe mes) en una edad que [es] peligrosa. Por esto te pido y suplico unicamente que jamas habandones tu doctrina, educasion y quanto sabes, y quanta asistencia [has] tenido a Smd, se lo debes. Sufrelo aunque sea ansiano; haslo por mi quando no sea tu boluntad».

Lealtad de Jacinto a su padre, a José de Molina, las monarquías y la Iglesia [T2]

[9315]

En otras ocasiones he tratado de mi Nacimiento, de mi fuero, de mi educacion, de mis preseptos, de los conocimientos de Algunas ciencias como la Oratoria de la Rectorica, la Moral, de los *Dros* Politicos Social, y Militar, de la Teoloxia escolastica, y Reglas de la Elocuencia, y de los metodos para composiciones, como en la poecia, sobre rudimentos gramaticos ymformes por mi estudio, como en la doctrina sin composiciones dandome mi Sor copias literarias que yo copiaba o dictandome palabra por palabra, las ynterpretaciones.

¿Pero como se negara que es muchicimo desender un Sor a aserse ayo? y dedicar oras, diarias ymfalibles, para tal exercicio y dibercion a presencia de mi padre, y madre, con que daba pabulos a mi Memoria, y aplicación. No me Acmira, que al Morir mi padre Ventura, tres meses antes q^e su Sor, con lagrimas en los ojos uniendo sus manos con las mias me dictase «El hunico fabor que te pido es que Jamas, abandones a mi Sor; Sufrelo ci es Anciano, y acvierte que ci a mi me debes el ser todo lo demas se lo debes a el. Tu sabes mas que yo, y facilmente lo podras comprender».

Oy se ben caer destruidos a los Altos piez de el M.P. Señor Emperador. *D^n Pedro Alcantara de Braganza* Primero de la feliz Monarquia de el Bracil [...] los Boltayres, Diderós, Olbaces, los Calvinos, los Luteros, y esas ynnumerables porciones de Ereges, Ateos, Rexicidas, Omicidas, que desde el año ynfeliz 1808 an ynfestado a aquellos payses contra Dios; y sus lugartenientes representados bien de S.M. Infinita, los Augustos Monarcas de España [...] Portugal, y el Brasil, contra la Santa Iglesia y casi todas en el Peru, contra sus fieles basallos, de la Majestades y contra mi, el mas humilde de la ermandad porque defendia aquella ciudad de sus enemigos y ordenandome que tambien lo yciese contra el Rey contesté - *que no, contrariando lo que dijeron, creyeron, y juraron ellos.* Lo sostienen oy, como se lo propusieron. Tal es la Libertad de la Patria. ¡Admirable Refleccion! *Poder incontrarrestable de la fidelidad de Molina! Y sumisión de mi natural obediencia.*

La Revolución Artiguista [T2]

[9523] [...] El de 1815 fue feliz el xeneral Artigas en esta ciudad y ciendo mi condicipulo yo fui ymfeliz como el Rey D^{n} Sebastian de Portugal el dia 19 de Marzo de ese año que devia entrar en esta el xeneral Otorgues, fue su Tte el ciudadano D^{n} Thomas Garcia de Zuñiga, que determino tomase yo las armas para defender esta Ciudad contra el Rey D^{n} Fernando 7°.

Los Reyes de España D^{n} Felipe 5°, Carlos 2°, Fernando 6°, el mismo Felipe y D^{n} Carlos 3° ennoblecieron e Ylustraron desde soldado raso al vrigadier D^{n} Josef de Molina. Y el P. Sor D^{n} Carlos 4° y su Señora de Titulo a S^{a} Dª Fran^{ca} Molina, ermana menor de aquel vrigadier a quien su augusto Padre yso su primer camarera en 1752 con 600 p^{s} anuales pagados del fondo de viudedad del R^{to} fijo de B^{s} A^{s}. Lo se por relacion de los coroneles Texada y [...] recomendandome la conducta combeniente a mi apellido. Me lo pidio D^{n} Josef de Molina como memoria de los beneficios y aun ser Moral que me dio. Bea V.E. si pude asentir a la propocicion del Doctor D^{n} Thomas Garcia de Zuñiga. Ciendo el primer Tte de negros de B^{s} A^{s} de milicias Provinciales desde el año del 1791 se decidieron a darme una muerte exemplar y se me mando poner de cabesa en el sepo. La yntersecion de Maria Rufina Campana de Rodillas a Doña Fran^{ca} Ubarnes y en seguida a Dª Juana Garcia de Zuñiga libro mi vida.

[9362] El año de 1815 mandado por[1] Gobernador de Montevideo tomar las armas a fabor de la Patria y en contra de el Rei lo reuse y sufri la pricion de los dos piez en el sepo de la ciudadela. El oficial de artilleria Ramos, y Oribe, Ropanda, i otros propucieron darme muerte a estocadas para ejemplo de los demas. El Yll^{mo} y Eccl^{mo} Sor D^{n} Thomas Garzia lo reuso, la M.A. de los Soberanos y la Piedad de el Yll^{mo} Señor Cap^{n} Jeneral han atendido esta sircunstancia. Si yo tengo no solo la felicidad pero el onor de aberme decidido en servicio de mis monarcas. No me es Permitido YLL^{mo} Respetosisimo Señor desender a otras Relaciones señido por las metodicas sircunstancias de la duracion. [...]

Los batallones de negros en tiempos de la revolución [T2]

[9296] [...] Eroes de la Libertad Ocserben V.S.S^{s} en solo hun paso, las victimas de la Libertad que an sacrificado a sus orrorosos manes. Los regimientos de Negros 2, 6, y 10 peresieron todos, en una batalla en el Peru, sin escapar uno solo, de esta desgraciadissima Numeración.

¿Pero embueltos, en ese ynteres culpable? Si fue su ympulso, quien los animó, buestros Satiros! ¡Desdichados Negros! Desean ofuscar tarde la Rason Y volcar la culpa sobre los ymfelises! Sería Culpable buestro balor, que tampoco tiene Edad. Todos eran jobenes.

Se M.A.Y Poderosos Sor la Suerte de la Ysla de S^{to} Domingo, y No ygnoro que las Americas Españolas pribaron los negros de el estudio y de las ciencias, hunos, y otros se han destruido Mutuamente. Y alla y aqui a sido el juego, la sola humanidad, pues pasan de 15000 los que an peresido en las Americas, o en el Peru solo. V.M.Y. Debe Obserbar si Dios Gustará de tal Ynumanidad.

El Gran Gobernador Soler de B^{s} A^{s} dentró en capilla a las 2 de la tarde un Negro, el año de 1814 y lo pasó por las Armas a las 4 de la misma tarde. ¿Eroes de la Libertad? ¿Porque fue Esto? ¿Porque este negro no era cristiano, y se le cristianó en el acto? ¿Y si huviera muerto ymfiel en la batalla de el Serrito? Era un Eroe de la Libertad por la Ordenansa de S.S^{s} ¡O quantos abran muerto de este modo, sin doctrina, sin fe, y sin Bautismo! Y yo se vien que esta cuenta a pesar de V.S.S^{s} de ningun modo se perderá.

[9297] Acmira el mundo los orrores escandalosos y boluctuosos que a visto esta Ciudad, y Provincia, en 1814, 15 y 16 bajo la dominacion Patriotica. Que ymfelises fueron entonses los negros constituidos bajo las reglas de la libertad, que de ofensas sufrio el criador, y que sensible sería M.A.Y Poderoso Señor. Bolber a barar sobre tales principios.

Por eso el Sor D^{n} Isidoro de Antillon notando los discursos de la Junta Rejente de España en 1811 sobre esta materia dice: que no se puede de el todo dar la libertad a los negros, señalando los impuberes, y otras clases, y graduando, hun margen de tiempo para resolber sobre este delicado punto.

¡Mas ay ymfelises! Los que descuidan tanto en la doctrina y costumbres de los esclabos saviendo cuidar tanto de los yntereses que produsen. Mi obligacion aquí es el conosimiento, y refleccion de mi soberano para no yncurrir en la acmirable y dolorosa queja de algunos reprobos: *ay de mi quia tacui*: ay de mi por que calle. [...]

Recuerda diferentes sitios sufridos por Montevideo y otros eventos [T1]

[9063] Mi Dolorosa Memoria obserba en Montevideo sepultados mis Padres Molina y Bentura, [y] mi esposa Maria Rufina Campana. ¿Pero Sus Espiritus me asistiran y acompañaran en la Tierra de Promision? Triste Montevideo, es feble la situacion en que te deja la critica de tus filosofos. No eres tu la autora de tu felicidad o de tu hagravio; de tu felicidad es Dios, de tu Ymfelicidad lo son tus filosofos. [...] Bed las armas, virtud, y esperanza con que emprendo este discurso, como todos quantos se me han visto hasta aqui la Gloria de Dios y de el Augusto Emperador mi Sor. Es materia mui yndiferente a Molina, lo que disen V.S.S. si no saben probar lo que disen. Xamas. Ya fortificarte Montevideo, que no temas siempre ser ymbadido. Yo bi barias beses formar los planos de tu situacion y sircumbalacion a tus enemigos quando te dominaron. ¿Podra dudarse el fin con que lo ysieron? Y si no puede dudarse ¿pudo ser odiosa la ydea? [...] ¿No es esta una de las grandes miras de la filosofia?, hallar un blanco para sacudir sus miserias oy al gran filosofo, penultimo conquistador de Montevideo. Este dijo «*es un ardid de guerra*». Quando pidio piadoso quinientos mil pesos de contribucion, se llebo millon y medio por piedad de una pequeña ciudad que havia perdido nuebe mil y setesientos ombres desde el año 1808 hasta el de 1814 dentro de sus muros. Y en el acto desiso todo el pie de exersito Español que tenia dentro con otra orrorosa ynjuria [9064] que, haviendolos desarmado fuera con pretesto de que solo alla les daria que comer, los enserro luego en el templo consagrado de esta ciudad, desde donde el que no tomo partido fue a ser ymfeliz victima en los orrorosos destieros de Buenos Ayres. El colector de las Pertenecias Estrañas llebo otros pocos millones de los comersiantes de esta Ciudad, que si no tuvieron dinero ebacuaron hasta las notas de sus libros y papeles de Compañía, encargos o avilitaciones. Los efectos que tenian sediendo la Ciudad sus propiedades para sucministrar los sueldos y bestuarios a sus tropas que jamas estuvieron mas lucidas y vien uniformadas. El Ynsendio de la hasienda Real no puede ser numerado en el acopio de los Eccl^mos^ S.S. Xenerales y Gobernadores, en Parques y almasenes, Salas de Armas las mas vien provistas, destruyo aquel Tito de esta Triste Xerusalem, hasta las esplanadas todas de los muros, accion que no Ysieron los S.S. Yngleses el Año de 1806 que conquistaron por un sitio y asaltos esta Ciudad. El numero de buques que perdió era acmirable; la destruccion de este famoso Templo Matriz y abominacion que sufrio este santuario son yndesibles. La Maxestad de los reyes de España gasto en las selebres bobedas dictadas por las Ydeas de el Sor Gobernador D^n^ Antonio Olaguer Feliú mas de Tresientos mil pesos. Oy sirben para presidio; algunas no tuvieron jamas otro obxeto; algunas sirvieron de quartel a la milisia (los mas yncomodos e yndesentes, humedos); otros sirvieron para recoxerse las muxeres huyendo el fuego de la mar de los S.S. Yngleses. Al huir la Patria de B^s^ A^s^ bolaron tres de estas bobedas que servian de almasenes de polbora, y vistos la ynsufisencia de estos filosofos de que muchos sufrieron terribles perdidas en la muerte de sus esclabos no comprendió que los S.S. de B^s^ A^s^ [9065] dejaban estas municiones porque no podían llevarlas. Concurria todo el pueblo a buscar maderas barriles basios, lienso, y lo era lleno de xentes las bobedas y circunferencia bolaron estos almacenes cuyo grande peso de sus techos de piedra y ladrillo cayo mas pronto que pudiera difundirse las fuersa de la polvora a todos sus barriles y depositos. Dignos S.S. filosofos ¿vieron V.S.S. el orror de sus opiniones en su Pais? Si todos estos sucesos del negro corazon y halma de V.S.S. sufrio esa Patria. [...] Peresieron las firmes colucnas de muchas familias que jamas bolberan a ser lo que antes fueron.

Conducta de Jacinto y altercado con Tomás García de Zúñiga [T1]

[9000] El año 1782 hasta el de 1823, Siendo humilde [...] se yso digno por si solo de la estimacion de todos los que conosio [en] B^{s} A^{s} y aqui [en] esta ciudad desde el año 1799 que ultimamente vine de B^{s} A^{s} a casa de el ciudadano Jayme Ysla, cuya finesa por este negro Molina es tal que solo sedio la libertad a su muxer Maria Rufina Campana. Lo establesió aunque S.S^{a} mismo le ordenó a la [...] de los Yngleses que destruyese la tienda y se fuese a [...] [atender] a su muxer enferma en Canelones. La conducta de el Humilde Molina se yso Digna de que El Ecl^{mo} Sor Fran^{co} Xavier Elio le presentase el primero a la Junta Central de España año 1809. Esa misma conducta mer[ecio] que el el Ecl^{mo} Sor D^{n} Gazpar de Vigodet le presentase a la Junta en el Correo la fragata de Comercio la flor [en] mayo año 1813, poco despues de la selebre salida. [...] Esta misma conducta siempre humilde merecio escribir primero al M.P.S. Rey de España D^{n} Fernando 7°. [...] Llebo estos documentos el Ecl^{mo} R° Sor D^{n} Fy Sirilio [A]Lameda en el bergantin [...] del mismo Sor Vigodet este año 1814 con la [...] perdida de esta Ciudad, documento que con los de el Sor D^{n} Juan 6° de Portugal presentaron a S.M.C. Los Lameda y Vigodet. Resultando de estas semillas el estado que S.M.S. me consideran. A pesar, Gran Dios y Sor [...] todo este cuidado de mi conducta y estudio de mi talento, [el] Yll^{mo} y Ecl^{mo} Sor D^{n} Thomas [9001] Garzia de Zuñiga, Orgulloso, Ymprobo, e Ymbechil, me llamo. [...] Quise y quiero resolberme: el ser loco quando mas sera u[na] emfermedad, y no fue, no quiso ser jamas Traydor Molina [al] Rey de España. Sor de los Garzias de Zuñiga. [...] Molina no fue contrario al Rey de Portugal, pues le sir[vio] tam fiel como al Rey de España. [...] ¿Que dire quando heche el resto de la Subscripsion de formar causa un Doctor subalterno a u[n] xeneral su faboresedor sin orden o ynstruccion de el Monarca, que para tales casos ha de dar las dos? Tal Garzia [9002] de Zuñiga no es bestia o embustero, como dixe piadoso algunas beses: es monstruo de la Yngratitud [y] altibez. [...]

Las tres vidas de Molina ydentifican y forman hasta la presente sola una: por Politica *el Padre, Madre y el Yjo todos tres son una misma cosa*–ley testamentaria. El mismo Sor me hacvirtio de esto la noche que murio mi padre. Acabado de resar el en presencia de todos los de casa me dijo: «ha muerto tu padre; encomiendalo a dios y en adelante no tienes otro padre que yo. Mientras viba quanto se te ofresiese pidemelo que si no lo [hay en] casa se traera», y ordenó a mi madrasta ysiese mi c[ama] en su mismo aposento lo que berifico asta la feliz [muerte] de aquel Sor. Acmirara la dibersion casi continua de Josef de Molina. Dormia bestido y se ocupaba sentado en [pre]guntar y esplicar la doctrina de Vayadolid que savia [desde] quando la apreendio [de] niño. Y no saviendo yo sino la Astete, mando comprar este catesismo y me yso aprender y enseñarlo a otro ayuda de camara llamado Juaquin, [...] mayor que yo, a quien enseñe a leer por su orden.

[9015] Hasta aqui sobre este ymportantisimo punto, fue un ecseso de prudencia, de mi sencible humanidad, o de mi atencion a una respetosa y Noble familia en que se miran los Padres y dos Ermanos. La YLL^{ma} S^{a} Dª Juana Garzia de Zuñiga libro mi vida [a] ynstancias de mi muxer de las manos de este Tte Gobernador de Otorgue[z] como el fiel servidor de la Patria. [...] Con tal notisia era S.E. bueno para que yo le fiase los [decretos] que me havia encargado el YLL^{mo} Sor Secretario D^{n} Domingo Albarez Blanco. Entonses me huviera llamado de berdad y con rason loco, y yo diria que era un savio [lector]. Pero dixe y digo que no sabe nada y por eso pedi [a] S.M.Y. que le emplease en la Carrera Militar. El YLL^{mo} Sor Doctor D^{n} Fran^{co} Xavier Garzia de Zuñiga asi que [...] al Campamento de Guadalupe el 14 de Agosto de 1823 [me] libro de otra prision de el Yndomino Neron de los Negros. «Bentura: ¿yo le he faltado al respeto porque no servi a la Montonera?» Mi xenial naturalidad no podia contener la risa que se quejo y reconvino a mi muxer propia. [...] Dios es, Sor Doctor, el primero que se vio reir. [...] Sor Doctor, ¿de que Autor saca V.E. que sea falta de atencion tener aspecto risueño? Sobre mi educasion, D^{n} Josef de Molina [dijo] al maestro y a mi padre que no permitiesen jamas la seriedad altiba en mi aspecto, [9016] pues era señal acsoluta de un xenio sobervio. [...]

Narra su experiencia militar en un memorial a la Corona portuguesa [T2]

[9186] Año 1817

Prim^{o} Memorial Ystorico al

Yl^{mo} y Eccl^{mo} Sor Baron de la Laguna: Capitan Jeneral de las Fuersas de Mar y tierra por los Augustos Monarcas D^{n} Juan 6° Rei de Portugal y Don Pedro 1° Emperador de la America.

Señor:

Jacinto de Molina, Sarjento Maior de milicias de Ynfanteria, y Lisenciado en Reales Derechos: Ante V.E. con mi maior Respeto digo,

Que En cumplimiento del Superior Orden de 23 de Septiembre anterior comunicado a Mi, por el Yll^{mo} Sor Secretario de la Guerra D^{n} Juaquin de Sagra digo,

Que aviendo tenido la felicidad de ser atendido el Merito, que en servicio de las Reales Armas de Portugal berifiqué, desde el dia 24 de enero de 1817 que Gloriosamente tube la complasencia de presentar el primero, quanto humilde ensaio, de la suseciba colección, de reflecciones literarias, primero en una obra de quatro libros que con Orden de S.M.F. el Augusto Sor D^{n} Juan 6° escrivi con titulo de Refleccion Politica, Moral, y Militar, sobre el contesto de tres cartas. [...]

2^{a} al M.A.Y.P. Sor D^{n} Juan 6° Rei de Portugal: que recidia en aquella epoca en la capital de el Bracil Río Janeiro: la tersera, fue dirijida a mi Rey entonses, y mi Sor, como ahora, S.M.Y. de el Augusto Señor D^{n} Pedro Emperador de la America.

V.E. Promovió luego otra carta a S.M.Y. 1825- donde le doi las Gracias por la mersed que iso a V.E. al Señor vicario y los Cavildos de Montevideo, y onrrandome con las Gracias de S.M. octube la prorroga para escribir y defender qualquier asunto en que se me ocupaba.

Produje las pruebas de mi Balor, Conducta, Aplicacion, Constancia, Fidelidad y Amor a mis Soberanos, y di un paso a la Practica de la poblacion en Montevideo, empezando por el Real Colejio de Maria Rufina del qual formé tres dibujos de los que conserba uno D^{n} Damaso Antonio Larrañaga [...] obispo electo de esta Provincia; presentado el otro al Yll^{tre} Cavildo, condujo los dos el Yll^{mo} Sor Doctor D^{n} Lucas Obes con direccion a S.M. que igualmente conducia la Peticion de propiedad de la estancia de el yntestado D^{n} Miguel Samora, para alimentos i Renta de el Colejio de Maria Rufina de poblacion de una villa en el sentro de sus terrenos y el metodo y rasones para la construccion de fabricas en ella, con preferencia las de Suela y Chuses Alfombras, para probar i asender a otros tejidos de lana, Ylo, Algodón, Seda, y Cañamo.

[9187] [...] Naci libre en el Río Grande en 15 de Octubre de el año 1766 en casa del vrigadier D^{n} Josef Eusevio de Molina, entonses Tte Coron^{l} Gobernador de aquella villa, y primero Com^{te} Jeneral de la Campaña. Empese la direccion de mis documentos de 3 años con el secretario de mi Señor D^{n} Manuel Otero que murio en Montevideo año 1782, primer oficial de cajas. Conclui esta en Montevideo con D^{n} Mateo Cabral año 1780, años 11. Empese a dibujar por reglas el año de 1771 ynstruido por el Tte Coronel entonces de artilleria D^{n} Fran^{co} Betbese Gobernador ynterino tres meses durante la espedicion de la sierra. Este ejercicio a que me afisione poco [vo]lvio a tener documentos de el ecselente matematico D^{n} Feliz de Ydiarte en años 1780 asta 92. Conosco casi todas sus reglas pero ignoro el metodo aser sombras.

[9188] El mismo año de 71 fueron a la expedicion de la sierra mi Sor i mi padre contra Portugal. Empese mis meritos militares en el Rio-grande este mismo año de 71 conduciendo cartuchos y tacos en las baterias, todos los muchachos de escuela, por defecto de artilleros. El de 1775 tomaron los Portugueses el Río Grande y es mi tersera accion militar, pues la 2^{a} es un mes antes arribo a aquella plasa, de la selebre expedicion Portuguesa, presedida por el Navio San Antonio mandado por el selebre Portugez Macudum. Mandaba esta Expedicion el Jeneral Aleman en servicio de Portugal, D^{n} Juan de Bon. Señalose en la toma de el Río Grande rindiendo dos baterias Españolas –el Triunfo y la Trinidad– en aquel fue erido de Muerte el cap^{n} español D^{n} Josef Aldiber, al golpe de un sablaso, que estando erido con antisipacion de rodillas con la espada en la mano Derecha y la cuerda de la bandera en la otra lleno de onor no quiso rendirse asta que el Sor Marquez que mandó toda la accion por ynstruido y baleroso le dio un sablaso, i caio este Yll^{mo} General, era entonses Teniente.

El Jeneral Bon tomo el Puntal que mandaba D^{n} Franco Orduña, que murio este mismo año 1823 en Montevideo, su Graduacion Mariscal de campo en servicio de España entonses solo subteniente de artilleria, y omito por no ser de este asunto las relaciones de las Grandes batallas que sufrio con solo 5 pequeños buque el Sor Conde de Morales D^{n} Fran^{co} Xavier de Morales, Capitan de Fragata entonses i Com^{te} de aquel Puerto i su marina, el primer Ataque justo a la entrada de la espedicion Portuguesa vien armada i tripulada, es la 2ª accion mia; duró quatro oras sostenido por Com^{te} de la Barra D^{n} Fran^{co} Betbese, D^{n} Josef Aldiber Com^{te} del Triunfo, D^{n} Juan de Reina alferez entonses Comandante de Sta Barbara, D^{n} Feliz Ydiarte Cap^{n} Com^{te} de la Trinidad. *Este oficial fue prisionero de Portugal en la hultima accion en la Misma Bateria de las dos que rindió el Sor Marquez.* D^{n} Franco Orduña ya sitado mandaba el puntal que echo a pique huna bombarda de las que tenia el convoy.

[9189] [...] El yncendio de los fuegos en estas acciones es tan accmirable, que ocuparia grandes espacios para describirlo y solo añado, la America del Sur no manifestó anteriormente en sus pesadas Guerras y Conquistas ninguna accion que se asemeje al balor, desinteres, Garbo y Visarria, al onor de las Naciones Portuguesa y Española. [...]

[9200] [...] En este sitio [de Colonia del Sacramento en 1777] era comandante Jeneral de la Linea el Mariscal de Campo Marquez de Casa Cajigal. S.E. tenia hun yjo de Ocho años, cadete de guardias Españolas, era ygualmente Ayudante de campo de su padre. Mi edad eran 10 Años, poco mas.

Para allar hun modo de dibertir a este niño, i aserle ir a caballo al lado de su padre, en la graduacion de Edecan lo que era dificultoso por su jenio dibertido el Cap^{n} Jeneral D^{n} Pedro Seballos, D^{n} Josef de Molina y el Marquez de Casa Cajigal acvitraron formarle huna Ordenansa combeniente a su edad y armandome con espada y gorra lo fui antes de capitular la Colonia, y asisti a su lado siempre en la linea, marchabamos a caballo, y a pie a llebar algunas ordenes. [...] Y aviendola tomado S.E.A. ecsistió en ella dos meses en lo que embarcó las familias que quisieron ir a Sta Catalina, los prisioneros soldados que estravió al Peru, los pertrechos de guerra, y Armas que remitio a B^{s} A^{s} hultimamente aviendo construido Minas, boló sus muros a cuia operación Maquinal asistia S.E. a caballo con toda la oficialidad de el ejercito. El oficial empleado de artilleria para este ejercicio fue D^{n} Vizente Maturana solo alferez de Artilleria de nacion Madrileño mui vibo, avil e ynstruido, abiendo perdido huna pierna este oficial en Oran fue a España curó i octubo su retiro de vrigadier. Sus talentos en la Matematica le dieron la Dignacion i Empleo de Preseptor Matematico de el M.P.S. Rei de España D^{n} Fernando 7°. A este oficial y su Amistad con vrigadier entonses D^{n} Josef de Molina devi yo los primeros quadernos de poesia que estudie el año de 1781.

El Capitan Jeneral D^{n} Pedro Seballos fue a la fortaleza de Santa Teresa viajando enbarcado de la colonia a Maldonado. Casi todos los oficiales jenerales fueron en en este viaje tardando en el ocho dias en el trancito, vimos ocho navios de la Espedicion, que aviendo corrido el pampero, regresaron a Sta Catalina viniendo despues por partes al Río de la Plata. [9202] [...] En [las operaciones] se destacó la banguardia de el Ejercito asta el Río Tahi, o Chui, siete leguas de Sta Teresa, su paso principal. Vi yo inmediato al fuerte de S^{n} Miguel y no puedo descrivirlo, pues benia emfermo de un golpe, en que cai de espaldas, desde la parte mas alta de la carreta Jugando con otros niños. Según la filosofia lo que devió darme muerte, me dió la vida.

Yo caý sobre el buey derecho del pertigo, que espantado, como yo sin sentido, al bajar por el anca de el buei, o su pierna derecha, [...] me arrojo a hun fauno de pasto. La rueda de la carreta hunica que conducia los colchones de algunos criados de casa pues D^{n} Josef de Molina mandó a sus Mayordomos que no tocasen su casa, i quedase como estaba, la rueda, montando este fauno roso con su perfil mi cabesa y la desvio sin molestarme creiendo todos i aun mi madre que avia muerto, pues no lloraba, i mi respiracion era devilisima, casi imperceptible.

[...]

Nota

Esta es la rason de la nueba carrera que sigo desde el dia 18 de Agosto según consta de mi despacho. S.S^{a} savia que la carrera de las [9203] letras es carrera de emulaciones, y la Provincia de Montevideo no negará que pude desidirme por mi suerte i aser la de algunos S.S^{s} pero me desidi por la Suerte Jeneral y Particular de todos, y a mi pesar he tolerado burlas i soflamas que nada tienen con la educacion, cultura, o criansa aun de los mas rusticos salbajes. La carrera Militar lo es de el Onor, que si muero, quedara este. Ayudado de Dios y mi conducta, y si las acciones de D^{n} Josef de Molina son la tabla rasa de mis ynstrucciones no temo aqui tengan ningun lugar los orrores de la emulacion, y de el Tedio. Teniendo ygualmente la felicidad de dirijirme, i concluir mi carrera por las reglas, i ejemplos, de el orijinal que me propuse.

El Navio Panteon en que vino el año de 59 primera bez el Capitan Jener^{l} D^{n} Pedro Seballos vino a media carga propia de D^{n} Josef de Molina y su criados. D^{n} Josef de Molina tomo letras de cambio en Madrid i tomo efectos en Cadiz, trajo muchos criados oy sus familias de distincion en B^{s} A^{s} y Chile. D^{n} Domingo Belgrano Perez traia plaza de cosinero suio y traia 6000 pesos [y] empleados. Su suerte tubo tal colocacion por dichosisima en este viaje a B^{s} A^{s}. Mostró a D^{n} Josef de Molina pobre su correspondencia dandole diez mil pesos que no acmitio i a sus instancias sinco mil i un cupe que le regaló con mulas el 2° viaje año 1778. [...]

D^{n} Josef de Molina segun la calidad de aquel Pueblo tenia en el Río Grande huna Quinta de 5 leguas nombrada de Mora, huna chacara a dos leguas, huna Panaderia, huna tienda, huna casa de 4 quadras la media ocupa^{a}, hun presioso Jardin o guerto. Los muebles de su huso i desencia de su casa eran presiosos i desentes [9204] colocados con arte i disposicion en quatro Grandes piesas, su lecho era presioso su dispensa provista abundantisima, y sus muebles de cosina tenian quanto podia desearse en campaña como se vio el año de 75 en medio de los deciertos de la Sierra. Su desencia particular i delicadesa de sus husos ocupaban muchas partes de mis reflecciones. La bondad, docilidad, y modestia de su trato son cosas insondables. Vivio en el Riogrande entre 100 personas, que tantas tenia su casa, de Maiordomos, dos ayudas de camara caballeriso ortelano sinco cosineros negros, dos cocheros, de cada cuerpo dos ordenansas esepto estas todo lo demas tenian las casas que le daban rentas redujo a reglas economicas todo esto con la maior jenerocidad.

En casa dos mesas la comun suia desde 30 a 60 personas, la de sus criados 24 o 30. S.S^{a} no senaba de noche. Su Jenerocidad, su Piedad le asen Digno de las oraciones de quantos lo conocieron. O no, si a todos llegará su memoria. Destinado hun reo al hultimo suplicio fue al entierro con todos los oficiales, y muchachos de la Escuela, y no pudiendo disimularlo se puso a llorar en el templo del Río Grande transmitiendose poco despues a su casa lleno de ternura i sentimiento.

[9208] [...] Nota

Desde el año de 1778 estudiaba particularm^{te} el Digesto por dibercion o ydea de el vrigadier mi Señor. Esta obra mui particular y curiosa bestida de dos colunas, latina y Española, fue conducida de España con otras muchas de el estudio de D^{n} Josef Molina que el año de 1779 siendo gobernador Ynterino con el motibo de el arribo a Montevideo del Yll^{mo} Señor D^{n} Fy Sebastian Malbar y Pinto, Ovispo de Buenos A^{s}, la regaló al Señor Oydor Perez que vino con S.Y.^{a} Este oydor fue con Sor Molina a B^{s} A^{s}. [...]

D^{n} Josef de Molina tomó 2ª bez el mando de su Rejimiento, sosegó con la mayor Prudencia sutilesa, y vibesa hun levantamiento de todo su Rejimiento fijo de B^{s} A^{s}, fue solo al romper el [sitio] a la ciudadela donde estaba acuartelado el R^{to}, se sentó enbuelto en su capa a la puerta de esta fortaleza, mando dar a cada soldado una gratificacion que negada o retenida por el Cap^{n} Cayero, causo la sublebacion en fuerza de la costumbre y avito de darse a la tropa una buena cuenta el dia Anterior al 25 de disiembre pascua de Navidad, en buena cuenta por ser descuento dé el pre bencido cuias sumas llegaron en barios soldados [hasta] 5000 pesos y mas.

A principio del año de 82 gano hun consejo de Guerra el mas selebre que a visto este Pais con el motibo de los apersivimientos de esta Provincia para la Guerra [9209] de los Yngleses. Supuesta respecto que los 23000 ombres que se suponia venian de Ynglaterra al Río de la Plata cuio principal puerto era en esta Provincia Montevideo. Fueron a el Norte de America, llamando para su efecto la atencion de España asia esta Provincia como lo aviso la Europa en el primer falucho que atrabeso el Mar y vino al Río de la Plata Nombrado el Doménech, apellido de su Señor Piloto Capitan de Nacion Mallorquin y su edad asta 52 años segun me acuerdo.

Los Yngleses fueron mandados por el Señor Ynfante Ermano del Rey Jorje 3° de Inglaterra, cuia muerte violenta en Filadelfia causo la demencia de S.M. y feliz bentura del Savio Ministro Mr Pyt «el Moso» que logro restablecer la salud de el monarca con un metodo cuia descripcion me seria larga. Viajó este Ymfeliz Ymfante en el mismo navio que mandaba el Señor Hugarcinton [Washington] Jefe de la relatada e ynrremediable Rebolucion del Norte Americana.

En Medio de tan Memorables susesos cargado de virtud Onor, y Gloria Llegó a su ocaso D^{n} Josef de Molina terminando carrera el dia 15 de Octubre de 1782 en cuio dia cumpli yo 16 años.

Nota

Naci el dia 15 de octubre de 1766 dia de Sta Teresa de Jesus las 8 de la noche. Resivi el bautismo media ora despues.

Murio el vrigadier D^{n} Josef de Molina el dia 15 de octubre de 1782 a las 8 y media de la noche.

Lo testo el Sargento Mayor Lisenciado en *R^{s} Dros*

Jacinto Bentura de Molina

[9210] Estado que manifiesta la carrera de mis servicios, estudios, y ejercicios asta el dia de la fª con esclucion acsoluta de sueldo, gose, o gratificacion ningun Monarca.

Años	Estudios	Acciones	Carreras	Viajes
11	Escuela... Rº...yº ...Montº	Riogrande 4		Bs A^{s}
2	Filosofia Montº Buenos	Colonia 1	Fuero de 5 a^{s}	Montevideo 14
2	Teologia Buenos Ayres	Montevideo 2	Milicia 37	Colonia 2
0	Morales Monteº B^{s} A^{s}	B^{s} A^{s} Servicº 16 a^{s}	Hurbano 12	Maldonado 3
0	Dros Monteº B^{s} A^{s}	Constancia	Letrado 7	Santa Teresa 4
0	Matematica	Fidelidad 1		Rio Grande 1
0	Ordenanzas	Aplicación		R^{l} Camptº Ymperl^{l}
57	Literatura Jeneral	Acciones 8	fuero a^{s} 61	Viajes 25

Testado
El Sargento Mayor Lisenciado en *R^{s} Dros*
Jacinto Bentura de Molina

Molina defiende su honor en una carta a Manuel Oribe [T3]

[0204] [...] V.E. Debe regresar conmigo al año 1816 en que los orrores de su Pais xemian bajo el estrepito beligerante de una guerra civil. Entonses me mostraba la Providencia ynfinita el balor con que me adornó, y aucilió con la devilidad de una [0205] esposa yndigente, pero amable, y constante; doliente, pero animosa. La antigüedad de nuestras relaciones desde jobenes, yso reciprocos nuestros discursos, y resoluciones. Yo pense terminar mi vida como oy cin dejar a la posteridad notas de mi buen o mal nombre, eccigiendo del Augusto Monarca de España 700 p^{s} de mi gratificacion de vestuario por primer Tte. de negros en el R^{to} de Ynfanteria de Milicias de de B^{s} A^{s} desde el año 1777 asta el de 1814 en que la Patria se apoderó en Junio de esta Ciudad.

¿Pero como conseguiría esta bentura ci mi despacho o sertificados se allasen yniciados con la yndigna nota de ynfedelidad? V.E. obserbó lo que por esta rason toleré el dia 19 de marzo de 1815 en casa del Tte. Gobernador entonses D^{n} Thomas Garzia de Zuñiga.

Tal obgeto dirigido como oy por la Savia Providencia me ynspiró una enorabuena Al M.P.S. D^{n} Fernando 7°. Desde el momento que supe Allarse el Exercito Portuguez en la Ciudad de S^{n} Fernando, y aviendo dentrado en esta el dia 20 de enero de 1817 berifique mi pensamiento dando el dia viernes 24 tres Cartas misibas al bondoso y ecselente Caballero y General Portuguez *D^{n} Carlos Federico Lecor*. Pero ci todo quanto V.E. ocserba asta aqui son unos echos que corroboran y autorisan mi nacimiento, educacion, costumbres, talentos y Conocimientos, debe acmirarse el metodo ymprobo y displisante que me motiba una relacion que solo puede premiar la Gratitud de los S.S. Monarcas, y la Acmiracion de los Continentes Americanos.

El mes de septiembre de ese mismo año me dio las ynstrucciones verbales el Ecl^{mo} Sor D^{n} Domingo Albarez Blanco que murio ministro de S.M.Y. [...]

Y yo empesé resolutamente la exposición de las 3 cartas en la obra de la *Real Union* escrita en tres libros [0206] que guardaran ciempre para mi onor las vivliotecas Reales de Lisboa, Madrid, y Roma. El 4 Libro de esa obra es dirigido al S.P. Pio 7° y contiene la vida de Maria Rufina Campana que avia fallecido el 4 de septiembre de 1819. Yo acabe la defensa de esta ciudad en 4 de septiembre de 1820.

S.M.F. onrro esta Ciudad con dos Cavildos condecorados con el avito de Cristo, dos Encomiendas, el Titulo de Visconde y la vanda al Ecl^{mo} Sor D^{n} Carlos Federico Lecor y en 1821 despidiendose de mi me yntimó S.E. el Titulo de Lisenciado que despues firmo S.E. en un papel comun.

[...] E concluido Ecl^{mo} Sor y para combenir en que autor alguno de America aya dictado como yo con respeto a los S.S. de mi Pays me dedico a Regresar asta los Augusto Piez de los Soberanos que solo pueden dictar los asuntos, propociciones, creaciones, poblaciones, metodos, fortificaciones y mil otras materias ystoricas y monumentos que ni puedo dictar ni me es licito escribir por la tediosa ocurrencia de un oficial.

Por Tanto

A V.E. Pido que si se Digna dar Jiro a este memorial y oracion, seguire alistante el orden de Ynstancias que formaran mi Justa Pretencion ante los Soberanos. Dios

Gue a V.E. M^{s} A^{s}

Ecl^{mo} Sor Com^{te} Genr^{l}

B.L.M^{s} de V.E.

El Lisenciado Jacinto de Molina

Juana del Sacramento en la educación de su hijo [T2]

[9613] Miraba D^n^ Josef de Molina en 1768 la bariedad de obgetos que presenta un gobierno Militar yndigente, un pays limitrose, una multitud compuesta de barios seres, un Gobernador en las Provincias, partido por el temor, y la Politica cin espedientes. Obserbando sus principios de Gobierno, en 1765 y su opuesta carrera, en 1768 fue a presentarse a la Capital el Señor Texada y regresó del Riogrande el Señor Vertiz. S.E. solo llebó de particular un negrito de año y medio, que hacia la dibercion de D^n^ Jose de Molina. ¡Ay de mi pobre madre! O aquella muger fuerte de quien dise el *Ecleciastico … 47 … De omni corde fuo laudavis Dominum V dilexit Deum, qui fecit illum, V dedit illi contra inimicos potentiam.* Alabó al Señor de todo su corason, y amó a Dios, que la crio, y que le dió poder contra sus enemigos.

M.A.Y.P. Señor nadie negara aqui con evidencia que la Ystoria que cigo es dictada por el dedo, y ciencia Ymfinita de Dios Eterno! Mi Madre y Padre ciendo mi madre de 14 años, quando yo naci, mui craso y corpulento quedó erida, y ciguiendo alguna ynflamacion mal acbertida y peor curada, vino a esta ciudad con mi padre, y D^n^ Josef de Molina, en 1765, perdido el Riogrande por los Españoles, y ciendo particular por bonita, regresó a Sta Teresa y a Maldonado S^n^ Fernando, donde murió en 1777. Su muerte en ausencia de D^n^ Josef de Molina, mi padre Ventura yso decir a D^n^ Josef de Molina quando me vió en el paso del Río que media entre los dos Maldonados: «*Ventura, toma a tu yjo, y desde este ynstante mientras dure mi vida ci yo fuese al fin del mundo este muchacho ade yr con migo*».

[9616] […] La cimplicidad, vibesa y buenas costumbres de mi madre ycieron que yo oy con 70 años no conosca vicios, rason de la fuerza virtual de mi persona. D^n^ Josef de Molina me enseño: negrito as lo que tu amo te manda, comeras con el a la mesa. Mi madre me enseño a percinar, y santiguar el padre nuestro, ave maria, gloria patri, et filio et espiritu S^to^ al acostarme con dios me acuesto por la gracia del Espiritu Santo, gloria al Padre, Al Yjo, y Al Espiritu Santo, amen vendito etc. Al lebantarme, con Dios me lebanto, por la gracia del Espiritu S^to^ etc! Savios que efectos ciguieron a estos principios. ¿Porque? Blancos y negros salen tan ylusos, yndebotos, viciosos y estraordinarios. ¿Yo vi en mi madre una costumbre aciaga? ¿Que madre crió, trató, acistió, cuidó mas a su yjo, que la mia? Quando fui a la escuela, jamas me besti yo, o fui yndesente, cin labar y peñar a ella, jamas descalso mal puesto. Jamas se me vió jugar en la calle, y juntas de muchachos, donde avia tantos soldados, marineros, y peones. Yo no se jugar naypes, ni otro juego que las damas. Y ci naci como los demas, ¿porque no tube y tengo las mismas ynclinaciones, y defectos de los demas?

La vida actiba de aquella umilde negra, desde el año 1765, asta 75, envio a Buenos Ayres 300 p^{s}, en dos ocaciones por la direccion del Mayordomo D^{n} Tomas Olibera, y mi madrasta Fran^{ca} Molina, pues fue esclaba, criolla del Janeyro. Usó las basquinas [9617] de carro asul, morado, berde, con galones finos, de oro, plata, corespondientes, que entonses usaban las gentes de color. Mantas negras de bayetillas y blancas, con correspondientes cintas de terciopelo, batas de terciopelo, y grana, botones de filigrana, de plata, rocicleres, pulseras de oro, plata, con piedras, sarcillos de mucho balor de piedras, y evillas redondas de plata. ¿Que agencias pudieron producir a una negra todo eso que parese, y es lujo? ¡Una vida cin quietud en las labores precisas del Riogrande. No tenia trigos, arinas; mi madre suplica esta falta, y cuantas portuguesas avia con casas, y cin ellas, aciendo pan de Mays, tortas, roscas, rosquetes, y masas de esta especie, con guebos, Manteca superioricima, asucar. Labába ynterminablemente, media legua, o mas, del pueblo del Riogrande en el ospicio; llebandome a cuestas, fajada por su sintura, con su manta. D^{n} Josef de Molina la vió una bez aser Manteca, y se agradó tanto de su pulcritud y aseo que ynter estubo en el Riogrande esa negra surtió su casa y mesa con ella conduciendole cada mes, tantos barriles de leche, de los estadios de bacas, que eran del Rey, y no se bendía esto en aquella villa.

[...] ¿Mas quien podrá dictar que esta memoria sea pocible a una negra? Ydentica a todas las africanas, yo lo diré, S.S^{s} filosofos. ¿Lo permite Dios? ¿O la ocacion? Aquel Sabio Ymfinito yndujo la Ocacion para decimpreccionar la maledicencia. Dª Catalina Gil, muger clandestina de D^{n} Josef de Molina, se llenó de ese error que llaman selos, que motibaron la risa de D^{n} Jose de Molina y mas oficiales, a quien contó sus ocurrencias y doblaron su afecto a mi, empeñandolo en conoser mis atenciones y genialidades, me hacia eccistir ynmediato a el. Apenas empese a andar [9618] me conducia por la mano, me ocserbaba, continuamente de noche y dia, asta que empese a hablar, notó aci mi memoria, y se propuso enseñarme quanto pudiese. Previno, y me pidió a mis padres, y el dia que el Maestro D^{n} Mateo Cabral me puso en caton a leér de corrido, D^{n} Josef de Molina le yso un regalo, y aquella noche puso en mis manos la Grande obra de la *Aplicacion a los Artes del Rey Francisco 1° de Francia*! Tal fue tu yjo, y en el dia, acordando las mejores reglas a los Ystoriadores dize:

¡O Trabason, o Eroysmo!
De la Elocuencia Retorica,
Tu Reunes el Gran punto,
Del Gran Molina, la Ystoria.
De el Domestico al Señor:
De la Umildad a la Gloria:

oy Juana del Sacramento,
Ectiope Neta, Atesoras,
Onor, y fama Ynmortal:
Por tus virtudes Eroycas.
[...]

Reflexiona sobre su escritura, relata la circulación de algunas de sus cartas y comenta sus primeros estudios [T1]

[8472] Mi entretenimiento comun era escribir durante las ynsurrecciones de esta Ciudad desde 1814 hasta 1817. Fundaba mis esperansas en el memorial Ystorico que condujo el Queche en 1814. Tenia dos recados particulares desde el xeneyro, pero seguros del Ecl^{mo} Sor Vigodet, y Refleccionaba estando los S.S. Portugueses en Maldonado que jamas habria dentrado esta Nasion en los Dominios del Rey de España sin la expresa lisensia o Petision suya.

Esta refleccion animo mis esperansas el dia 20 de Enero que vi al Ecl^{mo} e YLL^{mo} Sor Lecor tomar triumfante posesion de esta Ciudad capital, desde entonses de su Provinsia. El dia 24 viernes, presente a S.E. una enorabuena constituida en tres cartas misibas cortas dirixidas a S.E., al M.P. Sor D^{n} Juan 6° y al M.P. Sor Rey de España, D^{n} Fernando 7°. El hagradesimiento, distinsion y afecto que meresi desde este momento a los YLL^{mos} S.S. Lecor, Pintos de Araujo, Correa, a S.Sor Pisarro y demas otros xenerales de mar y tierra, ofisiales particulares –no debo de ningun modo Ponderarlo.

El Sor Pintos condujo a S.M.Y. mis cartas con los Reenes, mis dos condisipulos de primeras letras, D^{n} Damaso Antonio Larrañaga, oy casi acsolutamente siego, y D^{n} Xeronimo Vianqui, Acministrador oy de la Ymperial Aduana, Com^{te} del Resguardo, Caballero del YLL^{mo} orden de Cristo.

El YLL^{mo} Sor Pintos presento a S.M.F. mis cartas que dudó las huviese escrito un negro. Se lo aseguró el Sor Pintos que llebaba otros memoriales hechos de mi mano. [8473] S.M. se persuadio de la verdad, y dio el terser paso remitiendo al M.P.S. D^{n} Fernando 7° las tres cartas recomendadas. A M.A. Y Poderosa S^{a} Reyna de España, Dª Ysabel Maria, esta Augusta S^{a} mui afecta a la ynstruccion literaria, gusto de mi hasunto y brebe moralidad. Las dio y recomendo a su Augusto esposo ynsignuandole la boluntad de su Augusto Padre ver esplicar esas cartas por su mismo autor. El Poderoso Sor D^{n} Fernando tenia serca de si mi memorial del queche y lo leyha. Se ymformó de nuevo del Sor Vigodet, vio la nueba accion de fidelidad que me distinguia en 1815, de fidelidad tan recomendada de las Leyes sibiles y militares de España, como particularmente del R^{l} Reglamento de milisias de esta Provinsia, aprobado por S.M.C. el año de 1800. Vio S.M.C. el fuero militar que me Ylustra, nasido y criado en casa del Vrigadier D^{n} Josef Eusevio de Molina, cuya YLL^{e} y Ecl^{ma} Ermana conose el M.P. Sor D^{n} Fernando, Camarera de sus Augustos Aguelo y Padre en recompensa del singular merito de este YLL^{mo} Sor Vrigadier en Ytalia y en esta Provinsia. Todo esto movio al M.P. Sor Fernando a condesender con el Poderoso Sor D^{n} Juan 6° que en septiembre del mismo año –1817– El YLL^{mo} Sor Lecor me yntimo el orden de que esplicase las cartas, dandome para que lo berificara las ynstrucciones que devia obserbar. El YLL^{mo} Sor Secretario por S.M., D^{n} Domingo Albares Blanco, por espasio de 18 dias y en cada uno concluyó yntimandome el secreto. [...]

[8476] La Providensia del Savio y Magnifico Sor del Uniberso se dignó distinguirme en mi pays con el singular Pribilexio y Prerrogatiba de Escribano de Camara de S.M.Y. Para condusirme a esta Elebasion me yso andar antes mucho *yn laboribus*; despues de esto me yso *Lisensiado en R^{s} Dros* y Sarxento *mayor de milisias de mi color*. Aqui sufri lo que saben V.S.S. y yo no digo. Concluyendo en el estado que acberti primero. Por eso estoy obligado a desembolber los puntos que adacta la Politica, rason fisica o Moral de V.S.S^{s}. [...]

[8560] [...] El Estudio moral que he tenido le devi vien joben a la S^{a} Española Dª Fransisca Ortega, Muxer del Antiguo Com^{te} del Resguardo de esta Ciudad, porque preso su esposo y smd. [...] La servi barias beses, sino fue todos los dias, motibando a e[sa] S^{a} a darme en su despedida todos los libros morales y teoloxicos que aquel Comandante ermano de un oydor de Sevilla te[nia]. Asi en la edad de 23 años yo tenia a Consina, Larraga, S^{n} Pio 5°, Calatayud y barias obras ecselentes como la mayor *saviduria de un savio en lo mismo que ygnoro*. El P Fy Juan Rosas vio estos libros y afuera de ynstancias consiguio que le bendiese esta obra por misas, paresiendome que obra tan presiosa no balia dinero, escrita en la unibersidad de Salamanca. El P Presentado Fy Antonio Enseniat, librero [...] desde el año 1786 que le conosi asta [...] que marcho a Jujui por empeños del Grande ovispo D^{n} [...] Asamor, me enseñó a construir el ydioma latino palabra por palabra en el misal, dandome para su uso despues un brebario entero que oy tiene en su capilla el Sor Presvitero D^{n} Damaso Larrañaga. El Padre fry Juan Manuel Aparisio, entonses corista de la Mersed [8561] por su gran talento, lector de filosofia asistia con el P Fy Antonio, y hasiendo que ysiese mis quadernos me daba por la noche lecciones que yo esplicaba otros barios dias leyendo alli a S^{n} Agustin, S^{to} Thomas de Aquino, S^{n} Sipriano y otros teologos, lo que obligo a los P Coitiño y Parralexo a darme por si barias ynstrucciones que yo estudiaba sobre la continua notisia que tenia por esta via para asistir a los hactos literarios del colexio y combentos de B^{s} A^{s}. B.S.S. ocserban mi estudio particular sobre las siencias quando el Sor D^{n} Josef de Molina havia hecho aqui que estudiase el primero libro Gramatica de Nebrija, siendo S.S^{a} mui puntual en otografia, a que jamas he sido yo aplicado por las oposisiones que le conosen el R.P. Feyjo y el Sor Ministro Portuguez, D^{n} Antonio de Sousa: *el español comforme habla, asi escribe.*

Lleno de Acmirasion, el Sor Doctor de Leyes D^{n} Antonio Escarranea viendome copiar un expediente que dio por grasia en borrador a un maestro botero con quien yo trabajaba, asegurado de que era negro, me mando llamar. E ympuesto de mis conosimientos y gustos que tenia para las siencias me dijo [si] queria apreender el Dro Politico y abogar. Y vista mi boluntad, me dio borradores de todos los metodos de memoriales y [expresiones] politicas; me dio una suma de las leyes y libros donde devia estudiarlas, como la yse comprando los dos libros de Politica yndiana de la testamentaria del Sor oydor Siseron. Yo havia estudiado aqui en los años de 1777, 78 asta el 79. [...]

[8562] El dixesto esplicado una columna latina, otra en ydioma español, y constaba de 6 tomos de a folio. Mi Sor uso esta obra que tenia con otras archibada en B^{s} A^{s} desde que vino aqui el año de 1775. Y no solo la leyha, pero apreendia dando a S.S^{a} las lecciones de noche delante de mi padre que se gloriaba de ver a su señor dibertido con una ynstruccion de que no presindia aun estando enbarcado. Añadiendo el Sor Doctor Contreras en B^{s} A^{s} barias esplicasiones a las reglas que me dio el Sor Doctor Escarranea, no debe omitir las esplicasiones de los Dros Eclesiasticos sobre [pun]tos positibos y comunes a los dos Dros traidas por el Eminentissimo Sor Cardenal Solis, obra que tenia tambien mi Sor y me regalo despues de su muerte la S^{a} D^{a} Catalina Gil, su presunta Esposa. El R^{l} Dro Militar, escrito por el Sor D^{n} Telis Colon, que tambien tubo mi Sor y yo vi, la Cartilla Real practica de Escribano, escrita en Madrid, sin una Abundancia de obras politicas, morales y teoloxicas que ha visto mi haplicasion y curiosidad.

El voto y la doctrina de la vida honorable [T3]

[0237] ORACION A S.A.A. EL ESTADO DE EL URUGUAY
EL 4 PERIODO Y 3 LEGISLATURA DE SU ASAMBLEA DICTOLA EL LICENCIADO NEGRO JACINTO VENTURA DE MOLINA AÑO 1834

[...]

[0241] Parte 2^{a}

Narration:

Recticimo Sensor

Ci la *Ley* eleva y Engrandese mi Talento, ci la *Naturaleza* me previno, es un dilema que devo provar en las dos diviciones de mi oracion, ciempre conducido por causas ficicas. El dia 24 del anterior Noviembre [1833] se me Mandó botar, como lo ycieron los Ciudadanos, y ciendo la *obediencia Militar y Civil* mi numen, partì belos a obedeser, en el 3° quartel de esta Capital. El Xefe que me vio en el momento que me presenté, aguardó para ymponerme el publico, que le presente mi papeleta para ymponerme, recombenirme, y aun reprobarme ci uviera podido. *V.A.A.* dictará ci este caso es de la *Rason* de la *ley* o de la *Naturaleza.* Note *V.A.A.* su Expocicion y resolucion rapida, momentanea, cin la mas minima alteracion. Dijo el Juez, «no puede Vmd botar, pues a cido esclabo»; unica propocicion que rebatí cin mutacion. «Yo e nacido libre, pues mi madre Juana del Sacramento lo fue.» *V.A.A.* sabe que el *Dro de Libertad Natural* en este o mas potencias cristianas, no puede ser espiado por ningun otro de los *Dros* aviendo mutuamente las naciones, establecido el de *Cangeo*, *debuelta*, y *reenes*, en los susesos beligerantes. Con todo, sufrí aun mas en el mismo acto. Otro beedor de la *Dra* del Juez añadiò, «y su padre de vmd fue libre». «Mi padre lo fue, por aber librado la vida de su Sor el Vrigadier D^{n} Josef Eusevio de Molina, el año de 1762, correspondiendo a la publicidad militar con que S.S^{a} lo yso, con la protesta de acompañarlo toda la vida.» *V.A.A.* berá este pasage en la Oracion de el Ecl^{mo} Sor Ministro de Guerra, *D^{n} Manuel Oribe*, pedida por el Acministrador de este Departamento, *D^{n} Josef de Vejar*, en las ultimas Legislaturas, del año anterior, para resolver sobre la ley Dogmatica que dicté de Orden del Defensor de Menores *D^{n} Manuel Luna* en Utilidad y vien [0242] de las *neofitas* criaturas negras, y sus uriundos, de es[te] *Noble* y Reciente Estado de el *Uruguay*. Natural y egecutiba es la elebacion de tan umilde principio a la aprobacion del S. Pontifise, a quien para ynclinarlo a Mi *Piedad*, *Rason*, y Justicia debo creer me bastarìa la ynterpocicion, Colocacion, y fundacion, de la *Yglecia* de este Estado. Mas ciendo yjo del *Estado del Uruguay*, estoy protegido con la *Exide* de las dos Augustas Casas de *Borbon y de Braganza*, deviendo acsolutamente persuadirme que no solo es consecuencia de esta oracion la *Naturaleza Augusta*,y *Prudente* que *V.A.A.* disfruta, pero lo es tamvien que la *Ley* y la *Naturaleza* me an prebenido para que me ostente, umildemente Ylustre, a los Piez de *V.A.A.* [...]

¡A [...] como es acsoluta verdad! que solo a la Mgestad Ynfinita y en su nombre a las Magestades de la tierra, les es propio el Premio y castigo temporal, o eterno de nuestras ynconsecuencias, vicicitudes, y desgracias. Calle la filosofia humana, ci para mober las obras grandes o la virtud se bale de banos, y fribolos motibos, solo acomodados a la capacidad de poquicimas personas. Tal fue el motibo de la ynsertidumbre sobre la comicion de *S.M.S* a mi. Sobre la respetosa Obediencia, fiel con que les obedeci asta oy, en *V.A.A.* dirigiendome ya a la Practica y desempeño de aquella obra que ensayaron y prebenian, las Anteriores a *S.M.S* desde 20 de Enero de 1817. Desde el año 1813 escribí a la Junta Regente, y me contestó el Ecl^{mo} Sor Marquez de *Sobremonte*. El de 1814 escrivi al P.S. D^{n} Fernando 7° Rey de España por la direccion de el Ecl^{mo} Sor D^{n} *Fy Cirilo [A]Lameda* Grande de España y Xeneral del Orden de S^{n} *Fran^{co}*, contestandome berbalmente en 1815. Desde S^{n} Cristobal en la Corte de el *Xeneyro* el Ecl^{mo} Sor *D^{n} Gaspar de Vigodet* [...] contestandome desde entonses, asta el fin de mi vida, las dos Casas de *Braganza*, y *Borbon*. A ultimos de Septiembre del mismo año, con las ynstrucciones que motibaron mi pronta yntroduccion a mi primer obra *La Real Union*, en 3 de octubre de 1817 y vista por el P.S. *D^{n} Juan* 6° ordenó *S.M.F.* el modo de unir mi obra por quadernos o libros, en manos del Ecl^{mo} Sor *D^{n} Domingo Albarez Blanco* [0243] y estencion, de Proponer en ella, para conocimiento de el Ecl^{mo} *Sor Lecor* que no tenia ninguno en el Pays, ecsaminando y consultando de paso, la utilidad de este Estado, que en lo Civil Ylustró desde ese principio su becindario. [...] La naturaleza desde el vientre de mi madre me eligió [...] y me previno pues naci libre en la linea del Leste de esta Provincia bajo la *Exide* y Banderas del M.A.Y.P.S. Rey de España, *D^{n} Carlos 3° mi Sor*, el 15 de octubre de 1766 en casa del vrigadier y Primero Comandante Xeneral, *D^{n} Josef Eusevio de Molina.* [...]. [0245] [...] La Doctrina de *D^{n} Josef de Molina* me descubrió *el origen del Ombre, la Causa, y Remedio de su corrupcion y miseria, el fin para que esté destinado* [...] *una Doctrina* [0246] *que contiene la moral mas Pura, Sublime, y propia para mi felicidad*, la de los *Particulares, y la de la Sociedad*, es la *Doctrina* que me enseño *D^{n} Josef de Molina*. Divirtiendose en presencia de mis dichosos Padre y Madre, todos los dias o noches en estas ynstrucciones, ecsamenes, espociciones, modos, ynterpretaciones, discursos, oraciones. *La virtud del ombre limosnero* es recomendada por *nuestro Sor Jesucristo*, por la *Sta Yglecia*, y por la practica experimental, de todos los ombres. *D^{n} Josef de Molina* lo fue tanto, fue tan *decinteresado*, que acmiró en su muerte al P *Sor D^{n} Carlos 3°* y a su *Ministro D^{n} Josef de Galbez*. *Molina* mereció en recompensa de esta virtud una muerte pacifica, y la cingularidad en el Exercito español de ser enterrado con los mayores funerales que a visto Montevideo. Nuebe dias consecutibos, a costa de los soldados de su Regimiento y oficiales. El Rey dijo que se abergonsaba de que tan buen soldado muriese pobre, despues de 22 años de America continuos de buenos servicios, lo que le obligó en el momento a llamar la menor de sus Ermanas y onrrarla como dicté. [...]

Ci amavilicimo Padre mio a la frente, a la faz de el Grande Estado, Capital y Escuela en que me ynstruiste, alredor de tu memorable sepulcro planto y cultibo tus palabras, tus doctrinas, tus exemplos, seguro de que en lo susecibo, sacaran a todos de las dudas en que estuvieron con respeto a Dios; me descuvriste tan claramente mis obligaciones, que me persuado ciendo cimple cristiano que estoy mucho mas ynstruido que todos los Ylustrados filosofos de la antigüedad aciendo pocitibo, cierto y berdadero mi dilema.

Las máximas de José de Molina [T2]

[9505] [...] La primera maccima, que como muchas, me enseño el año de 1771, el vrigadier D^{n} Josef de Molina: mi edad entonses 5 años fue: *Procura conservar tu Onor, como el mas precioso dote que te dio la naturaleza.* Caton histórico. La ultima el dia 15 de octubre de 1782 en que fallecio: *acuerdaté que naciste en mi casa: que tienes mi apellido: y que qualquier cosa que te suseda, se a de atribuir a la mala educacion que yo te e dado.* La regla de la obediencia son las primeras palabras que S.S^{a} me dictó, y yo ablé: *Negrito, as lo que tu amo te manda, comeras con el a la mesa.* [...]

La educación de Jacinto y el desagravio del oficio de las letras [T1]

[8801] Aquel Saserdote D^{n} Josef Galeano ecsaminó al maestro D^{n} Mateo Cabral. Mi Sor le dio casa, mesas, sillas, bancos y le pidio por grasia que me educase y enseñase como a los demas niños, deviendo cada mez el dia 15 demostrar los progresos de nuestra doctrina, lo que berifico mi buen maestro asta el año de 1775. Siempre en la prinsipal sala del Sor Molina que con aquel buen saserdote a la cabesa de el estrado, miraban y oyhan nuestras pueriles y doctrinales competensias. Este maestro estaba a la otra punta, y concluido el ecsamen el Sor D^{n} Josef de Molina me llamaba y daba un cartucho de moneda con diez p^{s} sobre la comida y cuidado de la ropa que le acministraron siempre alli mi padre y madre. Dignos S.S. filosofos: ¿podre sufrir que nadie toque este apellido de Molina sin resentirme y estremeserme? Ecsiten, V.S.S., sus ydeas para obserbar si me ecsedo de un sentimiento natural.

Omito las ynstrucciones Morales que desde aquella primera edad me hacia leer. Decoraba y esplicaba su S.S^{a} y me obliga apreender [8802] el ecsamen xeneral toda una tarde por espacios de todo el catecismo del padre Astete. [...]

[8804] Conclusion del 2º Libro
Desagravio de la profesion literaria

Para contrapeso de los hermosos atractivos con que las letras encienden el amor de los estudiosos, se introduxo la persuasion universal de que los estudios abrevian la vida. ¡Pension terrible si es verdadera! Fantasma formidable, que atravesado en el umbral de la casa de la saviduria, es capaz de detener a los mas enamorados de su hermosura. Sin embargo yo me animo a desagraviar las letras de la nota de estar reñidas con la vida.

El fundamento grande de mi sentir es la experiencia, sobre la qual si se hubiera hecho la reflexion debida, no hubiera ganaado tanta tierra la opinion contraria. Ruego a qualquiera que este por ella que obserbe con atencion si los suxetos que conose, o conosio, dedicados a las letras, murieron mas en hagraz por lo comun que los demas hombres literatos de las Universidades, Tribunales, y Colexios. Y comparas el numero de estos con otro igual de hombres dedicados a qualesquiera otras ocupaciones, y aun sin ocupacion alguna. Yo aseguro que en el paralelo no se hallará que hayan llegado a una larga senetud mayor numero de estos que de aquellos. Y lo aseguro porque tengo hecha la cuenta con la puntualidad posible. Dise sobre este punto el erudicto P. Fy Venito Feyjoo [que] Apenas hay universidad [8805] donde de treynta a quarenta individuos no lleguen o pasen de edad septuaxenaria quatro o seis. Lo mismo se observa en los que siguen la carrera de las Judicaturas. Pues en verdad que no hallamos mayor numero de septuaxenarios en los que pasan tranquilamente la vida, libres de todo cuidado. En las Sagradas Relixiones se hace mas visible por ser la comparacion mas facil la fuerza de este argumento. A proporcion del numero, tantos, y aun creo que mas ancianos se encuentran de los que estan destinados al estudio, que de los que se ocupan en el coro o Manejo de la hacienda. Cotexese en qualquiera Relixion el numero de septuaxenarios de uno y otro exercicio y se hallará que no me he engañado en la cuenta.

Luciano, tratando de los Macrobios u hombres de larga vida, de intento se pone a numerar los suxetos dados a las letras en los tiempos antiguos que vivieron mucho; y solo de los filosofos celebres cuenta diez y nueve, que todos pasaron de los ochenta años. Los mas pasaron tamvien de los nobenta: Solon, Thales, Milesiom y Pittaco, contados entre los siete Sabios de Grecia, vivieron a cien años cada uno. Zenon, principe de la secta Estoica, noventa y ocho. Democrito, ciento y quatro. Xenophilo Pitagorico, ciento y cinco. De Historiadores y Poetas trae el mismo Luciano otra lista. No solo esto. En el mismo escrito observa este autor por asentado que en todas las naciones se ha notado vivir mas, por lo comun, que los demas [8806] los hombres de profecion literaria. [...] El exercicio literario siendo comforme al xenio y no excediendo en el modo tiene mucho mas de dulzura que de fatiga; luego no puede ser molesto o desapacible a la naturaleza, y por consiguiente ni perjudicial a la vida.

Finalmente no padese la salud de los hombres de letras tanto como vulgarmente se dice. Con ellos vivo y he vivido siempre, y no veo tales males, ni oigo tantos xemidos. Ramazzini (con otros medicos) dice que el estudio hace a los hombres melancolicos, tetricos y desavridos. Nada de esto he experimentado ni en mi, ni en otros que estudiaron mas que yo; antes bien, quantos mas sabios les noto mas apacibles. [...]

[8807] Como *La historia describe lo que oculta el tiempo*, yo he seguido en ella el mismo metodo de que antes se sirvio el venerable Padre Canisio. Por ser este el mas acomodado para la intelixencia, he omitido de proposito muchas cosas de que yo mismo he tratado con prolixidad, y de otras algunas he hablado mui de paso. Y esta brebedad la habra de suplir la asertada prudencia de los Maestros (no ygnoro que soy el primero que se distingue en el pais con el onrrado y distinguido carácter de *Escritor de Camara* de S.M.Y.). [...]

[8808] La practica de mis obras enseñara en su opusculo en el Pais Siplatino lo que se huviere de quitar a estos libros, o lo que se les haya de añadir. Y desde luego me cuento por mui feliz si he demostrado el camino por donde puedan S.S. Literatos como llebados por la mano en la carrera de conosimientos historicos o de el Pais de esta casa de Caridad o de otras materias que no toquen a la *Libertad y a la Patria*, pues en aquellas tube mis buenos conosimientos grasias a la Piedad, Pasiencia y virtud de mi Sor; a la de mis maestros que por onor suyo ysieron raras experiencias de mi memoria; a la [8810] de mis felises Padres Bentura Molina y Juana del Sacramento, cuyo empeño mientras vivieron fue ygual al de mi Sor por mis ynstrucciones y doctrinas. Doy yo mismo Gracias a Dios de haberme señalado una recta y amavilisima muxer. Quando solo tenia yo beynte y dos años, poco mas, y Maria Rufina Campana solo beinte cabales, y en esta edad supo con silencio, lagrimas y ruego contener mi xenio vibo. Supo endulsar la vida social que yo estrañaba. Supo atraerme el gusto de el estudio o en efecto deseandolo o figurando mas sin duda con ynxenuidad, gustaba berme leer ynterpretar, y discurrir. La vi llorar en el curso continuo de barias obras que yo leyha refleccionando siempre sobre los principios Morales del Selebre Moralista Consina, Obra Mui Singular en Buenos Ayres. El Com[te] de el Resguardo, D[n] Fran[co] Ortega de esta ciudad, tubo dos Ermanos, de los quales el mayor fue Oydor de Sevilla, y haviendo Muerto, tubo y conserbó D[n] Fran[co] su libreria. Preso por el Ecl[mo] Señor Marquez de Loreto, Servi yo a la S[a] D[a] Fransisca Ortega su Esposa, depositada en casa de la S[a] D[a] Ysabel Campana, que se ynteresó y dio fiansas por aquella lastimosa Presita. Smd me regaló a su marcha la mayor parte de la obra de Consina, dos ecselentes obras, una escrita en Salamanca, otra en Sevilla –esta *la aplicasion de la filosofia a las cosas de Relixion*, aquella *La mayor Saviduria de un Savio en lo mismo que ygnoró.*

Últimas palabras de María Rufina Campana, reflexiones sobre la escritura y los problemas de Jacinto con García de Zúñiga [T1]

[8667] Las palabras constantes de Maria Rufina tres dias antes de su feliz muerte son las siguientes: «Siempre que te acuerdes de mi, has quenta que le estoy pidiendo a Dios por ti, pues si mi alma fuese capaz de sentimiento, nada otra cosa sentitiria, si solo dejarte aun de buena edad en medio de suertes tan peligrosas [...] Busca una muxer, casate para librarte de las ofensas de Dios, y para que te asista. ¡O Jasinto, acuerdate que de algun modo te he criado, pues tan jobensito te suxetastes a mi!» (mi edad 22 a^{s} 8 m^{s}, la suya 20 a^{s} y 8 dias, pues contraxe matrimonio el 27 de Julio de 1788, dia de Sta Ana (bease su vida).

Con rason acmiro el dia tres al 4 de este septiembre en que se han cumplido 8 años de el fallesimiento de esta vien abenturada negra, la fuerza de sus promesas: el ausilio de Maria santisima de la Mersed a los S.S. Ermanos de esta Sta Caridad y a mi, deviendo todos los S.S^{s} Teologos desidir [8668] si unas boses tan suabes como fuertes, persuasibas, yntimas a la Caridad pueden ser despreciadas por algun cristiano. Y si no puede serlo, debo saber que rason hay para que el YLL^{mo} y Eccl^{mo} Sor D^{n} Thomas Garzia de Zuñiga, contra la fe de el ebanxelio, despues de notar los perxuicios que me causó desde la Villa de Guadalupe, requiere una ydea que causó retirarme del estudio y toda la literatura, debolviendo en 1826 mi titulo a S.M.Y. para no tener una cosa que me estimulase a tomar la pluma. En el caso presente el Sor Doctor de Leyes D^{n} Juaquin de Sagra y Peris, en nombre de esta Sta Caridad, me suplico y estimulo a escribir asunto tan propio de la Sta Caridad quanto lo es de el M.A. Y Poderoso Sor Emperador D^{n} Pedro 1° de America. Ynstruido del nombre y asunto de esta humilde obra por la carta de haviso que comento y moraliso, esta ribalidad oy Ympotente, ynjusta, pues no tiene causa sobre que mesclarse. Motiba el discurso siguiente que no solo muestra el tedio ymculpable que S.E. me tiene, pero lo difisil que le es probar contra mi la mas lebe mancha, defecto o culpa lebe, Levisima. Por consiguiente, *Donde no hay delito no puede haber castigo.* ¿Por qué?

El Perdon presisamente
Sobre culpa ha de caer
¿Pues como la ha de tener
quien de culpa esta Ynosente?

[...] [8674] Que el YLL^{mo} Sor D^{n} Thomas Garzia, tanto mas si como filosofo acuerdo a S.E. estas dos sentencias o proloquios que tanto usa, que tanto ama– *No hay mejor cuña que la del mismo palo ... No hay mejor balsamo que el de la misma sangre.*

[8677] [...] En aquel año 1815 ocurrio aquel hecho de la fidelidad de Molina que recomienda y Eloxia no solo el Real *Dro* Militar, todos los *Dros*, las R^{s} Ordenansas del Exercito, de Guardias Españolas, las de los M.P.Srs D^{n} Fernando 6° y D^{n} Felipe 5°, pero todos los autores que tratan este hasunto.

El dia 19 de marzo de ese año, dia de S^{n} Josef y como tal de el Vrigadier D^{n} Josef Eusevio de Molina, los halcaldes de barrio de esta Ciudad llamaron los yndividuos alistados en los Cuerpos de Milisias Provinciales negros y mulatos de esta Guarnision, su clase de Ymfanteria Granaderos en dos companias suxetos al com^{te} Xeneral de estas milicias, el Vrigadier D^{n} Juan Fran^{co} Garzia de Zuñiga, Ofisial xeneral que con nobles, Balientes, Xenerosas y Fieles acciones, orlo el onor de su casa y su familia. El solo es quien sostubo al Eccl^{mo} Sor Virrey Marquez de Sobremonte quando esta Ciudad y el Exersito en 1805 boto en la sala consistorial sobre la yncalentable ydea de quitar el mando a ahquel Virrey, determinando colocar al Sor D^{n} Pasqual Ruiz y Huidovro, Gobernador entonses de Esta Ciudad. Mas no solo entonses el Sor D^{n} Juan Fran^{co} Garzia sostubo aquel virrey. [...]

[8678] Mi graduacion y propiedad en la milicia que este Ynvicto Vrigadier mandaba en esta Ciudad era teniente de granaderos sin exersisio por petision mia al Ecl^{mo} Sor D^{n} Juaquin de El Pino, virrey de B^{s} A^{s}, dirixida por [e]l Ecl^{mo} Sor Marquez de Sobremente el año 1800, siendo mi rason no perjudicar con mi antiguedad siendo joben a los ofisiales de mi color en estas compañias siendo ancianos.

Pero Ecsistiendo asi hasta el año 1815 segun con[sta] de los sertificados remitidos a S.M.C. en 1814 por el Ecl^{mo} Sor Cap^{n} Xeneral Subymsp^{r} de las tropas de este virreynato, D^{n} Gaspar de Vigodet, que a competencia con la Junta militar del gobierno ordenó se me diesen mis credenciales notados en los papeles de mis filiaciones en aquella Secretaria de Ymspeccion que contiene ygualmente un documento de el Ecl^{mo} Sor Marquez de Sobremonte remitido a mi desde Cadiz año de 1809. [...]

Fui a la casa de el Sor Doctor entonses D^{n} Thomas Garzia de Zuñiga, Tte Gobernador de el Bandido de esta Provincia Otorgue[z]. Fueron ygualmente todos los morenos y pardos con la de ymfidensia, no pudiendo ellos o persona alguna [8679] destruir el Juram^{to} de fidelidad y Basallaxe de los ciudadanos y besinos a sus soberanos, el S.P., la Sta Yglesia. [...]

A la puerta de la casa de S.S^{a} entonses esperamos todos que bolviese de misa. El mayor Ramos de la montonera de hartilleria vino a mi el primero, y dijo: «¿trae vmd sus despachos?» «Traigo mis credenciales.» «A berlos.» Los tomo, leyo, y siguio disiendo, «¿Vmd promete defender esta Ciudad de todos sus enemigos?» «Si Sor.» «¿Y tamvien del Rey de España?» «No Sor.» «A Goda ... Perro Godo.» Partio a dar parte al Sor Lugar Tt^{e} que ordenó alistante dentrasen todos los negros y mulatos.

[8680] Y formado un quadro espasioso se me puso en medio, sufriendo por espasio de un quarto de ora lo que no digo y S.E. sabe que profirió. Y no pudiendo obligarme con amenasas e yndecorosas rasones, octaron mi muerte a estocadas para exemplo de los otros. Esto resistio el Sor Doctor D^{n} Thomas con respeto a la havitasion de sus Padres y Ermanos, mandando se me llebase a la Ciudadela, que el ofisial de Guardia me pusiese en el sepo de cabesa, y me custodiase un sentinela de vista.

Yo abandono aqui quanto Perdona y compone la Suprema M.Y. ympuesta de esto desde la nota al Ecl^{mo} Sor Embajador de España, residente en la corte del Río Xeneyro el año 1817, la que S.M.Y. el P.S. D^{n} Juan 6° unió e yso enquadernar en el libro 1° de mis Reflecciones Politcas, Morales, Militares, cuyas obras ympresas en tres orixinales residen en el Xeneyro Madrid y Roma. Deviendo ecsaminar si yo pude entonses, despues o aora desentenderme de un prosedimiento ynjusto tan solamente por los Dros de la Heumanidad. Pero debe oyrse a la YLL^{ma} S^{a} Dª Fran^{ca} Hubarnes de Gloriosa Memoria, Santamente conosida en esta Ciudad, su Campaña y B^{s} A^{s} su Pais por sus Elebadas virtudes simentadas en la humildad.

Maria Rufina Campana, mi esposa, sobrecoxida de un temblor que le duro despues toda la vida, [8681] supo mi prision por la direccion de el ofisial de pardos Jose Cabalcante que acjuró como los demas su fidelidad a las persuaciones del Sor D^{n} Thomas. Y temiendo morir mi esposa paso a casa de la S^{a} Dª Luisa Samora, de feliz memoria, pues solo dividia la pared la morada de esa S^{a} y la mia, de rodillas mi muxer anegada en llanto, devilisima por la unidad de dolencias q^{e} padesia. Causo a aquella S^{a} el mas triste espectaculo (nota: la situacion arriesgada de las dolencias de Maria Rufina y su ecsistencia en la villa de Guadalupe fue la rason de que el Sor D^{n} Thomas Garzia de Zuñiga me conosiese en el Canelon el año 1806). ¿Como y porque me conosio? ¿Que ymformes le dio de mi conducta y comportasion el Sor D^{n} Josef Manuel de Roo, cura entonses, oy canonigo de B^{s} A^{s} por la ultima augusta mersed del M.P.Sor Rey de España, de Gloriosa Memoria, D^{n} Carlos 4°. El Sor Doctor D^{n} Thomas Garzia de Zuñiga me pago vien la asistencia del tonelero de la Calera, D^{n} Josef, por la direccion e ymformes formales del Tte entonses de Ymfanteria, D^{n} Juaquin de Navia, a quien di no solo la cuenta diaria de el gasto de aquel ombre pero la disposision publica ultima de aquella humanidad que fio de mi para lo que pudiese aconteser otros conosimientos, secretos, y tendencias del Sor D^{n} Thomas.

[8682] Sobre este capital de conosimientos, de trato y de ymformes obró el Sor Doctor D^{n} Thomas Garzia contra Molina y su humilde esposa Maria Rufina Campana, que animada por la comfianza en Dios y bondades de la YLL^{ma} S^{a} Dª Fran^{ca} Hubarnez fue a pedirle por mi poniendose de rodillas a sus piez (esta costumbre de los cristianos de estos paises es contraria a la de todos los de el mundo, y tiranisa la adoracion Latria a Dios, la Perdulia a Maria Santissima, la Yperdulia a los Santos y la de M.A. y basallaxe a los Augustos Monarcas). Dignissimos S.S^{s} Filosofos: atiendan V.S. con sircumspeccion el contesto de aquella virtuosa y Digna S^{a}. [...]

«Lebantese tia Maria, que ni soy capas de mirarla un ynstante de rodillas delante de mi, segun la lastima y compacion que le tengo. Pero aun siendo su madre, no soy capas de pedirle a mi yjo D^{n} Thomas ese ni aun otro fabor. Es, tia Maria, lo que le puedo desir. Baya Vmd a su ermana D^{a} Juana, que es la unica en casa que puede con D^{n} Thomas. Si esa no lo arranca, no hay en la Ciudad quien lo pueda executar.» Esta expresion y consejo atendio mi agradesimiento quando en 1822 este mismo Sor Doctor y el Sor D^{n} Fran^{co} Xavier me mandaron escribir las memorias de esta Virtuosa Ciudadana y matrona de Montevideo. El Sor Doctor D^{n} Thomas Garzia, muy expresibo politicam^{te}, me aseguro que me pagaria esta obra. El modo con que lo berifico seys meses despues lo deben dictar el YLL^{mo} Sor D^{n} Carlos Federico [8683] Lecor en el Campam^{to} de Guadalupe el siguiente año 1823 y el Sor D^{n} Juaquin de Sagra y Peris, Doctor de Leyes, Secretario y Canselario por su merito y Talentos de este Ecl^{mo} Cap^{n} Xeneral. Sin embargo, el Sor presvitero D^{n} Juan de Otaegui, Doctor de Teoloxia, conserba el borrador de esa memoria en su tersera parte y aun en las dos primeras, alterado y no ydentico a la copia orixinal.

La YLL^{ma} S^{a} Dª Juana Garzia de Zuñiga se encargo y consiguio mi libertad a costa de dos memoriales, porque dictando en el primero que ninguna ley o costumbre de alguna nasion obligaba al basallo a tomar armas en la guerra o fuera de ella contra su natural Sor como lo era mio el Poderoso Sor Rey de España. Quedandose este Sor con este escrito, dijo a mi muxer que ysiera otro en que no se espusiesen esas sircunstansias ni esos nombres, lo que concluido no emvio S.S^{a} una ordenansa pero un corchete para mi mayor desonrra y abatimiento. YLL^{mo} y Ecl^{mo} Sor Gobernador Yntendente, ¿y por que? Es esto lo que V.E. ha echo conmigo. ¿Son capases los locos, los dementes, los ylusos, de haser a V.E. relaciones tan expresibas y pateticas? V.E. sabe que no, y no obstante no hallarse combensido por la Augusta expresion de el Soberano de el YLL^{mo} y Ecl^{mo} Sor Lecor, apela V.E. a su expeculacion y examen. [...]

[8684] El YLL^{mo} y Ecl^{mo} Sor D^{n} Juan Duran desde que me vio la primera bez quedo vibamente lastimado de la triste situacion que sufria el dia 15 de agosto de 1823. Debo relacionar este suseso o principio de mis conosimientos en el Canelon. El dia 14 de ese mismo agosto, no pudiendo yo hablar al YLL^{mo} y Ecl^{mo} Sor Cap^{n} Xeneral, determine bolber al pueblo, teniendo en la ynmediacion del Miguelete la casa chica de el Sor D^{n} Juan Perez. [...] Teniendo en ella mis muebles, baul, camisas, libros y quanto necesita el ombre para manejarse con el arte y conosimientos, pedi al Ecl^{mo} Sor Garzia este permiso. Con tal expresion quanto hacmiro su contes[to], «¿Quiere vmd bolber al pueblo a que, o por que?» «Sor, he dejado mi casa y acvitrios, y solo vine por tres dias a ver a S.E. No puedo conseguirlo; debo bolberme.» «Vmd es un espia. ¡Yo le hare a Vmd bolber! ¡Es un espia! Oficial de la escolta Sermeño, llebe vmd ese negro a la carsel. Yo le hare a vmd bolber al pueblo.» Nota: el dia 12, luego que pase el Miguelete por el paso de el molino, hecha oracion a Dios, ymboqué no solo la compañia del Anxel de mi guarda, pero el de el Alma Gloriosa de Maria Rufina Campana, hasiendole memoria de la caridad ardiente con que la servi en esa villa del Canelon los años 1804-5-6. Al condusirme ahora el oficial dixe, «O Jesus y Sor, resibe este primer suseso mio en memoria de la ynnosencia con que por mi te llebaron tiranamente los judios por las calles de Xerusalem como el mas ymfame de todos los reos.» El Sor Doctor D^{n} Fran^{co} Xavier Garzia de Zuñiga [8685] se hallo presente a este pasaxe. S.S^{a} o por la memoria de la YLL^{ma} S^{a} Dª Franc^{a} Hubarnes, su madre, o por la traducion de la Comedia fransesa la Mariene que le dedique a su llegada de B^{s} A^{s} dos años antes poco mas, esclamó: «Thomas, ¿que te ha echo ese pobre negro? ¿Que delito ha cometido el pobre? Be que aqui no hase nada, quiere bolberse.» S.E. (yo no savia entonses que tuviese este trato) emvio a llamar al oficial que me dejo vien ynmediato a la carsel, y viendo que no volvia, regrese a casa del YLL^{mo} Sor D^{n} Thomas, alterado. Con la mas justa rason dixe, «Sor, ¿ha savido V.S. que alguno de la casa de mi Sor de su apellido haya delinquido en este pais o causado alguna nota? V.S. sabe que soy oficial de milicias. No quiero bolber al pueblo; quiero servir aqui a S.M.Y.» «¿Y en que cuerpo quiere vmd servir?» «En la Artilleria.» «Vmd es oficial de ymfanteria.» «Si Sor, pero se vien los Exercicios de Artilleria», esplicando esa sircunstancia justamen estamos escasos de artilleria por la guerra que S.M. tenia en la Bayha pero bendra luego.

En el momento berifiqué este encargo, reduciendo en este escrito las boses y metodos de el Eccl^{mo} Sor Hurrutia a 3: 1ª Carguen; 2ª metan el cañon en bateria; 3ª fuego. Porque el artillero practico no puede pasar desde las boses prebentibas sin la execusion practica de las que se omiten: 1ª pasen la lanada; 2ª apunten. Estas dos boses con las muchas que tiene la artilleria de plasa –20– en los exercicios doctrinales [8686] de aquella y violenta prestan unas bentajas a la tactica experimental vien digna de refleccion, fundada en la del Selebre Español matematico D^{n} Enrique Ramos, Tte quando escrivio de R^{s} Guardias Españolas, o el obxeto de la defensa de un exersito. [...]

La violencia de este cañoneo espele el temor de el soldado que solo puede atender la vibesa de sus maniobras, no pudiendo ygnorar que sus punterias de punto en blanco desocupan frentes que pudieran serle perjudisiales. Omito sobre esta refleccion el discurso por hallarme en la narracion.

El mundo obserbará 4 YLL^{mos} S.S^{s} de una misma familia que con acciones de la mayor ymportancia en la moralidad, en la Caridad, me faborecieron. El YLL^{mo} Sor D^{n} Juan Fran^{co} Garzia de Zuñiga solisito con la YLL^{ma} S^{a} Dª Fran^{ca} Hubarnez la libertad de Maria Rufina Campana de el Ciudadano D^{n} Jayme Ylla año 1805. La YLL^{ma} S^{a} Dª Fran^{ca} Dio el acvitrio para que Maria Rufina consiguiese mi libertad por la yntersesion de la YLL^{ma} S^{a} D^{n} Juana Garzia de Zuñiga. El Sor Doctor de Leyes D^{n} Fran^{co} Xavier de Zuñiga me libro aora de la Carsel en un Campo silbestre. [...]

[8687] Tampoco negará mi relixion y onrradez lo mucho que gravitan unas persecusiones de el YLL^{mo} y Ecl^{mo} Sor D^{n} Thomas. Con solo el fin de agoviarme ¿por que? ¿Es posible, Dios mio, Virxen Santisima, es posible que no pueda S.E. hallar una culpa en mi para satisfaser sus deseos? A pesar de esta Resolusion tan xenerosa digo:

Ygual siempre de Astrea la balanza
Por fabor o Temor jamas declines
Da a cada uno, lo que es suyo en quanto alcanza
El Humano ynterez, su fiel no ynclinez
Es retrato este o semejanza
De la virtud, que en mi Domina
Si, pues nunca me haparte de la Justisia
fuese por ygnorancia o por Malicia.

En el momento que di a S.E. este memorial parti a disiparme algun momento, suponiendo que S.E. pondria en manos de el Cap^{n} Xeneral este memorial, de que hasta oy nada se oyo desir. Amargo como debe reflecciónarse, fui a visitar al Sor Doctor de Leyes D^{n} Juan Maria Peres, a que con la mayor gratitud estoy recomendado desde el principio por^{l} Ecl^{mo} Sor [8688] Cap^{n} Xeneral Lecor. Su Señoria havia benido a la Ciudad a la asistencia y funerales de su joben ermano, D^{n} Blas, que falleció entonses. [...] Nota: La piedad de este Sor Dotor D^{n} Juan Maria Perez fue tal a su regreso a Canelones que, saviendo lo que despues me susedio en el espasio de dos meses poco menos, me dijo tres beses, «pida vmd la libransa; le dare a vmd siento sincuenta pesos para que se remedie por aora y luego le yre dando a vmd lo demas». Mi constansia no pensó jamas usar tal desatencion con el YLL^{mo} Sor D^{n} Thomas.

Vi aquel dia al buen Ermano D^{n} Pedro Peres, cuya atencion fue y sera siempre digna de mi mas expresibo agradesimiento. ¿Pero que puede resultar de la cultura y buena educacion de estos Ciudadanos? Hablo Maria Rufina Campana de la Caridad de el Sor D^{n} Juan Maria con ella el año 1818 asta el 19 que murio. El Sor D^{n} Pedro equiparó y suplio en el momento quanto yo nesesitaba. S.S^{a} estaba escriviendo, y dandome papel y pluma me mandó que escriviese en la misma mesa. Escrivi un saludo al YLL^{mo} y Ecl^{mo} Sor Cap^{n} Xeneral, y concluido el Sor D^{n} Pedro leyó y notó este escrito que aprobo y selebro mucho. S.S^{a} havia llegado a las 11 de su estancia y de consiguiente me desayuné entonses en la misma mesa hasiendome platos e ynstancias. Tan [8689] atento y Politico Sor, cuya conclusion fue preguntarme: «¿En que estado esta vmd de dinero?» E ymformado del por menor de mi yndixencia, sacó una moneda de plata y me la dio. Agradesido a prosedimientos tan atentos y piadosos, pues todo se debe desir la complasencia de proponer a ambas S.S. a S.M.Y. este Sor D^{n} Pedro para contador del Tribunal de Cuentas, aquel YLL^{tre} Doctor de Leyes [Juan Maria Perez] para oydor de la R^{l} Audiencia. Sin embargo estas proposisiones como las de la Sta Caridad oy dise el Ecl^{mo} Sor D^{n} Thomas Garzia que son locuras, ygnorando S.E. que en la conclusion de la defensa de Buenos Ayres el dia 3 de avril de 1826 que axitó el YLL^{mo} y Ecl^{mo} Sor D^{n} Carlos Federico Lecor, disiendome, «eu mesmu ha queiru levar». Pido yo a S.M.Y. que solo, *en retorno de los muchos males que me causó el YLL^{mo} Sor D^{n} Thomas (pedia en satisfaccion) que jamas se le removiese de la clase militar*. Contrarestando claramente a S.E. en la ydea que tiene de ser oydor, lo que S.E. me manifestó en Canelones a pocos pasos del pasaxe que sito arriba quando se me encargo escribir al Sor Doctor de Leyes D^{n} Lucas Obes, cuyo primer borrador como otros me quito S.E. Y si basta esto para contrarrestar la aseberacion de la YLL^{ma} S^{a} Dª Cayetana Errera, es tambien sufisiente para conoser las ydeas con que S.E. estraxo las anotasiones de mis papeles hasta que el Eccl^{mo} Sor Lecor me ordeno que no escriviese.

[8690] [...] El Sor D^{n} Pedro Perez y yo comferimos sobre el paso siguiente a la presentacion de aquel Saludo. Y conosiendo [que] era el Ymforme [8691] al YLL^{mo} y Ecl^{mo} Sor Juez Politico D^{n} Juan Duran, deliberó que esta bez principio de mis benturas presediese de algun modo. Y parti sin detenerme a ver y cumplimentar al YLL^{mo} Sor D^{n} Juan Duran que compadesido de la triste abentura yndignamente trasada contra un humilde tan conosido quanto ymcapaz de el yerro de ser espia. El YLL^{mo} Sor D^{n} Thomas savia que yo estaba fuera de esta Ciudad de Montevideo desde el dia 5 de mayo de ese mismo año 823. Savia que ecsitia en la quinta de el YLL^{mo} Sor Cura D^{n} Damaso Antonio Larrañaga, pues este mismo Sor entrego a la YLL^{ma} S^{a} Dª Juana una ydea mia para mi establecimiento afuera. S.E., yrritado de las criticas de esta misma ymprenta de S^{n} Josef, me dijo la noche del dia 13, 1°, que estube en su posada, «me halegro que haya vmd benido para que me conteste esas criticas». Oy estas palabras con gusto, pero hañadio, «¿ese guerra? ¿Ese Padre Cura?», motibandome estos nombres el silencio, pues me constaba que el Sor Larrañaga no escrivia aun asuntos de la yglesia ecsistiendo casi continuo en la quinta donde si le ocurria algo, me dictaba, yo escrivia y S.S^{a} firmaba.

Condesendio el YLL^{mo} Sor D^{n} Juan Duran y me mandó bolber el dia siguiente. Mui temprano lo execute el 15 [...] [8692] S.E. me ordenó fuese a la posada de el Eccl^{mo} Sor Cap^{n} Xeneral sin demorarme en virtud de que S.E. estaba en pie mui temprano y ser este el mejor medio de ver y hablarle. Era esto el dia 15 de agosto y obedesiendole lo execute ynmediatamente. Vi en el patio de aquella casa al Sor Baron de Lax, a quien estaba ygualmente recomendado por^{l} Cap^{n} Xeneral desde esta Ciudad. Tomo S.S^{a} mi documento, y en el ynstante dentró el Sor Doctor de Leyes D^{n} Juaquin de Sagra. El Baron le llamó y saludó. Puso en su mano mi papel, añadiendo que le estimaria le entregase a S.E. El Sor Doctor Sagra contesto al Baron, me saludó atento a mi, ofresiendome que me daria el contesto. Esta es la primera bez que este Sor Doctor me habló y contestó directamente. Al siguiente dia despues de misa fui a la de el Sor Secretario que me mando bolber el siguiente dia 17 por la mañana. S.S^{a} sin detenerse me dio la enorabuena. Me entrego el despacho que siendo Politico militar contiene el orden de S.M.Y., ordenandome lo ysiese presente al Ecl^{mo} Sor Garzia, cuyo tratam^{to} me acvirtio S.S^{a} mismo. Los Politicos reflecsionaran si el YLL^{mo} Sor Lecor Savia este tersero dia el pasaxe de mi prision contraria quando yo fuese culpado o reo a los auspicios, ospedaxe y orden de S.E. o peticion comforme al R^{l} [8693] Dro Militar. Yo no comprendo que si el YLL^{mo} Sor D^{n} Thomas tuviera entonses estos conosimientos, y compreendiendo estos defectos de la mas delicada politica sivil y militar, que rason habria para no caracterisar tales hechos de Ygnorancia estulticia, ylucion y vestialidad.

Dare algunos pasos a la refleccion y moralidad de este pasaxe para la yntelixencia de los Politicos que creyeron no pudiese sobre estos punto refleccionar como en otros en el discurso rectorico y locusion latina o española que sonido, sentido o expresion disonante o ymperfecta son estos bocablos contra la produccion e ynsignuacion de un cristiano o ymfiel: *Loco, contra la amenasa tohavia se le ha de haser a vmd un consejo de Guerra: la cabesa le ha de costar a este picaro el no escribir.*

Aquel Despacho dise que soy Escritor de S.M.Y. en casa del Ecl^{mo} Sor Vrigadier D^{n} Thomas Garzia de Zuñiga, Sarxento Mayor de milicias, Lisenciado en *R^{l} Dros.* A estos privilexios y empleos Publicos y Militares, aquel tan elebado que por el tengo un Privilexio Cortesano, pues pude, puedo y podre siempre hablar a S.M.Y. A esto llama locura S.E., fulminando amenasas y ultimos patibulos contra mi. Debe ahora saberse porque, pues todos esos titulos y amenasas son ymfames. [...]

[8696] S.E. [...] me pregunto si tenia despacho. «Si Sor, una orden simple.» «A berla.» Me la quito, firmada del Sor Cap^{n} Xener^{l}. [...] A [8697] esto llame bestialidad otras dos beses. Compare S.E. sus feos desatentos y feroses delitos en la retraccion de mi orden acsoluta, en la limasion de mi fuero militar, en la coartasion de la boluntad de el soberano, en la restriccion de la firma de e[l] xefe xeneral dos beses y borrada la tersera y se sabrá entonses si yo dixe aun una pequeña nota de lo que los hechos meresian. S.E. se lisonxea a pesar de todo. Bease quien soy Grasias a M.P. Sor D^{n} Pedro 1°, Emperador de la America, y al Ecl^{mo} Sor D^{n} Carlos Federico Lecor, cuyas bondades son y seran el obxeto siempre recto de mis atenciones. [...] Paso a la exposision de otro acmirable pasaxe.

Luego que el Sor Secretario me dio el dia 17 el despacho me dirixi a la posada y lo yse presente a S.E. como devia, si por el estaba subordinado a S.E. en todo lo ocurrente, no pudiendo el orden de S.E. el Cap^{n} Xener^{l} suxetar a otro conosimiento lo que S.M. avia condisionado o dispuesto para su Augusta R^{l} Boluntad. S.S. Politicos, dignense V.S.S. ver si me separo de la rectitud o, por la Gloria de Dios, de la Sta Caridad o de V.S.S^{s} cultibando o ynstruyendo Politicos, atentos, Practicos, y subtiles abogados. El Ecl^{mo} Sor D^{n} Thomas Garzia, que el primero dia me quitó el orden sensillo del Cap^{n} Xeneral con que actuaba aqui desde 1821, retubo luego este titulo, deviendo notar el mundo la propiedad con que de algun modo pudo perteneserle aun quando yo fuera blanco y fuese su propio [8698] yjo. [...] El Cap^{n} Xeneral probeyo este titulo comforme al orden de el M.P.S. Emperador que sentaba sobre mi carácter por el fuero de mi nasimiento y documentos, Adornado por la carrera militar que seguia bajo el dominio de los Poderosos S.S. Monarcas de España.

Relata los sucesos del día en que pensaba que iba a perder la vida [T1]

[9058] Dare, Respetosisimos S.S. Lectores, um paso a las demostraciones Ystoricas, Ydeales, y Rectoricas. Yo estaba el dia 20 de marzo de 1827 tan distante de lo que susede que solo traxe a este Ospital de Caridad de Montevideo la deliberada ydea de morir. El dia 23 pense en escribir. Me esplicare: el Sabado 17 de marzo senti un dolor sobre el pequeño nierbo de la cadera derecha que en la parte superfisial ata la gran bola de murlo [muslo] con el mismo gueso de la cadera. La tendencia de este agudo dolor desendia a la parte sillar de la cadera, y tendiendose por la parte superfisial de todo el murlo desendia hasta la mitad de la planchuela de la misma pierna señida por dos musculos o fajas, una halta y otra baja. Esta hagudisima sensacion se vibrara por las fibras y benas de la mitad de el murlo, cuyo humor ensendido y calsinado me orrorisaba sobre no haber conosido jamas un dolor fijo con una extension tan tenas, sobrepuesta e ynsignuante. Sentia bajar y suvir gotas continuas que, a pesar de su belos disenso y ahsenso, quemaban, dolian y habrasaban los expasios por donde transitaban. El Doctor Frances D^{n} Domingo Habernaut me manifiesto que quantos en Paris y otros Ospitales havia oydo quejarse de este dolor, preferian el hanatomico de operación [9059] de piernas, manos o brasos a la sensivilidad de este delicadisimo dolor. A mi ber su sensasion en la parte ynterior de las benas ympulsado por la ferbesencia calsinada, cargada, globulosa y casi ymflamada de la sangre, resipiente de halimentos crasos y flemosos que acostumbre toda la vida cafe, chocolate, leche dulse. Pero la causa racional fue, segun me acorde despues por la ymflesencia de el hefecto de sinco causticos, un gran golpe que resivi siendo de solo ocho años –el de 1775, el mes de abril al salir los S.S^{s} Españoles de el Rio-grande. El lunes S^{to} de ese año el quitarme el sentido cayendo de la parte alta de una carreta libro mi vida, pues uno de los bueyes resiviendome sobre la anca se asusto y me despidio con el mismo murlo derecho de modo que la rueda de aquella maquina toco y despidio mi cuerpo que estaba recto rosando el selebro en que acaso no hubo una linea, ynter lineal. Desde el Rio-grande a Santa Teresa tarde 6 dias sin curasion metodica, pues lo que pudo mi piadosa madre Juana del Sacramento era mui poco. En una campaña donde se miraban mas de diez mil personas a pie asustados y fujitibos sin otro hacvitrio que huir. ¡O dias! Y quien os vio no quiso Dios que yo viese tan desoladora miseria tendido ligado sin movimiento sobre un colchon en la Carreta que la suerte y piedad de D^{n} Josef Eusevio de Molina me destino. Solo vi ynsesantes las lagrimas de mi madre ocupada en sufrir, remediar y sentir mis dolorosos hayes. Este estado causo la total ynchason de la pierna, y quando por orden del Sor D^{n} Josef de Molina despues de 22 dias el Gran Medico D^{n} Juan Ximenez se encargó y ecsamino la curacion, no pudo conoser otro [9060] que bendar, entablillar, para disminuir la ynchason que obserbada dio lugar a dos sangrias en el pie despues de algunas otras preparaciones. La naturaleza de mi salud sin ynsision en la pierna y nicion, o leccion, [...] sesada la fermentacion de el golpe, desentumesio toda la pierna y un uso pronto al mes tersero no me hacordaba el suseso que havia sufrido. Jamas he sentido en las piernas otro que granos, y en esta un calambre causado por una sangre gruesa, viscosa [cuyos] hataques ha liquidado el solo baño de las piernas con agua fria. Yo havia olvidado esta ydea que era mui remota. Pero si la Ydea fisica de este suseso demostrado por la Savia Naturalesa dio tan poderosamente marxen a la moralidad, ¿Qual es la Rason porque los S.S. filosofos solo quisieron que, hablando de las *Glorias de la Caridad de Montevideo*, se discurriese una materia nueba, un nuevo estilo, un nuevo metodo, un nuevo Ydioma? ¿Porque solo lo raro gusta su S^{a} filosofia? [...]

Dictada la rason de mi apelacion doliente a este ospital de Caridad el dia 20 de Marzo, debo desir la de escribir, cuya ydea tube el dia 23 Juebes. El Sor Director de esta Ymprenta, Doctor de Leyes D^{n} Juaquin de Sagra y Periz, me vio despues de haberme subministrado el primer demoliente. S.S^{a} fue quien me dio el despacho y orden de S.M.Y. el dia 17 de Agosto de 1823 en el campam^{to} de Guadalupe, y habiendo desde haquella epoca meresido su mas piadosa atencion y beneficios se persuadio por si solo que yo desempeñaria el grabe y singular asunto de remitir [9061] A S.M.Y. una noticia y conosimiento de los selectos y Magnificos funerales que esta Ermandad de Caridad selebro el dia 10 de Marzo de 1827, dies dias antes que yo vine a la emfermeria. Mi disposision para escribir devia ser mui mala, pues estaba determinado a no escribir nada a unos ciudadanos por quienes yse y escrivi tanto y tan vien, que solo el dia del Juisio podra esto saberse. Pero yo hablo oy en presencia de los M Poderosos S.S. Monarcas de España y Portugal que me garrantisan los S.S^{s} Pontifises Pio 7°, de feliz recordacion, y Leon 12. […] Al tiempo que el pueblo de Montevideo dirixido por la ylusion de sus crasos filosofos elebaba el grito critico contra mi juicio tan torpemente que no comprendio, que en solo la ydea de escribir a S.M.S. hay un delito que pudo tener pena capital. Presindamos de las penas que me pudieron ser aplicadas si la licencia y orden de S.M.S. no me moviese y obligase a obedeserle.

Por esta Rason, […] he dicho barias beses que no solo es ynculta la Politica de tales filosofos, pero torpe, crasa, crasisima y supina, pues no me yrio a mi; yrio a los Augustos Soberanos que me ordenaron. Y yo sin recurso o debi y debo obedeser o morir. […]

Solicita permiso para casarse nuevamente [T3]

[0367] S.S^{s} D^{n} Domingo Basquez, Doctor D^{n} Juaquin de Sagra,
D^{n} Santiago Baldriz

La Providencia Ynfinita que bela en beneficio mio me proporciona un momento de refleccion para haspirar a la felicidad de mi ultimo fin, por una direcion, la mas dificultosa e ynbersa, que se presenta a la Eumanidad. ¿Por que?

Ci todos los ombres aspiran para la eleccion de estado, una muxer dotada de las virtudes de la Ermosura o de los vienes de fortuna libre de los vicios. A mi se me presenta una ymfeliz que tiene todos los resultados contrarios a estos principios, pero señidos de umildad y deseo de ser buena.

Esa joben morena Catalina esclaba de V.S.S. es la muxer que elijo, esperanzado en que la gracia de Jesucristo me ará feliz […] sugeto mi espiritu al desembolvimiento de esa naturaleza que flutua. El sabado ultimo de octubre me pidió ella mismo que la acmitiese. Los soylos que creen sugetas esta reflecciones a sus antojos, ocserbando el afecto de esta muger, se propagan en los discursos o de la envidia o de la yncosecuencia, porq^{e} ci la muger buena es corona de su marido, el marido bueno lo es de su muxer. Vmds saben que nada menos es preciso en el matrimonio que la comunicacion carnal, anticipada a el. [0368] ¿Pero que esprecion mas baliente podra decir una muxer que despues de llorar el castigo fraternal que por su defecto le ordenó el Sor D^{n} Santiago, o creyendo que yo no cupiese la causa o disculpandola ygnosente o maliciosa, dijo «*de todos modos vm a de andar conmigo*»?

Por esta rason me ynspiró y suplicó aquella muxer feliz que me casase y uyese las ofensas de un Dios que conose lo que puede mi corazon. Y zi peligro con la ocacion proccima quando mi estilo, mi fineza, mi amor y mis cariños pueden aser de un demonio un anxel, e probado tamvien que e dictado el mas raro principio que S.S^{s} an visto de esta naturaleza.

Nesecito el fabor de S.S. para beri[fi]car mi matrimonio y el permiso para las dilixencias del notario y la Yglecia.

Creo que me dirixire al obxeto de su libertad, y q^{e} ci la concigo jamas ella o mis yjos podran salir de la caridad donde por esta determino que quiero morir.

Dios gue a V.S.S. m^{s} a^{s} B.L.M. de V.S.S^{s}

El Lisenciado Jacinto Ventura de Molina

[0369] Nota

Deseo q^{e} V.S.S^{s} ecsaminen sobre mi espocicion a la morena cin turbarla, porque efectibamte es ygnosente. [...]

[0371] Prim^{o}

Benignos S.S^{s}

Estoy ovligado por mi relixion a ynstar a V.S.S. Ci mì politica sabe que sus reglas son dibersas en el asunto q^{e} trato no debo peligrar mas ci naturalmente soy ombre. Pero quiero suponer con la politica que V.S.S. deciendan a la ydea de que aquella joben es baria quando conste a algunos que es perdida. ¿Qual es la rason? Su estado abatido cin ympulso que la contenga, o ynclinaciòn natural, que la fixe; esta es su bariacion, un gusto vicioso por entretenimiento no natural o ynteresado.

La ydea con que se ylude el contesto es ynbersa, porque se opone a mi relixion que sabe que en el juicio de Dios no debo dictar que por respetos umanos dexe perder una alma que costo a Jesucristo la vida.

¿Que mas puede manifestarme una joben muger cino que quiere que la ame? Ci V.S.S. eccixen mayores pruebas, se ecceden mucho de la eumanidad.

Pero supongamos que se toque a mi caracter: la joben que es lo que nesecito conose mi corason.

No hay en esta casa un solo negro empleado, y estandolo yo pregunto a V.S.S. por que es. Ci digo que jamas en su linea puede ygualarse el merito dire tamvien que este es en ocsequio de esta caridad.

[0372] A ella de un modo acmirable me condujo la providencia el dia 20 de marzo de 1827. V.S.S. acvierten el teson de causas ynsesantes que a echo para mi con natural este domicilio.

Rexistrese la conciencia de Maria Rufina Campana pidiendo a Dios susecion en su Matrimonio conmigo lo que ygnoraba de su esterilidad quando se caso. Y esta sencivilidad quando lo supo la yso quidadosa asta que murio. Mas esta rason que es fuerticima lo es mayor para mi.

Que de yntento busque muger esteril y savia que mi muger lo era por las relaciones que ecsamine de su quebradura en las vias o ligamentos de la tunica secundina.

De conciguiente es justa la peticion de mi muger, y la obserbancia mia.

Aqui se junta la resolucion natural y acsoluta de esta joben. V.S.S. notaran ci la boluntad de Dios es vien clara.

Esta Joben que la libertad de su Estado a oprimido asta abatirla respira ya y me ofrese desembolberse y una aficion la mas cinsera y espreciba ympulsa mi repeticion a ymplorar de V.S.S. el permiso para desposarme, porque la esclavitud no es obgeto para estorbar un estado Sacramental.

Y ci se concidera mi estado politico es un medio para que esta ymfeliz salga de un estado abatido. Y esta ydea es tan fuerte que por ella [0373] me prometo aser una de las mugeres virtuosas de ese color que se ayan visto. *El onor da entendimiento*, y la ydea de pensar es gran propiedad de la eumanidad. V.S.S. se persuadiran que la joben Catalina gana, pero yo estoy de yntento que soy mas feliz aqui dejando sucecion cristiana vien quista, y alla porque gano la vien abenturanza. [...]

V.S.S. que conosen la naturaleza deben juzgar de mi corason por estas reflecciones. En una avitacion que todos piensan con distinto modo, yo pienso salbarme ciendo amoroso.

Dios Gue a V.S.S[s] m[s] a[s] B.L.M. de V.S.S.
El Lisenciado
Jacinto Ventura de Molina

Nota

Ci la esclavitud fuera una cosa que manchara la naturaleza no podria redimirse con dinero. Es haci que el esclabo, liberto ya no lo es. [...] Otra. Dicto el modo de la licencia: [0374] Consedemos licencia a Catalina de S^{n} Josef, esclaba de esta caridad, para que pueda casarse con el Moreno Jacinto Ventura de Molina.

Yo solo soy Lisenciado para los Soberanos aviendo debuelto mis despachos a S.M. para no defender a los que ycieron tanta gloria de ynsultarme. [...]

[0376] Supongan V.S.S. el plazer natural de berme contento en los brasos de una joben sacrificada al temor de los ombres mas adustos y crasos, ordinarios y abatidos, de la casa o fuera de ella, ympulsada por el orden mas abatido y ordinario. Y no acmirara V.S.S. que mis años triumfen de tanta cracitud. Esta joben teme al Sor Mayordomo y mucho mas a los selos de mis ribales. Cin embargo me be y me abla. Mi edad rejubenese y reymos de la barbarie de los otros; me ynsignuo festibo sobre las obligaciones postumas y me las ofrese umilde cin titubear.

¿Como lo ase? Noten V.S.S. mi afecto, amor y comfianza: al almorzar el Mayordomo, sale esta joben, ba a la puerta y yo repito cas[a]do con dos es mala de guardar; da una buelta por la calle, dentra por la de la capilla y me be. Yo la libro de ser vista al salir; repito, ¿puede esto aserse cin amor? Pues es ella quien me guarda de que me pierda por otra accion.

Y ci debo pagar estos cariños, V.S.S. no notan los ecsesos de la naturaleza pero las sutilezas de nuestro yngenio para hablar y bernos en la sacristia. La risa y el plaser ocup̣a nuestros corazones y prueba la vibeza de uno y otro en nuestra yntelixencia en medio de tantos ojos que nos obserban.

Esta ydea natural sera algun dia el obgeto de la literatura de mis yjos adornada de la poecia mas sencible y fina demostrando las fuerzas [0377] de la naturaleza con lo ynculto de la joben Africana. [...]

No creo que la Atencion mia sera culpable por mi yngenuidad, y quando lo pareciese, sera dificultosa la prueba contra mi humildad que jamas se ecsede de los mas solidos conocimientos en todas mis operaciones.

Dios Gue a V.S.S^{s} m^{s} a^{s}
B.L.M. de V.S.S.
El Lisenciado
Jacinto Ventura de Molina

Defiende a la esclava Catalina, con quien pretende casarse [T3]

[0476] Religiosos y Pios S.S^{s} Ermanos de la Junta de Caridad

Jacinto Ventura de Molina, Lisenciado en *R^{s} Dros* por la Gracia de S.M.S. de España, Portugal y el Bracil, Ante V.S.S^{as} con mi Mayor respeto digo: que ciendo accioma y lema declarado en los *Dros* conforme al digesto que las disertaciones, temas, pleytos, litigios, o asuntos literarios «por donde empiesan acaban». Tengo la felicidad de ver el termino de mis diberciones, o estudios morales y Politicos. Ci demuestro la dignacion de los S.S^{s} Doctor de Teoloxia D^{n} Josef Antonio Fernandez, Presvitero d^{n} Ygnacio Sufrateli y el Relixioso del orden de S^{n} Francisco Fy Pedro Gonzalez Garzia, Capellan de este Establecimiento; la de el Sr Doctor de Leyes, D^{n} Juaquin de Sagra y Periz, D^{n} Santiago Baldriz, Teniente en los R^{s} Exercitos de el M.P. Sor, D^{n} Fernando 7°, Rey de España; Las de el Sor D^{n} Domingo Basquez, Ermano Mayor de esta Caridad, y la de el Sor Secretario. No S.S^{s}, no mis doctrinas, pero mi atencion y boluntad es sostenerlas a todo conste, lo que cin trepidar ynstruye a la obra mercurial el ciguiente discurso. [...]

[0477] [...] Mi obgeto es solo alabar a Dios con las ciencias que S.M. Divina me dio, confirmandolo sus naturales ymaxenes. [...]

Yo ofreci mi cuidado, y la compañia de una esposa joben para la acistencia de estos pobres niños; fue y es mi ydea, la de una muger propia umilde por ymfeliz. Mas ci conseden V.S.S^{as} que estas propociciones eccistan ante la cura Ecleciastica, no se me negará que ci soy desgraciado acaso mi merito será mayor con dos resultados: aca y alla. Porque eccisté mi talento y sus recursos y porque estoy señido a solo la Sabiduria y bondad de Dios que jamas dejará de comfirmar lo que dijo el Rey David ... *cor contritum, et umiliatum deus nom despities!* O sencible Politica mesclada en asuntos misticos y morales, yo deprimiré tu cracicima altibez.

La suerte sacó de el estado umilde a Maria Rufina Cardoso, escrita en las paxinas anteriores en aquellos libros de el ensayo de mis oraciones. [...] ¡Mas como podra adactarse! que una suerte mas ymfeliz, me llena de complasencia! En el Cuerpo de la obra, me quejo de la ymfeliz suerte de los negros en este Pays. Religiosos S.S^{s}, ¿pude por bentura aserlo? ¿Debi egecutarlo? Y acaso tardaran poco los Monarcas en demostrarlo; su orden es mi esplicacion, y esta es la verdad.

V.S.S^{as} saben que el dia 30 de octubre de este año 1829 se presentó a mi refleccion otra joben negra, mucho mas ymfeliz que aquella [Maria Rufina], pues es esclaba de V.S.S^{as}, nombrada [0478] Catalina de la Mersed. Y ci esta me pidió que la acmitiese, yo se que e cumplido ya, que he cumplido con los deberes de mi relixion. Dios mio, ¿estare obligado a mas? Ase 18 dias que trate esta materia ante el Sor Doctor de Leyes D^{n} Juaquin de Sagra y Periz. ¡O dolorosa cituacion! S.S^{a} ofreció ebacuar luego este asunto pues me ama. ¿Debe esta Caridad desempeñarlo? La fineza de este Doctor quiso yrse a la corte de el Geneyro, y uno de sus motibos fue la disencion de los libros que escriví a esta Caridad. Y ciendo tan politicos responderan V.S.S^{s} sobre este asunto, tan trivial pero de modo que a de berse en las cortes Cristianas de el Uniberso. El orden de mis escritos es la sola verdad, y mi numen la Gloria de quien me faborese, quando lo logro, no puedo dejar de ser feliz. [...]

¿Tan Politicos como V.S.S^{as} desean, que tengan parte en los asuntos de un negro? Decreten V.S.S^{as} este papel, y seran elebados donde ellos. Acmirandome, que tan pronto aya mudado de aspecto ci no de conducta la negra Catalina. [...]

[0479] [...] El Eccl^{mo} Sor Virrey D^{n} Juaquin de el Pino declaró sobre la competencia del oficial vibas en B^{s} A^{s} echa en fabor de un negro de Milicias reales, que haci como estos ymfelizes no se les podia negar la defenza que es natural, tampoco el ser defensores, ci uviese alguno capaz de poderlo executar! [...]

[0480] [...] Respondan V.S.S^{as} S.S^{s} Ermanos de la Caridad, titulo que S.M. de el Cielo les da. El YLL^{mo} Sor Doctor de Leyes D^{n} Juaquin de Sagra y Periz, en nombre de el M.P. Sor D^{n} Pedro Alacantara de Braganza, escrivio y me otorgó con despacho refrendado con las mayores Armas de el Ecl^{mo} Sor D^{n} Carlos Federico Lecor por el qual soy Lisenciado en *R^{s} Dros* para abogar donde yo quiera, y Sargento Mayor para dictar, aser, o producir defensas de todo orden y genero de personas. Por cuya rason estando [...] libre yo, y Catalina de la Mersed: dese o no el permiso para casarse. [...]

Debe preguntarse a todo ombre: a los ynrracionales, a las fieras, bestias, y animales; a los peses, [0481] y a las abes, ci pueden dejar de amar y oyr la bos y sencibilidad de el secso femenino; mucho mas quando este, como a mi se ynsignua, esplica, y abate, pidiendo que la faboresca. Y ci contesté «*yo te daré mi persona por medio de el matrimonio*», debe saberse quien es el que puede desconoser la solidez y naturaleza de este contrato, algo mas que natural, ci ase yndisolubles nuestros espiritus y aun yndivicibles. [...]

Mas ci no puede desconoserse la solidez de este contrato, ¿Qual es la rason porque S.S^{as} no me contestaron? ¿Quien es el que dicta, o yncrepa contra el Onor de esta devilicima pluma?, porque yo quiero casarme con ella. Son los signos de el afecto, de el cariño, de el onor, del agradecimiento, de la sangre; o son los orrorosos ynsendios de los selos de el tedio y de la cracicima ygnorancia y aun degradante estulticia. ¡Ci S.S^{s}! Devilicima pluma: tal bez compuesta con balsamicas aromas y finisimos diamantes y ruvies, oydlo con acmiracion. Tres años a que egcisto yndixente en esta casa de Caridad. Esta piadosa negra es la unica que ha savido faboreserme tratando de mi aseo, y enmendando mi ropa. ¿Podré yo o alguna eumanidad negarme naturalmente al agradecimiento? [...]

[0482] ¿Que motivos os dio esta joben para ultrajarla? En el seno de un domicilio estraño pues es cierba de los niños espócitos. Mostrad ombres buestro *Dro* o buestra cracitud, crueldad, y barabrie: buestra soberbia, ynepte, prosedimiento, y falta de educacion, rubor, y Relixion! ¿Axais con nombres ymfames a una joben que no os ofende, que os sirbe, y no puede defenderse? Ci puedo yo aserlo o no es la question, y responde el *Dro* Canonico. ¿Por que el matrimonio es yndisoluble? *Porque por esa rason la muxer acquiere un baron que la defienda.* Notese la rason de buestra colera y mas detestable cobardia. Dejad que se case, y triunfe de ella ci podeys, y queda clara buestra malicia. [...] Sabed que la Caridad es de los que la asen, y el agradecimiento es de los que la reciben. Catalina muy al contrario es de la Caridad.

[0483] [...] Yo no soy capas de oponerme a la boz de Catalina. Yo soy umano, recto, septico, y agradecido. Mis fuersas se devilitan, y sera presiso caer; la politica sabra con sus tropas decidir entonses ci soy culpable por aberme rendido a la eumanidad, despues de acrisolada mi umilde y buena conduta. [...]

Religiosos S.S^{s}: yo defiendo ante V.S.S^{as} la Yglecia de Montevideo; los Augustos S.S^{s} Monarcas ante el S Pontifise. Y gustaria por mi onrrra, que se presentasen haqui todas las pruebas que los Dros piden y requieren para caracterisar de bacante o prostituta a una muger joben, bajo el dominio de sus tutores, cuyo pupilage dan a los esclabos los *Dros* de rebercion, quando el natural reciste a la esclavitud, el Canonico y Ecleciastico la destruyen, y el comun sentir de las naciones cultas la desconose y despatria de sus dominios, por lo que parese yndecoroso a una casa de caridad. [...]

[0484] La bariedad de metodos yndecorosos con que es atormentada la eumanidad de tan ymfelizes criaturas: efecto de la opinion sobre la baxesa, e ymfima suerte de la esclavitud. V.S. be, dos obgetos resultados de un solo principio, alli los yjos de las negras esclabas no pueden ser libres, contra todos los *Dros* de naturaleza. Esta rason me obligó a casar con muger esteril: lo fue Maria Rufina Campana, lo que consta de su vida dirigida al S.P. Pio 7° de Gloriosa memoria el año 1820. Su escrupulocidad me pidio rebalidase su estado con muger fecunda.

La segunda ylacion es el sufrimiento vitual para tolerar las notas mas crueles e ymperfetas que tiene la onrra de todo viviente, lo que me ymspira eccigir las pruebas, de las acriminaciones comunes en el domcilio contra esta ymfeliz. [...]

[0485] Respetocicimos S.S^{s} de la Junta de Caridad: ¿Ecciste en esta muger la gracia de el bautismo? ¿La desconose en ella este Cuerpo Mistico de Piedad? ¿Tengo yo, o cristiano alguno, mayor merito a la Sangre de Jesus, derramada por ella, por mi, y por todos ¿no S.S^{s}?

¿Qual es la rason porque la debo despreciar? Y ci no la ay, ¿qual es la rason porque V.S.S^{s} no se dignan contestar? ¡El espiritu de una muger umilde llega a creer que yo falto a la verdad! [...]

Los afrodescendientes en los escritos de Molina

En esta sección reunimos los textos de Jacinto vinculados específicamente a la vida de los afrodescendientes en Montevideo. Jacinto Ventura de Molina solicitó diferentes autorizaciones para las actividades de las salas de nación africana. Con la excepción de una solicitud que Molina redactó por Juan Colorado en 1804, estos manuscritos corresponden a los años 1832-1834. Allí se evidencia la represión policial contra las salas de nación luego de la conspiración de esclavos del 25 de mayo de 1833, así como los intentos de Jacinto en pos de obtener permiso para la reapertura de esas salas. Jacinto también ofrece un listado de las salas de nación africana de Montevideo hacia esos años, así como el discurso que pronunció durante la apertura de una de estas asociaciones. En esta parte del libro figura uno de los pocos textos impresos que se conservan con los manuscritos de Molina. Este impreso, publicado por la Imprenta de la Caridad, da cuenta de la solicitud y posterior aprobación para las reuniones de la sala Congos de Gunga. Por último, se incluye una escueta anotación de los registros de la Cofradía de San Benito, de la que Jacinto fue Secretario, en el año 1832.

Este compendio de escritos de Molina es particularmente valioso, pues representa la fuente de información más importante hasta este momento sobre la vida de las asociaciones africanas en Montevideo. Es más, estos documentos fueron producidos por un miembro de una de estas sociedades, la de Congos de Gunga. Esto difiere del caso de Buenos Aires, en donde la mayor parte de la documentación sobre las sociedades africanas proviene de los registros policiales y notariales.

Solicitud de Juan Colorado al Gobernador de Montevideo, escrita por Molina, 1804[1]

Sor Gobernad^{r} y Com^{te} Gener^{l} de este apostadero

Juan Colorado, moreno libre, y Besino de esta siudad ante la justificacion de V.S. con mi mayor respeto paresco y digo: Que aviendo octenido media quadra de tierra para sembrar, y mantenerme, en las ymediacion^{s} del arroyo seco ase beynte y ocho años que las poseo sin que en tanto tiempo aya dejado de pagar ni tan solo un año el estipendio anual al Real cavildo de esta siudad. En cuya prueba, respecto a los dilatados años que mensiono, ago presente a V.S. el tiempo en que Com^{t} Cap^{n} Genr^{l} Dn Pedro Seballos vino V.S. de España, y se allara que son los dichos beynte y ocho años de posesion en el terreno; respecto a berlo octenido en aquella ymediacion. En este presupuesto ago presente a V.S. como un besino llamado D^{n} Adrian se ha ynteresado en comprarme dicho terreno en rason de lindar con [el] suyo, y no queriendo yo mas que concluir mis dias en mi propia casa, a subsitado un monton de espesies con que procura que el apoderado de el cavildo de acuerdo con [él], me desposesione, y separe de mis tierras tantas beses regadas y aun fertilisadas con [el] sudor de mi frente, y no pudiendo esta violencia dejar de causar efectos en mi larga ancianidad, me acojo al benigno e ylustre amparo de V.S. para que acogiendome bajo su proteccion me libre de unos ribales que solo berifican su poder a [ex]pensas de la humildad, pobresa, y falta de salud. Y por tanto y porque para el efecto jusgo aber echo el pedimento mas conforme.

A.V.S. rendidamente suplico, se digne mandar que dicho apoderado, y D^{n} Adrian no se metan conmigo y me degen en pas a cuyo superior beneficio corresponderа S.M.A. que Gue a V.S. M^{s} A^{s}. Montevideo 20 de julio de 1804.
A.L.P.D.
V.S.
[Firma de Juan Colorado realizada por Jacinto de Molina]

[Respuesta a la solicitud]

---

[1] De los documentos escritos por Molina que hemos hallado hasta la fecha de esta publicación, éste es el único que precede al año 1817. AGN, Fondo Ex-Archivo General Administrativo, Caja 283, Carpeta 3, Doc. 12, julio 20 de 1804.

Respecto a q. el Exponente se halla en el padrón por media cuadra de terreno q.e paga, no se le moleste ni inquiete y no se de lugar a otra queja.
Mont.° y Julio 29, 1804. Dr. Rebuelta.

Sobre una autorización para las salas de nación africanas [T2]

[9426] Republica Oriental del Uruguay [letra de Sagra y Périz]
Diciembre 17 de 1832

Vista la resolucion del Departamento de Policia expedita el 12 del corr[te] en q[e] (interin otra no recayga) se permite a las Naciones Ausá y Mina disfrutar de las diversiones y fiestas q[e] acostumbran sin dependencia alguna del Gefe Congo y su Nacion, regulese en la Chancillería general y guardese y cumplase como en ella se contiene, conservandose al Rey y Principe Ausá Jose Otero y Antonio Gadín; Rey y Reyna Carabarí Salvador y Maria Molina; Reyna y Principe Mina Maria Moreti y Fran[co] Silva; Rey y Principe Nagó y Tacuá Juan Jose Estrada y Manuel; Principe Santé Luis Lima; Rey Moro Ramón; Rey y Principe Lubolo Juan Gregorio y Jose Segundo; Rey Felipe Arrotea; Rey interino Banguela José Agué; Rey Mozambique Juan Soto; Rey Muñanbano Matias Garcia; Rey Cambundá Juan Pepillo; Rey y Principe Casanche Antonio Cipriano y Ventura Sierra; y aun respectivas naciones; asi como a las demas amigas y aliadas entre si, y a las q[e] no lo sean, en el goce y posesion en q[e] hasta ahora han estado de su independencia del Rey Congo, de todo otro Monarca de la tierra a quienes se prohibe expresamente la interrumpan en ningun sentido; recomendandose al Departamento de Policia impida y castigue como corresponde cualesq[a] infraccion de la armonia y buen orden q[e] siempre ha reynado entre las leales Naciones negras que residen en este nuestro territorio, a las cuales amamos y apreciamos como merecen y a quienes queremos facilitar todas las satisfacciones compatibles [9427] con su estado y el nuestro. Y para que surta los efectos consig[tes] entreguese original este Diploma sellado en lacre con el de los privilegios y gracias al sacar y timbrado con el de las nueve flechas al Plenipotenciario Leopoldo Contucci y Oribe, Mayor de Plaza de la Nacion Ausá, que lo pondrá en conocim[to] de todos los en él comprendidos, y firmando estos a continuación, quedan enterados, lo presentara al Sr. jefe Político y de Policia, y Contaduría General que lo anotaran como y donde corresponde.

Dado en la capital de la Republica a los 4 dias de la menguante de Noviembre de 1832, en que celebra la Iglesia a S. Lasaro Obispo y S. Honorio Martir.

Listado de salas de nación africanas de Montevideo [T2]

[9409] Naciones del les nordeste y Regulos que las Preciden

Jose Otero Rey Ausa

Principe Antonio Gadu

Pr[a] Nacion Carabari Rey Salbador

Reyna Maria Molina

Minas Maxi

Reyna Maria Moreti

Principe Fran[co] Cilba

Nagó y Tacua

Juan Josef Estrada

Principe Manuel

Nacion Sande

Principe Luis Lima

Moros

Su Rey Ramon

Nacion Lubolo

Su Rey Juan Gregorio

Principe Josef Segundo

Nacion Songo

Su Rey Felipe Arropea

Nacion Banguela

Su Rey Josef Aque –ynterin bacó– Juaquin Garcia de Zuñiga

Masanvique

Su Rey Juan Soto

Muñanbano

Su Rey Matias Garcia

Cambundá

Su Rey Juan Pepíllo

Casanchi

Su Rey Antonio Cipriano

Principe Ventura Cierra

Carta a Manuel Oribe en relación al pedido de una sala de nación, 1833 [T3]

[0182] YNSTAncia
AL
Ecl^{mo} Sor Com^{te} Xener^{l}
De Armas
DON
MANuel ORYbe:
Y Apelacion
Por las
Dyrecciones
De el Ecl^{mo}
SOR
MYNYSTRO
A LAS
ALTAS CAMARAS
DEL ESTADO
DYRYJYDA
AL S.P.
Gregorio 16 por la
DYRECION
De los Augusto S.S^{s} Monarcas
de
Portugal y España
escrita en Montevideo
Por el Lys^{do}
Jacinto Ventura de Molina
Año 1833

[0183] Ecl^{mo} Sor Com^{te} Gener^{l} de Armas

Acompaño Ante V.E. en contesto particular al Ynterino encargado de el decreto de V.E. a la caridad de este o otro pueblo del Uniberso que no tiene en los asuntos Publicos o Politicos Militares de ellos el mas minimo asendiente. Ynstruido Aqui por el *Digesto 1° P° Antes se debe dar tuerto sentido, que dejar Propocicion alguna cin espocicion.* V.E. Protegio a los Negros Minas en la discusion que tuvieron el año anterior contra los Congos cuyos ultimos Expedientes forman mi umilde Ynstancia al xefe Politico que la Ynstaló, dirigio, y concluyó. Pero se que V.E. conmigo sabe que *Dios esta en todas partes de tres modos_*–por *Esencia*, Por *presencia* y por *Potencia*; ciendo mi satisfaccion la comfucion terrible de todo filosofo materialista, porque:

A V.E. solo pudo ympulsarle en el asunto de mi umilde ynstancia lo que es comforme al Caracter General de V.E. de que jamas puede precindir. Comforme a este Caracter, ci mi conducta de que V.E. tiene muchos conocimientos solidos delinquió alguna bez, V.E. sabe mi Caracter y fuero militar natibo, y no ygnora sus adelantos acquiridos, lo que no pudo ser ci mi conducta y aplicacion no me Ylustrasen.

Al fuero militar de mi nacimiento e correspondido desde aquella Epoca, asta este ebento que mediará la ultima bez que vine de B^{s} A^{s} en octubre de 1799 con licencia de el Exl^{mo} Sor Marques de Aviles, y ciendo P^{o} Teniente de Milicias de Granaderos Provinciales de Ynf^{a}, el Pase del Sudymspector Marquez de Sobremonte, con el Ymforme del Sarg^{to} Mayor D^{n} Yldefonso Cesada, por comicion del Com^{te} D^{n} Josef Piris, Ayudante Mayor de aq^{l} R^{to}.

[0184] Mi Conducta en esta Ciudad me yso acreedor a mi agregacion a las Milicias de Negros de ella por propocicion de el Subynsp^{r} Marquez de Sobremonte que como V.E. me conocia y savia mi practica y estudios. Lo que me conciguio el despacho de Agregacion del Exl^{mo} Sor D^{n} Juaquin del Pino que ygualmente me conocia, pues tube el onor de cursar la escuela de primeras letras con sus tres yjos Mayores, D^{n} Ramon, D^{n} Miguel y D^{n} Juan que eciste oy en B^{s} A^{s}.

Mi conducta sostenida por la yntersecion de la Ecl^{ma} S^{a} Dª Juana la Rasabal empeñada contra mi deliberada presentacion al virrey e ymsp^{r} D^{n} Pedro Arse. Al benir de Cordoba en 1806, S.E. por las ynstancias de mi muger doliente y al paso en la Villa de Canelones, me libró de benir al citio por los Yngleses de esta Ciudad. Y mi nacimiento, educacion e ynstancia, al falleser el Vrigadier D^{n} Josef Eusevio de Molina me dirigieron en 1815 a no sobreseer contra el onor de mi apellido en una Provincia que Garrantiza ser el primer Com^{te} que ciendolo en B^{s} A^{s}, Colonia, en 62 [en la] villa de S^{n} Carlos y torre de Sta Teresa, y [en] Río Grande en 63 se yso digno de que el P Sor D^{n} Carlos 3° lo estendiera Com^{te} Xeneral de la Campaña con 2500 p^{s} de Sueldo que jamas percivió desde el año 1764 asta el de 1775 que debolvio en [...] este despacho [...] Y reyntegro S.M.C. en 1777 asendiendolo a vrigadier, y 8000 p^{s} de Regalia que en Onsas de Oro le entregó el Ecl^{mo} Sor D^{n} Pedro Seballos.

¡Pero no es este mismo año aquel en que yo vi Guardia Marina al Sor D^{n} Fran^{co} Xavier de Viana, tio de V.E., despedirse para marchar a España de mi Sor! ¿El Sor D^{n} Juaquin no era entonses Alferez del R^{to} de B^{s} Ayres, y el Sor D^{n} Fran^{co} Oribe no lo era de Artilleria? ¡Ci señor!, y basta para que el Secretario de V.E. conosca que solo fui emfermo a la Caridad donde mi conducta se allaba sostenida [0185] por los empleos militar del Poderoso Sor Emperador del Vracil, Sarg[to] Mayor de Negros y el Garnacho de Lisenciado en *Dros*. El Rey de España [y] el fidelicimo de el Vracil en 1821 y el Poderoso Sor Emperador deben Contestar porque lo ycieron y comfirmaron en 1823 lo que Garrantisa aqui el Doctor de Leyes D[n] Juaquin de Sagra y Peris, Secretario Refrendador del Ecl[mo] Sor D[n] Carlos Federico Lecor.

Dictar el Secretario de V.E. contra esta asercion sera dictar contra la Aprobacion de este Estado del mismo P Emperador los Exercicios de mi correspondencia y Gratitud en el ospital. [...] En lo moral queda segura mi refleccion de que no se ocupó mi pluma en aser mal a ombre alguno de mi pais, comparacion que me aterra al ber postergada una queja tendende al trabajo de un escritor negro a otros ombres de su color. [...]

[0188] [...]Yo estoy fuera de la Caridad desde 15 de Mayo de 1830; y dentre enfermo al ospital en 20 [0189] de Marzo de 1827, 3 años en cuyo tiempo escrivi de Orden de los S.S[s] de la Caridad seys libros y una carta Preliminar en que pedi el Permiso a S.M.Y. y lo otorgó tacitamente. Ecrivi seys libros vien copiosos cuyo titulo entonses era *Glorias de la Caridad de Montevideo*: *O Refleccion Politica* y Moral sobre las Eccequias que aquella corporacion selebró A la S[a] Emperatriz *D[a] Leopoldina Carolina, Archiduquesa de Austria* el dia 10 de Marzo de 1827. El ermano Mayor que ecistia en 1828 se atrevio a dictarme que me pagase quien me mando escribir –fue D[n] Manuel Ocampos. Abochornado el Doctor D[n] Juaquin de Sagra pensé yo yr a la corte del xeneyro; se opuso el Sor Precidente D[n] Thomas Garcia de Zuñiga, quien yendo en seguida a aquella corte dio parte a S.M.Y. que agradecido me envio la colcha que contubo aquel cadaber, y yo uso. Y mandó por la obra que no ostante la estraccion de la carta que dirigi al Ecl[mo] Sor Lecor con ella, estoy cierto de que S.M.F. la tiene, lo que sertificara ci se ofreciere el Ecl[mo] que la vio y sabe su depocito en poder de S.M. [...]

[0191] ¡*O Jacinto*!, dijo despidiendose de mi en sus ultimas rasones el Vrigadier D[n] Josef Eusevio de Molina, «*mira como vives, por que qualquier cosa que te suseda se ha de atribuir a la buena, o mala educacion q[e] yo te e dado*». V.E. no podrá evadirse, por que ci el ynsuficiente principio de cinco pesos que aun yo despreciaria a motibado no ostante en un xeneral como V.E. la ydea de Oyrme, seria mui agena de mi conducta la yngratitud y olvido de el onor de mi Sor y el de el Escribano de la Camara de Representacion. Me empeñan en conducirme asta los altos Pies de los Augustos S.S. Monarcas donde empesó mi ventura. Yo e tolerado mis ymfortunios; no fue, no es, o será jamas quien los yndegnise, la critica o las ocurrencias de unos Ciudadanos de barios modos crueles. ¿Que yso que dictó mi umildad digno a motibar estos estravios displasentes a un genio que no ygnora no aber podido aser mas por su Pays? Quiero dirigirme ya a quien sabrá desempeñar con el onor que no tengo mis propocicion[s], [0192] pues debo decir a V.E. que S.M.S. tienen particular complasencia en oyrme proponer. V.E. sabrá yncignuarme ci algun escritor le presento asta aqui una ygual o semejante proporcion. [...]

[0193] Tengo la agradable satisfaccion de yncignuar la cimple quanto constante Relacion que deberan aprobar los Augustos S.S[s] Monarcas de España, Portugal, el Bracil y la Soberania de Montevideo, y me onrrará en suma la singular Gracia de la Sta sede.

Apelo al P Sor Monarca que sedió a este Estado su Aprobacion, y rayo con el mas Elocuente Americano que se aya jamas decidido con mas energia y Prudencia por el onor, vien, y utilidad de los yjos de su Pays. Por esa Rason se Dignó S.M.Y. otorgarme un despacho Politico y Militar el año de 1823 q[e] refrendo el Secretario de S.E. Doctor D[n] Juaquin de Sagra de orden de S.M.Y.

¿Puede V.E. o pudo el Estado dudar esta asersion? [...]

[0195] ¿Como podria llegar la bos de los ymfelises negros a la Soberania de este Estado ci no tuviese un coductor tan acto de su propia especie? Dios aun a querido que fuese yndigente para obligarme por una sencivilidad ygual.

Por este principio probaré a la fas del Uniberso que el reciente y pequeño Estado del Uruguay se alla animado de un ygual Espiritu Divino de Ciencia, y Providad. Esta Distante de mi el Comprot que se prometen y succitan los tristes filosofos que, como las barias promociones, motiban crueles esta cin obserbar lo mui ynjustos que son contra un yndigente cin otra causa o rason que las satisfacciones de su mas ynpia critica y curiocidad. España obserbará en el momento que no solo produjo las Ciencias y Conducta de un Negro Criollo, pero que la sostubo ylesa asta este mismo momento. [...]

[0196] Cuanto e sufrido en mi Pais desde el año 1818, ciendo mi[s] primeros perseguidores el saserdocio.

Dos principios que le son analogos les opongo ultima bez en contesto: en lo que se dirige a ciencia, son Ylusos. Los Negros no decienden de Can, yjo de Noe el ultimo. Decienden de Sen, yjo 2° de aquel Patriarca. Por esa Linea resultan Abrahan, Ysac, Jacob, Esau –de este no trata el Ebangelio y es su Ermano. ¿Quien nego jamas que en la Particion con Jacob le tocó a Esau el Africa? ¿Que promesa Yso Dios a Abraan quando le ordeno circuncidase a Ysmael, yjo de su Esclaba, de que otro Gran pueblo le ofreció que seria padre Ysmael? ¿Con que familia caso y entronco despues su sobrino Esau? La Piadosa Curiocidad y grande afecto del Doctor D[n] Juaquin de Sagra y Peris hacia mi apueste en manos del Ecl[mo] Sor Ministro la oracion dictada por mi en el reconocimiento de una Morena con el titulo de Prinsesa de Carabari.

Yo Recomiendo a V.E. medie con el Ecl^{mo} Sor Ministro, se Digne permitir la ymprecion de ese papel que S.E. tiene para revisarlo. Cuyo empeño ygual solicita el Defensor de Menores D^{n} Manuel Luna, teniendo yo el Onor de elebar en una colecturia a S.M.S., lo que produjo asta aqui en este Pays el desempeño de las Soberanias por la atencion de los miserables negros...

Y tu Necia, Caduca e Ynsignificante
filosofia, ynecta Rinde Altiva
a mi Moral Politica, tu Servis Altiva
Fetida, crasa, qual volcan Nociba

[...] No es ya mi obgeto Legalisarlo, pero eccigir de V.E. su corto balor y las miras de los S.S. Jues Politico y escribano de Camara de Apelaciones empeñando la autoridad de V.E. [0197] en la asociacion de los regulos negros en un cuerpo a beneficio de la Yglecia y onor propio en la selebracion festiba del S^{to} Rey Negro S^{n} Baltasar.

Un obgeto tal debe unir tres cuerpos de Negros para desempeñar el Orden de Dios. *Al Progimo como a ti* naser, vivir, morir. Naser en la Yglecia de Montevideo; vivir en la Casa de Caridad de Montevideo, bajo el titulo de una comfraternidad de animas Augustas de Maria Rufina Campana. Esa felis Esposa mia y yo emos cido faborecidos alla por los augustos S.S. Monarcas, Aqui por los S.S. de las Augustas Camaras. Es mi onor, Ecl^{mo} Sor, asociar a V.E. a esas Augustas Personas, Camaras y Asambleas.

Morir en el Colegio de los Magos de Maria Rufina; yo anadiré en el Real quando me dirijo a pedir a S.M.S. limosna para berificar su Edificio al Estado. Quatro quadras en el sentro del bacuo entre el Cordon y esta Ciudad para que esa obra ynmortalise famosa la Saviduria. Valor, Prudencia, y Virtud de las Camaras del Estado del Uruguay que en 1832 se Dignaron asociarme, Distinguirme y Protegerme como los Augustos S.S. Monarcas en Defensa y fabor del Color negro. [...]

Discurso pronunciado durante la apertura de una sala de nación [T2]

[9428] Discurso Raro
y singular
Del Licenciado
Negro
Jacinto Ventura de Molina

en la elección
Titular de una Prinsesa de La Nación
Reciente, Africana
Urid Uryola
Perorado en Montevideo
el Día 2 de marzo de 1833

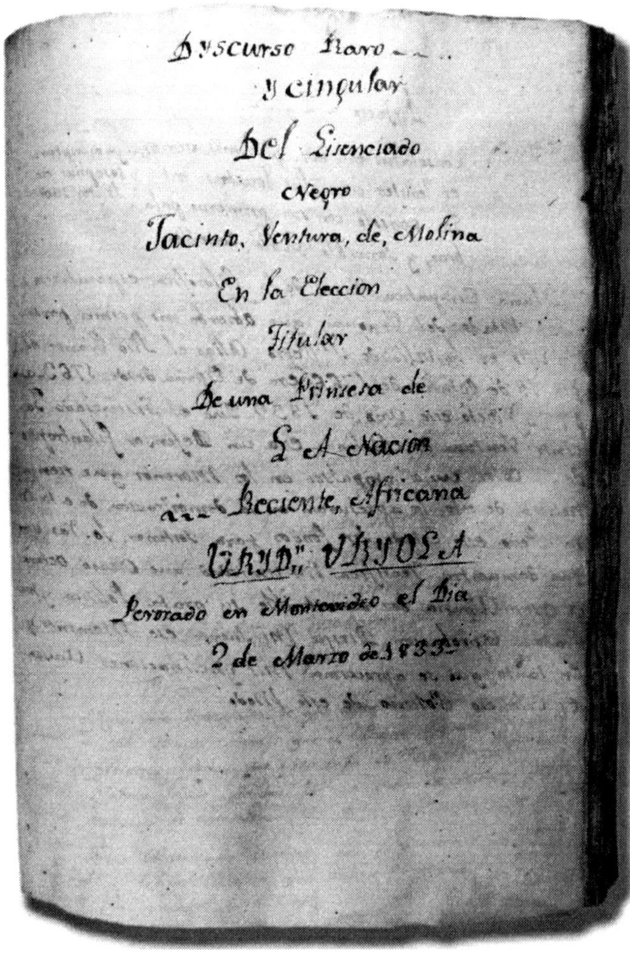

Dyscurso Raro
y cingular
Del Lisenciado
Negro
Jacinto, Ventura, de, Molina
En la Eleccion
Titular
De una Prinsesa de
LA Nacion
Reciente, Africana
URID" URYOLA
Perorado en Montevideo el Dia
2 de Marzo de 1833

[9429] *Prefacio*
Los consoló con sus primeras palabras,
y sensible habló con ellos.

Una simpatica razon de la filosofica especulacion del Estado del Uruguay que observó mi primer pensamiento en la Villa de San Pedro, alias el Río Grande, el día 15 de octubre de 1766 (era de España desde 1763 a 1775), dictó este año de 1832 que el Licenciado Jacinto Ventura de Molina era un Defensor filantrópico. De su color, cuyos impulsos en los morenos que tienen noticia de esto, los apresuran en la demostración de esta obra. Pero este Estado sin fondos para sostener lo rarísimo que demuestra rectifica mi humildad, que acaso optaré a hacer alguna vez demostrable [por] su grata politica y muy Piadosa aprobacion. Dirija mi suerte ese momento, y en tanto que se aproxima mis inclinaciones acusan el silencio politico de este modo.

Discurso Raro

[9430] Ci la Sociedad Civil se forma por un contrato en el qual muchos ombres juntos se obligan a trabajar de concierto por su utilidad, nadie podra decir que un trato por el qual formaron esa sociedad es condicional y puede faltar a ella por que no les da los vienes que particularmente cada uno pueda prometerse. Pero este principio ara conocer demostratibamente que cuando un vien util a toda la sociedad se presenta, quan esa sociedad lo a reflecclonado y conocido quanto ay entre ustedes barios que solicitan este vien sin saberlo proponer amados nacionales de la Nacion Urid Uriola. Yo tengo la felicidad de Instalarlo, Promoberlo y presentaros un bien en la persona mas util para buestro establecimiento social: la morena de mas merito Politico, cin sombra alguna de Personalidad, moralmente entre ustedes la Muger de Mas Piedad y mas Caritativa de buestros paysanos, mas tratable cin orgullo, social, Politica, atenta con vuestros sentimientos: la Sª Maria Guardado: de medianos posibles, despues de ser la mitad de vuestro regulo el Sor Pedro Estrada de quien es Esposa.

Aqui debo manifestar de que orden es el amor que yo os persuado a esta muger, y bereys que el Magno Alejandro para destruir la ydolatria Persica que ydolatraba la Plata, Oro y Piedras preciosas fabricó veynte dos mil armas para los soldados y oficiales del exercito de Macedonia. Asi lo escribio a su madre Olimpias.

Jesus al contrario acvierte que la sangre es el cimiento de la Iglesia, bed los martires que rindieron la vida Gloriosamente aciendo no Inmortal pero Eterno el amor de la Iglesia a su Esposo Jesús.

[9431] [...] *De Pedro Estrada y Maria Guardado* os consta que unidos com el vinculo de matrimonio no discurren otro que em el vien de sus Paysanos: Cededme vuestra atencion para demostrarlo.

No eccistia buestra Nacion *Urid Uriola* en este Estado a principios del año 1829 y unas series que todos los morenos Carabaris conosen desde el año 1810 o antes, hacia lamir a los *Urit Uriola*, vajo los extravios facciones rateros de los carabaris. Llegaron los años de 1827 y 28 y separadandose deliberaron fundar una sociedad con el prestigio de nacion en que eccisten las otras sociedades de la ciudad: Pedro Estrada, Luis Vilaza, Venito Candido, Vuestro General Domingo, el Mayor de Plaza Antonio Esteban ministro de hacienda y archivero de buestros yntereses. Con otros barios contribuyeron con buestra Reyna Maria Segunda que jamas pudo empesar, seguir, eccistir y octar sin que *Maria Guardado* por ci misma os diese la mano para todo.

Ci todos emos visto cobrar 20, 30, 40 p[a] bailes segun el uso de vuestros payses, suplidos por Maria Guardado para solidar buestra Sociedad, trato, social y amabilidad y a brebes pasos esta amable muger cedio su casa para vuestra Plaza. De consiguiente confesaran todos que el merito de la S[a] Maria Guardado es ya raro entre sus nacionales, y sera piadosamente distinguido si yo pruebo que ningun carabari llegó a ocuparla que no allase en ella su fabor y amparo. Qual fue el doliente que no esperimentó su asistencia, y aun su aucilio en las aserbas penas de una Pricion. La docilidad de este discurso ympulsa la precision de vuestra correspondencia elebandola al Titulo nacional y Propiedad de *Prinsesa* de *Carabari* Titulo de la Nacion y no de buestra Ciudad o Provincia *Urid Uriola.*

[9432] El Gobierno de uno solo se llama monarquico o monarquia: tiene por fundam[to] al mismo Dios y al Dro Natural. [...] Yzo al ombre Sor de sus propiedades sobre la tierra. *Cresed multiplicad y aseos Sor de ella.* El Govierno de barios o muchos se llama Republicano. El estado del Uruguay en el Universal del 28 de febrero a manifestado en un Estado ser el mas justo y vien governado en todos los continentes americanos; en Mejico renunció el Presidente, en B[s]A[s] el Ministro ¿Porque?

Oyd pues hablar a un ombre de vuestro color de el asunto mas tendendente y delicado que miran y an visto todas las monarquias del universo. Tales son los ensayos de la sociedad y utilidad de su estudio. Vuestra nacion *Urid Uriola* es la unica tendente al onor que me dispensó la augusta Camara del Uruguay.

A pesar de los Letrados y emulos que se atrevieron [9433] a criticarla para primer victoria literaria de mis discursos, eccistiendo en cilencio mis obras por estas razones generales que no sufrió algun otro Letrado. La sociedad civil es suseptible de los entretenimientos y la Libertad, y de los Pensamientos. Yo ablo entre los S.S. negros como lo berifican los letrados blancos entre los suyos.

Si amados Ermanos Son los ystoriadores Griegos nos dejaron escrito que el selebre Simon franqueaba sus jardines a todos los ciudadanos de Atenas, y ciendo esta la primera vos que gustais oyr un orador de vuestro color en ocacion tan analoga, medio el empeño de la Sª Maria del Carmen Pintos, y el de el Sor Pedro Estrada y yo no tengo razon para negarme a tan afectuosas ynsignnaciones. [...] Dad a todos lo que debeis ci es tributo, tributo, ci es ocsequio, y atención, atencion y ocsequio.

[9434] Bed ya dirigido mi pensamiento a selebrar con una oracion berval el dia y momento que reconoceis Prinsesa de vuestra Nacion a la distinguida morena Maria Guardado, *Princesa de Carabaris* y esposa de *Pedro Estrada, vuestro Rey Urid Uriola.* Estadme atentos pues solo trato de Instruirlos y dibertirlos.

Recticimos Sensores

La tosca locuacidad e ynteres de los ombres se atrevio contra los Dros de Naturaleza de la Rason y la Justicia, a negar a los ~~ombres~~ negros su mas justo Principio y origen sugetando para esto multitud de rasones que truncaron cin la menor noticia aun de los primeros ombres que conocio el mundo despues del Diluvio.

[9435] [...] Ararat montaña mui alta sobre la que paró el arca de Noe despues del Diluvio universal, en que perecio todo el Genero Humano, a esepcion del Patriarca *Noe* y sus tres hijos *Japhet, Sem y Cham*, Patriarcas o Padres de todos los vivientes que despues de ellos poblaron la tierra.

Japhet primogenito de Noe, tubo siete hijos, que son *Gomer*, *Magoo*, *Madai*, *Favam*, *Tuval*, Poblador de España, *Mosoch*, y *Thiras*. Sem cinco: *Elam*, *Asur*, *Arphaxad*, *Eud*, *Aram*, y Cham cuatro: *Cus*, *Mezrain*, *Phut*, y *Chanaaam*.

Eud fue quarto yjo de Sem y le cupo em suerte el Pais Occidental de la Armenia. Eud de el pueden descender los Lidios.

Arphaxad, tercer hijo de Sem, y uno de los abuelos de Abraham havitó al medio dia de la Armenia, y en sus inmediaciones. Sus descendientes por parte de *Fectam* atravesaron la Persia, y fueron unos a las Yndias y otros a la Aravia meridional, mientras que los desendientes de *Phalep* permanecieron cerca del Tigris y en la Mesopotamia septentrional, de donde llamo Dios a *Abraham* de quien descienden los hebreos, o Judios y gran parte de los Arabes, y Africanos especialmente los *Ysmaelitas*.

Ustedes Afortunados morenos de la nacion [9436] *Urid Uriola* prestan oy a mi pobre talento la Gloria de contrarrestar benser y destruir los sofisticos eminarandos Moralistas y filosofos decididos a que la progenie de los negros deciende de Cham, ijo tercero de Noe.

Oyd para buestra gloria, Edificacion e ynteligencia al *Doctor D^{n} Bernardo Falco en la obra de Cabrerizo Ystoria de la Religion*: «Abraham condesendió a los ruegos de Sara y casose con Agar» de quien hubo un hijo llamado Ismael. Mas no era este del que havia de proceder el pueblo escogido tantas beses prometido a Abraham.

Oyd sobre este punto a nuestro compatriota D^{n} Marcos Sastre «[...] Eres padre de muchas gentes: y seran buenas por ti omnes todas las naciones del Orbe emulando a los astros del cielo, ecsederan las estrellas del Cielo si se puede contar su numero».

Sigue aqui el Doctor Falco diciendo trese años despues apareciose Dios a Abraham bajo la figura de tres angeles que simbolizaban ya en aquellos principios el Gran Misterio de la S^{a} Trinidad y renobose la promesa, «*Yo soy el Dios omnipotente*, guarda mis mandamientos, y se perfecto. Hare alianza contigo y multiplicaré asta el infinito tu descendencia bendeciré a tu esposa Sara, y tendrás de ella susecion que bendecire tambien». Era entonces Abraham de 99 años. Postrose rostro con la tierra y dijo «Darenme Señor por contento, si nos dignays conserbarme a*Ysmael.* » [9437] A lo que repuso Dios «Dentro de un año alumbrará Sara, un hijo que llamarás Isac. Ysmael sera el tronco de un pueblo numeroso, poseedor de una basta region, mas no será el eredero de mi promesa. Cumplirela por medio de Ysaac».

Que region o pueblo, nacion, no toco a los descendientes de Ysmael la Africa a ella pasaron los yjos de Esau ermano mayor de Jacob yjos del Patriarca Ysac y por rason de la sangre sobrino de Ysmael cuyas ijas pudieron casar o nietas con el mismo Esau con sus nientos e ynmediata descendencia y parentela.

Recibe muger Prudente, el corto y Politico obsequio de un negro criollo aunque oriundo de buestras tierras Minas en una de las barias colonias que pasaron a poblar en la Africa los Ysmaelitas omitiendo yo dar una expresion dilatada, de los barios payses, que en la Acia, Africa, y Europa poblaron los desendientes de Jafet, Sem y Cam.

Y bosotros nacionales Ectiopes bendecid al Ser Supremo que os predestino por un efecto de su Ynfinita piedad ynstarle que onde arvitre para prosperar buestra nacion y Repetid dichosos, viva, viba, Nuestra Prinsesa de Carabari Da Maria Guardado en los ciglos de los ciglos amen.

Solicita la reapertura de sala de los Congos de Gunga [T3]

[0224] [Letra de Geremias]
Montevideo y Abril 15 de 1834.
Nombrase a D[n] Pedro de Nava y a D[n] Diego Bermudes de Castro, para que abran dictamen sobre las frases sig.[tes]
«Las afligentes capciosidades del bandido del Estado que V.E. dignamente dirige, comprimen las atenciones y emanaciones que la Providencia se ha confiado sobre la feliz Rep.[ca] del Uruguay, debo persuadirme que V.E. dilapidara el silencio que desde el 10 de Marzo, observo sobre una materia clandestina»

«V.E.está a la frente de la Corte del Uruguay, y este rango se sostiene sobre las vias del manejo» Al efecto pareseles la representacion original, [...] resuelva sobre la principal el Sr D[n] Joaquin de Sagra.
P[r] orden de S.E.
Geremias

[Letra de Molina y sigue a continuación]
Ecl[mo] Sor Ministro del Estado
del Uruguay
Ci las aflixentes capciocidades de el bandido del Estado que V.E. dignamente dirige, comprimen las atenciones y emanaciones que la Providencia se a confiado sobre la feliz Repuvlica del Uruguay, debo persuadirme que V.E. no dilapidara el cilencio q[e] desde el 10 de marzo obserbo sobre una materia clandestina, nueba en el Estado, ynteresado como se dise en el Anal 4° al modo que lo estaban los S.S[s] Españoles en los muchos morillos de España que estinguió el P Sor D[n] Felipe 4°. Mi refleccion se dirige a civilisar una porcion de morenos: 7 naciones que comprende el nombre nacional *Congos de Gunga*, a cuya nacion son provincias, grandes poblaciones ligadas con aquel Monarca por las relaciones de la sangre, del Ydioma, de la antiguedad y de el origen. V.E. allara la congruencia natural de un letrado negro reduciendo a la rason y equidad la ynmoralidad que sostuvieron ynjustamente los anteriores S.S. del Gobierno en las Americas contra la practica y metodo de su Europa. V.E. está a la frente de la *Corte del Uruguay* y este rango se sostiene sobre las vias del manejo e ynstruccion mas prudente y civilisada. Enmudeció mi pluma para espresarme oy con el autor *del Ombre Feliz ha pasado ya la gran tormenta. Me preparo a repetir.*

[0226] [Sigue el escrito de Jacinto de Molina en una columna simple] *la Jornada.*

Punto 1°

Por el Metodo de mi Asociacion al *Estado* del *Uruguay*, *su Augusta Camara y el Ecl*[mo] *Sor Vise Precidente ... Perez*, me encargan la defensa comun de los morenos. No eccisten las leyes que los protegen, como Esclabos, como negros, como ymfelizes neofitos expatrios de sus Payses, y son Jusgados por las leyes del Estado, de la Religion y la Politica. Este yndicante podria conducirme asta el raro acontecimiento de crear una nueba escribania a la Camara del Uruguay, cin ygnorar que se debe contestar: ¿los negros son yndigentes?

Mis conocimientos en una de barias naciones africanas acaso la mas numerosa en el Pays, la menos feble, y afecta a sus naturales los mas vibos afectos a la Religion que encarga el codigo Nacional. La acbercion que les tienen las otras Naciones del esnoruest, y la noblesa con que les vi evadirse y oponerse a la Maldad, motiban mis reflecciones a reglarlos sobre los principios de Politica y Religion que esten a mis alcanses. Dichosos sereys *Congos de Gunga*: ci ygualmente yo lo conciguiere vuestra Sociedad se ara onorable en las Paginas de la ystoria americana, y yo me are practico en los principios que ynstruyen el metodo de asociar muchos ombres de diferente naturaleza, color, costumbres, e ydiomas. A otra nacion Pulcra, baliente, Politica, llena de onor en el basto y delicioso Jardin de su Pays, no es abundante de ricos metales, pero prodigo de los alimentos y frutos que mendigan otros naturales; ay pocos avitantes en la faz del Uniberso que puedan lisongearse con esta dicha. Ella causa el lujo jeneral de todos en este pays.

El Metodo que me propongo es tan sencillo como casi natural en todas las naciones de Montevideo: sus yndividuos alistados en sus libros dan un real cada domingo o cada semana. Dicho metodo a estado en esta Nacion sugeto asta aqui a unas series de Gefes y mandatarios que estravió a su acvitrio la unica renta que devia formar su capital.

V.E. formará alguna ydea de lo que pudo ser, Dignandose ordenar al Juez Politico, D[n] Luis Lamas, entregue a V.E. la ydea en que se lo propongo [0227] sosteniendo el previo permiso del mismo Jues, y el de el cura Parroco, para aser solo la funcion de S[n] Baltasar. Yo quiero añadir algo mas estableciendolo Patrono, cin aprocimarme a otro principio que el de sociedad cuya tendencia al Culto, y religion, sede mucho a la Politica de la Corte del Uruguay en este Establecimiento formalisado, pues es constante que formalisadas la funcion o funciones de esta Sociedad será mas dicna de la acistencia del jues Politico que los Gallos y teatros Publicos.

Dignese V.E. dar una vista sobre este obgeto, y tardará poco en aserse Vicible y Onorario el Acierto Politico de V.E. sobre un cuerpo de Negros como todos asta aqui destinado a la mas crasa ynmoralidad. Yo esclamare con el Doctor Neker, *La comfianza me ayudó, y manifestó los recursos de fuerza y riqueza, el Orden y modo, aciendome preferir la gloria a las satisfacciones de banidad. Cimentando la opinion Publica sobre un obgeto a que propenden, y me suplican ynstan, estas deplorables e ymfelizes Umanidades. Desean Ecl^{mo} Sor Agradar al Publico cuyo gusto no adacta las naturalidades africanas, de conciguiente debo concluir: Conosco «Ecl^{mo} Sor» el precio de una autoridad tan Saludable tanto mas ci la amviguedad del Ciudadano D^{n} Luis Lamas eccige mis reflecciones que en todo ebento el Lisenciado J.V. de M. las sostendrá, desde el momento que se eleben a bericimiles, equitatibas, y Justas.* La rason del anterior gobierno fue aser ylusos los negros porque ygnorasen el *Dro natural con que nacieron.* La de V.E. y *de los Augustos Estados Americanos* ylustran a los ymfelises negros porque su crasa ygnorancia no los precipite. Estimulando sus yntimos sentimientos agradecidos a los Ciudadanos y S.S. que en este y mas estados faborescan su ylustracion por principios de *cibilidad moral y Religion*; tal es obgeto que oy trata la *Legislatura de este Estado.*

Punto 2°

[0228] [...] V.E. me consede tambien que el principio de civilidad de los negros es la Religion sola unica, capas de desarraygar el amor a la barbarie que les es Natural; es quien debe proponerles metodos rectos para vivir y morir vien, dandoles acvitrios como a otros padres para ynteresarse por la educacion de sus yjos! Como me negará V.E. que esta refleccion es la mas preciosa al Estado del Uruguay. El Peru, Bracil y Norte Americano, y sus yslas acyasentes e ymmediatos, acaso unen dos millones de negros ynstruidos caci en toda suerte de egercicios. Los viages y memorias de Paris disen que en Filadelfia ubo un negro medico que ganaba dies mil r^{s} anuales con su exercicio. Dise tambien que ay alli negras mui aplicadas a la labor y costura; el metodo de esta noticia supone milagrosas estas aplicaciones de conciguiente contra natura.

La libertad de la prensa a puesto en mis manos las espreciones con que el *Ecl^{mo} Sor D^{n} Agustin Gamarra* se despide de la Republica [0230] del *Esterior Peru* en dos proclamas a los ciudadanos y al Exercito. Dize en la primera, «*Mis esfuersos se reuniran siempre a los de los que aboguen por la causa de la civilizacion y de la moral, por la causa de esa libertad, yja del Cielo*».

V.E. en mi afecto es Digno del Onor que le tributo en esas espreciones tanto mas sobre una materia que asta oy es ciempre ynpugne a pesar de la grande esperiencia de todas las americas de la grande fidelidad de los negros, y lo temible que es su balor y resoluciones. Las ydeas Politicas y Morales los pondran distantes de los discursos beligerantes, abriendo cause a loas, aplicaciones, y estudios.

Ojalá Benigno Sor tengo yo la felicidad de apareser 2ª bes Auciliado, aprobado y elebado por V.E. como tersera 4 y 5ª bes con mayor felicidad en el Estado del Uruguay. Oy con la preeminencia de serle fiel cingularm[te] por Letrado cuanto deseoso de su felicidad, y onor.

De ygual modo me dirijo al *Jues Politico, D[n] Luis Lamas* que motiba cilencioso mis discursos, reteniendo las lisencias que S.S.A. y el *Cura Parroco Doctor D[n] Juan Otaegui* consedieron a estos ya felises *Negros congos*. Me yntereso Ecl[mo] Sor porque el Publico y la Republica les aga justicia. Segundo principio la seguridad acsoluta de los negros asociados.

Es una causa Moral de su yncremento politico. La Anicia y paz publica se fomenta por el principio social de Poblacion que requiere *ley y reglas* para dirigirse. Los negros como menores de la sociedad o pueblo ymferior, en nuestra *Politica* son pies de la republica. ¿Qual es la rason de que carescan en el pueblo, o pueblos que avitan? Lugares para su poblacion: *no ay regla cin esepcion*; ay mui diminutos negros ya pobladores en esta pequeña ciudad. Y ciendolo no son politicos morales y aun cultos. ¿Tampoco negará V.E. que me libro primera bez a un obgeto en que gustaria oyr con [0231] metodo los combencimientos rectoricos y loxicos de los Savios Apoloxistas seguras de que mi atencion onrrará con el contesto el que la tenga. Y con el cilencio el que caresca de ella quando V.E. be que no solo es basta esta materia, aunque es totalmente rara.

La 2ª rason que abona mis reflecciones es la seguridad acsoluta de los negros – dige porque el becino no solo esta sugeto por su ynteres particular pero por la ley que le faborese e yguala con los otros ciudadanos de los pueblos. Será mas distinguido el mas util; ci los negros lo an cido no ay rason para negarles su distincion. El estado puede nesecitar de ellos alguna bez.

El Jues Politico detalló y dispuso los bayles de los negros al raso en la yntemperie del destemplado yvierno de [1]833; quitó a estos su casa fundado en la espocicion de los becinos tal bez escluidos por la ley! Acre dispocicion contra los mismos que acaban de defender su vida y la de esos mismos becinos. Ci se mira un tumulto boluctuoso donde no eccisten las reglas de ebolucion militar.

De este mal Saco yo un vien a los negros, y a la Poblacion. Señalese un quadro de quatro quadras, quadradas, en ese bacuo del recinto al cordon. Los negros lo pagaran, y poblaran comforme al uso presente, aunque con espacio. Y reducida su poblacion a sociedad aumentara sus acvitrios, con utilidad de sus yjos y mugeres, la diferencia de ynstrumentos y bayles; no disminuirá sus aplicaciones y tareas. Nuestros americanos conocian solo el tamboril, y el pito. El uso europeo les enseño los *ynstrumentos y bayles*, ¿y culpan oy lo inculto de los africanos?

V.E. se dignará permitir en la actualidad que la nacion *Congo de Gunga* tenga su casa para baylar con su tambor los domingos, y dias festibos asta la oracion, y de noche con sus chirimias asta el dia siguiente los que puedan. Y entre tanto V.E. discutirá y dispondra en lo demas. Dios Gue a V.E. m^{s} a^{s}

Ecl^{mo} Sor Ministro
B.L.M. de V.E.
El Lisenciado
Jacinto V de Molina

Respuesta al escrito anterior de Molina [T3]

Exmo S^{or}

[0232] Nos los abajo resignados en cumplim^{to} del decreto q^{ue} antecede con el mismo llanto del Jeremias, que firma, devemos esplicarnos diciendo q^{ue} aunque la religiosidad de la falta del respeto desfacedora, q^{ue} aniquila la projoniba: si fuere de calculador por no haverlo hecho en papel sellado el incitado inlicenciado Molina, sin q^{ue} lo dexe a salvo del nefando crimen ab sua doso, que es en un inletrado hacerlo en papel comun, deshacedor pugnante q^{ue} merece no darle abrigacion a su inculca preliminancia pues las inafligentes capciosidades *del bandido del estado* espuestas renulibam^{te} por el dho. inletrado en una promelania suabonica, q^{ue} acaso deja incombustible los loores a lo quo quicos de una inercia determin^{on} por lo q^{ue} propagabibam^{te} fallamos en la galicidad obliqua, se debuelva p^{r} esta rason el inesperado inexped^{te}, lo qual p^{a} que un critando los pologios ereos, q^{ue} abundosam^{te} hallamos sin el papel sellado en la formalidad logalica q^{ue} ereonecam^{te} deve buelva al incitado Molina, a renovalizar lo q^{ue} ha llegado a nuestras manos con falta de respetacion cronical, p^{r} ser en comun papel, lo q^{ue} en cumplim^{to} del decreto de Jeremias resolvemos sobre las vias del manejo, pidiendo p^{r} ultimo a V.E. se sirva no admitir en el pres^{te} caso otras lamentaciones o disparates, las q^{ue} ya se han aducido, este es nuestro dictamen, salvo meliori.

Montevideo 16 de Abril de 1834.

[Firma] [Firma]

Pedro de Nava Diego Bermudes de Castro.

Sobre la reapertura de la sala de Congos de Gunga, y una reunión vinculada a la conspiración de esclavos de 1833 [T3]

[0118] ORACYON, POLYTYCA, MORAL,
Dedicada y Presentada
A LA AUGUSTA CAMARA DE REPRESENTAC^{n},
DE ESTE ESTADO DE EL URUGUAY,
PARA LA APROBACION, ESTABLECIMIENTO, e YNPR^{n},
De LA UMILDE SOCIEDAD de NEGROS CONGOS
DE GUNGA, de ESTA CAPYTAL, MONTEVID^{o},
EREPCION en TRYVUNAL el Jusgado de POLYC^{a},
SU PROTECTOR
OVRA DYCTADA Y PRODUCYDA
POR EL LYSENCYADO en DROS negro
JACYNTO, VENTURA, de MOLINA
AÑO 1834

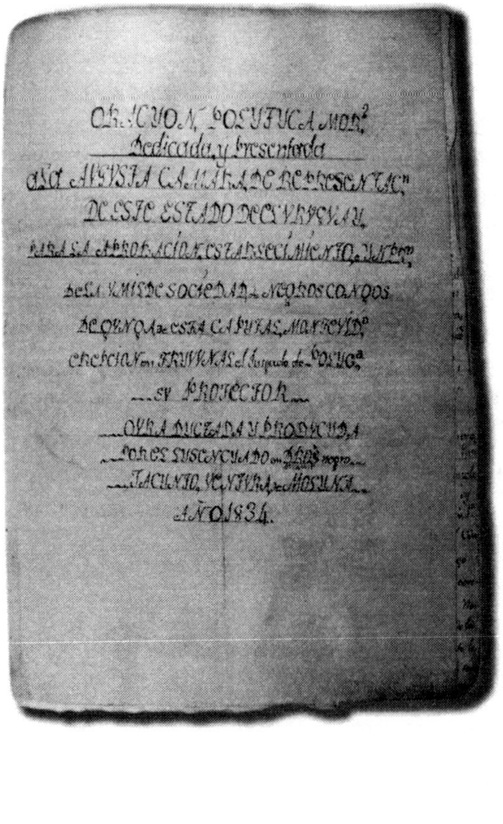

[0119] Dedicacion
A L^s M.A.Y.P.S.S^s D.L^s Camaras
de Representacion de el Estado de
El Uruguay
Testo Ocurrente
Tus luses me yluminaron.

Savios y Prudentes Senado y Representantes de el Uruguay: no me dirigiera yo a V.A.A. ci la imbestidura, caracter, y Privilegios de mi Asoción, Los de mi Etsamen, y destino, no probaran asta la evidencia, mi Poderosa creacion. Aun mas mi umilde Talento, me negaría el ympulso, el estimulo, la elebacion que V.A.A. ba a Refleccionar, Aprobar; y Sancionar. Son lo menos los discursos, reflecciones, comparaciones, ystoricas, la oracion que las archiba por el Arte Retorico de su compocicion; es menos quanto Presenta a V.A.A. mi erial ynsufisencia, que solo ymita, aspira solo, seguir el «Grande», «el Magno» el Ymponderable Exemplo de fidelidad, de los xefes de los *Negros Congos de Gunga de esta Capital de el Uruguay: Montevideo.* Sea Sor el que fuere: el primero, yo tengo la Gloria unico de Dedicar tal acion a V.A.A. en prueba no solo de mi obediencia, quanto de el Distinguido aprecio con que V.A.A. me señala Acmitiendola. Dios Gue a V.A.A. M^s A^s

M.A.Y.P.S.S^s B.L.M.S.D
V.A.A.
El Lisenciado
Jacinto Ventura de Molina

[0120] [Pagina en papel sellado de 1834, el resto del documento en papel común]

Memor^l Ynstructiva Ynstancia oratoria a Los
M.A.Y.P.S.S. de las Camaras del Estado del Uruguay

Jacinto V de Molina, Lisenciado en *Dros*, Socio de esta Republica, por el orden Augusto de *V.A.A.* de 6 de avril de 1832, tiene alguna bez el Alto Onor de Saludar a *V.A.A.* [...] ciempre motibado, ciempre como el Grande [...] *Aleviowitz, Pedro Emperador de Moscovia*, de algun pensamiento, en custodia de ese Pueblo Ymfeliz, Precario que *V.A.A.* me confió. Siendome tan Plaucible y Analogo elevarme asta la Respetosa, benefica Presencia de *V.A.A.* a pedir Gracia, Poder, y Facultades, para formar una sociedad de la parte superior mas noble y sana de los Ectiopes que eccisten en la Republica, que Respeta sumisa a *V.A.A.* El Obgeto que motibó mi ydea fue el terrible acontecimiento del año 1833 (ci una accion [al margen izquierdo: Blanchart, escuela de costumbres] tiene (100) caras debe mirarse por la mejor) dictado por el ymfeliz rebolucionario –Feliz Columvio– que *V.A.A.* castigó el año presente con el ultimo Suplicio.

Muy a principios de aquel año, combocó Felis Columvio una Junta de los Gefes de la Nacion Africana [...] *Congos de Gunga.* Su Regulo o Precidente [...] Antonio de la Rosa Vrito, esclavo de D[n] Luis Ximenez; un Ministro, Juan Sosa, livre, oy mayordomo de D[n] Venito de Palermo; a Gregorio Juanicó, 1° consegero de la Nacion, pardo criollo Portugues, esclabo del Ciudadano D[n] Fran[co] Juanicó; a Miguel Piñeyro, Moreno Congo esclavo 2° Consegero, sabe leer y es ladino. Guardaron todos secreto. Y con motibo de aberme llamado a escribir asuntos de la Nacion, ocurrió llegar Feliz Columvio a la puerta y patio de la avitacion de Juan Sosa. Gregorio Juanicó me dijo en secreto lo que trataba Feliz, y yo repugné allarme un acto, que me es tan odioso, como [0121] lo fue para mi la puvlicidad de el dia 19 de Marso de 1815. Pero viendo Juanicó que no podia omitirlo allandome en la pequeña piesa del aposento, con todos los nombrados, y Feliz ya a la puerta de la sa[a], contestado por Sosa, me pidió que dicimulara oy, M.P. Sor, la Propocicion ynnoble y baxa de ofreserles 4000 p[s] por la rebolucion y lebantamiento de los ectiopes congos, quienes por su vibesa, loquacidad generica, someterian los mas, o todos los esclabos, y gentes de su color. Noté en cilencio la mordaz erudicion con que persuadia el metodo cruel de la execucion; las medidas, y propocicion de personas, ynnominadas que ayadarian al suseso; y barias disertaciones sobre sus acontecimientos.

Tomó [...] Gran Sor la mano el Regulo Antonio, y le dijo «todos nosotros tenemos familia en la ciudad, y ci erramos no solo nosotros, pero ellas quedan perdidas». *V.A.A.* conose lo que refleccionaria el apatico abatimiento soes sobre los S.S[s] del Pueblo blanco, e yndigencia, precaria, omogenidad, de los negros. Yncistio Antonio de la Rosa Vrito en que no podia resolberse; cin embargo, avisaremos a vmd, de aqui a un momento. Partió feliz, y yo supliqué que jamas se digese que yo uviese oydo o visto este acto, y asegurado despues de una brebe consulta fue Gregorio Juanicó a casa de Feliz a protestarle que de modo alguno contase con ningun negro congo. Y todos de comun conbencimiento, omitimos las yntrigantes resultas de las menores denuncias.

En el estallido de ese suseso, el Jues Politico con algunas ydeas cargó a los negros (pues feliz lo era, de color bajo), pero mas a los congos. Destruyó sus casas de bayles, y los perciguió, quitandoles la licencia, que con el Cura Parroco autorisó en 1832 sobre la debota ydea de la selevridad de San Valtasar, *Rey Mago Negro.* Los Politicos sentaran ci el entuciasmo de los negros, estos unicos dias de Enero, tiene algo de superesticioso, violento, yrreligioso, escandaloso, estraño. Tal es

M.A.Y.P. Sor el motibo que da margen al Establecimiento [0123] de una sociedad, de esa *Nacion Noble*, dando gracias la umanidad de los negros, al *todo Poderoso*, que los libró del odioso crimen detestable de Ynfidencia en un Pays señido, Fuerte, y Pundonoroso, en que uvieran cido tan odiosos, quanto llegarán en lo subsecivo, a ser vien quistos, y aun afectos, principios, que la Venefisencia y Politica de V.A.A. no olvidará quando de otro modo no pueda compensar la fidelidad. {Constitucion del Estado secion 4ª [...] del Poder Legislatibo [...] nº [...] 13}

Ecsordio

Ci es xeneral, y tacito, que la Naturaleza estableció la Sociedad, entre los ombres todos; Ci Multiplicandose ellos, en diferentes partes de la tierra [...] M.A.Y.P.S., con el *Superior Permiso de V.A.A.* [...] Decia yo: fue preciso q[e] los ombres ce dividiesen en muchas corporaciones particulares a que dan con propiedad el nombre de *Sociedades Civiles*, por cuya unica via pudieron los avitantes de las mismas partes de la tierra conseguir que se labrase entre ellos el orden de livertad, seguridad de sus propiedades, librandose de la violencia de los estrangeros. De conciguiente se be que la Sociedad Civil fue, y es [...] *nesetitate printipium* para la felicidad y multiplicacion del genero umano.

La *Sociedad Civil* se forma por un contrato en virtud del qual muchos ombres juntos se obligan a trabajar de concierto en su utilidad comun. La Nacion Africana [...] *Congos de Gunga*, con exemplo de *V.A.A.* señala en lugar de un Regulo un Precidente *Antonio de la Rosa Vrito*; señala sinco ombres mas para su gobierno –2 ministros yguales [...] *Juaquin Martinez, Juan Sosa*; 2 Consegeros yguales [...] *Gregorio Juanicó*, Miguel Piñeyro; un asesor fiscal el Lisenciado *Jacinto V de Molina*. Esta es la cabesa de esa *Sociedad* sugeta en todo a *V.A.A.* por la unica tendencia del Jues Politico *D[n] Luis Lamas*, circunstancia que no podrá negarse, ser un Politico de las *Leyes de Yndias* –Jues Protector. [...] La Gloria [0124] de V.A.A. se ará acmirar en este solo rango de Generocidad. Quando el Negro congo se asemeja al *Ciudadano* aunque sea esclavo, lo es [...] *per actidens set non de natibitate*. Solo podrá Jusgarlo el Juez Politico; y en delitos, y penas ynfames, lo separará de su conocimiento al Jues ordinario con conocimiento de la *Sociedad* que jamas puede abandonarlo. La pena de obras publicas equibaldrá al robo, destierro, por omicidio, o pena Capital, comforme al delito deconciguiente, la causa del Negro Congo a de formarla aquel escribano, y conoserla aquel asesor acquiriendo directamente aquel Jusgado Titulo de *Tribunal de Policia*. [...]

El areglo que suplico a *V.A.A.* consultado asi por los nacionales, y Cabesa de la Nacion, con tacito consentimiento del Eccl[mo] Sor Ministro *D[n] Lucas Obes*, a quien correlatibamente lo yse presente dos beses, y el *Govierno* por el papel Publico, del setiembre 15 o 16, no solo acmite las Sociedades, pero las pide, y adacta. Otras dos beces lo yse presente al Gefe Politico con un cimple y diminuto por menos de la suma semanal de cada sexo, un real los ombres, medio las mugeres. [...]

[0127] *El Ecl^mo^ Sor Fiscal Villegas* se ynclinó en fuerza de la Rason y vien de los ymfelises, destituidos, y pribados de todo principio de Educacion, civilisacion, cultura, metodos, o costumbres para dirigirse y vivir. *S Exª* consultó a los S.S. Doctor D^n^ Fran^co^ Xavier Garcia de Zuñiga en el Consulado, al Doctor *D^n^ Juaquin de Sagra y Peris*, Pro secretario. Deliberando con el Ecl^mo^ Sor Fiscal, ocurriese a *V.A.A.* por la Aprobacion, orden, y Despacho de un pensamiento que probará ciempre la Benefica Prudencia, Alta Conmiseracion, con que *V.A.A.* solo, entre millares de Estados y Naciones, a savido distinguir, onrrar, premiar, y llenar de satisfacciones, una Nacion Ectiope. Preparando su naturaleza a las felicidades temporales, que puedan licitamente acvitrar, y sus Almas a la felicidad futura, que por las promesas de Nuestra Religion Cristiana debemos esperar. Obgetos que desembolberan las dos propociciones ciguientes de la Oracion.

Parte 1ª Narracion

M.P. Sor

El Genero humano forma natural y esencialmente una Sociedad General, de la que son meras clases las difentes Naciones de la faz de la Tierra. Lio la Naturaleza a todo el genero umano, con las mismas nesecidades y ovligaciones. Aci cada nacion, segun dize acmirablemente el autor del *Orden Natural de las Sociedades Politicas* es como una Provincia de el gran Reyno de la Naturaleza.

Esta sumaria vista, y la civil que delineó el ecsordio de esta narracion, eccige moralmente una bersacion literal que representando vibamente la fidelidad Garbosamente Gloriosa de tan umildes negros, aga Campear entre las obras Magnificas, de mas nombre, del *Estado y Repuvlica del Uruguay*, la de los ... *Negros Congos de Gunga de su Capital ... Montevideo* en 1833. [...]

[0128] ¡O Epocas! ¡Crueles Cirses! Detestables. El curso de mis practicas se alteró y detubo. Quando avilitado con el Titulo de Asociacion de la Augusta Asamblea, me sugeté al curso de mi Escamen, 20 dias, cuya satisfaccion los Oficiales de los Tribunales y Letrados de el Estado devieron Agradeser a *V.A.A.* que trató por mi el vien de la Eumanidad (bease el despacho en el tribunal de cuentas devuelto por mi por el desacato a las armas de el Estado y S.S. que testaron a mi fabor a ultimos de [1]832). La Alteracion de *V.A.A.* poco anterior a este suseso motibó a los S.S^s^ Doctores *D^n^ Florencio Varela y D^n^ Juaquin de Sagra y Peris* que se opucieron cin permitirme que empesase la carrera de *Minerva y Astrea* ynter *V.A.A.* no organisase sus Camaras con tal contraste disueltas. [...]

¿Qual sería y es la suerte de los yndigentes? Ci tan terrible fue, y aun es, la de los Balerosos, Savios y Poderosos del Estado … No … *P Sor*; no es esta una refleccion en que pueda tener parte la elocuente critica mordaz de la Filosofia. Los S.Ss los Filosofos y los Ymfelizes, todos vimos, y sentimos estos Pasages.

La fidelidad de estos ymfelizes negros, el desconcierto General, la lacxitud del Pais, y las anarquias domesticas cuyos progresos son ciempre temibles, me dan buelos para formar la narracion mas vien documentada. […]

[0131] Conclucion primera

No son Poderoso Sor los fondos ci solo; La prudente Economia vien dirigidos los aorros, es el principio y fomento de las Sociedades; el curso y duracion les da Mayor ympulso. Mi obgeto unico es el vien de la Eumanidad. El Onor de *V.A.A.* Creando, ynstruyendo, sosteniendo, fomentando este principio, Emanacion de *V.A.A.* por mi, y utilidad de los ectiopes Congos en su libertad sancionada en la *constitucion del Estado … Los havitantes del Estado tienen Dro a ser protegidos en el goze de su vida, honor, libertad, seguridad y propiedad* … Scn … 11 … c … unico … nº … 130. Empesará a berse la *Libertad Social* en el Regulo Antonio de la Rosa Vrito, y los dos Consegeros Gregorio Juanicó y Miguel Piñeyro, que ygualmente le ciguieron fieles. El Orden ará en su posada la desencia del vayle Nacional. La acistencia de sus dolientes y la sepoltura de los que fallescan unicos obgetos de la Eumanidad, y *A consequencia estos basallos con el Dro social … nº 224 … deberan cienpre obedeser a V.A.A. guardandole inviolable fidelidad, cuya obligacion les resulta de los vinculos que contraen, y de la Voluntad de Dios. A V.A.A. repetirá con el mismo Dro … nº … 218 … O tu a cuyo cargo dexó la Patria el zelo y cuidado de Nuestros ymfelises, bemos que eres fiel en desempeñar nuestra Confianza. La Gloria te seguirá, ci esta no es otra cosa que el publico testimonio de la Virtud que no puede faltar a quien sirbe bien a la Patria.*

fin de la Narracion

3ª Parte – Prueba

Ci los cimples principios de una mui [0132] umilde Sociedad de Ectiopes acmiró tanto al Jefe *Politico* Dn Luis Lamas, que lleno de entuciasmo llamó *Rara esta Sociedad* …

Esclama con Razon el que Asegura,
Que es raro el Pensamiento: cin Segundo.
Porque del *Uruguay* se acvierta en nuestros Orbes;
Y su Prudencia Xenerosa, en Ambos Mundos.

… debo conducirlo al termino Politico virtual, y mistico de mis medidas Morales. […]

Yo no podria jamas reunir con prontitud una confraternidad de Animas en esta Capital, ci no uviese iniciado antes los ermanos de que se debe formar esa numerocicima grey etiope que otro no supo juntar y que sus discordias familiares o nacionales dispersan y desunen se unirá toda como alla sus almas en la Eternidad. O como los cuerpos racionales y aereos se unieron en la Grande Arca de *Noe*, de que abla el antiguo testamento. [...] Aci combencido yo de las quimeras materialistas, se que la Acmirable Providencia de Dios Crio para ci el Cielo donde ecciste y eccistirá Eternam^te feliz como lo seran los que creen en el. ¿Como puede el materialista limitar la Providencia, la Justicia!? ¿El ombre la Tiene y Dios no? ¿El ombre es capas de obras magnificas para ci, y Dios no? *V.A.A.* sabe premiar y castigar, ¿tiene poder para eso y Dios que se lo dio no lo tiene? Yo tengo *M.A.Y.P.* Sor formada la Constitucion para la Comfraternidad de *Animas Augustas*. Y buelbo a acmirar que es *V.A.A.* quien lo Aprueba, que yo elebados por *V.A.A.* se la dedico en nombre de la negra criolla o Americana Feliz, yja de Buenosayres, *Maria Rufina Campana* en el templo de S^n Josef, *La Caridad*.

[0134] Confraternidad de Animas Augustas: *V.A.A.* es el unico que miró por *Jacinto V de Molina* y por los *ymfelizes* Ectiopes en esta Capital. Esta obra es toda mia, lo es de mi *Onor*, de mi Agradecimiento a Dios que me dio luses, y *A V.A.A. y Soberanos Monarcas que se Dignaron Oyrme y me Onrraron*. Es de mi Entendimento, motibado por el Gran Prodigio de el *Santicimo Sacramento* susedido a vista de todos el dia 11 de Mayo de 1829 en que este *Estado* sancionaba los cimientos de su libertad y la de los Esclabos que avia en el. De conciguiente ese Sor Sacramentado estimulara ahora a *V.A.A.* a dar curso a una Carta detenida y aun no ecsaminada desde febrero *al S.P. Gregorio decimo 6°*, que apodera para su curso el *Representante Doctor de Leyes Pro Secretario de V.A.A–D^n Juaquin de Sagra y Peris*. El Vicario Xeneral de *S.S.A.* remitirá dicha carta porque Poderoso este Estado vea aviertas las cadenas que embuelben el trato, el Comercio, de España, y Portugal, mi Religion, y Umildad,

[...] Debo mi distincion, y titulos a su Augusta Piedad [de los monarcas] y Providencia, esas me estimulan a que ciendo yndigente les pida, cuyo expediente es mas Augusto, Noble, y Eccigente, mas analogo, que la Tipografia a que e notado se asen oyr mis discursos. Ci ynutiles, carese mucho menos la Posteridad de ellos que los presentes; ci son utiles beran los presentes con gloria lo que les yntereso despreciando el crimen de Egoistas por mero efecto de filosofar. Ni quise, quiero, o quedre mas que *Ac mayorem Dey gloriam* y Vien de el Esta°. [...]

[0138] Yo abogo ante *V.A.A.* y no defiendo reos de algunos delitos. Oro demostrando el echo de Fidelidad mas Noble y Memorable de unos ynfelises esclabos de esta *Capital, Montevideo*; ellos se glorian y consuelan con tributar a V.A.A.

la noticia y memoria de este fiel Servicio. ¡Devil Satisfaccion! quando deviera producirles al menos la libertad a ellos y sus familias, y alguna gratificacion a los libres. [...]

[0139] [...] Algunos Pasages de esta America y de el Estado demuestran que el Gobierno Antiguo onrró algunos negros con cingularidad noble por sus obras de fidelidad: el año de 1762 era el Vrigadier de España D^{n} Josef Eusevio de Molina solo Cap^{n} de Ymf^{a} Com^{te} de todos la que condujo a la rendicion de la Colonia del Sacram^{to} (el Vrigadier entonses D^{n} Pedro Seballos). D^{n} Josef de Molina en las ynmediaciones de la Colonia en la Orqueta, mandaba una divicion de 700 ombres que obserbaba y devia oponerse en esta costa a los 5 buques yngleses que se retiraban, aviendo D^{n} Pedro Seballos ynsendiado en aquel Puerto la fragata capitana los 5 buques conducian aun un R^{to} de Ymf^{a} Portugues; luego que lebaron los buques D^{n} Josef de Molina se puso en marcha. Pero la primera divicion como la tersera en el orden de columna era gente del pais de chusa, sable, y cuchillo. La primera divicion de esta columna se lebanto toda esepto los oficiales mayores y menores; bolvió caras y atropello sobre el sentro arrienda suelta, D^{n} Josef de Molina estaba en el sentro al frente de la 2ª divicion con la artilleria violenta que condujo el mismo Molina. [...] Estaba sostenida esta artilleria por oficiales de ella, artilleros montados y la compañía del Sor Molina a caballo. Mas en el terrible encuentro al abrir por *dra* e ysquierda los amotinados, recivio D^{n} Josef de Molina un chusaso que tomando su bestido de ante lo sacó de la cilla, lo derribó de espaldas cabesa abajo por las ancas del Caballo. Mi padre Ventura que estaba recto detrás de su amo saltó del suyo y lo recivio librandoló de desnucarse y de los pies de el animal; en cuyo yntermedio el Coronel despues *D^{n} Thomas Estrada*, entonses cadete de 18 años, mató de un pistoletaso al Agresor de mi Sor que vio desde el costado en que se allaba a caballo, y al pasar corriendo le disparó. D^{n} Josef de Molina al reaserse em pie em presencia de toda la divicion dio la libertad a su Esclabo ordenandole que fuese con su beneplacito y palabra donde gustase. Mi padre agradecido, le aseguró que lo acompañaria toda la vida; el Sor Molina le dio entonses 40 p^{s} y ciguio su marcha.

[0141] [...] Recogio sus escombros, registro asta Castillos, suvió, acampó en el lugar delineado y poblado por el Villa de S^{n} Carlos, y en virtud de las ordenes de el Sor Seballos que marchó a unirse con Molina mandando el grueso del Exercito, pero bloqueado por el Selebre *Rafael Pintus Bandeyra* que Sa^{to} Mayor mandaba una partida de 200 ombres en dos compañias de dragones Paulistas, el Sor Seballos no tubo noticia desto y se adelantó desde Solis grande a Maldonado. En el se le aviso el peligro en que estaba, y montando a caballo partió al campam^{to} de Molina con solo un baqueano burlando las esperansas de Rafael Pintus que a las

2 oras de esta fuga dentro con su gran partida en Maldonado. Con el Mando de la banguardia D^{n} Josef de Molina tomo la fortaleza de Sta Teresa el dia 15 de octubre de 1763, aviendola batido seys dias. El Sor Seballos llego a Sta Teresa y Marchó D^{n} Josef de Molina al Río grande que sorprendió el dia 24 de diciembre de ese año 1763, y un mes despues tomó al Norte que abandono meses despues de retirarse el Sor Seballos a la Colonia, donde eccistio y adolecio de ypocondria o tiricia etc asta que en 1765 vino a relebarlo *D^{n} Fran^{co} Vucareli*. Ese año desposó mi padre con *Juana del Sacramento*, Joben Morena libre por la gracia de D^{n} Josef de Molina a todos los esclabos q^{e} tomo en Río Grande como a los que emigraban durante la guerra ese año. Vino mi madre y el 15 de octubre de 1766 naci yo dia feliz cuya mañana costo 450 portugueses del Exercito de 700 que atacaron el Río Grande mandados por el coronel Josef Marselino que perdio la vida en la accion. D^{n} Josef de Molina solo tenia su comp^{a} de 100 ombres aunque en 1764 octubo el grado de Tte Coronel Vibo, y el Titulo de *Com^{te} Xeneral de la Comp^{a}* con sobre sueldo de 2500 p^{s} que jamas percivio. [...] Los efectos de comercio del Sor Molina, su amor al Rey y a la Eumanidad yso de el Río Grande en que era Gobernador Vitalicio lo que jamas bolberá a ser: [0142] el pueblo mas practico y culto por las ciencias matematicas de que tenia Escuela y ecsamen anual de sus alugnos; dique y construcion de buques finos, lanchas, cañoneras con 2 cañones de a 12 o 18 o con un armeria, escuela de primeras letras y la desencia del templo, son obras particulares alli de D^{n} Josef de Molina [...] Un mayordomo foraneo manejaba una panaderia, una pulperia y tienda; la Gran quinta de Mora a 5 leguas del Río grande y otra ynmediata que criaba mays, trigo, abes de toda especie y quadrupedos de serda y lana vien sebados. Basta, M.P. Sor, es ympocible pintar las comodidades de D^{n} Josef de Molina en el Río Grande y es Mucho Mayor su Caridad, Generocidad y benefisencia con todo becino; con todo soldado casado un pan al yjo que naciese en Río Grande; a los becinos pobres la carne gratis; a todos los subalternos de barios Regimientos y cadetes la Mesa diaria, el aseo, cuidado del ospital, cirujanos y botica. [...] Me pidio lleno de una piedad quen lo umilde no se acmirar, a mi padre y madre para enseñarme y darme educacion. El de 1760 fui a la escuela que S.S^{a} puso y sostubo al Maestro D^{n} Mateo Cabral, quien sobre 10 p^{s} mensuales del Sor Molina tenia la comida de mi padre y el cuidado de su ropa de mi madre. D^{n} Josef de Molina, a pesar de perder ciento sesenta mil pesos, el lunes S^{to} de 1775 mi edad poco mas de 8 años yso su testamento en Sta Teresa que mandaba dejando ci moria quanto tuviese en su Casa para su Negro Ventura y su yjo Jacintillo. Ventura fallecio 4 meses antes que su Sor e[n] 1782 y Jacintillo ayudo a vien morir a su Sor que lo pidio y conciguio aci de los muchos Saserdotes que tenia esta Capital. ¡O muerte feliz en el momento feliz!, que por el bautismo cumpli 16 años.

D^n Juan Josef de Vertiz el año de 1771 en la selebre Expedicion de la Cierra consedio titulo de Oficial vivo de Ymfa^a [Ynfantería] a un negro nombrado *Marselo*, que yendo de esta Ciudad remitido por el Sor Pino libro el Exercito Español que marchaba *al Río Grande, descaminado, perdido en las bueltas de el Camacuá y Piquiri, estubo 10 dias* en unos tembladerales en que creyo pereser! [...]

[0143] Mantubo por ci solo todo el Exercito y al Sor Vertiz 10 dias; en cada uno de ellos mi padre Ventura hacia 5 amacijos de pan y cocinaba a su Sor. El orno de campamento del Sor Molina hacia 12 panes cada bes –60 panes que repartia al Sor Vertiz y oficiales de Graduacion y a las tropas, *Galleta. Carne, vino*, queso y quanto se ubo menester. Pero bolviendo a Marselo, era criollo Portugues Paulista. Avia cido preso contrabandista con delitos por cuyos ymformes el Sor Vertiz suprimió el empleo y le consedió 40 p^s mensuales asta que murio capatas de una de barias estancias o rincones del Rey.

D^n Fran^co de Paula Sans, ciendo Director de Rentas el año de 1780, a poco que llegó aqui de España pasó a B^s A^s y marchó de alli al Peru donde compro un negrito joben nombrado Mariano. Savia el ydioma de el Cusco y tubo de los mismos yndios en Chuquisaca que devian asecinar a su Sor; no lo creyo [a] Mariano asta que vio rodeada de yndios la casa, remitidos alli por *Tupamaro* que empesaba a desenbolberse. El acontecimiento de una tunica de los menores de S^n Fran^co con su manto que se allo en casa o la trajo Mariano. Vistio de frayle al Sor Sans. Alegó que noticioso de su desgracia avia llamado un frayle que lo comfesara; quando se baya el frayle el quedo solo pues yo me quiero escapar. A cierta ora salio Mariano con el Sor S^ns bestido de frayle. Lo condujo despues a pie legua y media de Chuquisaca; en casa de personas fieles y ricas le proporcionaron un carreton y partió a B^s A^s. Alla dio la libertad a Mariano que se caso libre la muger y acompaño al Sor Sans a Potoci, donde murieron el Sor Sans, Nieto y Cordoba.

El Comerciante Camperos uyendo de Chuquisaca el mismo año lo salbó del mismo Tupamaro un negro criollo Portugues nombrado Adan, y no solo le dejo dos coches con sus arreos y mulas pero le dio la Libertad, y 500 p^s con que poblando una casa en las ymediaciones de S^n Nicolas yso bentajas para mantenerse y Eccistir comodo, y Desente.

Conclucion

Comfieso Venigno Sor que me es este el momento mas Plaucible teniendo la felicidad asta oy no conocida de que *V.A.A.* Grato me oye no solo porque allo en los Payses de V.A.A. y mio pruebas Garrantidas, y Elebadas de mis asuntos quanto porque tengo el [0144] onor de presentarlas a V.A.A. adornadas de una pequeña pinselada del^s Padres Politicos, y Naturales, que me dieron ser y documentos, ynstruciones y doctrina. Mi Afecto, M.P. Sor, Suplica a V.A.A. se Digne refleccionar lo utiles que son a los Ymfelises Negros mis propociciones. *El Onor da entendimiento … filosofia moral.* Lo util que seran a sus almas, a sus yjos, y mugeres, a la *Politica*, a la *Religion*, al *Estado* al Onor y vuen nombre de V.A.A. a la Gloria de Dios que Gue a V.A.A. M^s A^s

M.A.Y.P. Sor
B.L.M. de V.A.A.
El Lisenciado
Jacinto V de Molina

Redacta solicitud por dos miembros de Congos de Gunga [T3]

[0149] [Letra de un tercero]

Montevideo Ag^to 16 de 1834
El Escribano de Camara informe si son o no correctas las citas qe se han puntualizado en las Notas de este memorial, y fecho vuelva p^a proveer.

[Firma no legible]

[Letra de Molina y sigue a continuación]

Excelenticimo Sor Fiscal Xeneral del Estado de Uruguay

Juaquin Martinez, Moreno libre, y Miguel Piñeyro, yndividuos natos, de la Nacion *Congos de Gunga*: Ante V.E. con la mas umilde atencion asemos presente esta suplica que conduse mucho mas a V.E. a los conocimientos relativos a la ydea decretada como rara, por el Juez Politico del Estado…

En efecto Ecl^mo Sor: V.E. asendería al fondo sencillo, solido, y comun, que contiene toda la ydea, asta aserla despreciable, ci la de Religion que Ylustre sostie[ne] V.E. no fuese tan comforme e ydentica con aquella. Y ciendo repugnante a la filosofia o democracia oy tan comunes, son los papeles de Molina un obgeto acmirable a los Politicos […]. V.E. septico moralista, como los Letrados de mas nombre, se dirige a un acierto distinguido, por los meros echos de ser los ymfelises negros las S.S. de la Plebe, y no debe dudarse que la Aprobacion por V.E. de aquella ydea tendrá con propiedad el titulo de «rara» pero felizmente estamos sostenidos y apoyados en el … Cap^lo … 3 del dogma constitucional-*La Religion de el Estado (dize) es la Catolica Apostolica, Romana.*

Pero ci es ympocible cometer yerro quando se cree en la rebelacion Divina, tamvien es la mayor prudencia adactar nuestro cuerpo devil, una *Sociedad* que el *Dro natural establecio Tacitamente* entre todos los ombres. Aci es que ci no podemos negar que somos africanos, el asentir a esa Religion que V.E. cigue da um peso, y solidos yncontrarrestable, a la propocicion que deslinda las subsecibas practicas del Lisenciado Molina. [...]

Las eloquencias Ystoricas prueban tamvien nuestras adicciones. El Teologo *Calatayud* nos presenta en la «*Asuncion*» del *Paraguay* una jobencita Yndia, Payagua, que despues de fallecida de [0150] virruelas se suspendió su mortalidad, por un rapto milagroso, que la duro 2 oras en la noche de su belorio. Y despues de animar a serca de 4000 yndios que avia en las Rancherias del Colegio de Jesuytas a seguir, creer, y comfesar, la Doctrina ebangelica que se les enseñaba por aquellos Religiosos, bolvió a la muerte en el ferretro, negandose a continuar la vida, sin embargo que las yndias e yndios se lo pedian y suplicaban. [...]

En las curiosas reflecciones del Gran Matematico D^{n} Jorge Juan sobre el yndole y barias cosas de las Señoras Paraguayas, tocando al ydioma ase paralelo del ydioma, e ydiomas africanos de los negros, y tocando la buena fe que tienen las morenas a sus barones quenta el Raro pasage de una Negra que em presencia de un Rey negro, pidiendole permiso para despedirse de su ymfelis baron con quien fue pricionera, y a quien seloso mataba en medio del tormento mas cruel e ynaudito. Persuadido de que esta muger en dos años no se le rindió, acistio tal monstruo a la cruel etsena, y avido permiso por la negra fue al palo, abrasó a su esposo y se unio de modo que burlado el tirano orde^{o} que los matasen del modo que se avian unido. [...]

El Autor *del Seneca Ynstruido* o el *Español Velisario: D^{n} Ycidoro de Antillon Doctor de Leyes Rector del Colegio de las Ciencias en Sta Varbara de Madrid* afirma por barias relaciones, que las morenas en la vida matrimonial no solo son fieles, y cuidadosas de sus esposos, pero pulcras, domesticas, amorosas.

A V.E. con los *Elementos de el Dro Social se le a encargado promober, y mantener el buen orden, dando vigor, y Exposición a las Leyes, Pensamientos que como* [0151] *el que Suplicamos emanan de la Ley Catolica. Y Ci la Gloria* Ecl^{mo} Sor Fiscal ... *no es otra cosa que el publico testimonio de la Virtud* ... Dignese V.E. reflecionar que el obgeto de Nuestra Asociacion es solo la Gloria de Dios en la debocion de su Santo Baltasar, con el practico exemplo de que los brasos principales de las Monarquias y Estados, el Comercio, y la Milicia son Sociedades. Y barias otras, cuyo Onor raya la Fidelidad, buena fe, balor, ynalterable constancia de los Negros, en todas las Americas, oy Payses Libres, conserbando ymperterritos la mayor Predileccion los negros Congos en el Estado de el Uruguay.

Dios Gue a V.E. M^{s} A^{s}
Ecl^{mo} Sor Fiscal Xener^{l} del Estado
B.L.M. de V.E.

Miguel Piñeyro y Juaquin Martinez [Firma de Molina]

Notas a la Exposición de este discurso, y autores de se tomaron sus textos

El Doctor D^{n} Ycidoro de Antillon en su Seneca Ylustrado dise [...] *La Escriptura debe ser probada, por el Talento, y finura, de quien la sepa probar* [...]

1^{a} El Abac Lacroix de la Unibercidad de Tolosa en el Tratado Moral de *Las Obligacion que tenemos de someternos a la Relixion Rebelada*

2ª Yden [...] *Libro 2º: de los Elementos del Dro Social* [...] *Secion 2^{a} de la Sociedad Civil, Capitulo* [...] *1º*

Los blancos y negros con relación a la escritura [T1]

[8841] Toda Esta obra se nombra Glorias [de la Santa Caridad], y Escritas por mi hacaso tendran otro acxetibo, porque los S.S. blancos buelan como los pajaros o nadan como los peses. Escriben naturalmente [los blancos]; los negros no, aunque grasias a Dios somos ombres como hellos, redimidos con la Presiosisima Sangre de mi Sor Jesucristo. Y si los S.S^{s} blancos desean que nos salbemos, nosotros deseamos ygualmente que se salben ellos. Lease la vida de mi padre S^{n} Benito de Palermo y se berá la oracion que hasia todos los dias por la combercion de los Ymfieles yndios de estas Americas, Resientemente conquistadas y pobladas quando este Grande S^{to} vivia, a fin de que en ellas se bendixe el nombre santo de el Sor. Por consiguiente, no sera estraño que mi corason haya persivido una pequeña chispa de este deseo haviendome prodagalizado la Providencia beneficios tan singulares en un pais como este que las luses fueron hastractas y escasa[s] para muchos pobresitos blancos. Por esta regla debe desidirse el Piadoso corason y caritatibo espiritu de el Grande y virtuoso vrigadier D^{n} Josef Eusevio de Molina mi Sor por quien suplica a V.S.S. se dignen dispensarle una piadosa oracion el mas humilde de todos los ombres,

Jacinto Bentura de Molina

Secretario de la Cofradía de San Benito[2]

En este Conv.to de S. Bernardino de Montevideo en trese del mes de Julio del año de mil ochocientos treinta y quatro congregados el R.P. Presidente de este Convento Fy Vizente Antonio Sanchez como Capellan, con el ermano mayor el actual Mayordomo y los bocales, para quitar un abuso tan perjudicial y tan ageno de la Constitucion, el dar limosna a los e.s mayordomos y e.s mayordomas, en sus enfermedades; emos convenido abolir este abuso. Tienen por sus servicios de dos años una misa mas cantada. Y para su firmeza lo firmamos autorizados este Decreto por el Secretario en dicho mez y año ut supra.
[Firma]
Fr. Vicente A. Sanchez
Pres.to y Cap.ll

Por el ermano Mayor Josef Cipriano de Melo y el ermano Mayordomo actual Juan Sosa y el vocal Felipe Aropea a ruego de todos estos y por mi como secretario
[Firma]
Jacinto V de Molina
Secretario

Por quanto no se halla Herm.o cofrade q.e pueda dirigir los libros asi de ingreso como de salidas, y deseando la mayor pureza en los intereses de esta Archicofradia de N. Patron San Benito y ser conocido como tenemos, que en años anteriores se pagaban a particulares dos pesos cada mes p.r el trabajo de dha recoleccion y demas contenido, q.e el Sor A.o D.n Miguel Bujo corra con dichas dirigen.as [...] exonerando de las limosnas annuas a su esposa, dos hijas mayores. Para su firma por los hermanos en Junta, esta el Mayordomo May.r el actual y Capellan en Nov.e de 1834
[Firma]
Fr. Vicente Sanchez

---

[2] Libro de Constituciones y Acuerdos de la Cofradía de San Benito, s.f., Archivo de la Iglesia de los Padres Conventuales, Montevideo. Ambos documentos son las últimas anotaciones realizadas por la Cofradía de San Benito antes del inventario de los bienes de la cofradía que figura en ese mismo libro. En tanto que secretario, Molina redactó y firmó estos textos en nombre de Vicente Sánchez.

Pres.^{to} y Cap.^{ll}
A ruego de los Ermanos Mayor Mayordomo y Vocales
Jacinto V de Molina

Impreso sobre la solicitud para la reapertura de la sala de Congos de Gunga[3]

[0553] Jacinto de Molina, Moreno libre, Americano, Licenciado en *Derechos*, y los demas que componen la Junta de Morenos Congos de Gunga, Contestando politico al decreto de V.S. en las inmediaciones del festivo dia de Reyes 6 de Enero de 1835; sin embargo de hallarse pendiente ante la augusta Cámara de Representacion en esta Capital, una oracion comprensiva, no decretada, reflexionada, è impresa por las anteriores Festividades del Estado, y receso posterior de las Càmaras, regresando hasta el principio en 1833, ante V.S. en la mejor forma de *derecho* respetosamente esponemos; Que por este Departamento del cargo de V.S., se les ha prohibido á estos Morenos Congos las reuniones piadosas, que desde muy antiguo, con permiso del Gobierno, celebraban en casas para ello destinadas; y como nuestros colegas han llegado á entender, que esto depende de malos, y siniestros informes, que varios mal intencionados han dado al Sr. gefe Politico los Exponentes se creen con el deber de mirar por el honor, y buen nombre de sus colegas, dando los debidos esclarecimientos para ello, siendo evidente *que pues cesó la causa, con muy justa razon el efecto*, cuando entonces no se nos quiso oir, dignese V.S. prestarnos su benigna atencion, para mitigar la espresada resolucion à favor de nuestras juntas.

En primer lugar hacerle notar á V.S. que nuestras Juntas no tienen nada de esas asociaciones secretas, contra las quales en el dia se declama, y cuya abolicion ha puesto en alarma toda la Francia, despues de las serias y graves discusiones de aquel *Areopago del Orbe Literario.* Nuestras asociaciones son pùblicas, en casas sabidas, y determinadas; con Presidente conocido, á puerta abierta, sin ninguna reserva, ni juramento que la imponga ò la demande. Su objeto Religioso, caritativo para bien de la unanimidad, y sus colegas difuntos, produjo à principios de 1833 –ó mediados de 1832 la obra *distinguidamente fiel de la junta de los Congos de Gunga.*

En segundo lugar; nos permitimos observar al Sr Xefe Político, que unas Juntas tan inocentes, lejos de poder causar algun alarma, ellas mas bien contribuyen á

[3] Éste es el único documento impreso en la colección de los escritos de Molina en la Biblioteca Nacional.

sostener el orden, la obediencia, y subordinacion, pues fomentan la moral, la Religion y Piedad, que son las bases mas sólidas de los Tronos, y los Estados. No es V.S. peregrino en su Patria, que ignore su historia, y sus memorables acontecimientos; en todos ellos han figurado los Regimientos de los morenos libres con esplendor, y como los mas fuertes apoyos de sus Goviernos. Si en algunas otras partes ha habido algunas pequeñas aberraciones, y anomalias, ellas han sido provocadas por la inhumanidad, y la ferocidad, de que por la misericordia de Dios nos hallamos libres en este Pays. No somos tan ignorantes que desconozcamos los beneficios, que ha hecho à nuestros hijos la Constitucion, ni desconocemos las leyes humanas, los principios liberales proclamados en nuestro favor por las nuevas instituciones: En fin, honorable Sr. aunque anteriormente he expuesto conforme à las máximas del dia sea bastante para desvanecer toda siniestra interpretacion de nuestra conducta.

Las instancias de los Socios á mi en la apretada reflecsion de lo inmediata que se halla la festividad de los Reyes, el 6 de Enero de 1835, y parece propio de la sola Politica de los Estados, tanto destruir las constumbres perversas, y voluptuosas, quanto animar y revivir las loables y debotas: los morenos son moradores de todo este pais, y como tienen *derecho* á los espectaculos públicos ó debotos del pais la misma Politica demuestra, que hade fomentar los obgetos morales, y debotos de sus infelizes proselitos: no existen ó no existirán mas los Atletas Romanos, destinados á las crueles espectaciones de idolatras infieles.

V.S. dando curso en su decreto al Exmo. Sr. Fiscal Dr. Villegas le obligó a consultar á los señores Prior del Consulado Dr. D. Francisco Xavier de Zùñiga, que procedió á mi [0554] favor: al Pro-secretario de la Cámara de Representacion, Dr. D. Joaquin Sagra y Periz, decidièndose los tres señores en que ocurriese à la *Soberania*; el bien de Estado en que naci, y me favorece, la accion à todas luces novilisima, de los morenos Congos de Gunga; y es bien claro que en esta capital debia decidirme por el *Juez Politico*, cuyos conocimientos en lo que toca á estos infelices, son mas practicos que en los otros Tribunales: los objetos que V.S. ha sancionado los ultimos 3 años le dan claras luces que no pueden equivocarlo, y mis atenciones sobre un obgeto que V.S. llamó *Raro* motivaron mi particular consulta al *Sr. Vicario Apostolico*, que me contestó dictando el memorial anterior.

No dudo que V.S. debe elevarlo al Exmo. Sr. Ministro, siendo ya preciso, reunir y alistar toda la nacion Conga, compuesta naturalmente de estas siete Provincias ácia el Oeste africano, 1.ª Gunga, 2.ª Guanda, 3.ª Angola, 4.ª Munyolo, 5.ª Basundi, 6.ª Boma, Seys Provincias de la Nacion Congos de Gunga: Toda esta nacion. estará unida.

1.° Por la Ley Orden de su fiesta (una) San Baltasar, Juez de fiestas Pedro Obes.

2.º Un solo escudo de armas en su bandera, esto es, el Escudo Patrio, orlado por siete estrellas.

3.º La nacion Congos de Gunga tiene sala y patio comodo, baylarán en estos los dias festivos con su tambor, hasta la oracion, y con sus chirimias los que gusten hasta el dia, obtenida venia del *Juez Politico.*

4.º Un Juez de Muertos, el *Licenciado Jacinto Ventura de Molina*

5.º Los Muertos de toda esta Nacion velarán en la sala de Congos de Gunga y convidará a todos de las Provincias, o Departamentos que gusten velar.

6.º Dictando la constitucion social que V.S. aprobará despues.

7.º Destinando ahora un soldado de Policia que asista los dias festivos de ambos preceptos desde las dos hasta que se concluya el general alistamiento.

8.º Los otros Tropos o Provincias tendrán sus casas, y baylaran en ellas por el mismo orden, dando cada mes un peso al fondo de fiestas que anualmente, resulta 84 pesos absolutamente para la fiesta de San Baltasar, y honras generales de su mortalidad –(seguirá este arreglo) por tanto pedimos–

A V.S. se sirva no apartar los ojos de nuestra triste condicion, y fortuna, que piden algun desahogo, y alguna licita diversion en los dias de vagar; y que nos era permitido en tiempo de los gobiernos absolutos, que no nos debian tanto como nos debe la Patria: y habiendonos por presentados, sin embargo de las posteriores determinaciones y aprobacion de la Soberania, se dignará moderar en los términos que crea más conciliables, la espresada resolucion de V.S., como al principio llevamos espuesto.

Dios guarde a V.S. muchos años.

SR. JUEZ POLITICO

Por Antonio de la Rosa Brito, –*Joaquín Martínez.*
Juan Gosa. –Gregorio Juanicó. –Miguel Piñeiro. –Pedro Obes.
El Licenciado, *Jacinto de Molina.*

DECRETO.
Departamento de Policía
Montevideo, Noviembre 11 de 1834

Concedida, — LAMAS.

PARROQUIAL DE LA INMACULADA CONCEPCION DE MARIA
Montevideo, Noviembre 11 de 1834

El Párroco que subscribe no tiene reparo que hacer a la licencia que antecede, antes bien la halla conforme con los sentimientos de la moral, religión y piedad.

Dr. JUAN OTAEGUI

Es copia del original que exciste en mi archivo.

Licenciado, *Jacinto V. de Molina.*

EXPRESION POLITICA

[0555] *Derecho* social núm. A los Exmos. SS. Vicario Apostólico D. Dámaso Larrañaga, Dr. D. Juan Otaegui, ministro del Estado Dr. D. Lucas J. Obes, fiscal jeneral Dr. Villegas, pro-secretario de la Cámara de Representacion Dr. de leyes D. Joaquin Sagra y Periz, Prior del Consulado Dr. D. Francisco Xavier García de Zuñiga, Juez politico D. Luis Lamas, oficial secretario del Juzgado de policía D. Pedro Díaz. –SS. Sacerdotes, Senadores, Ciudadanos y Representantes de la

Altísima Cámara del Uruguay

M.P. Sr. Un orden interminable de acontecimientos condujo hasta estos momentos la suerte procer y miserable de los negros Congos de Gunga, en este país abatidos: el año 1832, ante los Exmos. SS. Oribe, Vazquez y Lamas: por los mismos negros: en 1833 por la policía tanto como instruida, prudente y sabia, en el momento que reunidos los gloriosos ciudadanos á que tributo *Laus*, *Gratia*, *honor immortal*: por las licencias ó símbolo de Globo de Glorias que tardará poco admirar la humanidad, la Política en una nación inculta, sino imbecil, como se nota en los demas africanos: tampoco se me negará el rigor contra la Providencia que señaló la instrucción, las letras, y las ciencias, por único ayo, ajente, y apoyo de la humanidad.

Este solo principio y su aprobación de V.A.A. verá precisa la Erección de Tribunal la Policía: los *Derechos* estendidos con tres recursos y sentencias mas á beneficio de todo el Estado, y mayores atenciones de los letrados: el *Código Legislativo de el pays* empieza á desenvolverse, y diplomarse. Mas si unos simples principios fomentarían la literatura entre los tristes negritos, con que atracción, con que dulce análoga suavidad, un paso llama otros!! No en valde hay entre mis títulos el de *Escritor de Cámara*: el Exmo. Sr. Obes y Dr. Sagra y Periz lo certificarán: V.A.A. y la Política fomentarán este principio que a una vastísima importancia corresponderán, la utilidad, el honor y la comodidad, efectos que tributa humilde á V. Sras. Exmas. SS. Vicario, Ministro y Fiscal.

M.A.I.P. Señores. –El Licenciado *Jacinto V. de Molina.*

Peticiones al poder

Jacinto de Molina escribió un sinnúmero de memoriales y peticiones. Si bien no hay divisiones marcadas en esta sección, hemos organizado los documentos de forma de colocar en primer lugar las solicitudes en torno a la creación del Colegio o Abadía Maria Rufina Campana para afrodescendientes, que Jacinto propone a los reyes de Portugal y de España, y al Emperador de Brasil, así como a respectivos regentes y consortes reales. Luego vienen otras peticiones de la misma índole que Molina realizó a la Hermandad de la Caridad y a las autoridades locales de la ocupación luso-brasileña, tales como el comandante Carlos Federico Lecor. Por último, se encuentran las solicitudes a las autoridades del naciente Estado Oriental del Uruguay, a quienes Jacinto solicita autorización para actuar como letrado, y finalmente sólo un puesto de portero o archivero.

En esta sección hemos incluido cartas instructivas y saludos en donde defiende su honor, como lo hace por ejemplo en un escrito a Lecor. Es también valiosa su solicitud de ciudadanía y fuero militar, pues allí conjuga las concepciones de antiguo régimen de fueros (eclesiásticos o militares) con las nuevas perspectivas sobre ciudadanía. Otro grupo de peticiones trata temas como la publicación de sus escritos, la compra de libros y papeles y trabajos mundanos que le obligan a realizar en el Hospital de la Caridad. En las mil y una formas que Jacinto se dirigió al poder de turno, siempre estuvo el pedido de amparo y protección, lo cual no se limitaba a su persona, sino que en ocasiones se extendían a los afrodescendientes. En este tipo de manuscritos se nota además el constante autoelogio al estilo de las probanzas de mérito.

Propuesta del Colegio María Rufina [T2]

[9457] Colección de Cartas Micibas
A L.S.A.P.S.S[s]
S. 1° Gregorio 16, D[n] Fernando 7° Rey de España
D[n] Pedro Alcantara de Braganza Rey de Portugal
S.S. de el Estado Reciente del Uruguay
Dirixidas a S.M.S. por la Asersion
De el Ecclmo Sor D[n] Damaso Antonio Larrañaga
Escritas en Montevideo
Por el Licenciado
Jacinto Ventura de Molina
Año 1833

[9458] [...] Pido a V.M. gracia, fabor, piedad y limosna [9459] para dar Gloria al Santicimo Nombre de Jesucristo, Ungido, y de Jesus Salbador en la poblacion de un Colegio, Templo, Abadia Santuario al Nombre, y Propiedad, de su Vicario presente En que deba plantarse, y estenderse, la fe, y Religion de Jesucristo, en los neofitos de mi color negro, en este Pays, que asta oy no se vio alguna, muestra aun de las costumbres, que debe ynstruirnos la Religion. V.M. sabe que estamos distantes, que se escribir, que le debo Afecto, y Recomendacion, cin ygnorar ygualmente, que V.M. dirá alguna bez, ¿ci vivirá aun aquel negrito? ¿ci?

M.A.Y.P. Señor ...

Llegó ya el Gran dia, dispuesto con anticipacion, por la Providencia Ynfinita, en que debo emprender la grande Obra que eternise Glorioso, al P.S. Rey de España Dn Fernando 7° de Borbon, V.M.C. D.[a] Ysabel Maria de Braganza, Augusta Esposa de V.M. D[n] Juan 6° Rey de Portugal, y D[n] Pedro Alcantara, entonses Emperador primero del Bracil. En 1824 me caracterisaron con el Titulo de Lisenciado, que yo pedi en 1818 y fallecida mi Augusta Protetora V.M. encargó esto, al P. Sor D[n] Juan 6°, que con R.[l] animo lo cumplió en 1825, al partir de la Corte Bracilera a Lisboa en 1825. Confirmandome con su aprobacion, y Real Titulo, en 1834 el P. Sor D[n] Pedro. Deberia ahora, M.P.S. motibar la risa de V.M. sobre la ciencia de los literatos del Pays que se an atrevido contra el Derecho Politico Recopilado L 2° Dro Militar, L 4°, a dudar de la constancia vital, duracion de las regalias [9460] que conseden, y tienen con rason los que an octenido Despachos Reales. La justa rason de las emulaciones, que an sufrido todos los de mi color, que de algun modo se an distinguido me dio margen en medio de un bulgo, ydolatra de su libertad, a debolber a S.M.Y. mi despacho en 1826 por la direcion de los Eccl^{mos} S.S^{s} D^{n} Juan Duran, de este becindario, brigadier Yntendente en servicio de S.M.S. D^{n} Juan 6º y D^{n} Pedro Alcantara de Braganza, y de el Cap^{n} Xeneral D^{n} Carlos Federico Lecor cuya piedad, y rectitud, me presentó a V.M. en tres cartas micibas en 1817. Ci dudays, ydiotas, es tambien falas la aprobacion, que con ygual Real mano, os otorgó que a mi el P. Sor D^{n} Pedro; y responded a la balidacion de un nuevo titulo despachado, sobre un ecsamen que ciempre responderá de los principios q^{e} me ynstruyeron en este Pays con Gloria Eterna, del Vrigadier *D^{n} Josef Eusevio de Molina*, Español, del Maestro *D^{n} Mateo Cabral*, Correntino, y de los Dicipulos D^{n} Damaso Antonio Larrañaga, vicario Apostolico de este Estado, Fy Ypolito Soler, dos beses Provincial del orden de S^{n} Fran^{co} de Buenosayres, Custodio Juvilado en Sagrada Teoloxia, y Orador ya le vieron nuestros Payses, D^{n} Geromimo Vianqui. Madrid Mira oy al Mariscal de campo D^{n} Miguel del Pino de artilleria y Portugal bió desempeñarse a D^{n} Juan Duran con las letras como España, ciendo Tte coronel con las Armas.

¡Pero como podrá, dudar V.M. que de tal principio, resulte en esta tierra esteril i tan fecunda y dichosa semilla tanto mas, ci por ser diminuta, produse como la moztasa, a la Religion, a las Ciencias, y Artes Mecanícas un Nuevo Mundo, una producion nueba, dejando yo entablados los conocimientos Cientificos de los neofitos Negros de este Pays! Mi yngenio ariá mas analoga esta Lectura, ci pudiese lograr ymprenta a este colegio punsonistas, para avrir las planchas, [9461] aciendo retratos de los morenitos, que se bayan adelantando en las ciencias, y aun en las artes nobles, que para el estudio ydeo, a la Memoria de V.M. y sus Augustas S.S^{s} Esposas, y R^{l} familia el Selebre *Tipó Sait* me descrive, al plano de un oratorio, de la Yndia donde el dibujo descrivía todos los susesos de la antigüedad. ¿Que otros susesos podran serme a mi mas rason, mas propios, o mas vistosos q^{e} los que representen las epocas y adelantamiento de unos niños y jobenes, cuyo ympulso y elebacion fue V.M. por eso me será propia, la Calidad de Rector, la de Abad Canselario.

Por estos medios V.M. se dictará sus capellanes Reales y tan felises negros en tantas capellanias, como V.M. me ordene, y yo poblaré, no ostante la perpetuidad, de estos saserdotes seculares en el colegio asta que ayan cumplido 34 años, y no poder separarse ynter viviesen del reso de sus oras canonicas, por cuyas rasones estos Capellanes de Onor no podran tampoco, testar quando mueran aunque podran aser limosnas durante sus dias.

Por este medio llegaran tal bez algunos de ellos a ver a V.M. adornados de Saviduria, costumbres y virtudes! Mas ¡ay M.P. Sor! Yo no lo conseguiré en esta vida no ostante, que no ygualarán mi felicidad. V.M. y yo sabemos que contribuyen mis discursos a restableser la decadente salud de V.M. El primero que condujo el Ecl^{mo} Sor D^{n} Fry Cirilo [A]Lameda en 1814, en el bergantin Queche, cirvió para ydentificar, tres años despues, a la P.S. Dª Ysabel Maria de la fidelidad con que espuse mi vida el 19 de Marso de 1815 por no tomar armas contra V.M., en cuyas compañias de Milicias provinciales de Ymf.^{a} de Negros serviá en B^{s} A^{s} y esta ciudad, ciendo Tte de Granaderos a las Ordenes de los S.S. Virreyes Olaguer, Aviles, Pino, Sobremonte, Sisneros, y Elio. Seso mi merito quando concluyó el [9462] Señor Vigodet.

Yo propongo a V.M. la poblacion de un Colegio, con dos escuelas pias, para niños y niñas, un conbento de religiosos que acuerde todos los ciglos, la mersed que V.M. me yso, un taller para las artes, un Ospital: las 4 piesas seran divisas en una sola avitacion, aciendo el Templo de figura de una crus estas diviciones; será este templo Magnifico, espacioso, su sentro y altar Mayor, o Santuario, depocito de las reliquias q^{e} S Santidad le dé deviendo la arquitectura, y talla Salomonica distinguirse, en este Tabernaculo, en el sus catatumbas de Marmol que ocuparon los ovispos o fundadores de este colegio una bez.

Tendrá fuentes, o algibes y jardines donde quepan: el alimento abundante por ser economico, reglado: dos mesas xenerales, comer, senar, los dedicados al estudio mental, cafe, te, chocolate: los dedicados a las artes mecanicas, almuerso. La rason me ase conoser que la piesa de truco, y cafe, debe estar en el frente correspondiente a las artes: el truco, ynterior, y el cafe, publico, aun V.M. se decidira en la ydea de posada. Los morenos no conocieron otros exercicios asta aqui que los de servir de utilidad a sus propietarios, aunque ayan cido los mismos negros, con el obgeto de mingarlos. Comforme a la esprecio[n] del *oydor D^{n} Juan de Solórsano L 3 de la Politica de Yndias* o el de jornaleros comforme al estilo comun. Yo ablé a V.M.S. del desorden y funestos efectos de esta culpavilicima estafa contra el *Dro natural … con el sudor de tu frente as de ganar tu sustento*. La prostitucion y malos matrimonios de los negros, tiene su origen en esto: el defecto de educacion de los negritos del pais, la acbercion de los africanos a los negros americanos, y aun la de las americanas negras a los Masculinos. No es la pacion amoral la que une al ombre y la mujer; es el ynteres de un ombre que la mantenga, cin que tal mujer cuente con ci misma para otro que criar yjos. El padre no puede sostener a ella, y a ellos, la muger se pervierte. [9463] *El Padre Concina* L 2° de su moral dise: el ombre que cria desde niño un guerfano tendrá *dro*, quando este no aviendo tomado estado se exercite, a proponerle algun ynteres, tanto mas ci se uviese destituido, o atrasado, pero jamas ecsederá esta contribucion, de una tersera parte, de las utilidades del pupilo las que sederán en tomando este estado. Tal es M.P. Sor Rason afectuosa que tengo al Augusto, y Poderoso Sor D^{n} Carlos, 4°, Rey de España: amado Padre de V.M. como Madre dilecta la Poderosa S.^{a} Doña Maria Luisa de Borbon jamas responderá critico alguno a la primera *Real pracmati*^{ca} *en 1789 vista aqui en 1791* en Mercurios que yso quemar la R^{l} Audiencia Pretorial de B^{s} A^{s}. S.M. unico Monarca, solo abló en dicha pracmatica de la utilidad de los morenos Esclabos. ¡O con que piedad! De sus mujeres, y mas principios de la Eumanidad. Los egercicios de Mayordomo, dispensero, repostero, son raros a los negros, por defecto de ynstrucion mental. Y ci los estudios son el exercicio mas dificil de la Eumanidad, por la sugecion pueril, yo deberé adactar, distracciones en los juegos de damas, chaquete, truco, y pelota, comformandome entre barios autores que tratan de estudios con particulares espociciones ... el Ministro Portugues *D*^{n} *Antonio de Sousa ... En su Eva E ave ... Maria al Rebes: Filosofia Moral O Tribunal de la Erudicion.* No se sabe que en los negros estos juegos, la Mucica e ynstrumentos nobles, Oficiar una Misa, asta ahora se aia visto por lo que empesando solo saben trabajar como brutos, las obras mas acres, y fuertes de la Republica.

La Prudencia enseña en este caso, con M^{r} de *Alenber en sus Elementos de Filosofia*, que todo estremo es vicioso, deviendose decir de las artes meramente agradables. ¿Sirben para la prosperidad de los Estados Por ventura? En la multiplicacion de los deleytes, dice este filosofo: el gusto no esta lejos del ecseso y de la licencia. Las bellas artes constituyeron la Ciudad de Atenas, la mas pulida de Uniberso por lo que en brebe tiempo sus Ciudadanos, no pensaron mas que en entretenimientos, entregados al gusto de cosas fribolas. Vieron cin ynquietud despeñarse su republica, a pesar de los esfuerzos de Demostenes, a mas [9464] de sus consejos, y elocuencia. Embueltos en sus desordenes, se aruinó la republica. Los Atenienses en tiempo de sus Filipipa dise el *Alad Mr Lacroix* estaban tan entretenidos en el gusto de sus Juegos, y Espectaculos, que Demostenes, no pudo estraer dinero, de las rentas destinadas a los juegos, no aun pequeñas sumas, para lebantar tropas y defenderse. Estas rentas eran de mil Talentos, que en moneda Española son tres millones! O vergonsosa ley esclama el Abad, que solo pudo ser dictada por la bulgaridad de malos Basallos.

El oydor *D*^{n} *Juan de Solórzano L 2*^{o} *de la Recopilacion Yndiana* Repara no aberse visto jamas algun negro en un colegio, y dise que ci alguno lo pretendiera, no avia rason para estorbarselo, aunque la ystoria de Napoleon a demostrado posterior a ese reparo, dos yjos de un *Ducros* de la Ysla de S^{to} Domingo que ciguieron en su tiempo estudios en la Unibercidad de la Sorbona. *Mas por eso es que V.M. eccisté como Salomon Savio, Pio y mas Ynstruido por Dios: para aser feliz como aquel Savio Monar-*

ca de los Ysrraelitas, la Gran casa del Rey David, la Yglecia de este yndigente Estado. V.M. me dió la Suerte de poderselo Pedir, Dictar, y Proponer.

Esta Ciudad de Montevideo al Leste de su mayor Porton de S^{n} Pedro, Ciudadela y cubo de S^{n} Fernando, tiene un espacio poco menor que esta Ciudad. El Xeneral D^{n} Fran^{co} Xavier Elio, derotó las mui diminutas semi-chosas, que tenia al aproccimarse la Patria, a citiar esta, en 1810. Sufrió aquel, y el citio de 1812, en que el balor y constancia de estos Naturales Mostró a V.M. quan fielmente le amaban. Cin embargo, las poblaciones que propongo al S.P. y a V.M.S. me darán el mayor egercicio para utilisar su circunferencia, por el Norte el termino del Puerto, asta la aguada; por el sur una rada la mas perfecta al fondeo de los grandes Navios. Un buen Muelle proporcionará la carga, y descarga de quanto V.M.S. se dignen otorgar, y conseder. Será conciguiente, una aduana; y el jiro de Roma, España, y Portugal, presentará mui pronto a la posteridad la mas digna Memoria que los posteriores ciglos aya reflecionado, superior a las anteriores.

[9465] Propongo a V.M. Tres Ciudadanos de esta Capital a quien V.M. debe avilitar, mandar y escribir a los ciudadanos, Doctor en Leyes D^{n} Juaquin de Sagra y Peris, D^{n} Manuel Luna [y] D^{n} Josef de Vejar.

Toda España perdió el comercio de esta America. Esta ciudad en el Ocseano del medio dia, 40 leguas al oeste de la grande enbocadura del Mar yndo, cuyas utilidades, produciones, y circunstancias aun no pudieron dictarse; los buques yngleses y portugueses de guerra, ban a aser aguada con bonbas en medio del rio. V.M. o S.S. Españolas, V.M. estenderá alla, y aqui este comercio a los consulados Nacionales, quando la Alta Prudencia de V.M. lo contemple justo.

Dios Gue a V.M. m^{s} a^{s} como a las Augustas S.S^{s} Dª Cristina de Borbon; y Dª Ysabel Maria Luisa, Esposa e Yja de V.M.

M.A.Y.P.S. D^{n} Fernando 7°
B.L^{s} M^{s} de V.M.
El Lisenciado
Jacinto Ventura de Molina

P.D.
Saludo quanto puede mi atencion y afecto al Ecl^{mo} Sor D^{n} Fy Sirilo [A]Lameda cuyos talentos en mis cortas lineas allara lo mucho que le devimos mi esposa y yo a S.C.A., cuya piedad debe mirar lo mucho que nesecito de buenos libros que Madrid y sus muchos monasterios tienen, lo que por otro acvitrio seria ymposible conseguir jamas.

Ygual asunto aunque con distinto modo presento a la R^{l} Casa de Braganza por la Direcion del P. Señor D^{n} Pedro Alcantara Rey de Portugal

Solicitud a las autoridades uruguayas para el establecimiento del Colegio [T2]

[9466] M.A.Y.P.S.S^s de la Soberania del estado del Uruguay

Jacinto Ventura de Molina, Lisenciado en Derechos por la Gracia de los Poderosos Monarcas de Borbon y de Braganza, Asociado en este Estado por la Superior Orden de V.A.A. de 6 de Avril el año anterior 1822, con mi mayor respeto Paresco Ante V.A.A. y digo. [...]

Por el Supremo beneficio de tan Plasentera finesa, y resultados: Presenta a S.S.A. una Memoria, que con ygual merito y duracion, en la poblacion de un Colegio y Abadia, para cuyo gobierno ynterior pues es todo de Negros, pido a S.S.A. para mi la gracia del Saserdocio, y a V.A.A. el terreno de seys quadras quadradas [9467] en el espacio bacuo desde estos portones al Cordon. V.A.A. debe dispensarme quanto supongo que jamas pueden estos ciudadanos dar mejor empleo a tal Espacio, mas vistoso, mas culta extensión forense de esta Ciudad, al Leste, de allí al Norte y leste. [...] Ese colegio de artes y estudios a solo Negros y sus uriandos debe titularse de Maria Rufina Campana. [...]

La fabrica de esta grande avitacion de figura piramidal segun S.S^a adactarse debe circunbalarse por una gran plasa, de forma opuesta a la del centro, amparados ambos edificios sobre aquella superficie alta de los grandes vientos y uracanes.

En esta plaza superior a la de Mexico deben poblarse las capellanias reales de los pobres negritos, que en el estado secular deben seguir como en el regular. Suponiendo V.A.A. que no solo escribo al S.P. Principe y Soberano de esta Sta Iglesia, pero a los Augustos S.S^s Monarcas que me onrraron, y mi onor no quiere otro que lo que puede ser mui digo de S.M.S. [...]

[9469] [...] El Ciudadano D^n Manuel Luna, defensor de menores [...], vien conocido por la Piedad de su Religion, me ynspiró la ydea de libertad de los Esclabos. S.S^a el Acministrador Economico D^n Josef de Vejar y el Doctor de Leyes D^n Juaquin de Sagra y Peris, Gallego Colegial, y Doctor en su Pays, cuya piedad y rectitud no solo le distinguió en el afecto y confiansa del Ylustre Xeneral Portugues, pero en la del Monarca del Bracil, que quiciera conducirlo a su Corte, su perfecion culta, y su compacion conmigo, tan jenerosa presentan a S.M.S; los tres Ciudadanos de esta no solo para Apoderados y Acministradores, tutores de tantos ynfelises neofitos, pero como tres consules de Portugal, España y Roma, por cuyo conducto comforme a la boluntad acsoluta de los S.S. Monarcas se berificara el comercio con este Estado. Estos S.S. lo estenderan a las Provincias Peruanas al Paraguay y a todas partes, y crearán su oficina o Tribunal Europeo. Y en tanto que V.A.A. eleba sobre su mente los Elogios de la memoria del S.P. Gregorio decimo sesto, en el Estado del Uruguay. [...]

[9470] Pero M.A.Y.P. Señor: solo debo añadir a este discurso lo mui ynteresante a la Subcistencia de los seres, que al modo de una turba magna aparesen en las posteriores series de los Ciglos: el pan, granos y [...] leche, manteca, queso, frutas, etc y el desaogo, y aplicaciones de mis jobenes, deben ser frutos del cultibo de una gran quinta al norte del puerto desde ysla de ratas a la barra del miguelete por el agua de la fuente de Tejas. Cin embargo [9471] la Ydea de Sedros, Pinos, y otras maderas, con que ydeo fajar las muchas arenas promueben mi rason de pagar las sumas que estimen los S.S. de aquellos campos limitroses del puerto.

V.A.A. sumará los deseos con que este umilde Lisenciado le felicita, le ymplora, y aun le suplica se estienda, escriba, y comfie en la constante finesa de propociciones, bastas, concisas, claras. Mi obgeto el onor de Dios, la Gloria de V.A.A. y la utilidad de tanto negro ymfeliz entre los muchos que manifestaran lo sencible de su gratitud, ydentificada, en los transportes mas beementes de agradecimiento a los Augustos S.S. Soberanos que como V.A.A. tanto Augusto Sor me onrraron.

1. Suma mi atencion retorica la Ynstancia que queda expuesta: Aprobacion del Estado del Uruguay por el S.P. y Augusto Rey de España. 2. Tratado del comercio de España y Portugal por la mediacion del S.P. Gregorio 16. 3. Memoria de S.S.A. en este Estado

Dios Gue a V.A.A. m^{s} a^{s}
M.A.Y.P.S.S^{s}
B.L.M^{s} de V.A.A.
el Lisenciado
Jacinto Ventura de Molina

Nota

V.A.A. debe ocserbar que exponiendo mis opiniones sobre la octografia S.M.F. me ordenó que escriviese con arreglo a esta. *El español como abla aci escribe* yo soy americano, cin paradojas, o mesclas.

Solicitud a las autoridades portuguesas para el establecimiento del Colegio [T2]

[9479] M.A.Y.P.S. Duque de Braganza Rexente de Portugal

La naturaleza frecuente de las ocaciones da a V.M. un conocimiento de el Afecto con que miro la afecticcima conmiseracion con que V.M. me estima ci debo espresarme aun antes de tratar a V.M. directamente, ciendo en la actualidad mi deseo la felicidad de mis Augustas S.S. D[a] *Leocadia de Sajonia, y D[a] Maria 2[a] de Braganza.*

Lo profundo de mis prosedimientos,
Yncignua a V.M. lo alio de la Providencia que me dirige. Empesando a desenbolberse por ci mismas, las reflecciones que pareserian disformes a la ympertinente, mordaz filosofia ci las supiese, tanto como son gratas, plaucibles, y analogas, al diminuto clero secular, y regular de esta Capital, y Estado que ya no las ygnora.

La acjunta ynstruye a V.M. lo que ynicié en mi anterior enorabuena, formando las bases del Ovispado de este Estado, sobre el solido cimiento de un colegio de negros, para cuya poblacion pido limosna a V.M.S.: la limosna jamas en dinero, solo efectos comerciables, entablado el comercio para esta Ciudad. Yo propongo para su resepcion tres Ciudadanos, de los que V.M. conose al Prosecretario de la Camara de Representacion Doctor de *Leyes* D[n] Juaquin de Sagra y Peris; D[n] Jose de Bejar, y D[n] Manuel Luna, el primero, y ultimo Europeos Españoles. Para todos tres Ciudadanos, ricos, mucho mas de fama, Talentos, conducta, e ynstruciones, cientificas rectificadas por la esperiencia y conocimientos. Ciendo el comercio particular de V.M.S. quando no quiero yo tratar Naciones y payses ennerbados por sus yntereses, daré un exemplo del Metodo y utilidad de S.M.S.: ci envian un millon cada año, la octaba parte cien mil pesos con cuya limosna fundo el colegio, y los *Dros* que devia pagar al Estado forman la Renta y funda [9480] mento de esta Yglecia y Arsovispado. Mis propociciones en un *Diploma Ecleciastico* estan echas y aprobadas por estas Camaras; las remitiré a V.M.

Yo debo acordar a la Posteridad las Mersedes que mereci a V.M.S. Los negros asta oy no conocieron sociedad, Religiosa, o dignidades Ecleciasticas, Capellanias de onor. Yo lo propongo todo asta una Abadia, en onor del S.P. Gregorio decimo 6°: mis planos son del R[l] escriptor de V.M. Montevideo 21 de diciembre de 1833.

M.A.Y.P. Sor Regente de Portugal
B.L.M.D.V.M.
El Lisenciado
Jacinto V. de Molina

P.D.
M.A.Y.P.S.

Lo mui yndigente que yo estoy, y esta el Pays me da margen a Suplicar a V.M. me faboresca: porque ci aciendo, a doctor de Leyes, podre acquirir con mas libertad algun medio para eccistir con comodidad y desencia

[Firma]

Notas
1ª. Esta fundacion echa a beneficio de las dos Augustas casas de Borbon y de Braganza que me faborecieron y ampararon, es un Senso de que jamas se separará esta Camara que lo aprueba
2ª todo el resultado liquido, o empleado esepto la lismosna y sus *Dros* que son rentas Ecleciasticas yra a Europa a los Acministradores que en ella señalen los dos Monarcas:
3ª El Triumviro o consulado creará aqui la estencion de comercio en todos los payses de esta america con quyas capitales sentaran sus tratos por las mejores utilidades que les propongan dando a V.M.S. parte para que lo comfirmen.
[9481] 4ª Jamas en este estado podra comerciar algun otro Nacional de Portugal o España pero lo podran aser los yjos de esta Capital asociada con ambas casas y uso preciso de sus sellos rescritos, conocimientos y pasaportes suponiendo cada acministrador en esas cortes un consul que no podra comicionar o avilitar estraños cin previa noticia de S.M.S. y visto bueno de este Consulado
5ª El consulado de esta poblará consulado y almasenes bastos y seguros para la resepcion de sus efectos y en equibalente de esta y otras utilidade este Estado sedera los terrenos que en la actualidad son badios yncultos: tambien se formara Muelle o cayo obgetos beneficos al Pais y Poblacion
6ª Aprobado el Diploma Ecleciastico yrá y S.Mˢ le pondran en Manos del S.P. y aprobado empesara por la Creacion de la Yglecia y su Prelado
7ª Resultan en esta capital 12 canonigos –6 blancos, 6 negros– 6 racioneros blancos, 6 negros, 6 medios racioneros ydn otros 6, ydⁿ son 24; un arzobispo, un Abad negro, un colegio o Universidad, un combento de Religiosos Mersedarios negros en el y sus principios maestros y fundadores Religiosos del Orden Madrileños por el Ydioma Español y costumbres religiosas.

Carta a Sagra y Périz sobre el Colegio con un dibujo del mismo[1]

Sor Promotor, y Secrtº del Alta Camara de Represtᶜⁱᵒⁿ, Doctor Dⁿ Juaqⁿ de Sagra y Periz

Mi benefico Protector, Se a Dignado la Providencia rectificar mis refleccciones a beneficio de los Esclabos, y humildes Negros de el Estado del Uruguay, lo

[1] AGN, Ex Archivo y Museo Histórico Nacional, Caja 205, Carpeta 7.

que motiba lebantar copia o copias de el diseño que con nuebas pruebas del Poderoso Afecto de V.S. a presentado al Ecel^{mo} Sor Precidente, y haciendose demostrable la ydea desde la imprecion de la Oracion Preliminar de la qual como de otro Expediente al Ecl^{mo} Sor General Oribe. Se Dignó pedir vista el Sor Precidente Acministrador de la Junta Economica de este Departamento en el decreto de Quatro del que rige. V.S. combendrá en que las mociones ynternas de mi corason al Acbertir los umildes negros aciendo oracion a la Divinidad por los Augustos Monarcas y Soberania q^{e} me faborecieron, se aumentan sobre manera al notar la parte magna y sana que cabe a V.S. en esta deprecacion. V.S. sabe que ci los filosofos Materialistas disen que no yo contesto = que desde Adan y Eva, el ombre ecciste y ecistirá cin interrucion de el *Dro* Natural que nos enseña A Amarlo y A nuestro Padres cuya ystoria Jamas olvidará el *Colegio de los Magos de Maria*

Rufina Campana. ¿Quien Son los Magos? Reyes, pero V.S. el Yris y Arco de la Aliansa que V.S. no otro remitirá, en un libro al P.S. D^{n} Pedro Alcantara de Braganza, 4 Rey de Portugal, Otro al P. Sor D^{n} Fernando 7°, Rey de España, otro al S.P. Gregorio 16.

La Oracion Preliminar avisa el punto de reunion de todos los Negros de el Estado en el Ospital de Caridad. Ciendo peligrosa y delicada la reunion de ombres, ydiotas que reconosen poco a nada los privilegios de la Sociedad: la cultura, atencion, y tal bes la Eumanidad. Ciendome sensible, no tener la felicidad de dilatarme quanto quisiera ablando con V.S. de los tramites de esta unidad.

Los Monarcas, la Soberania, y el Mundo, conosen ya no solo la reunion de todos los Negros del Estado, pero pesan las eccigencias que me motiban Magno, Glorioso como humilde, a pedir limosna, como lo berifico a todo el Mundo, para un Establecimiento, el mas notable. Deseo con el Mas Atento Respeto la Salud de

V.S. a quien
B^{a}.L.M.^{s}
El Lisenciado
Jacinto, Ventura, de Molina

Notas 1^{a}

Ci la colocacion del Templo de este colegio acordara, la del Templo de Jerusalén echa por el Rey Sabio Salomon nos acordará tambien aquella Grande Niebla de que se lleno el Templo en el momento mismo que el Rey Salomon, tendidos los brasos, hacia oracion y le dedicaba ese Gran templo.

2ª Yo dedico este a la Divinidad, y en su nombre A los Soberanos y la soberania de el Estado unicas que V.S. sabe me hicieron Mersed. A esta Soberania Acuerdo la Asociacion que me dispenso y esta memoria me dispensa la peticion de 6 quadras cuadradas en el Sentro, medido para la poblacion del Gran Piramide que ay del cordon a la Ciudadela bacuo y el espacio de una quinta para la fabrica de ladrillo, y desaogo de mis colegiales sustento y siembra de trigo para porque ellos an de aser para ci mismos.

3ª A los Augustos S.S^{s} Monarcas Acuerdo Aquellas capellanias que dicté en el Libro 3° de la R^{l} union por el Alma de la Augusta S^{a} Dª Isabel Maria de Braganza, mi Dilecticcima Protectora. S.M.S. dispondran por ci mismos capellanias en este colegio de Maria Rufina, su fundacion sobre finca, que podran titular, pero su posecion solo frayle negro de la mersed en este Colegio que les notificará anualmente las bentajas de sus estudios. Igual *Dro* tiene la Soberania del Estado y el entierro de sus miembros Senadores u Obispos en las Cata-tumbas de su santuario, sus frayles en su Panteon y toda otra persona al cimenterio.

4° Los afectos de Madama Prinsesa de Veaumon a Boltayre, Dideroc, y OLuac y sus grandes talentos le ycieron decir que el mejor estudio de la eumanidad es la filosofia. Jesus Savio ymfinito no la trato jamas. Moyses, legislador primero, Salomon, David, su Padre, nada ablaron de filosofia. Esta dictada por paganos. Jamas sera buen estudio de cristianos. Salamanca, Granada, Paris la Sorbona, Tolosa. Yo Recomiendo al Xeneral de S^{n} Fran^{co} de España el Ecl^{mo} Sor D^{n} Fray Cirilo [A]Lameda, Confesor de S.M.C., una limosna para el Colegio de Maria Rufina Campana, de quien Fue Confesor, y Fy Alejandro Errero aucilio a su madre, Getrudis Guzman. Solo la filosofia del Español Seneca, que conoció a Jupiter, *recibe alla mi espiritu*, acmitiré en este colegio. Y suscribo, detesto a todo otro erege aunque sea rectorico. Con mejores reglas se allan modernos Españoles en todo genero de Oraciones.

[Firma] JVM

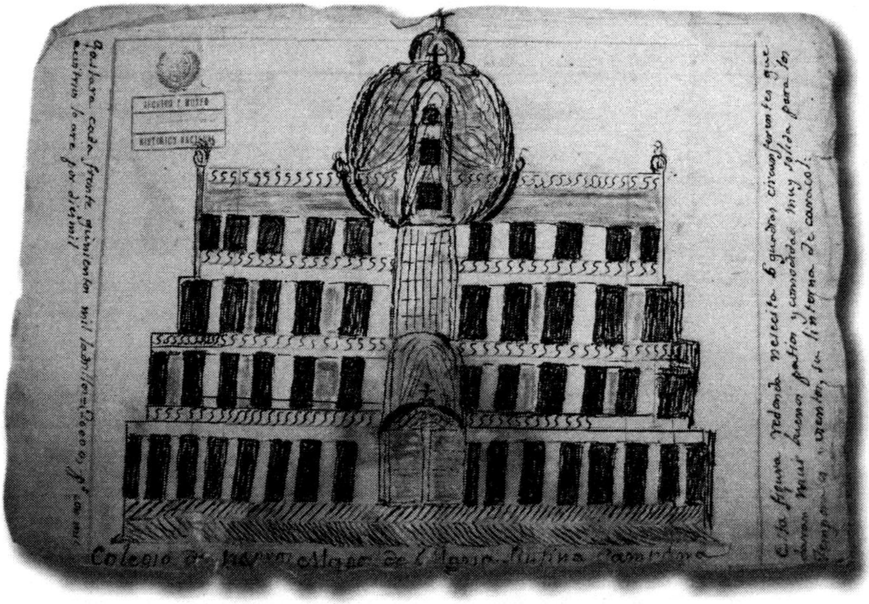

Dibujo del Colegio de Negros Magos de María Rufina Campana,
incluido con la carta a Sagra y Périz.
Costado izquierdo: «Gastara cada frente quinientos mil ladrillos = (20000) p^{s};
con mis acvritrios lo are por dies mil».
Abajo en el medio: «Colegio de negros magos de María Rufina Campana».
Costado derecho: «Esta figura redonda nesecita 6 quadras circunferentes que daran
mui buenos patios y comodidad muy solida para los
temporales y vientos, su linterna de caracol».

Juan Manuel Besnes e Irigoyen, Litografía del Hospital de la Caridad, Montevideo, 1860. La leyenda debajo de la imagen se lee: «La parte del edificio labrado de rosado es la que dejamos construida en 1836 cuando nos espulso el Gob^{no} de aquel año». Museo y Archivo Histórico Municipal. Nótese la similitud entre la fachada del edificio dibujado por Molina y la del Hospital aquí.

Propone a Pedro I la creación de un monasterio para negros, con sacerdotes negros [T1]

[9021] [...] Establesida esta comfraternidad de Animas en este templo de la Sta Caridad de negros, sera comun a todos los [...] de la Sta Yglesia que quisieran escribirse y sentarse en ella, sin que jamas puedan los S.S. blancos reclamar empleo en esta comfraternidad por el lustre de su pia Magnifisencia, Elebasion y estension. Yo escrivire a su tiempo la constitucion y suxetare esta fraternidad a la Sta Caridad de quien prosede y esto bastará. El Titulo de ella –Los Humildes [9022] de Maria Rufina Campana. Su ynstituto ha de ser de [la] santissima de la Mersed. [...] Dixe que esta comunidad debe tener Altar y este debe ser yeso y dorado. [...] Dixe que en dicho Altar debe [ver]se la Ymaxen de Maria S^{a} de la Mersed con el titulo [de] altar chico. Dixe en la carta de aviso que a los pies de esta ymaxen debo colocar en una urna que mand[are ha]ser los restos de esta feliz Negra Maria Rufina. [...]

[9025] Le ynteresa [a Dios] en suma la onrra, la fama, y el onor y Gloria de V.M.Y. que me elebó a su R^{l} Escriptor, siendo humilde negro, para el exersicio de las letras de el modo que se deben usar. Y si no niego que esto parese mucho para un negro, contesto que por eso será vien poco para V.M.Y.

El segundo pensamiento es el que crio y quiero poblar esta casa solo para renta, y si V.M. [y] esta Ciudad me faboresen con la calidad de poblador, deberá corresponderme una suerte de Chacara que se me consignara a la otra parte de la linea este oeste de el Miguelete, pues [ha] de ocuparme esta poblacion que empieso a exponer sobre reflecciones de el Eminentissimo Sor Cardenal. [...]

V.M.Y. y todo Montevideo no [yg]nora que esta Ciudad no tiene estudios. Y si se lograra en esta casa un seminario y por el una colexiata en esta casa de Caridad, debo preguntar si podran jamas los pensamientos del YLL^{mo} y Ecl^{mo} Sor Garzia de Zuñiga llegar en onor de V.M.Y. y de esta Ciudad a los que produse el que llamó loco –Molina.

[9026] [...] Yo prosigo; este es solo un ensayo. Me acorde aqui de el Savio [...] Moral, Preseptos, de el Augusto Padre de V.M.Y. ...

Mui Contento voy bolando
Como paxarito erguido
Que dejando el dulse nido
Por el bosque ba pasando

[...]

Para hablar yo de una [casa] de estudio, de un seminario, debe ymformar y sancionar [la] ydea la Yglesia de Montevideo y esta Ciudad deben dar Ymformes. La Sta Caridad no debe proporsionarme otro que una Capilla, de quatro que tiene badiar. Escojo la [...] del altar mayor sin proponerle la compra porque [9027] quanto produsca esta peticion es de esta Capellania, y esta Capellania es de esta Capilla, y esta Capilla es de la Sta Caridad, que es mi madre, y como fiel yjo quiero discurrir y dibertir a V.M.Y. para ella. Yo compreendo que esta sola Poblacion mui pequeña cuesta a mi ynxenio casi tanto virtualmente como costara el Colexio de Maria Rufina Campana por la [y]dea de gastos que aquel colexio no puede tener. Resultan en suma que el espasio badio que he dictado arriba es sueño y seria un quarto de la quadra quando uniese [el] sitio de Grijoa, y una media quadra quando uniese el [con]bentillo de D^{n} Manuel Sipriano que esta al norte y esta [ci]udad puede aser uso de el. Siguese que de nuevo los filosofos atacan y rien. [...] Yo pruebo que llegado el dia de que esto se berifique dentro de las quatro quadras de esa mansana, he de ver el Ymperial Combento de la Mersed con el titulo de Ymperial Seminario de la Augusta S^{a} Emperatriz de el Brasil!, Dª Leopoldina Carolina Josefa de Haustria. [...]

[9036] Los S.S. filosofos contra el Dro divino y natural disen que [en] [9037] las americas de España no debe haber saserdotes negros. ¿Por que? Porque no es costumbre, pues no hay confraternidad ni seminario rompiendose tal uso. El capellan de mi confraternidad ha de ser negro como lo enseña el *Dro* politico. A este capellan y otros negros criollos de el Pais nadie sin injustisia puede negarles el estudio si lo piden, cuya experiencia [...] practica en mi el Vrigadier D^{n} Josef Eusevio de Molina, quien se dijo en B^{s} A^{s} que tenia en el Río grande un yjo mulato. [...]

[9038] Yo pido a S.M.Y. que el primer Saserdote negro que aqui se ordene diga su primera misa por el alma Augusta de su Dilectisima Esposa. Mas no solo quiero que sea Saserdote, pero relixioso del Orden de la Mersed, patrona de esta R^{l} Capilla en esta Sta Caridad. Ha de haser su novisiado, cuidando yo de [su es]tudio en mi Seminario. Yo presentare a S.M.Y. los primeros saserdotes negros de este pais, criollos como yo, [...] uno de 8 años aora y el otro de 5, el mayor se llama Custodio Martinez, yjo de Juaquin Martinez [y] Antonina Albarez, Morenos libres. Oy es esta muxer mayordoma de S^{n} Benito y hayjada mia. De su matrimonio estos muchachos consagro yo a Dios. [...] Resiviendo en sus Santisimas manos orasiones de estos neofitos Saserdotes de esta Ciudad y Provinsia. [...] Yo pido en esta creasion y memoria mia, resultando ya tradicion, a este estado todos los Guerfanos negros barones que adelante tenga esta casa de caridad. [...]

[9039] El Segundo morenito se llama Lusiano Martinez.

2^{a} Parte
de la Capellania de
la Sta Caridad de Mon^{o}

M.A.Y.P. Sor [...]

[9049] Quantos negros V.M.Y. emviare [a la capellania], doy libres aqui a su llegada con el R^{l} sello de V.M. en cartas ympresas en esta ymprenta de la Caridad. [...] Los Negros ya libres yran a avitar esta chacra o quinta que poblaran los casados con sus familias. [...] Delante de esta Capilla habra [9050] una calle leste oeste [...] y en esta estara el Ospital de Combalesencia y asistencia de mis compañeros negros, una botica entre los dos cuyas ofisinas con el tiempo han de llenar acsolutamente los negros [e] yjos de sus pobladores para que yo les dare escuela y seminario, estudio gratis como a los niños expositos. Las embras la tendran alla y ocuparan otro ospital. [...]

Sobre el Colegio o Abadía [T2]

[9703] [...] No solo espero acabar la vida Saserdote, y recibir el orden Saserdotal de S Santidad, pero ber aun, los Principios de la Abadia, que propongo a S Santidad en la *Ciudad de la Real Hunion*.

Esta Ydea de Poblacion creo yo, que es la obra cingularicima de el entendimiento de un negro, no se ni se sabe, que algun otro negro, se aya propalado en el uniberso, y supuesta la estencion de mi poblacion pregunto tamvien a los savios filosofos ci dudan que podrá poblarse con mayor ermosura comodidad, y riquesa de la Yglecia, que muchas ciudades de la Europa. *Esta Yglecia, la mas Yndigente segun los filosofos, no podrá poblar una capellania lega: todas an de ser Eclesiásticas.* [...]

[9704] Es claro que la Cilla Episcopal que dicto a Montevideo o al *Estado del Uruguay* eccige naturalmente el Titulo de *Arsovispo, su Cilla, en la Capital de el Senado*. Alla está su Renta, alla debe ser su Palacio y el de su sufraganeo, auciliar; alla los combentos de Monjas y Religiosos, pues en Montevideo solo ay el diminuto y pobricimo combento de S^{n} Bernardino de Sena del orden de S^{n} Fran^{co} este Pequeño Plano, o descripcion pendula conpleta el memorial, anterior a V.A.A. y eccige una suscripcion de que debe encargarse mi afecticimo *Tutor el Doctor D^{n} Juaq^{n} de Sagra*, y acompañará esta prueba unica, este legajo que Ympreso por la Ymprenta de S Santidad usará de sus remesas, a las Reynas de España, Portugal, y Emperador del Bracil que dando la Ydea de un negro yndigente, estendida en la faz de la tierra, ci segun un autor, las grandes naciones deben conciderarse Provincias del Gran Reyno terraqueo o de la naturaleza.

Carta al papa Gregorio XVI solicitando apoyo para la Abadía María Rufina Campana, 1833 [T3]

[0535] SALUDO
AL
Sumo Pontifise
Gregorio Decimo Sesto
Y
Moral
Coleccion de Cartas
Micibas
A los Augustos Soberanos
de

España, Portugal,
Y
Estado del Uruguay
Escrito en Montevideo
Por el Lisenciado Negro
Jacinto Ventura de Molina
año
1833

[0536] Saludo S.P.
Gregorio Decimo Sesto: [...]

Ci es berdad que el ombre nació con la obligacion *de servir a Dios en esta vida, para berle feliz, en la Eterna*, no es raro que un ombre umilde elebe sus pensamientos para servirle en ella o que se aga acmirar, alguna bes, por las ydeas que concibe, a fabor de la ley, de un *Dios Savio, y Justo*, Ymfinitamente, y ydear refleccionando cosas magnificas, mucho mas en la Posterioridad, que supone aber llebado sus conocimientos a un punto que los presentes o los anteriores no tuvieron. Persuadido yo que ci no son los mas savios los antiguos, no son los mas prudentes los presentes, cin creer jamas que puedan ser los mas santos los futuros, lo an cido los antiguos, ellos son mejores ombres q[e] nosotros.

El Estado de que soy yjo no dio un paso sobre la materia tan importante. (¡Acaso en materia tan ymportante!) Discurriría unir sus facultades con las de un negro del Pays que con el Profeta Rey *Salmo 21* conciguió tener las *Puertas Eternales aviertas.* [...] Al modo *S.P.* que *S[n] Juan en su apocalipci dise que vio multitudes ynumerables de todas las gentes, tribus, pueblos y lenguas, que eccistian en pie y circumbalaban el trono del Salbador.* [...]

V.B. es el *Supremo* vicario de ese *Rey Eterno* que triunfó. [...]

[0537] Mi pobre, aunque deseosa refleccion se eleba –*Santicimo Padre*– en medio de la *pompa filosofica*, cin mas apoyo que mi umilde obediencia al *Ecl[mo] Sor Vicario por V.B. cura local* y prelado en este Estado *reciente del Uruguay*, y como tal, blanco el mas perfecto de los tiros de la Eregia. Desde el año 1814 que en junio dentró en esta Ciudad de *Montevideo* la *Patria* vio reproducirse en el momento [0538] lo que en 1791, 92, 93 y subcecibos miró la Francia. [...] ¡Mas que digo! S.P. el fallecimiento del *S.P. Pio 6°* tardó poco en suceder a la epoca fatal que a dado a los *ereges* el mayor ympulso contra *Jesus Sacramentado*! Quien miró la bela del Sacramento, dictada en Madrid por la *Piedad Augusta del P Rey de España, D[n] Carlos 4°, y D[a] Maria Luisa de*

Borbon, su esposa. La piedad del *YL*^{mo} *Sor D*^{n} *Manuel Asamor y Ramires*, ovispo de Buenos Ayres, ynstaló *los desagravios a Cristo Sacramentado* en 1793 encargandose de este panegiries el Savio Canonigo *Cabesales*, que ciguió todos los miercoles perorando en el altar y capilla del Sagrario de aquella catedral. Ymitó el combento de la *Mersed* al Prelado, oró en la festividad el virtuoso y savio *P Maestro* Fy *Juan Rosas*, cuya debocion se conmovió tanto al empesar la segunda parte de su oracion que al relacionar lo que se yso en Francia con las *formas* de un *copon*, y con *el templo*, dio aquel saserdote un gran gemido que se produjo en llanto, tal que sofocado no pudo seguir; se caló la capilla, y quedo desmayado sobre el brocal del pulpito. Obgeto y rason mas debota y acmirable. No ubo persona en el templo que no llorase enternecidos por la causa de conocimiento, beneracion, amor, respeto, debocion, sumicion saserdotal, y religiocidad catolica, que estimulaba a *Fy Juan Rosas*.

[...] La Francia destruyó los Prelados Diosesanos. La America del sur desde 1814 no dejó otro en su continente que el de el Paraguay, porque la Patria no pudo dentrarlo. Esta pequeña Ciudad Capital oy vio arrebatar su saserdosio, y mis dos condicipulos *D*^{n} *Jose Antonio Fernandez, Doctor de Teoloxia, y D*^{n} *Fermin Vurgete* fueron con los otros saserdotes segun se dise asta Cordoba. Los micioneros de *S*^{n} *Fran*^{co} ygualmente estraidos de esta Ciudad fueron pribados de la misa en B^{s} A^{s} que les debolvió el Padre Xener^{l} por la Patria de su Religion, *Fy Cacimiro Ybarrola*, en el momento de su muerte.

[0539] [...] La *plaga*, o *plagas* de *Egipto*, sufrió el *saserdocio* en las Americas. No son solo los *YL*^{mos} *Ovispos* arrebatados por el pesar unanime de una sordida *persecucion* q^{e} estrajo los fondos de los templos, y alajas de las *Yglecias*. Acaba de falleser el *Doctor D*^{n} *Angel Piedra Cueba* arrebatado, por el pesar, de que allandose cura *del Real*, 30 leguas de aqui, a las virtientes del Río de la Plata, yendo al templo se alló las formas consagradas de copon sobre la mesa de la sacristia. Partió por el pueblo, diligente, aci que las reserbó lloroso. Le avisó un muchacho aver visto enterrado en la arena un baso de la plata. Fue, lo alló, y faltaba un purificador finicimo con que cuvria las formas. Las olas del Río lo enseñaron, dentró gente, lo condugeron, y no pudo allar la tapa del copon. El sacerdote la mandó aser, dejó el curato y vino [0540] a morir, a esta Capital su Pais.

Pero ci los *ministros* del *Santuario* fueron oprimidos a pesar de su *Caracter e Ymmunidad Ecleciastica*, ci todos los saserdotes an sentido este duro asote de la Eregia, *V.B.*, debe representarse ese pueblo yncognito, umilde africano, neofito, los *negros*, pueblo ygnorado mucho mas en las *americas* que en la *Europa*. Pues en estas, como en las otras, se da una rason para su esclavitud acsolutamente ynjuriosa *a la rason, al Dro Natural, y a la Religion.* [...] La soledad de nuestros templos, estando manifiesto el *Sacramento* es materia que no debo omitir, para pintar el efecto de estas semillas, su ydentidad con los terribles años 1790, 91, 92, 93 y conciguientes asta oy, gime la Sta Yglecia, *y el cisma cigue. «O pueblo», dictaria yo con Jesus y la Sta Yglecia «¿que te ycimos, para que nos crucifiques aci?» Respondemos.*

Ciendome por solo *Cristiano, Catolico, Romano*: [...] dirigir asta *V.B.* mi devil aunque berdadera refleccion, y ver ci puedo salbar ese pueblo yncognito negro, oculto segun dise *D^{n} Juan de Solorsano de las Americas* ... [...] Es verdad *S.P.* que de el nos da rason la *Sta Escriptura*_desde *Ysmael*, yjo mayor de *Abraam*; aunque *Ysac* sea el progenitor de los *Creyentes* la Yja de *Jetro*, muger del *Gran Moyses*, fue negra [...] *Los echos apostolicos* [0541] nos ablan de un negro bautisado por el *apostol S^{n} Bernabe* de quien el *Politico Saserdote Español D^{n} Pedro Calderon de la Barca* formó la obra poetica del *negro mas prodigioso.* Con rason devió preseder a este el *Rey mago, S^{n} Baltasar*, y susederle la Prinsesa *Efigeniá*, bautisada por el Ebangelista *S^{n} Mateo.* La Coronica de los Religiosos de *S^{to} Domingo*, en la *Ectiopia*, recuerda al *Saserdote, Rey negro S^{n} Elesban*, y una beata sobrina suya del mismo avito *Sta Maria.* El orden de *S^{n} Fran^{co}* en la Cicilia, nos presenta a la vista y Debocion al *Magno* religioso obserbante, S^{n} Benito de Palermo. Con todo, *S.P.*, en tan magnifico plano, en la regeracion nueba ... [...] *la Sta yglecia oficio de muertos* no contó la filosofia con los *negros esclabos* con otro obgeto, en estos payses, que el de aserlos morir en las acciones beligerantes, aunque no fueron *cristianos.* [...]

¡Con Rason –*S.P.*– esclamo yo oy con el *R^{l} Profeta David*! *O Rees magnum, super omnes Deus.* Ci soy aquel umilde negro, *Lisenicado en R^{s} Dros*, que en 1821, por las *R^{s} manos* del Poderoso Sor *D^{n} Juan 6° de Portugal*, presentó al *S.P. Pio 7°* predesesor de *V.B.* la vida de su fiel esposa la mui umilde negra de esta *America*, natural de *B^{s} A^{s}* a quien onrró *S.B.* en el ynidrecto contesto, a esta Ciudad de *Montevideo* de la *Comfraternidad, del Corason de Jesus: Motu propio.* ¿Quien movió a S.B.? ya mui yndispuesto, ¿que le obligó a aser memoria de esta Ciudad? [...] *S.B.* falleció mui en brebe de la data aqui en 1822, y mi felicidad cree que *V.B.* como el *S.P. Pio 8°* [...] tiene noticia de ese escrito que conpuso [0542] el conocimiento de mi buena esposa desde la edad de ocho años, el de 1777 que fui primera bez a B^{s} A^{s}, mi edad era entonses 10 años. Y no ostante que naci en la pequeña Villa limitrofe del *Río Grande S^{n} Pedro*, al este de esta Ciudad de *Montevideo* 175 leguas, naci en casa del mui *Catolico, Piadoso*, y Rico Vrigadier de España *D^{n} Jose Eusevio de Molina* libre. Encargandose S.S^{a} de mi educacion por *Caridad* sobre lo mucho que estimaba a mi *Padre Ventura*, su liberto gratuito, como a mi *madre Juana* del Sacramento. Mi *Savio Tutor* se dibertia tres beses en mi ynstruccion, cada dia, los 16 años que me eccistió dejandome sobre sus documentos, y doctrina, costumbres que emprendió en la pueril edad de 5 años, aun tiempo *leer en libro de corrido, escribir y resar. Benid S.S^{s} Maestros y Preseptores.*

Yo fui de 10 años a B^{s} A^{s} y savia leer, escribir, contar, todo el catecismo de Astete, sobre el que sufrí un dilatado ecsamen tres beses en el *Río Grande.* Merecì la aprobacion y sertificado a mi Sor, del virtuoso Capellan *D^{n} Josef Galeano* que a la edad de seys años y medio me ynstruyó, comfesó, e yso cumplir con la yglecia, de cuya obligacion no me separé asta aqui. De onse años, quando el YLL^{mo} Sor ovispo *D^{n} Fy Sebastian Malbar y Pinto*, ovispo de B^{s} A^{s}, bino de España en 1779, yo avia pasado ya el digesto esta obra grande, en 6 tomos y dos columnas, una latina otra española. Fue una de las que trajo de España el *Sor Molina* que deseando disuadir la ydea de su gran perdida en el *Río Grande* trajo en 77 de B^{s} A^{s} esta obra, que entre barias tenia en sus baules archibada en casa del Sor *D^{n} Vizente Gil* o de las *S.S^{s} Españolas.* Daba mi leccion de memoria a mi Sor a la noche, en presencia de mi padre y el mayordomo, quando S.S^{a} tomaba Candial o chocolate. Con este motibo S.S^{a} me daba una esplicacion del ydioma latino palabra por palabra, por lo que no solo lo leo y entiendo, pero lo tradusco cin ablarlo, pues ynoro sus reglas y compociciones para formar oraciones y contestos. [0543] Yo tengo la Sagrada Escripturas escrita en lengua Toscana por el P *Alfonso Nicolas*, Teologo de una S^{a} Duquesa; no entiendo yo el ydioma toscano, pero me lo esplica el testo latino que tiene por libros y capitulos. Y ci no me es pocible dar a V.B. una noticia de los muchos autores que yo e visto en la Gramatica *–Quinto Curcio en la Moral, Concina en la Teoloxia, S^{to} Thomas de Aquino, S^{n} Jeronimo, S^{n} Pio 5°, S^{n} Antonio de Padua, S^{n} Carlos Borromeo, S^{n} Agustin, S^{n} Cipriano.* [...] Yo se S.P. que nada he dicho. Y solo añado: Las virtudes de mi buen Sor me proporcionaron estos principios que cimentaron mi gusto y afecto a los estudios. E llegado a la edad de 66 años y deseo terminar la vida en medio de ellos.

Doy, S.P., principio a la obra mas perfecta que asta oy se aya ydeado, en memoria de los S.P., la creacion de una *Abadia* de el *S.P. Gregorio 16 de Religiosos negros* [...] *V.B.* se dirigirá en su contesto al *P Sor D^{n} Fernando 7° Rey de España y S.M.C. al P.S. D^{n} Pedro Alcantara, Duque de Braganza*, mi Gran Protector y mui generoso *Promotor, origen y principio de la felicidad de este Estado del Uruguay.* En el se eleba la *umildad, fe, Esperanza, Caridad, oracion, Recignacion, y paciencia ynnacterables* de la felis negra unica de estos payses en serca de 500 años de Religion *–Maria Rufina Campana–* nombre del Colegio, *o univercidad de Ciencias y artes, primera de negros en el mundo.* ¡O acmiracion de la faz del Uniberso!

Punto 1°

El Ecl^{mo} Sor Vicario Subdelegado de *V.B.* en este *Estado D^{n} Damaso Antonio Larrañaga* eccivirá de los S.S^{s} *Doctor de Leyes, Pro Secretario de las Camaras de este Estado D^{n} Juaquin* [0544] *de Sagra y Peris, D^{n} Manuel Luna Defensor de Menores del Comer-*

cio de esta capital, y D^n^ Jose Bejar, acministrador de la *Junta Economica* de este *departamento* de el Estado, los tres papeles y un dibujo que esplican todo este pensamiento: *Oracion Preliminar aluciba a la grande obra de la Caridad*; Memorial al *Ecl^mo^ Sor Xeneral* de el *Estado D^n^ Manuel Oribe; Ley Docmatica, y sus espociciones, restricciones, causas, y rasones, solidos fundamentos* para la ydea de esta *Abadia y Colegio.* [...] Dibujo de el Edificio y su magnitud en la cituacion que le presento en esta Ciudad, util a la reseccion de miciones numerosas que se puedan proporcionar. [...] Medida la mas propia que puede representarse un Estado que empiesa, y debe solidarse por principios de *Religion, costumbres, civilidad, artes, y poblacion.* [...]

Punto 2°

Mi color *negro*, mi estado particular – yndigente– eccigen para mi la *cingular gracia* del *Saserdocio*, y mereser en el mi *fin feliz.* Exemplar a los de mi color en los principios de mi educacion, [0545] en los medios de mi *comportacion, estudio y refleccion*, y en los efectos. Quando se ygnora, que en todo el mundo antiguo, algun negro aya dictado, discurrido, o creado alguna cosa que el comun sentir de los ombres acienta a las proporciones naturales del obgeto que se propuso; en este pays, y en todos los de el mundo, el Saserdocio es por ci mismo *Dignidad* que se divide en xerarquias, como las vien abenturadas. [...] O filosofos: la rara ydea buestra esparcida en España, toda *Europa, y America* motibó a *D^n^ Josef de Molina* a aser uso de mis potencias. Lo dijo a mi padre, y le pidió licencia para enseñarme. *S.P.* deseo corresponderle las criticas que le causé entonses y mui poco antes de su feliz muerte en que quiso y logró que le auciliase. Tres meses antes, molestado de los discursos de un ministro de marina sobre mis ynstrucciones dijo, «ci yo tuviese diez años menos, enviaria ahora mismo al negrillo al Jeneyro, le arìa concluir sus estudios, y despues, le yncarian las rodillas etc.» *S.P.* mi pareser es *que lo que se empiesa aqui se termina alla. Mi padre y señor no tubo lugar, yo quiero yr alla, como S.S^a^ querìa que fuese. Esta gracia es para mi*; las otras para mis projimos.

Punto 3°

El Deseo de conserbar mi *fe, Religion, y doctrina* yntactos jamas se vio mas mortificado que en estos ultimos tiempos, en que la *nobatora filosofia, la critica* de los enemigos encuviertos de la Sta Yglecia, pone en evidente peligro a todo viviente en este estado. Aci lo dictó el dia 14 de este Julio, en la *Escuela de Cristo* de este Templo Matris, el *Doctor D^n^ Pedro Ygnacio Castro*, en el primer sermon que dictó por debocion este savio orador del colegio de Cordoba del Tucuman. En dicho sermon se decidio totalmente contra [0546] tales filosofos. *S.P.* La Libertad de la

Ymprenta, el Estado Libre y este rebaño cin Pastor cuya Autoridad contenga las estraviadas y ereticas opiniones contra mi señor *Jesus*, su *Religion Sta, sus Doctrinas, sus exemplos, su Sta vida, Pacion, Muerte*, y Cruz. [...]

[0547] Yo combengo S.P. en que no soy capas de remediar el menor de tan grandes males, pero acaso mis exemplos, mi doctrina, podran animar, ynstruir, y preserbar esas multitudes ynumerables de *Neofitos Ettiopes y americanos* padres, e yjos, que por el fin de que ygnorasen ciempre que su esclavitud no es justa an cido pribados de toda ynstruccion. ¡O que de victimas! debe la *Patria al Ser Supremo* en los muchos negros que a echo pereser cin bautismo, en sus discuciones beligerantes.

Refleccion

La Religion rebelada puede abrasar Dogmas y Preseptos, y es nesesario que cada uno combenga en aquellos, comforme con las reglas a estos, porque asi lo requiere la *Soberana Ynteligencia, y Supremo Dominio de Dios.*

¿Que cosa *S.P.* ay mas racional que creer? Quando es ympocible caer en el yerro si se cree en la *rebelacion Divina*, que no es otra cosa que la palabra de un *Ser Ynfinitamente Ynteligente, bueno*, que ni puede engañarse, ni engañarnos. [...]

[0548] ¿Por ventura las criaturas pueden determinar al Criador al modo en que debe obrar? Este fue crimen en que cayo *Juan Jacobo Roseau* comforme al sistema de *Pirron*, que dudaba de todo. [...]

[0550] Mi pobre talento bolviendo a mi *refleccion y exemplo* quiere probar que el suseso anterior es prodigioso, y por todas rasones milagrosa obra *de la ocnipotencia.* Senciblemente puede reflecionarse, constando a nuestros sentidos todo el suseso segun el simil *como el que un muerto resucitó y que esto solo pudo obrarlo la ocnipotencia.* ¿Y quien otro *S.P.* pudo librar el arco, la capilla, las flores, el belo, respaldo, el purificador, la Custodia, el viril, la sagrada forma? El fuego rodeó la Capilla, donde todo esto eccistia, y no tocó la sola oja de una flor la llama, fuego, umo, violencia, y estrepito, de tanto ynsendio; unduló en partes el reboque de la superficie de aquel sentro; ¿por que pasó por debajo del arco del brocal de la capilla, quemó el belo, y no quemó el arco, y sus flores, secas, materias combuestibles? ¿Por que no se yntrodujo este fuego al forro de la misma capilla?, ygual tela que la que se quemó y se cigue, que si los echos *sobrenaturales* como la *resureccion de un muerto* se testan por las reflecciones umanas, yo dige entonses, y ahora que el suseso del *Santicimo Sacramento* en la Caridad es un milagro. Contra el Sentir de *Diderocy Roseau*, cuyas doctrinas ciguen los *Jacovinos* de nuestro Pays. *S.P.* no ay otra rason, que la *feble* de la *nobedad filosofica.*

A pesar de ella, me decido en que ciendo berdadera mi *Santa Religion Catolica* su *Ley decaloga, sus Sacramentos creencias, Articulos, obras, Dones, Oraciones, y vienabenturansas, su Evangelio*; [0551] Y obrando comforme al *Orden* de el *Ecl*[mo] *Sor Vicario Xeneral del Estado*, digo que no ha lugar la *Locuacidad Democratica* con que e cido tratado desde el año 1817 en que los *Soberanos* de España y Portugal se dignaron ordenarme que escriviese a *S.M.S.*, premiando mi pronta ovediencia en 1821 con el Titulo *de Lisenciado* que comfirmó en 1824 el Poderoso Sor *Emperador D*[n] *Pedro Alcantara* testando este despacho los S.S. *Ecl*[mos] *Lecor, Duran*, y el Secretario Chanselario, *Doctor D*[n] *Juaquin de Sagra y Peris* a que me refiero. *Y ci la Augusta Camara de el Estado a sostenido su aprobacion de ese Augusto Monarca*, no ygnora aber cido, *S.M.*, quilatado por la terrible mordacidad *de la opinion* circunstancias que me ynspiran prudente, asegurar el solido ynstante de mi muerte. [...]

O que dichoso seré, ci en ella es feliz el *S.P. Gregorio 16* dejando a la Posteridad un *Santuario*, un *Colegio*, una *Abadia*, la *Comfirmacion del Estado del Uruguay* por *S Veatitud, y la Catedra Episcopal de esta Yglecia. Gloria, Laus, et onor* a los augustos S.S. Monarcas de *Borbon y Braganza* que me elebaron. Dichosas Camaras del Uruguay *V.A.A.* se be elebarse primera bez a unas correspondencias con *V.B.* y Augustos S.S. Monarcas. Be plantada, estendida, y diseminada, la *Religion, Costumbres, y Literatura* de los *Negros* de este, y aun otros Payses, principios solo conocidos en los *Apostoles* en los *Españoles y Portugueses.*

Saludo a
V.B. deseoso de producir un consuelo
Espiritual al *Supremo Principe*
y *Pastor* de la *S*[ta] *Yglecia Romana*:
Este tristicimo Ciglo 18

Dignese V.B. Ymformarse en mi 2ª Rason al *M.A.Y.P.* Sor D[n] Fernando 7º Rey de España

Carta pidiendo ayuda material[2]

Sor D[n] Joaquin de Sagra
Necesito que V.S. me favorezca con tres patacones, para pagar la echura de esta chaqueta, el labado de mi ropa, y comprar papel y tinta que ya me falta.

Dignese V.S. ordenar a su muy Af[to]

[2] AGN, Archivos Particulares, Caja 15, Carpeta 6.

Jacinto de Molina
Nota
Quatro patacones

[Atrás]

B.S.P.
Al Sor Dr D^{n} Juaq^{n} de Sagra y Peris. Secret.^{o} de la AA Cam^{a} de J.A.

Solicitud de Jacinto de Molina a Carlos Federico Lecor, 1824[3]

B.L.Pz.

Al Yss^{mo} y Ecl^{mo} Sor Baron de la Laguna Cap^{n} Gene^{l} de la Provincia de Montevideo

Illmo y Eccl^{mo} Sor

Tengo la felicidad de arribar al termino de esta disertación llenando de bienes la crasitud Ynumana que me ha erido en las mas sensible cosa que el ombre tiene que es el crédito, onor y estimación. Segun las reglas cura de bono nomine: la filosofía *Ante todas cosas conserbaras tu onor como el mas presioso dote que nos dio la naturaleza*: El Caton Ystorico

Mas si en servicio de los soberanos de Portugal he acquirido nota que no conosio Jamas mi vida, si V.E. miro este empeño como propio y si en fin voy a terminarlo 2ª bez por una repetición que otro no pudo, yo que soy yndijente, y lo fui mas yendo a Canelones.

Suplico a V.E. se digne favorecerme con el Despacho de la libranza para pensar en mi sujeto a la suerte miserable de dormir en el suelo quando las hutilidades de mi oficio me son cortas para cubrir la estafa de mi ropa y muebles, libros y papeles cuando fui detenido en el Canelon.

[3] AGN, Colección Assunçao, Caja 48, Documento 494.

Despues Ecclmo Sor de aberme bestido, y aun tomar estado que tanto me hurje V.E. contará con la obediencia que en siete años a sabido mostrar los quilates de la virtud.

Dios Gue a V.E. ms as. B.L.Pz de V.E.

El mas humilde

Jacinto Bentura de Molina

Nota

V.E. a vista que mi Educacion es conforme al Sor que me la dio, y este a sido erido en ella, yo si segun mis ydeas cristianas puedo y debo perdurar el mas recto ultraje que se me pudo aser, cuando de nada mas e cuidado toda la vida mia que de mi pobre fama. No puedo sucumbir en lo que toca al Vrigadier

Dn Josef de Molina

Pide a Pedro I reconocimiento de sus talentos [T1]

[8651] M.A.Y Poderoso Sor Emperdaor
Primero de La America

Si es verdad *que Jovias de la Tribu de Nectali* en ninguna cosa fue pueril [...], lo es tamvien que la Sta Caridad de esta pequeña quanto fiel fuerte e ymportante Ciudad de Montevideo ofrecio a V.M.Y. la obra que presenta *Glorias de la Sta Caridad de Montevideo*, cuya oferta si ha merecido en el Augusto silencio de V.M. *toda mi mas reberente aprobacion*. Es acsioma de el *Dro Politico* y todos los Dros con el, *El que calla otorga*. Desea por esta persuacion la humildad de esta *Ymprenta*, evidencia que es la primera bez que publica una obra nueba en esta Ciudad, en esta Caridad rexida por el solo amor de Dios, orlados por los Auspicios significantes de V.M.Y.

¿En que otro asunto mas Digno pudiera en ygual caso, con mas extension, mi relixion y doctrina, pudiera mi talento, pluma, y elocuencia, estender e ynsignuarse, que quando habla de la Alta, Augusta Magnanimidad, Virtudes y Pias acciones de los M. Poderosos Padres, Tios Ermanas, y Esposa de V.M. cuyos pios Sufraxios motivan estas Gloriosas ynstrucciones [...]? [8652] Esta experiencia, M.P. Sor, es el abono de estas cortissimas espreciones quando no lo estoy por el caracter o color boluble M. Poderoso Monarca. Humilde y Solido, siendo negro, pobre artesano, privilexiado con la Exide de V.M.Y. Pero Sor … executada tanta Caridad, asistencia y cuidado aqui conmigo, nada puedo haser mas que comfesarlo. Pero quiere la Savia Providencia que llegue a agradeserlo, probarlo y demostrarlo. V.M. verá que le presento los obxetos y materias mas elebadas que tiene la Relixion en su Moral y la Naturaleza en sus produciones unicas, en sumo grado mui respetables siendo esto mismo lo que anunciaba en el poema e yntroducion de la primera carta de aviso a V.M.Y.:

Tan alto asunto tocará hoy mi mano
Que dando el metro su Esplendor natibo
Si en todo no es divino, es mas que humano.

Dare un paso por evidenciar a V.M.Y. y todos mis lectores la verdad de mis reflecciones.

¿Que obxeto representa a la consideracion y reflecciones de los Nobles basallos el M. Poderoso Joven, Resiente Emperador Primero de America, D^{n} Pedro Alcantara de Braganza? Ayer mañana, contraxo nuncias; al medio dia era Esposo; a la tarde Padre de seys Augustos, de que sinco son tiernos pequeños yjos niños; y a la noche viudo, y solo de la mas virtuosa Augusta Joben, de la mas propia Madre, mas afectuosa para la asistencia, doctrina, ynstruciones, y atenciones de tan neofitos Prinsipes, Reynas, Ymfantas, bastagos robustas ramas, frutos y semillas de las Augustas nobles y antiguas casas de Bra [8653] ganza, Borbon y Austria. ¿Podran S.M.Y. y S.A.S. equilibrar esta perdida?

Y si V.M.Y. no puede resolverse al contesto de mis reflecciones, tampoco Teologo, Mistico o Moral, Escolastico alguno puede desidirse en la pulsasion fisica sensible que debe causar a la ydea de los vasallos de V.M. una suerte pasiente tan ynterior y dolorosa, quanto complexa e yrremediable.

Pero si en lo humano no tiene remedio, debe ser mas que humano el consuelo para V.M.Y., siendo esta la rason de el uso de poesias ajustadas a los sentidos y testos que sitan en las escripturas y sagrados libros. […] Mucho mas quando queda a la memoria mas remota de los futuros siglos la Ymaxen Expresa y viba de la M.S.Y. Poderosa S^{a} D^{a} Leopoldina Carolina Josefa de Austria, Esposa de V.M. y Primera Emperatriz de el Bracil, divuxada por la Sta Caridad de Montevideo. […]

[8654] Se Digno el Sor D^{n} Manuel Ocampos, Ermano Mayor Actual de esta S Caridad ymprimir la obra ofrecida y dispuesta para el Publico en memoria de la M.P.S. Emperatriz primera de Ymperio de el Brasil, Dª Leopoldina Carolina Josefa de Austria, siendo su obxeto no solo el de la oracion y afecto pio hasia Alma

Augusta de esta Señora, pero el Exemplo y Doctrina Eroyca pero eloquente, persuasibo, de la S Relixion Catolica.

La Ystoria de este suseso es como sigue. A principios del mes de enero del año 1827, el YLL^{mo} y Ecl^{mo} Sor Varon de Villavella pasó un oficio a esta Ermandad de Caridad en que noticia el fallecimiento de la Augusta Señora Emperatriz. [...] Discurrieron el metodo de dirixir a S.M. [di]vina una oracion comforme a la desente posivilidad y Augusto merito de aquella Poderosa Señora, tanto mas grato a sus reflecciones por los conosimientos y notisias del grande exercicio de su caridad aun para sus diverciones Jocosas (formaba pequeños cartuchitos con monedas y la tiraba de sus balcones a barios pobres. Y viendolos correr por mejorar la suerte reiha la piadosa S^{a}. Midiendo terrenos para darlos a pobres en S^{n} Cristobal, corria S.M. y su Augusto esposo con la cuerda exersitando sus Augustas personas en beneficio caritatibo de la humanidad).

El Ydentico ympulso y afecto de esto S.S. Ermanos resolvio a un numero [8655] de S.S. pudientes de la ermandad a berificar a su costa los sufraxios e Ymperiales Onrras. [...]

Pero cortando aqui todos los buelos de lo que se llama fina politica, digo que mi comfianza esta de acuerdo con quanto me ynstruyo y recomendó el YLL^{mo} y Ecl^{mo} Sor Lecor, llegando S.E. a ynsignuarse tanto que me pidio y suplico concluyese el Mercurio Politico Moral que concluye con la *Defensa de Buenos Ayres*. Añadiendo, «Estos papeles yo mismo los quiero llebar. V.E. bea que a de volber». Callo y yo me despedi. Logre dentro de ocho dias conducir la segunda parte. S.E. me la mando leer, y atrae los corasones. Me despedi de S.E. ultima bez. En esta semana resivio el asenso de Cap^{n} Xeneral, y yo la notisia de mi titulo particular: escritor de Camara de S.M. –el de esta Camara me dio la enorabuena, ordenado notisiado y por S.E. [...]

[8656] El orden de proponer me fue comferido a consequencia de no tener el Ecl^{mo} Sor Lecor conosimiento de los S.S. de el Pais, y V.M. be que sus proposisiones han tenido movimientos y no las mias. El Sor Obes le propuse yo en el sistema oydor y no enviado representante de que se sigue que si es avil en la lexislacion, no lo ha sido en el jusgado.

S.M.Y. sabe que yo propuse para oydor otro Sor, y el YLL^{mo} Xeneral lo propuso militar. El mismo me ynsto repitiese su proposision de Togado por sus yntereses. S.M.Y. y S.E. lo sostuvieron militar y asenti a esto como se be en el fin de la defensa de B^{s} A^{s}. El Sor Errera, Llamvi, Duran, y S.S. de esta Camara tienen proposisiones mias y ecsisten con el onor que los hase Dignos de esta nota.

La bondad de el M.P.S. Emperador prueba en el Sor D^{n} Josef Raymundo Guerra esta sircunstancia de mi onor que deseando con ygual atencion, aunque humilde, presenta la Proposision de unos S.S^{s} que no mira a su xeneralidad pero al onor de S.M.Y. que desempeña solo un humilde Escritor de S.M.Y. en este pais quando no be o conose lo que hay aqui. Entonses como ahora se [8657] que si como hasta aqui he sido responsable de mi verdad, nada tengo que temer despues de no poderse destruir la solidez de alguno de mis escritos sin ygnorar ygualmente que este raso de mi lexislacion y moralidad dibertira mucho el animo de mi Poderoso Sor.

Ruego a los que lleguen a leer este discurso que alaben a dios orando por las Maxestades de unos Monarcas que llegan a conoser mucho mas a fondo la profundidad de mis talentos quando los S.S. que me han tratado casi con la autoridad de propietarios no supieron otro que *–era loco–* resultando que ni saben que criado tuvieron, ni que cosa sea loco tampoco.

Salutación al Emperador de Brasil [T2]

[9355] Un Quarto de ora

Oracion de el Lisenciado
en *R^s^ Dros* Jacinto de Molina
Sarjento Maior de Milicias de el 1.º R^to^
Borbon Americano
Salutacion a la
M.^z^ A.^a^ A.^a^ Mª Ymperial

Atento como humilde, en Presencia de la Eccl^ma^ Junta Jeneral que Representa, el Setro de V.M.Y. Ora oy hun abogado negro, elebado, por la Dignacion Piadosa de V.M. *El Padre Madre y el Yjo todos tres son huna misma cosa.*

Y si esta decicion de la lei demuestra, Augusto Principe, al Soberano Monarca de Nuestro Ymperio Americano. Si esta Suprema Majistratura es consedida por Dios en la Lei Natural, i su prinsipio *Aseos Sor de la Tierra, Jenesis*, en el libro de los Jueses, Damos hun Dios que nos govierne [...] en el de los Reies. *Por mi Reinan los Reies, y los Jueses aunque sean legos an de disernir Justamente sobre las Leies.* [...]

Si el orbe representa huna sola Autoridad en el ombre, huna sola luz en el sol, hun solo Firmamento en la Tierra, huna sola Nabe, hun solo Director, hun solo Pontifise, ¿Por que, M. A.^a^M.Y. no representará tamvien hun solo Rei Emperador Monarca o Principe Soberano? Si lo Representa, y por eso el Bracil llegó ya a ser por si solo huna Nacion.

La Naturaleza, Tradicion, Escriptura, el Docma y los consilios; los actos apostolicos y aun el martirolojio Romano nos representa huna sola lei, hun Ebanjelio con quatro Propociciones.

Eccsordio

Estos Principios asen estrañas algunas costumbres adactadas por los ombres. Sin alguno, que forme bases para tal objeto, ni solo sus discursos sentados sobre monton de intereses que si es dificil oy me [9356] parese facil y aun mas natural el ympugnarlos. ¿Por que? O mi naturaleza me demuestra distinto a los demas seres, ¿O yo pude como ellos ecsistir en el caos de esclavitud desbenturada? Sencible y aun mas ororosa ydea. Este Tropo ase Naturalidad de mis desiciones, dando maior ympulso a sus esfuersos para romper con vigor sus eslabones. Si Propongo a V.E.S. el Derecho Natural, presento Adan: *Cresed, Multiplicad, y aseos Señor de la Tierra.* Este solo principio ynsignua la total nulidad de la esclavitud Onestada en estos Paises por rasones que aun no son Politicas. La Asia fue el primer Teatro donde se vió la esclavitud: Ysmael primer Negro de quien abla la Escriptura y como tal señalado con la Sircunsision que le puso el Patriarca Abraan, ynsignuandonos que este Ysmael era Yjo de huna esclaba por desendiente de Esau, ermano del Patriarca Jacob. Y por consiguiente, segun las projenies de Jesus y Maria S^a^ por S^n^ Lucas y S^n^ Mateo los negros desienden de ser primer yjo de el S^to^ Patriarca Noe. Tal Elebacion devia tener la humildad de estos ymfelises; la barba serrada prueba vien lo esclarecido de sus Principios ympugnando tal Posteridad, la rason de esclavitud que se da a la Jeneracion de Cam, segundo yjo de aquel Patriarca.

En el 3° Libro del R^l^ Sistema contra las opiniones de mi condisipulo el Yll^mo^ Doctor D^n^ Damaso Antonio la Rañaga [Larrañaga] probe con bastante estencion, que son diformes e ynconecsas, apocritas las reflecciones con que se asebera huna maldicion del Patriarca Noe a su Yjo Can 1° porque la causa para la risa de Can la puso el mismo Noe, o pudo ser culpable, y mucho menos a un ombre adornado con toda la Providad de un Noe, elejida, adactada, e Ylustrada por Dios. Si yo tuviese en este momento acvitrios preguntaria, a los Erejes casuistas ¿Quien ordeno el Diluvio, y los Susesos que pasaron en el?

2° Dios bendijo a Noe y sus yjos al dentrar, i al salir de el arca como consta de el sagrado libro de el Jenesis; y de consiguiente, es repugnante, y aun torpe torpisima, la ydea de tal maldicion.

3^a^ Si la Sta Yglecia conose al Patriarca Noe por el primer Santo de el antiguo testa [9357] mento es nulo desir que pudo concluir su carrera produciendo o fulminando maldiciones, o pronosticando a la Posteridad de Can algunas desbenturas.

4^a^ Si se las pronostico la Posteridad de Can a sido siempre la mas feliz: La china, la Yndia Portugueza, las Yslas Canarias, los Persas, los Griegos, los yndios Americanos i cuantos estan señalados con tres cantones de barba en la faz decienden de Can. Las Americas de el oeste conquistadas por D^n^ Fernando Cortez, Jamas antes o despues asta su Emperador Montezuma, y asta oy, se ha dictado que las Yndias aian sido esclabas.

El Peru: Conquistado por D^{n} Pedro Albarado Fran^{co} Almagro y otros compañeros segun su grande ystoriador Garzilaso en sus Comentarios Reales, padecio algo como ecsorna el ovispo de Chiapa en su memorial y defensa a la P.^{a} M.ª Y.^{l} del Sor D^{n} Carlos 5° como lo refiere, y disculpa el Señor Oydor, D^{n} Juan de Solorsano, solapando, y onestando los repartimientos de tierra e Yndios, que isieron los Españoles: los Yndios de mita, o mitaios, destinados a las minas, el aspero ynumano trato que se les daba, y mil otras rasones de el antojo mendicidad i aun barbarie de muchos de aquella antigüedad reformadora. Si los yndios corrian por si ygual o mayor desdicha como se nota en una sola de sus costumbres, sus adoratorios inundados de sangre humana los demuestra Ampo-profagos glotones de un manjar acsolutamente repugnante.

El Ymflujo de estos Periodos ase manifiestos tres objetos: 1° el Onor, Prudencia, Obediencia, y Desinteres de el Yll^{mo} Sor D^{n} Carlos Federico Lecor que Dignam^{te} nos Govierna y a mi me faborese; 2^{a} Huna de las rasones porque fuertemente impugnan los Europeos a este Prudentisimo Jeneral, *El Dro* de Ygualdad en que sostiene a los americanos con aquellos Que se huvieran desidido acaso por otros nuebos conquistadores; 3^{a} La Noblesa y Dignidad con que los yjos de el Pais an asendido a las delicadas oscuras reglas que presentaban las lineas de tales Planos. Mas claro: Si los Europeos son Dueños de la Europa porque el Criador los iso naser alla, ¿Que rason [9358] abra para que los yjos de el Pais No sean dueños de el aviendolos el criador echo naser aqui?

Las desiciones con que debo analisar mi discurso deben igualmente dividirlo. 1ª Primero la Esclavitud es Accsolutamente Nula. Si fue justa la que padecieron los Blancos asta el siglo 14,

2ª Será Justa la de los negros desde el siglo 15 desde cuio tiempo se conose aqui en las Americas. Mas brebe si aquella esclavitud es injusta, lo es igualmente la que padesen en el dia los negros.

1^{a}Parte

No debo contraerme al siglo 15 quando la oficiocidad i dilisencia Portuguesa fijo el orbe, i dio al Piloto Cano de esta Yll^{ma} Nacion la Orla: *Tu fuiste el primero que me rodeastes.* Debo olvidar el jiro comerciante, que engrosó esta Potencia en el trafico de esclabos negros. Yo se que en el siglo trese avia en Palermo de Sicilia esclabos negros; los Padres de S^{n} Benito lo fueron.

Pero debo señir mi primera proposicion por el metodo que dicta el anal quarto correspondiente a la Nacion Española para formar huna total divicion en las partes de mi discurso. La Propagacion de los esclabos en las Americas fue bajo el dominio de la Augusta Sª Reina esposa de el Augusto Monarca Dⁿ Felipe 4º que estinguió la esclavitud de los morillos en España. A que fin acordar la resistencia ynviolable que demostró esta Nacion a la redencion de sus esclabos cuio uso imbeterado tenia desde el momento, que el Sor Ymfante Dⁿ Pelaio instaló la restauracion de España en las Asperesas de el Principado de Asturias donde ecsiste la famosa montaña coba-Donga.

Debo dictar que estos orrorosos esclabos eran todos ombres i mujeres blancos, sin que otro *Dro* que el de la barbarie aun mas mal entendida contra la misma naturaleza, isiese esclabos los ijos de talez cautibos. Continuada asi asta aquel soberano de España acabo para que su Esposa la transmitiese en la Pesima esclavitud de los Etiopes en america. Sin embargo, yo debo elebarme de siglo en siglo asta la mas remota e inmemorial Antigüedad.

[9359] Hun autor anonimo dise ablando de la esclavitud de los mismos Españoles bajo la dominacion de Cartago, de los Romanos, de los Ylirios o de los mismos moros que ahora sacudia, *Quando sien mil ombres eran dueños de un millon de esclabos salian a las plasas a dibertirse i tomar el sol en tanto que señidos con cadenas treinta o quarenta ombres cuidaban de mantenerlos con su sudor.*

Las Leies Romanas, fundadas por hunas series de Senados y Monarcas que tenian bajo su Autoridad i dominio casi toda la Europa, Que conducian a Aquella ciudad copiosas multitudes de ombres, mujeres previstos que bendian despues a precios equitatibos, Que allandose cargados y aun temerosos de estas humanidades, establecieron leies seberas e inumanas para su seguridad y maioria.

Esparta y el Gran Licurgo selebre en el Ymperio Literario llegó a estableser sanciones i leies a beneficio de los esclabos, para deberles el sacrificio de ser libre a su costa de los enemigos de el Estado, mas la sencible emulacion de aquel Pueblo, allo disculpas para negarse al natural beneficio de la libertad de huno, barios, o todos los esclabos serles iguales [...]

Las Epocas anteriores nos demuestran embotados los ombres en el africa, y en el Asia, con el peso de esclabos Europeos. Y huna de las Grandezas de los Ptolomeos y Cleopatras Reies de Ejipto fue las multitudes de esclabos que poseieron. Asi el Ymperio del Grande Alejandro de cuias ruinas se compuso ahora el Reino de Ejipto fue avierto, destruido, i disperso, amargados los Persas de la Dominacion traficos y despotismo de la Masedonia.

Dare hun buelo a los siglos Anteriores de la misma Bavilonia para ver en ella los grandes sueños de Nabuco Donosor, las virtudes de el virtuoso cautibo Daniel, el odio de sus Satrapas a Ananias, y Mijael, Las lastimosas Amarguras de Mandoqueo, la triste desesperada muerte del ministro Oman, la Ermosura y virtud de la cautiba reina de Bavilonia Ester, y el afecto que por [9360] tal la tubo el Rei Asuero.

De Nuevo toca mi Narracion en el Ejipto Entronisado en la mas remota antigüedad postulante con el hunibersal Diluvio en los Monarcas Faraones, y ver en el si puede diferirse la simplicidad de mi oracion obserbando al Joben humilde Josef bendido i comprado por huno de aquellos monarcas para lastimosa victima de el desarreglo de amor de su yja. Este no bea. Asi como vrillante espejo de la castidad, de la Providad, y de la Prudencia, Detallar Eccl^mo^ Sor los ynfortunios, Deformidades ynumanas de la barbarie de los ombres Queda Problematica la decision porque esta Esclavitud se fundaba en el *Dro* de Jentes cuia desicion en todas sus partes es nula, perbersa i de ningun balor por contraria a la exprecion mas patetica de el *Dro* natural. La Tabla arismetica que la retorica a echo ymprimir La Evidencia ase mas facil continuar, y yo yntersedo con V.E. aumente un momento su Providad y atencion en tanto que recojiendo mis alientos, me avilito para poder continuar.

Parte 2ª

Si Ecsamino todos los tiempos de la mas remota Posteridad, si miro en ellos la fuerza de el Derecho de los ombres en la basta estencion del huniberso Sujeto a poquisimo numero no de ombres si de fieras, no demuestra esa basta estencion hun pueblo negro del qual conste que huviese sido esclabo O que por rason alguna huviese sucumvido, en tal imfelicidad.

Savido es tamvien que aquellos Grandes Pueblos Jenisaros y Fenicios, fueron negros, establecidos poblados a orillas de el Eufrates, y el Nilo caracterisado su balor con el renombre de brabos. Negra fue la primer mujer de el Gran libertador del Pueblo Ebreo Moises, de quien tomando la Sta Yglecia la palabra canta hun ygno, *Olibiser Populum tum*. Las que dicto Moises, al salir de los pueblos que dominaba el Rei Padre de aquella feliz Ectiope a quien para conducirla en su compañia y aserle olvidar su Pueblo, Precursora de el Ysrraelistico Pueblo que libro Moises de la Cautividad de Ejipto y de el despotismo Faraonico sacando hun anillo i poniendoselo en el dedo le dijo: [9361] *Olvida Preciosa, amavilisima esposa, olvida tu Pueblo, i ben conmigo. Seras Reina de mi corason, mas rico, Savio, i baliente que todos los Pueblos que oi conosen los Reinos i Provincias de el medio dia de el Oriente.*

Dictar los ombres i mujeres negros que se an echo dignos de fama eterna entre los mortalez no es dificil a pesar de lo mui esteril que ha sido la pluma i mucho mas la prensa para dictar las muchas acciones que an sido obradas por muchas i barias personas negras mas esto mismo manifiesta la elebacion i magnitud de las pocas que se demuestran en la Saviduria el hunico doctor Juan el Latino en la ciudad de Granada, de Balor, de Lealtad, de Amor, de Piedad, de Jenerosidad, de Selo, y Piedad Cristiana. S^n^ Baltasar es de este Jenero. Sta Efijenia, S^n^ Elesban, i su Sobrina Sta Maria del orden de S^to^ Domingo saserdote Rey negro florecieron en la Ettiopia y aviendo ygualmente todos estos tenido el Grande onor de Reies (esepto el primero) oy reinan con Dios en las mansiones Eternas.

S^{n} Bernabe, de quien asen memoria los echos apostolicos, es el conosido con el titulo de Negro mas Prodijioso, murio martir como S^{n} Baltasar aquel en Bavilonia y S^{n} Bernabe en Jerusalen mismo atado a un madero donde lo desmembraron con acmirable constancia de su Balor i Paciencia. Otro es en el orden de los Comfesores el Relijioso Fran^{co} criollo Ysleño mi Padre S^{n} Benito de Palermo.

Principio de la vida de Maria Rufina Campana

Toda Luz mas vrillante Que el Sol que Ympera, De la Luz Emanante, Meditar quieta, Que Feliz Eres, Dando al color oscuro Tantos Enseres. Esta Negra Dichosa corresponderá algun dia al orden militar de Maria Santisima de la Mersed. Dichosa llamo la que menos ha llorado. Tal fue su acmirable Paciencia, y Feliz la que menos ha sufrido –El abate Blanchart en su Escuela de costumbres.

La carrera de viajes no presenta en la estencion de el Huniberso ombres negros que aian echo bentajas, y el Reino de el Peru me presenta quatro de singularisima elebacion. En sus acciones es el primero mi Padre Bentura, librando de la muerte a mi Señor, el año de 62.

[...]

[9363] A.V.E.S. Pido y Suplico que para acordar a la Posteridad la feliz acogida que merecio en esta Villa YLS^{tre} de Guadalupe la mersenaria Maria Rufina Campana. Rubrique con la merced [9364] De libertad a la joben por quien, no el merito, pero la bondad, no sino la humildad, el onor y la Proteccion de quien igualmente sabrá aserse digna de la memoria que V.E.S. le depositan y aseguran.

YLL^{mos} Eccl^{mos} S.S.
Jacinto de Molina

Agradece la protección del Emperador, pide la compra de libros y manifiesta su orgullo de ser letrado negro [T3]

[0034] Conclusíon
de la
Enorabuena al
YLL^{mo} y Excl^{mo} Señor Ministro de la Guerra:

Tengo la felicidad de haber concluido la *Mercurial, Henora buena* Ystorica que he compuesto desde el momento mismo que el Señor Doctor, Director de esta Ymprenta, D^{n} Juaquim de Sagra y Periz se Dignó darme la feliz noticia de que V.E.

havia hasendido. Notisia que sobre el hafecto que mantiene, tan solo S.S^{a} Pudo darme ese havil Doctor de Leyes. Pero el cariño le nase, como a V.E., de haber sido dos años Secretario Ynterino de el YLL^{mo} y Eccl^{mo} Señor Lecor, que simenta como en V.E., el Doctor D^{n} Juan Maria Perez y D^{n} Fran^{co} Viana, el afecto de Padres y Maestros, de el humilde Jacinto Bentura de Molina. Mi benigno Señor: ya beo que no triumfarán desde este momento mis ribales. Soy en este caso el primer negro de el mundo que en la carrera de las leyes, ha triun [0035] fado de sus ribales sin que hayan tenido haun la felicidad, de humillarme. V.E. Sabe que los pleytos y litixios tienen metodo, y yo soi de sentir que litixios como el *Mio se bensen huyendo.*

Doy Gracias a Dios y Al Augustissimo Monarca porque me dejan ber Onrrado, un oficial que se ynteresó con tal Pasiencia, con tal esmero, por mi ynstruccion. Esta particular sircunstancia en el poco tiempo que V.E. estubo haqui me hase conoser que el premio de V.E. allá es mui vien meresido. [...]

Este principio de mi refleccion de un Poderoso Monarca nase de mi mismo sentir sobre los Asensos que S.M.Y. me consedio, *gratis* por su Augusta, expontanea boluntad. Es solo S.M. quien me helebó, y distinguio, con Titulos. Y si esto solo ha causado tantos gritos, ¿que serian otras cosas?

Yo resivi, hun Año despues, o poco menos, el orden de S.M.Y. hal YLL^{mo} Señor Lecor en el Campamento de Guadalupe. Fui alla a pie, a cumplimentarlo, berlo, y pedirle halgun socorro, pues estaba ymfeliz. En medio de la Rebolucion de los S.S. Boluntarios Reales, ecsistia hafuera, en la Quinta de el P. Cura, D^{n} Damaso Antonio Larrañaga. El Ecelentisimo Señor Lecor, luego que me vio, no quiso que bolviese, y me colocó en la Ymprenta que le servia. Su Director, el YLL^{mo} Señor, D^{n} Tomas Garzia de Zuñiga –¡Benigno Señor!– resivì trato tan ymberso, desprecios tan picantes, sin otra rason, que mi humilde ygnosencia y [0036] Hatencion, que elebandose la critica a tratar mal el onor de mi hapellido determiné quando pudiese habandonar la carrera de mi descredito. No solo en un pais, donde no podia ynsignuarseme con berdad huna nota, pero esta benìa cuvierta de el desagradesimiento, yngratitud, y tirria, de quien me la hacia. Y yo debo ber y havitar con el Señor que no solo en el bautismo y confirmacion me dio su hapellido, pero en su muerte me lo encargó y pidio *que no permitiese que nadie le desonrrase para mi mala conducta o hacciones calucniando la criansa q^{e} me dio.* [...]

Luego que el YLL^{mo} Señor Lecor que me havia ordenado que callase, alla regresó a esta ciudad en 1824 *La Señora Baronesa* que lo Ama mucho. Y este Señor Secretario me ordenaron que escriviese. Lo berifique halistante en la *Ynter-locusion Artificial* sus *Preliminares; Memorial de el Onor vindicado: Mercurio, Politico, Ystorico, y Moral.*

La Politica de el YLL^{mo} Señor Garcia creyó entonses seria capaz de humillar mi estimacion por hun ynteres que perjudicaba mi merito. ¿Como podria yo desir la berdad de hun Señor de quien huviese resivido beneficios? ¿Y los hagravios que yso a mi Señor? ¿Puedo [0037] yo perdonarlos? Los que haya hecho, a Dios por mi, sí puedo perdonarlos, por que Dios me ha dado ese poder; D^{n} Josef Eusevio de Molina no me lo ha dado.

Espero que V.E. manifieste a S.M.Y. este discurso, y octenga el contesto, para proseder a la Ympresion de las Obras cuyas ydeas sumariamente relaciono en este. Y si S.M.A. determina que continue, Pido a S.M.Y. que me hautorise y faboresca, pues soy un pobre sin renta o sueldo, y sin hacvitrios, para comprar libros. Tambien le suplico que faboresca esta Ymprenta. Yo Señor se lo Pido para poder continuar, como pienso haserlo en ella a consecuencia de ser los hunicos que me han faboresido.

V.E. ocserba en todo si he cumplido con quanto, 18 dias por la tarde desde las 2 se Dignó Ynstruirme, y Ordenarme, encargandome el mayor secreto, berdad, y elocuencia.

3 De Octubre de 1817
Tu onrrosa Memoria,
La Yntrduccion primera,
A Molina Corona:
Dignase V.E. Mientras viba yo
Estar persuadido de mi mas humilde
hagradecimiento, de mi mas hatenta
boluntad, y de que será ya eterno el
Reconosimiento de quien B. a V.E.
L^{s} M^{s} Benigno
YLL^{mo} Eccl^{mo} Señor Ministro
Jacinto Bentura de Molina

Poema al Emperador de Brasil [T3]

[0416] A V.M. Dios le Gue m^{s} a^{s}
M.A^{s} Y.P^{s} S.S^{s} de el Estado
B.L.A.P^{z} de V.M.
El Escritor Ymperial
Jacinto Ventura de Molina
Gritos Filosoficos a las obras de el autor

1°

Cuidadoso discurría, M.P. Sor,
Quando obserbé deslumbrada
Mi vista de el resplandor
Que circundaba el bufete
Donde estaba en la ocacion

2°

Huna boz suabe, y Sonora
Me dijo, «Minerba Soy
Que te Ylustro Xenerosa
Porque puedas desde oy
Adornar tus Grandes Obras

Fenelon en su Telemaco

3°

Mira a Seneca decir
Que la Virtud es un Arte
Que se debe de Aprender
Pues no podras Escribir
Ci no llegaste a Saber

Ella es ciertamente el fruto por desgracia demaciado raro de la esperiencia y reflexxion

[0417] 4°

Solo a la Ciencia Ynfinita
Es consedido el Acierto
pues toda Filosofia
Por superior o Elebada
No eccede de Pensamientos

5°

Ci el Justo se berá ciempre
En sus maccimas Feliz
El Turbulento, E ynjusto
Ciempre al contrario Ominoso
Triste fracmento Morir

Epicuro … de vit et dogm Philosoph … Lib 1° sec 12°

6°

Onrra pues al Extranjero
haci como hal Ciudadano
Pues cin saber que fin espera
Todos seguimos viajando
Esparcidos por la Tierra

Focilides

7°

El Joben Emperador
Es quien hunico os prefiere
Oy buestro Onor se Cimenta
Cisplatinos sedle Fieles
Pues os Eleba y Liberta».

Omero en la Odisea citando a Focilides dise «*no es licito despreciar al Estrangero*».

8°

Por esta Haccion el Monarca,
Merese Nuestro Cariño,
Nuestra Selevridad, y Aprecio.
Dando esta Sociedad las Vidas
Por su Emperador, y Dueño.

Expreciones de el Memorial Ynstructibo a S.M.Y. sobre las ydeas de Poblacion de la Ciudad Emperatriz –Carolina– o Leopoldina ... Comforme al texto del Xenecis ... Cresed ... multiplicad ... y aseos Sor de la tierra.

Memoria sobre la Emperatriz de Brasil, dirigida a Pedro I, 1827 [T3]

[0005] Memoria Augusta de la Sª Emperatriz 1ª de el Brasil. En ella comforme a la hultima parte de la carta de haviso de 29 de Avril de 1827 que moraliza, Ylustra y Sanciona toda esta obra Memorial Al M.A.Y.P. Señor Emperador

Jacinto Bentura de Molina, Por la Gracia de V.M.Y., Escriptor de Camara, Dise que haviendo concluido el mes de abril de el Año anterior una carta de haviso a V.M.Y.

Dirixida por este Cuerpo Piadoso de la Caridad de Montevideo, noticiando en ella los funeralez Sufraxios que selebró por el alma Augusta de la Santa Emperatriz Doña Leopoldina Carolina Josefa, Harchiduquesa de Austria, Dilecta Esposa de V.M.Y.

Pero deviendo yo dar a V.M.S. las pruebas mas desididas de la gratitud, humilde y agradecida, que mi fiel afecto les tributa en prueba de la aseptacion con que vi desde aquel principio las singulares predilecciones con que las M.S. de Portugal y el Brasil me privilexiaron y distinguieron. [...]

[0007] Estos morenos [en Montevideo] deben considerarse o como vienes de la augusta Sª finada o como sesion de V.M., y como tal deben ser todos libertos, cuyo privilexio quiero yo tener en esta Ymprenta de la Caridad otorgarles sus escripturas selladas con el sello de V.M.Y. que me conseda. [...]

[0008] La Ydea señala un espacio fuera para el establecimiento y poblacion propia de los morenos en un terreno espasioso, fertil y presioso en que ha de berificarse una quinta de combalecencia de esta Ospital que no la tiene, pero no obstante que este Memorial y Extracto no puede esplicarlo. Yo dire que esta poblasion debe tener un ospital de combalesencia otro de ombres emfermos que son los mismos morenos y otros dos de Muxeres; un templo y una botica; los morenos casados tendran sus casas comforme a mis ydeas. [...] V.M.Y. rie de que los S.S. blancos ydean para si, y aora se be que tambien los negros. Ningun ofisio Mas que el de Medico y sirujano exerseran alli los S.S. blancos, pues yo señalo dos Muchachos Criollos para Capellanes, uno aqui y otro alla, los que siendo negros como yo quiero que ambos digan su primera misa por el alma Augusta de la S[a] Emperatriz 1[a] de el Brasil. [...]

[0009] Y porque para el Asunto juzgo haber hecho el Pedimento mas arreglado. A V.M.Y. Pido y Suplico asi lo hacmita y Disponga. Dios Gue a V.M.Y. M[s] A[s]. B.L[s] Ymperialez Piez de V.M.
M.A.Y Poderoso Sor Emperador
el R[l] Escritor de Camara
Jacinto Bentura de Molina

Solicititud al Emperador de Brasil sobre manutención del Hospital de la Caridad y creación de nuevos establecimientos religiosos [T2]

[9331] Memorial Ynstructibo al
M.A.Y Poderoso Señor, Emperador de la America

Jacinto Ventura de Molina, Escriptor de camara de V.M.Y., con mi mayor respeto paresco, y digo: Que aviendoseme encargado en 23 de marzo de 1827 la remicion y saludos a V.M.Y. por esta Ermandad de Caridad de que era ermano Mayor el Ciudadano D[n] Domingo, Basquez, dirixido por la savia ynstruccion de el Doctor de Leyes, D[n] Juaquin de Sagra y Periz.

Exposicion

Berifiqué desde que pude, en 29 de abril del dicho año, la carta de aviso a V.M. que ymplora el permiso para dictar la obra que corresponde en beneficio de este cuerpo de Caridad, benéfico asilo de los yndigentes de esta Provincia. Dicté en dicha obra la peticion que dichos S.S. hacen a V.M.Y. del *R[l] Patronato* que conozco, no poder V.M. concederlo, si solo a cierto numero de S.S. que naturalmente les compete y son los que caracterizó con la dis [9332] tincion en las propuestas para el habito de Cristo, donde ce allan 3 encomiendas, y en la expocicion que sigo un Titulo distintibo en la *Villa Emperatriz Leopoldina*, cuya poblacion dedica la humildad de este Escritor de V.M. a la hutilidad de rentas particulares de mi Sor que lo es el *Piadosisimo y Augusto Emperador Dn Pedro Alcantara de Braganza 1° Emperador de la America.* V.M.Y., *con la Moral unibersal por el Baron de Holbach sabe que un Alma verdaderamente grande abraza en su cariño a todo el genero humano y querría ver felizes y dichosos a todos los ombres.*

Divicion 2ª … Secion … 2ª

El obxeto de correspondencia onorable hutil, y Expreciba, Digna de un Augusto Monarca, mi Sor, Era el asunto de mi humilde Meditacion. Observando a la faz de el huniberso hun cuerpo de vasallos españoles obrar en beneficio de la Augusta Esposa de V.M. la Accion mas eroyca, mas fiel, mas expresiva, mas analoga, mas sensible, mas Relixiosa, mas cristiana, mas ynstructiba, mas Piadosa, mas afecta a Dios, mas Rara, Rarissima, y Singular, *Fosilides, filosofo, dise Honrra el estrangero yguálmente que el ciudadano, porque todos somos viageros, esparcidos por la tierra.*

Es verdad Augustissimo Sor Emperador. Es verdad que debo preguntar a mi mismo ¿quien soy yo para desempeñar los deberes de la Augusta Hu [9333] manidad del Poderoso Señor Emperador Dn Pedro 1° de America, sobre la Caridad de Montevideo? Y debo contestarme con Omero en la Odisea: «*No es licito despreciar al estrangero ni al pobre negro aun quando le veamos reducido a un estado mas vil, y miserable, que el en que os veo* (Eumeo dice a Ulises, su Sor disfrazado en trage de Mendigo) *por que el mismo Jupiter es quien nos envia al desconocido al pobre*».

Y si esto es evidente, ¡lo es M.P.Señor! que esta Caridad me elixió para que fuese el mensagero de sus mas tiernas deprecaciones, y siendo constante que solo el *Patronato Rl* puede desempeñar a V.M.Y., yo espliqué esta donacion bajo el Señorio de una poblacion en la qual solo tiene V.M.Y. siete poblaciones, que esplican las Augustas Piedad, Generocidad, Magnificencia, y Virtud de V.M. destruyendo todas las miras, atenciones, reflecciones, y discursos de los criticos ateletas de el Magno Huniberso. Porque Si digo que la virtud debe ser la recompensa de V.M.Y., quiero dar a entender *que pues V.M. la practica es tamvien meresedor del cariño de la estimacion, de el aprecio, de la celebridad, en suma de una felicidad propia, y privativa de un Augusto Monarca, comforme al bien de la Sociedad.*

[9334] […] La comfraternidad de los Humildes de Maria Rufina Campana en esta Capilla de la Caridad donde se selebraron … las Rs Onrras … es principio de la Rl Capellania por el alma Augusta de la Sa Emperatriz, *Da Leopoldina Carolina Josefa Archiduquesa de Austria.* Sobre el seminario de estudios, que esta Ciudad no tiene, y yo propongo poblar p^r escalon de el colexio de S^n Carlos, que estará tambien en la plaza Mayor de aquella villa, siendo estos 3 obxetos la 2 poblacion.

3ª La tersera: es el Ymperial Ospital de combalesencia: y debe serlo de aquella Villa, y la campaña, que lo rodea con su templo y combento de relixiosos Negros del Orden de Belen. Nota: Aun no se vio tal cosa en todo el mundo. Economico por la renta de enfermos, que aorra con suma utilidad de la relixion Catolica.

4ª El Muelle y Aduana

5ª El Gran combento de Maria Santissima de la Mersed, Tutelar de esta Caridad, alla la Patrona de la Villa, Parroquia y combento de relixiosos negros. Nota: en estos combentos deben dentrar ombres blancos y muxeres en [9335] el de Monjas, y suprimiendo el mucho concurso de ambos secsos en las relixiones ará presisamente que la vida monastica buelba al vigor de los primitibos cristianos por la competencia virtuosa de estos dos colores, yrreconsiliables por otro medio.

6ª El combento de Monjas Carmelitas de Sta Teresa Negras

7ª Tres Plasas, con un parque sobre un quadrilongo, con dos quarteles para solo milicia de caballeria e ymfanteria de la villa, para las guardias de su aduana, muelle, y casa consistorial, en la 2ª plasa, y en la 3ª el mercado. En el ospital de Belen estara el Protomedicato, que no tiene sitio badio en esta villa de Montevideo, ni puede reportar los costos fisicos y desencia que nesesita en sus oficinas, lo que podra alli con 3 partes menos de gastos y maravillosa curiosidad y desencia.

Conclusion

Esta poblacion ynstruye, que deseando V.M.Y. exterminar la esclavitud por esta Mersed Titular, da libres los morenos, morenas que V.M.Y. guste darle, de el quinto de la Augusta S^a. *Esto en exprecion la mas Digna Memoria de la Augusta Piedad de la Dignisi^ma Esposa de V.M.Y.*

Pri^a parte de renta particular: V.M. los mantiene durante el tiempo de estas siete poblaciones, o mas. Comforme la Ymperial boluntad y no debe dudarse [9336] que todo comestible se aruina debe benderse.

2ª V.M. asienta el yerro y madera para estas siete poblaciones, y de consiguiente, ningun otro podra comerciar alli, yerro o madera. V.M. conose el asenso de esta renta en la poblacion de una Villa, de media legua quadrada, que tendrá sus parques y Almasenes, para estas seguridades, bajo la sircunstancia de que nadie podrá yntroducir estos efectos, si solo los dependientes de S.M. y yo señalo haqui un Acministrador de caracter, Onor, avilidad, y sircunspeccion: el mayordomo de esta Casa D^n Santiago Baudris, que dipondrá aqui quanto sea hutil para este exercicio.

3ª Cal S.M. debe comprar la hunica calera que aqui hay y no solo surte las poblaciones de S.M. pero bende a los pobladores, que sin esto tampoco pueden edificar.

Ladrillo: los pobladores negros deben aserlo, como lo asen aqui para sus S.S^{s}, y surtiendo sus siete ramos pueden los que se dediquen tener esta hutilidad, consecuente a su aplicacion.

Hartistas todos los que de esos pobladores tengan oficios, seran empleados en las poblaciones Ymperiales, y ganaran huna 3 parte de lo que ganarian otros oficiales sobre la reparticion de terrenos, a los que los pidan, y bestido, asistencia, curacion, y calsado.

El Combento de Monjas de Sta Teresa tendrá ospital de muxeres, y dos escuelas pias, con la cuna de Espo [9337] sitos. Los niños de dos o tres años yran al ospital de belen, y teniendo escuela, se les dara estudios, y despues la carrera que apetescan. Siendo el Ydioma Español, doctrina, y constumbres lo unico que debe conserbar esta villa sin que pueda aprenderse en las escuelas otro ydioma, ni acmitirse en nuestro resinto protestante alguno, secta, o diferencia de culto.

V.M.Y. Obserba que no es facil dictar las hutilidades que produse a las rentas particulares de V.M.Y. esta poblacion.

No lo es el demostrar con planos, la poblacion y situacion de las piesas, la colocacion del adorno, alameda, simenterio, y quintas, para los combalecientes de este ospital ynmediato, pues solo ay un trancito de poco menos de una legua por el Río de esta parte de el sur, al norte sobre la ribera. Graduarse no podrá tampoco, la utilidad que de todos modos, produsirá aquel establecimiento a este ospital por todas rasones costoso por las quales y tiempo esteril, adelanta, y medra tam poco.

M.P. Señor: Nesesito que V.M.Y. se digne permitir el transporte de el Señor Doctor D^{n} Juaquin de Sagra y Periz por esta Caridad, y el Mio. S.S^{a} que lo es de Leyes conducirá los poderes de esta Caridad para ymprimir 6 libros en tres bolumenes que he dictado a nombre de V.M. a esta Caridad. *Quando no debo presindir de que la humanidad es el Afecto que debemos a los demas hombres como a* [9338] *miembros de la Sociedad unibersal.*

Yo sedo en beneficio de este establecimiento, y de el de la Augusta Alma, de tan Afectuosa y Pia S^{a} 4000 p^{s} de 5190 que ymporta todo mi alcanse de sueldo oficial. [...] Con 25 p^{s} y 4 r^{s} de racion desde el dia 2 de octubre de 1817 en que di mi primera yntroducion literaria al Ecl^{mo} Sor D^{n} Domingo Albarez Blanco, hoy Digno Ministro de V.M.Y.

Sedí en 1825 para gastos de la Guerra 250 p^{s} que se digno librarme el Ecl^{mo} Sor D^{n} Carlos Federico Lecor, sin que asta oy aya octenido un binten para succistir de los r^{s} erarios de S.M.

Y si debo conducirme antes de ser anciano a la augusta presencia de V.M.Y. Si no tengo un protector benefico que me faboresca, Ocurro a V.M.Y. para que ordene se me den por el Sor Prezidente de esta Provincia 450 pesos para mi desencia y conducion y será entonses mi felizidad «Quando tenga la de besas la mano» a mi Poderoso Sor. S.M.Y. baluará mis obras y ará que esta Caridad me las abone, Augustissimo Señor Monar[a], Ynvicto. Yo creo demostrar con felicidad el Pensamiento ydeal que dará en lo succesivo Alto renombre al

M.P.S. Emperador

D[n] Juaquin de Sagra Periz, Doctor de Leyes, y el Licenciado R[l] Escriptor de Camara de V.M. con nuestro mayor respe[to] decimos: que siendo util al onor de S.M.Y., Gloria de Dios, y Establecimiento Ylustre de esta Caridad de Montevideo, el transporte a la Ymperial Corte del Río Janeyro.

A V.M.Y. Pedimos y Suplicamos se Digne consedernos las licencias para dirixirnos desde esta Presidencia al destino que demostramos. Dios Guarde a V.M.Y. m[s] a[s]

M.A.Y.P. Sor Emperador

Licenciado Jacinto Ventura de Molina

Extracto de una carta a la Reina Regente de España Cristina de Borbón [T2]

[9484] [...] Ci yo tuviese una capellania, Sería el Primer Negro Español que en este ovispado estableseria Anualmente las Exequias y funerales del Poderoso y Digno, Virtuoso, y Provido, Monarca, *D[n] Fernando 7[o] de Borbon*, cuya memoria de Generacion en generacion será Eterna. Amen.

V.M. berá el util modo que le propongo tanto mas benturoso, ci logra en la estimacion de V.M. la prueba mas sencible de mis agradecidas comportaciones. Dios Gue a V.M.S. m[s] a[s] Montevideo 25 de diciembre de 1833.

B.L.A.M.D.V.M
M.P.S. D[a] Cristina de Borbon
El Lisenciado
Jacinto Ventura de Molina

Reclama pago por trabajo en la Caridad [T3]

[0317] Por las dos ynobediencias de el ermano mayor: Apelo a S.M.Y. por la direccion de el YLL[mo] Sor Presidente de la Provincia

[marginalia]
Montev.º 14 de Junio de 1828 Habiendo el Hermano Mayor ocurrido a Su Magestad en grado de Apelacion de la providencia en que se le mandara abonar los 450 p[s]. No hay lugar a la pretencion del suplicante hasta Resolucion del mismo Augusto Señor.

[firma no legible]

[Letra de Molina]
Jacinto de Molina, Real Escriptor de camara de S.M.Y. y Lisenciado en *R[s] Dros*, Ante V.E. con mi mayor respeto, y lugar que haya en *Dro* digo: Que hallandose prescrito por ellos los modos de seguir las causas siviles o criminales en los consejos y Audiencias de America, Se halla tambien el modo o modos de seguir las causas de onor como esta *–el R[l] Dro Militar [...] metodo para oficiales Xenerales–* en que la ocurrencia al Soberano no debe omitirse, sin yncurrir en su Ymperial desagrado, estando ya ympuesto en la *carta preliminar de 29 de Avril de 1827* y en el *mercurio* de 4 de enero de 1828 sobre este asunto.

Por esta rason previendo que el onse anterior se Dignó desidirse el Ciudadano ermano mayor de esta Caridad en que no me devia nada y me pagaría quando ysiese junta. Debe tamvien conoserse si los perjuicios que me ha causado desde el dia 24 de Marzo y 15 de Avril han sido asuntos de esta Junta de Caridad. Este dia ante todos, en la enfermeria de Medisina me dijo «la Junta no tiene que aser con los papeles de Vmd, si solo D[n] Juaquin de Sagra y el Ermano Mayor D[n] Domingo Basquez». Una y otra proposision, No solo contrarias al alto onor del Augusto Sor de quien soy humilde sierbo y escritor por su Augusta Gracia de 17 de [agosto] de 182[3],

[0320] pero porque yeren en blanco una obra mia no solo producida por orden de la Junta de Caridad de 1827 pero señalado el asunto que divia pedir *el Ymperial Patronato de S.M.*, en correspondencia equibalente al alto merito de esta Caridad, a quien deseo todos los vienes que dicté, y aun muchos mas, como se be en la suma de 4000 pesos de mis sueldos debengados y legados para principios de sus futuros Privilexios, Rayses, y Prosperidades.

Y omitiendo las hacusaciones de *dros* comun, sosial, y Politico, me contraygo solo a sus dos ynobediencias, ratificadas y probadas en estos ocho dias, ordenando

V.E. en conclusion que el ciudadano ermano mayor me pague los 450 p^{s} que motiba su ympericia en la ynobediencia a dos decretos –uno como Juez Representante de la M.A., otro como Juez Publico de esta Republica– sin que yo difiera en las costas que me motiba, desde el 24 de marzo anterior, en que me comformo con la desision de V.E. y las que me motiba un apoderado y hun escribano de Gobierno.

Pero si no berificare este pago, comprometiendo la caridad y Junta que despreció y yo defiendo, apelo con este escrito su decreto por escrito S.M.Y. No solo quedará suspensa la eleccion ynmediata de esta Caridad, que debe ser [0321] el primero domingo de Julio, dictado por la *Memoria Ynstructiba Capitulo 25 sobre punto de elecciones*, pero yncurso este ermano Mayor y suxeto a las penas que S.M.Y. estime justo ymponerle por el defecto de moderacion e ympiedad con que me destina a padeser y sufrir, sin sueldo ni hutilidad, por el mero echo de servir yo a S.M. y a esta Caridad como devia.

[...] No dudo que la Augusta Venefisencia y Piedad se digne decretar en fabor de mi apelacion coadyubada de la suma de 450 p^{s} que se me deberan suplir de los fondos de esta provincia [...] Y porque para el asunto jusgo aber echo el Pedimento mas arreglado.

A.V.E. Pido y Suplico que por la direccion del escribano de Gobierno, asi se le notifique, sin que acmita ya otro, que uno de dos contestos: entregue la cantidad de 450p^{s} y los gastos y perjuicios sentenciados por V.E., o quede yncurso en el mando asta la desision de S.M.

[0322] Dios Gue a V.E. M^{s} A^{s}
YLL^{mo} y Ecl^{mo} Sor Presidente
Lisenc^{o}
Jacinto de Molina

[0336] Montevideo junio 7 de 1828
Consedo Poder al YLL^{mo} Sor Doctor de Leyes D^{n} Juaquin de Sagra y Peris para que Aga [...], cobre, y demande al Sor Ermano Mayor D^{n} Manuel Ocampos la cantidad de 225 p^{s} que me debe la Caridad de que es ermano mayor, tendente de la obra de Poblacion que he dictado con otras obras Politicas morales y estadicticas cuyo balor neto sin las exposisiones que actualm^{te} sigo asiende a 450 p^{s}. Y para que S.S^{a} pueda berificar esta eccivicion y cobransa segun consta de el decreto de ayer 6 de el presente firmo y autoriso el presente contado el balor y fuerza de la ley.

Lisenciado
Jacinto Bentura de Molina

Carta a la Junta de la Caridad reclamando el dinero que le deben [T3]

[0359] YLL^{mos} S.S. de la Junta de Caridad

Jacinto de Molina, Lisenciado en *R^{s} Dros*, Ante V.S.S. con mi mayor respeto digo: Que aviendo manifestado el dia 24 del mez Anterior la conclucion anual de mi ecsistencia en este ospital, no he merecido aun el plaseme o contesto de V.S.S., quando en ella yse exprecion de los trabajos mentales que por el curso de este año e desempeñado constantemente. Yo ygnoro que V.S.S. pudieran esperar tales susesos, quando de ygual modo hacvierten que la hasectacion de el Soberano tampoco puede negarse, dirixidos mis documentos por V.S.S. Pero si son hevidentes las consecuencias de mis trabajos mentalez, es tamvien berdad que asta oy no se dignaron V.S.S. contestarme, ecsistiendo sin arreglo en esta comision de ynprenta, y aun haciendo sensibles las ydeas de un bocal de tanto merito como el Sor Doctor de Leyes, D^{n} Juaquin de Sagra y Periz. Yo ecsisto, Piadosisimos S.S., contra la practica de este ospital en que todos sus empleados tienen cuota, siendo mi exercicio mental, que ecsede a todos los exersisios economicos, o personales; se regló por mi ecsistencia doliente quinse dias, desde el 25 de Marzo de 1827 hasta el diez de Avril, susediendo un año completo en servicio de la Caridad. Si V.S.S. hacvierten que mi oficio me prestaba nuebe p^{s} [0361] Mensuales –108 p^{s} anuales– conosen ygualmente que perdí esta suma positiba en el año. Y no pudiendo yo desentenderme de la propiedad de mi naturaleza presenté a V.S.S. la cuenta de 120 p^{s}, sin hembargo de conoser que mis obras mentales (3) llegan a 450. Mi espiritu agradesido y aun xeneroso, no ostante que yndixente, sede los 305 p^{s} a beneficio de la Caridad y onor de el Sor D^{n} Juaquin, a quien, ni puedo, ni debo, ser mas graboso, si V.S.S. se dignan ordenar que se me habone esta cantidad. Y con ella, no solo ocurriré a mi desensia, tomare estado, me mantendré el año que ya corre. Pero esperaré a que S.M.Y. determine de mi. En cuyo caso esta misma Junta determinará, o no, la sesasion de este beneficio, o lo aumentará en conformidad de las hutilidades, considerandome desde la presente en la clase de los empleados de este ospital. Y porque, para el asunto, jusgo haber echo el Pedimiento mas arreglado.

A V.S.S. Pido y Suplico: Asi lo Resuelban, y manden
Dios Gue a V.S.S. M^{s} A^{s}
YLL^{mo} S.S^{s} de la Junta de Caridad
A L^{s} P^{z} de V.S.S.
El Lisenciado
Jacinto Bentura de Molina

Cuestiona trabajos mundanos que le encomendaron en la Caridad [T3]

[0378] Sor D^{n} Manuel Otero

Graciosamente el buen Teologo P Almeyda dize «Pues ya paso la tormenta repitamos la jornada». Pero ci la saviduria de los filosofos se funda en la verdad de sus proloquios, yo e dicho mui vien quando he dicho que me boy pues asta el año de 1827 eccisti como aca por la misericordia de Dios. Vmd y el P Capellan q^{e} me motiba ahora –el suddelegado de vmd– an dicho lo que quieren, oyendo lo que no quieren.

El domingo 28 por la mañana el Sor Ermano Mayor D^{n} Domingo Basquez me ordeno delante de el P Santos que nada otra cosa atendiese o cuidase que esta Capilla. ¿Pudo mandarlo?

Este dia por la noche me preparaba para aser ostias el lunes por la tarde. Don Antonio sacó los candeleros y arandelas y me mandó que las limpiase; fui a buscar ladrillo molido, yse la pasta, limpie la sera que era mucha y empaste los ocho. ¿Podia Sor Maestro Lustrarlos? Llovio y no pudiendo aser ostias por el tiempo escrivi mis asuntos a la Caridad. El martes acabadas las misas dije «ya estan los candeleros, puede Vmd guardarlos». El comprador y D^{n} Antonio estaban juntos sentado en el patio: [0379] [Antonio:] «aynda bose naun acabo, quando eu en duas oras os limpie y eu e de le quitar a escribania» [Molina:] «Sera Vmd Dios que pues este medio, esta avilidad debo saber de vmd su autoridad que quando la beo me yncomodo a donde esta. Yse mis ostias, y el sabado me dicto Smd ante el Sor D^{n} Domingo lo que le parecio ynjusto, porque la palabra desatento yere a D^{n} Josef Eusevio de Molina que supo tanvien como Smd educarme. Y aci muestre la autoridad de Sacristan mayor D^{n} Antonio y quando la tenga ci puede mandarme algun uso ynmundo tratando yo las cosas mas desentes del Templo qual son las ostias, ornamentos, aras, altares, Sagrario, vino y agua para consagrar». ¿Quien es este Sacristan Mayor [...] ?

Lo tienen solo las Catedrales, y sobre el Cuidado de la Sacristia cuida la renobacion de el Sacramento y depocito del de la estrema uncion: oleo y bendicion de el agua bautismal. De conciguiente, ci esta congregacion tiene tal facultad puede don Antonio servir; ci no la tiene yo me he ecsedido mucho en obedeserle dentro del templo. El ayudar a misa y en todos los actos al Saserdote Capellan el titulo de Sacristan del templo me ase ynmune y el Sacristan mayor de la Caridad no me alcansa en grandes distancias. Yo vibo y recido con Jesucristo y con sus angeles; las ordenes de D^{n} Antonio son ymbeciles. [...]

El Saserdote Cap^{n} mandó esta [0380] semana que se preparase una mesa para Sacram^{tos} en el ospital. V.S.S^{a} por este suseso en que no tengo nada me trató con el mas craso metodo.

Luego que concluyo el Cap^{n} y regresó a la Capilla, ordenó D^{n} Antonio al Sor Castillo que quitase la mesa y belas. Lo berifico, vi la mesa desnuda y le dicte esa mesa es para los Sacramentos [y] la llebe a la Sacristia. En seguida d^{n} Antonio fue a ella me dijo lo que gustó y yo le conteste «llebese Vmd su mesa que yo tengo donde escribir». Bajé en seguida, y pasando por la avitacion de el Mayordomo: [Molina:] «dige a pobre Portuguez, lastimado ynteriormente de la cituacion en que se alla, partio asta Smd y dicto lo que quiso». V.S.S^{a} me dijo de ygual modo lo que quiso, probandose que el que dise lo que quiere oye lo que no quiere. [Mayordomo:] «E de romper a vmd la cabeza por desatento.» No lo e cido jamas. Aunque soy tan vibo que allo medios para yludir penurias, puede ser que no me pese. Deseo a Smd la mejor Salud y a las S.S^{s} deseando que conserbe smd un buen humor. Dios le Gue m^{s} a^{s}. B.L.M. de Smd

Jacinto Ventura de Molina

[0381] Sor Doctor D^{n} Juaquin de Sagra

Mi espiritu jamas mas grande se anega en lagrimas al escribir que me beo sugeto a las acciones mas viles q^{e} ombre de vien puede oyr o sufrir. V.S.S^{a} me yso quedar en esta Caridad [y] escribir y por ci mismo salir de la ymprenta compadecido de mi. Yo tengo la fortuna de tener casa para avitar en la sapateria sin otro gasto que la comida, lo que acvierto a Smd por el suseso que me pasa oy.

El P Cap^{n} dijo misa en el altar del Carmen, yo le ayude, concluyó y quedé para apagar las luses. Una pobre muger vino a la mesa de comunion [y le] dige, Padre pues yba sobre el presviterio con una bos tan tenue que crey no me uviera oydo; volvi a repetir y callé. Vine a la Sacristia y el buen Saserdote con todos los ornamentos me ynsultó asta dictar que era un desatento. Callé, notando en su pecho a Jesus y viendo que seguia, le dige con la mayor umildad «¡dentro del templo no puede llamarse el saserdote!».

Aqui fue el enojo; se quitó los ornamentos y partió; regresó al ynstante pidio la sobre pelliz y, acistiendole yo, dio la Comunion.

[0384] Refleccibo sobre la ydea de llamarme desatento, [...] me acordé de lo que dicta ese primer papel y me puse a dibertir escriviendo al Sor D^{n} Manuel.

Bolvio el Padre y me mandó ordenase la mesa para Sacramentos. Lo berifique y le dixe riyendo aquel proloquio de los filosofos: el que dise lo que quiere oye lo que no quiere ... «Y que dira Vmd Picaro», se dirixió a mi, me dio dos guantones que le perdono pues lo ycieron con Jesus; tomó la Caldereta para erirme y la espere ynmovil para que quedase ymperfeto y le pesara lo que ase. Pero no le perdono las palabras «picaro» «desatento» porque se defienda.

V.S.S^{a} no debe dudar de mi fiel obediencia, de mi cariño y de mi fineza, queriendo yo que resuelba Smd sobre mis propociciones quando podre tener mayor quietud si salgo de aqui. No ostante que mi constancia atenderá mis obgetos asta la conclucion, y entonses regresaré a la Caridad cin que sea menester estar de continuo en la Capilla o a la orden de este Cap^{n} que no señalo para aquel establecimiento. Debe SR lisongearse de la correspondencia que me da, y le acuerdo solo: El YLL^{mo} y Savio Ovispo D^{n} Manuel de Asamor selebraba en la Quaresma y cantaba la misa mayor [...] el Sor Mancilla Vicario [0388] [...] entonó en el Coro [...] S.S^{a} YL^{ma} concluyo la misa, convidó al cavildo y a Mancilla a comer, le dio las gracias en la mesa, le regalo 50 p^{s} y le alabó su acbertida debocion. Ci esto gran saserdote lo era, este saserdote [el Padre Cap^{n}] erró. Y se lo acvierte el Picaro que defendiendo a V.S.S^{a} le dictó los principios de perfeccion saserdotal que describen sus ynstituciones. Omito otras reflecciones porque V.S.S^{a} se Digne Contestarme. [...] Ojala tomasen la pluma para los contestos cin menear la lengua para las murmuraciones.

Dios Gue a V.S.S^{a} m^{s} a^{s} B.L.M. de V.S.S^{a}

Jacinto Ventura de Molina

Note Smd el Papel para ver la rason en que se fundó el Padre dandome ahora la gloria de que se noten sus crasos errores.

Campamento de Guadalupe, 1823: pide pago de su sueldo [T3]

[9832] YLL^{mo} y Excl^{mo} Señor, Capitan, General

Jacinto de Molina, Sargento Mayor de el Regimiento de Infantería compuesto de el que es V.E. Coronel, Ante V.E. digo:

Que estando empelado en la Real Ofisina de Correo Por Superior Orden de V.E. comunicada el 17 de el pasado Agosto al YLL^{mo} y Eccl^{mo} Señor D^{n} Thomas Garzzia, su Director en la Prensa:

Estoi ygualmente avilitado en el distinguido empleo de Sargento Mayor. [...] Estas sircunstancias, y las de mi avilitacion, desencia, y manutencion me dirigen a la Piedad y Rectitud de V.E. para que ordene el abono de mi sueldo y el de racion que nesecito. Y porque para el asunto he dictado el Pedim^{to} mas arreglado.

A.V.E. suplico asi lo probea, y ordene.

Dios Gue a V.E. m^{s} a^{s} Cuartel de Guadalupe 3 de septiembre de 1823

YLL^{mo} y Eccl^{mo} Señor

Jacinto de Molina

[9833] [Letra de Sagra y Périz]
Q. Gral. en Guadalupe leido 16 de 1823

siendo de la mayor importancia, y de absoluta preferencia q^{e} el licenciado Sargento mayor que representa desempeñe exclusivamente los graves asuntos políticos y literarios de que esta encargado; no ha lugar a la solicitud que entabla de ser retirado al campamento; sin embargo luego q^{e} se lo permitan sus estudiosas tareas, presente el plan de la Brigada q^{e} deve mandar p^{a} elevarlo al conocim^{to} del M.Y. a q^{e} se dará cuenta de los importantes servicios y necesidades de este Militar licenciado p^{a} q^{e} su imperial munificencia designe el sueldo q^{e} deve gozar y la caxa por donde haya de satisfacersele en atencion a lo extraordinario de su empleo.

B.S.

[Letra de Molina]
YL^{mo} y Eccl^{mo} Señor Capitan General

A consequencia de este metodo politico se dignara V.E. destinarme al campamento donde con un fusil sabre mejor que con las letras aserme digno de las peticiones que antisipo a

V.E. YL^{mo} y Excl^{mo} Señor
Jacinto de Molina

Pide que le cuiden sus libros y papeles [T3]

[9835] [Letra de Sagra y Périz]
Q. Gral. en Guadalupe

Concedido, con calidad de que custodie y conserve religiosam^{te} el precioso tesoro de libros y papeles del suplicante, que existen en su poder y depositará oportunamente en el Museo del Colegio de Mª Rufina.

B.S.

[Letra de Molina]

YLL^{mo} y Eccl^{mo} Señor cap^{n} Jener^{l}
Jacinto de Molina Sargento Maior de Milicias de el Regim^{to} nombrado el Borbon Americano, cuio Coronel es V.E. con mi maior Respeto digo:

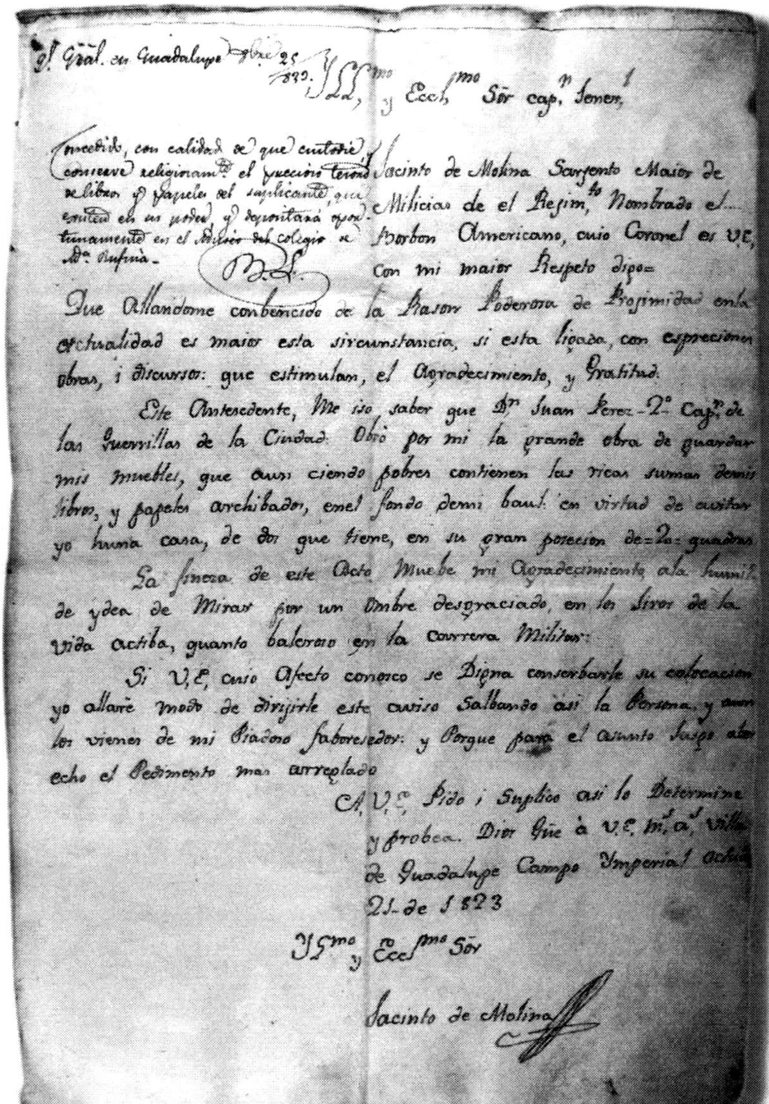

D.r Gral. en Guadalupe Obre 25 / 823.

Yll.mo y Eccl.mo Sōr cap.n Gener.l

Concedido, con calidad de que custodie y conserve religiosam.te el precioso tesoro de libros y papeles del suplicante, que existen en su poder, y depositará oportunamente en el Archivo del colegio de S.ta Rufina. —

Jacinto de Molina Sargento Maior de Milicias de el Regim.to Nombrado el Borbon Americano, cuio Coronel es V.E. Con mi maior Respeto digo=

Que Allandome conbencido de la Rason Poderosa de Projimidad en la actualidad es maior esta sircunstancia, si esta ligado, con espreciones obras, i discursos: que estimulan, el Agradecimiento, y Gratitud.

Este Antesedente, Me iso saber que D.n Juan Perez 2.o Cap.n de las Guerrillas de la Ciudad Obró por mi la grande obra de guardar mis muebles, que aun ciendo pobres contienen las ricas sumas de mis libros, y papeles archibados, en el fondo de mi baul: en virtud de avitar yo huna casa, de dos que tiene, en su gran posecion de 2a: guadras

La fineza de este Acto Mueve mi Agradecimiento a la humil. de ydea de Mirar por un Ombre desgraciado, en los Yerros de la vida actiba, quanto balerozo en la carrera Militar.

Si V.E. cuio Afecto conosco se Digna conserbarle su colocacion yo allaré modo de dirijirle este aviso Salbando así la Persona, y aun los vienes de mi Padrino faboresedor: y Porque para el asunto Juzgo aber echo el Pedimento mas arreglado

A V.E. Pido i Suplico asi lo Determine y probea. Dios Güe a V.E. m.s a.s Villa de Guadalupe Campo Ymperial Octub. 21 de 1823

Yll.mo y Eccl.mo Sōr

Jacinto de Molina

Que allandome conbencido de la Rason Poderosa de Projimidad en la actualidad es maior esta sircunstancia si esta ligada con espreciones obras, i discursos que estimulan el agradecimiento, y gratitud.

Este Antesedente Me iso saber que D^{n} Juan Perez, 2° Capitan de las Guerrillas de la Ciudad, Obró por mi la grande obra de guardar mis muebles, que aun ciendo pobres contienen las ricas sumas de mis libros, y papeles archibados, en el fondo de mi baul en virtud de avitar yo huna casa, de dos que tiene, en su gran posecion de 2 quadras.

La fineza de este acto muebe mi agradecimiento a la humilde ydea de mirar por un ombre desgraciado en los giros de la vida actiba, quanto baleroso en la carrera militar.

Si V.E. cuio afecto conosco se Digna conserbarle su colocacion yo allare modo de dirigirle este aviso salbando asi la Persona, y aun los vienes de mi Piadoso faboresedor. Y Porque para el asunto Jusgo aber echo el Pedimento mas arreglado:

A.V.E. Pido i suplico asi lo determine y probea. Dios
Gue a V.E. m^{s} a^{s} Villa de Guadalupe, Campo Imperial,
Octubre 21 de 1823
Yl^{mo} y Eccl^{mo} Sor
Jacinto de Molina

Defiende su honor ante Lecor y pide publicación de algunas de sus obras [T3]

[0038] CARTA YNSTRV
tiva
AL
YLL^{mo} y Eccl^{mo} Señor
Vizconde de la Laguna
Escrita en Montevideo
Por el Real Escriptor de camara de S.M.Y.
Jacinto Bentura de Molina
En la Ymprenta de la Caridad
año 1828

[0039] [...] La sentencia de un Ombre Savio es ymposible que falte, asi como Dios es el Sumo en la Saviduria, tampoco puede otro que determinar el vien por principio de sus ymfinitos conosimientos. Porque desde el momento que podamos fijar, todo esta presente a la Divinidad. Y asi como un Torrente rapido no puede regresar por su propio impulso, el qual le muebe a seguir su curso, porque hunos flujos son parte de otros flujos, en el torrente. Asi una ley inmutable, la que no es otra cosa que el decreto Divino

Hasi Lecor: Ymaxino,
Que tu Suerte ha de seguir
Sin que lo pueda Estorbar,
Ni la Patria ni el Camino.
Sea efecto de el Destino,
O Providencia que es Todo.
Perezca el Hacberso Modo,
De Autorizar el Error.
Y Viva feliz, Dichoso
El Gran Xeneral Lecor.

[0040] Haunque V.E. y el orden me ynstruyen de el metodo con que debo dirixirme, yo se que V.E. me ha faboresido siempre. El Señor Doctor D^{n} Juaquin sabe que S.M. ha resivido los Papeles que dirixia hal YLL^{mo} Señor D^{n} Nicolas de Errera. [...] Y siendo el obxeto de este Señor Doctor y el mio explayar el animo de V.E. le remitimos esta carta, y mi conclusion anual en esta, con el asunto politico. Estas dos materias acjuntas pido a V.E. las remita Al Soberano. Esta carta V.E. usara de ella como guste, pues estando ocupado la escrivi a ratos, corriendo, sin ygnorar lo que V.E. la apresiara.

[0045] [...] No es por lo mismo hacmirable que yo diga a V.E. sin banidad, que los pensamientos con que mi humildad se eleba en esta obra no han sido tocados hasta oy por autor halguno. Quando trato de la Hunidad, de las dos Augustas casas, de Borbon y de Bragansa, en cuya refleccion ympugno al Doctor de Leyes D^{n} Domingo [Mariano] Moreno, primer rebolucionario de Buenos Aires que murio, año 1811 enviado a Londres por la Junta Boluctuosa en que aun se hallaba el Selebre Zabedra. Su hermano D^{n} Manuel Moreno llegó a londres, subdelegado por el, pues murio en el Mar. Y escrivio la vida de este ymfeliz hateo. O Si V.E. viese con que enormidad hataca las hacciones de esta haugusta S^{a} Reyna mirando los yntereses de su Augusta Naturalesa, parentesco, y obligaciones reales bolviendo por estas Provincias, (y con exprecion) por esta ciudad de Montevideo la defensa, de este grande hasunto literalm^{te} tratado, con todas las exposisiones que devia darle, es la conclusion de el terser bolumen, y 6° libro, cuya hultima colocasion es el Epitafio y laberinto poetico con que concluye toda la obra.

A la conclusion de la Moralidad de la carta de haviso, con que empiesa toda la obra, susede la Ystoria de los viaxes de el Poderoso Señor D^{n} Juan 6° año de 1808 a America despues de la educacion de los Augustos yjos. [...] S.M.Y. es resivido y protexido por sus basallos de el Brasil, orden de su Politica, vida, debosion. Lo que S.M. vio en estos Paises, de las Europas, y Americas, benefisios que dispensó, [0046] Prision de los Augustos S.S. Monarcas de España, en Balensey, sus Augustos Pensamientos en este estado funesto, dirixidos por el orden Natural, Politico, y Lexislatibo. Me elebo sobre la refleccion y exposision de los *Derechos* Sosiales, y Politicos, al conosimiento de lo que S.M.S. Catolicos pensaron, discurrieron, y sufrieron. Liga, lo Grande y Poderoso que fue en ella mi dilectissimo Padre y Señor Don Juan 6°, Rey de Portugal. Efectos de esta Grande y singular liga asi en la Europa, como en america. [...] Refleccion poetica cronoloxica de los augustos S.S. Monarcas de España, con que concluye la 1ª parte. Retrato Politico del Poderoso Señor D^{n} Juan 6° que concluye con un discurso poetico sobre las Grandes y memorables acciones de tan Augusto Monarca de Portugal. [...]

El segundo tomo presenta la grande obra constitusional de esta Caridad, escrita por Señor Doctor D^{n} Juaquin de Sagra; prinsipios de el Ymperio del Mui Poderoso Señor D^{n} Pedro 1° de America, y da sobre las combenciones nacionales [...] [0047] materia de casi dos libros, su fundamento los principios de el *Dro*: La culpa *que no se prueba tampoco se presume*; 2ª *Antes se debe dar tuerto sentido que dejar proposision ninguna sin exposision; 3ª Nadie debe ser creido por su palabra si solo por su prueba.* [...] Recomendado por el vrigadier D^{n} Josef Eusevio de Molina al tiempo de Morir *que mirase como vivia, porque qualquier cosa que me susedise se hatribuiria a la mala crianza que me dio.* [...]

[0048] Ecl^{mo} Señor, Debo ya seguir a la conclusion de esta carta, quando conosco y se que V.E. me ha recomendado, muchas beses, el estilo laconico. [...]

Dicte Eccl^{mo} Señor comforme a las exposiciones ympresas de nuebe exemplares que e visto ympresas en la Real ymprenta y Orden de el Poderoso Señor D^{n} Felipe 5°, Rey de España con sus reales armas. [...]

[0049] Y en estos exemplares, que en tres libros tenia el vrigadier mi Señor con m^{s} otros que octubo en la secretaria de el Grande de España, Marquez de la Mina, a quien sirvió, se hallan las ymaxenes de planas de un memorial cuyas dilatadas relasiones, complicasiones y defensas, hasen presiso el uso de divisiones marxinales conserbando en el prinsipio y fin las formas de memorial y defensa. [...]

Jasinto Bentura de Molina se mereció por sus discursos *en el sistema Diplomatico a la M.A. de los Augustos Reyes que solo mandaron, el titulo de loco* de filosofos que ni vieron, ni supieron que cosa havia escrito o [0050] dictado en el Diploma que S.M.S. haprobaron. ¡O Señor! ¡Hasta donde han herido mi corason con ympiedad y tal ynepsia! Me dio marxen a partir la subtil linea de el mismo Molina con el sutil discurso de poblacion de la *Ciudad Emperatriz Carolina.*

Eccl^{mo} Señor, [...] Yo presento a V.E. la ystoria mas singular de el dia y, sin equibocarme, rara en todos los tiempos. En ninguno hasta oy, se vio un ombre negro cuyo nombre es formado por V.E. con mas estimacion en este pais. Pero no se ha visto otro negro en el a quien no pudiendo destruirlo la berdad, por defecto de mis visios y claridad, de mi obediente verdad, se haya hajado con tanta hacrimonia y despresio que a mi propia persona y a mi espiritu balientemente hatacado por el pribilexio que singulariza mi Nacimiento y hapellido. Ollado de un modo vilipendioso y proscrito por la ley Evanxelica, «*Molina es loco*». Yo pregunto y preguntaba ¿Jesus Santissimo, por que rason, por que defecto, por que palabra, por que haccion, No se da, o se dio otra que mi fiel obediencia, a los Haugustos S.S. Monarcas, con expresion al Poderoso Sor Dⁿ Juan 6° Rey de Portugal? La proposision de el Sor Dⁿ Josef de Molina, mi Señor, al morir dicta que esa haccion, y qualquier otra, la executase lo mejor que yo pudiese. ¿Luego la proposision es loco? Yere este encargo de mi Señor. ¿Podia yo o puedo consentirlo? ¿V.E. y todo savio dise que no? Luego quanto escrivi en esta obra, que sumo por todas partes, es vien hecho; y sin duda Molina desde el Cielo me faborese. El dia 10 de el Marso que escribo a V.E. yso hun año cabal que esta caridad yso las selebres onrras de la Haugusta 1ª Emperatriz Dª Leopoldina Carolina Josefa, Harchiduqueza de Haustria; el dia 20 hase un año que yo vine enfermo a este ospital; [0051] el 23 hase un año que el Señor Doctor director de esta Ymprenta de caridad me ordenó o pidio que escriviese a S.M.Y. los Asuntos, haviso, y noticias, que concluidos relaciono a V.E. [...]

[0053] Yo dedico ya este fondo primero a la Ermandad de Animas de esta Santa caridad ya dictada a S.M.Y. en la obra *Glorias de la Santa Caridad de Montevideo*. Siendome sensivilisimo desir, y que la ygnorancia no le permite conoser que si esta caridad merese oy mis atentos servisios. Lo debe al Señor Doctor de Leyes Joquin de Sagra y Periz, Director de esta Ymprenta, a quien hacsolutamente estoy suxeto, y cuyos privilexios el no puede como mayordomo de halgun modo someterlos o perjudicarlos sin que lastime los privilexios grandes y distinguidos de los S.S. que siguen la Carrera literaria, de que son alucnos en este hecho los de toda la carrera eclesiastica. Ympuesto V.E. en las rasones de el papel acjunto, conose la extencion de la obra que trata a fondo todas estas materias. [...]

[0054] Tal es la primera ydea de establecimiento de huna comfraternidad de Animas en esta caridad que no la tiene. Y hasendiendo a ser parroquia se extiende donde sus rentas ynmediatas que cria el Ymperial colexio ospital de combalescencia con otros ospitales en una poblacion de negros de S.M. cuyos yjos y los mios lo seran de la madre de Dios de la Mersed. ¿Como me negará V.E. al leer esto q^e dos hafectos contrarios, de plaser y sensivilidad, ocupan halistante a V.E.? Una coermana criolla de esos Negritos, que dicta el memorial Nombrada Maria Rufina Cardoso, será mi muxer, pues su edad son 16 años. Es guerfana criada por la haguela de esos negritos. Esa buena negra crio a esta negrita. Quando la Madre de estos negritos llamada Antonina Albarez se casó y fue mi hayjada en casa de las S.S. de berbesed el año de 1812, y haviendo parido su primera yja, fue nodrisa de esta. Murieron la madre de Maria Rufina Cardoso, y la de Antonina Albarez, que siendo muxer de 33 años criolla y mi ayjada es la unica que me cuida. Teniendo quatro yjos sin querer buen Señor llebarme un medio por labarme, plancharme y cuidarme. Vea V.E. los sentimientos de Caridad y Eumanidad que me animan en medio de los hagradesidos de que mi corason se halla tan dulsemente Animado, lastimado, y protexido. Yo he dado la ydea que puedo a V.E. en esta carta de las materias que ensierran el capitulo 19 y 20 de el Yndice de el 6° libro de la humilde obra escrita por Molina. [...] Y esto suma la hapelacion que hacjunto a S.M. que no dudo la dirixira V.E. porque me onrre con [0055] la licencia que le he pedido para ymprimirla aqui remitiendole a S.M. ympresos los tomos en el momento que se concluyan. Para este fin dedico la suma S^{a} de mi trabajo ya hacsoluto de la apelacion litixiosa que ba hacjunta para fundar la comfraternidad de Animas en esta capilla de caridad. La Maria Santisima de la Mersed bajo el titulo *de los Humildes de Maria Rufina Campana*, Negra criolla, ella, y yo. De negros esta comfraternidad unica en este establecimiento. Y sus capellanes negros criollos como yo cuya orasion desde su primera misa no haya de ser otra que por el Alma Augusta de Dª Leopoldina Carolina Josefa Harchiduquesa de Austria y demas personas R^{l} de Portugal que en mis dias me faboresieron. [...]

[0065] Pero es presiso concluir [...] pues no solo este YLL^{mo} y Ecl^{mo} Seballos Salbó la vida de las Reales personas de España D^{n} Fernando 7°, D^{n} Carlos de Borbon, su Ermano, pero es el autor de la Restauracion de la Real Casa de Borbon de Francia, de la Paz de España, de la Real Hunion de la Casa de Braganza con la de Borbon de España, la obra de la caridad de Montevideo. Abla de todo esto, y por estas sumas notara V.E. las humildes notisias que lleno de los mas gratos reconosimientos le comunica el faboresido negro Jacinto.

[...]

[0066] Mi persona es mas dichosa, pues aun puede prodagalizar mi mas sencible hagradecimiento. Dario, bencido por el Grande Alexandro y muerto por sus xeneralez en su retirada [...] por sus eridas de lanzas [...] logró que un soldado masedon le hallase antes que el Rey Alexandro, que le buscaba sierto ya, de sus eridas y fin traxico. Dario pide al masedon Agua, y se la da. [...] Y sierto de que el masedon entendia su ydioma persa, le dise «*Haun tengo la delicidad de aprobechar estas hultimas palabras*». Asi yo, y quiera mi suerte que aun tenga la de besar las manos beneficas que tanto YLL^{mo} y Eccl^{mo} Señor me han eloxiado, protexido, y faborecido. Sin embargo seré aun mas afecto, reconosido, y constante, si yo mismo me persuado y combenso de los Altos beneficios que debe a [0067]

V.E.
YLL^{mo} y Eccl^{mo} Señor Visconde de la Laguna el Humilde Lisenciado
Jacinto Bentura de Molina
oy 28 de Marzo de 1828 dia de Maria Señora de los Dolores

Notas

Si mi Naturaleza conose la Armonia de la educasion con la delicadeza y finura, No debo estrañar a V.E. la notisia de que si mi suerte me faborese yo estare casado quando V.E. llegue con una muxer que como la otra se llama Maria Rufina, esta Cardoso, aquella Campana.

[...]

Reclama fuero militar y ciudadanía [T2]

[9550] Savios el *Duque de Beraguas, D^n Feliz Colon consede fuero y Privilegios* a los Criados de Oficiales xenerales *en e^l Derecho Militar*. Y ci V.S.S^{as} pueden dudar la noblesa de un Negro con e^l nacimiento que e demostrado no dejaran de consederme la ciudadania que me consede la *Ley de el Estado*: Secion 2^a n° 8. D^n Jose Eusevio de Molina no solo fue el Primer Com^{te} General de esta Campaña, fue el fundador alla y aqui de la unica, selebre en esta Ciudad con titulo de *Escuela del Río Grande*. Mi *Gran Maestro D^n Mateo Cabral*, de quien tengo el Onor de ser el primer dicipulo alli y aqui. Por esa rason, aquel Prelado comfirmó al Ecl^{mo} Sor D^n Damaso Antonio Larrañaga, D^n Fermin Vurguete, Presvitero, D^n Martin Albarez, ydn Doctor D^n Josef Antonio Fernandez, alias Cisterna, al Presvitero Cardoso, Letrado D^n Favian Perez; Xenerales D^n Miguel del Pino en Madrid de Artilleria, D^n Josef Rondeau, y D^n Juan Duran aqui; Oficiales D^n Josef Varrado, D^n Ramon del Pino, Coronel de Yngenieros D^n Juan del Pino, oy recide en B^s A^s D^n Esteban Liñan, Cap^n del fijo, D^n Manuel Sanchez, Tte padre del que fallecio pocos meses ase, a Dª Maria Sanchez y Poso y Dª Mersedes Sanchez su ermana. Estaba yo encargado de dar lecciones en la Escuela, en medio de tantos niños nobles blancos o por la primacia, o por la bentaja. El Ymfeliz cadete del fijo D^n Melchor Martinez, victima de los Jueses Ymprudentes, y Padre Torpemente Craso, fue aun mas ynfeliz que el Cadete Enseñá, ambos primos de D^n Martin Albarez, D^n Ypolito Soler y otros dos o tres Religiosos de la Mersed, uno de S^{to} Domingo, D^n Miguel de la Raya, Yjo de Secretario del Sor Pino D^n Miguel de la Raya; D^n Tomas Martinez y un numero que no puedo circunstanciar: D^n Geronimo Vianquel, y su Mayor Ermano Escribano del Ecl^{mo}

Señor Vustamante, Aran Onor en Este Estado a la Piedad del Vrigadier D^{n} Jose Eusevio de Molina. [...]

Deviendo no ostante dar dos pasos para concluir este papel Dignicimos Savios del Uruguay: ci este Ynsuficienticimo papel este Prospecto lo elebase un curioso a los Altos piez del S Pontifise Gregorio Dezimo 6°, no solo beriays cumplida la supocicion de este escritor, pero Comfirmado el Estado del Uruguay, Poblada la Ciudad del Senado para rentas de Vuestra Yndigente Soberania, que tanto faborese, llena de Prudencia, Justicia, Fortaleza, Y templanza la Obediente Umildad de este yndigente Letrado. Beriays entablar principios de ynstruccion a los Ymfelises negros, que nacidos en medio de V.S.S^{s} no ay uno que no se abata a los vicios, por defecto de educacion. Ci lo aseys Savios yo acabaré Saserdote. Fomentaré y aré de los negros Criollos la Cape [9551] llania Noble del Senado, y sus Camaras, su Capilla. Todo esto lo proporciona Vuestra arrumbada vivlioteca. Y no solo Presentaría en ella Escuela de Negros, Academia de Ciencias, principio de aquella Unibercidad, pero una memoria de los Ecsamenes, reflecciones y miras que ynstalaron los S.S. de esta Soberania, con particularidad el *Ecl^{mo} Señor D^{n} Lorenso Antonio Perez, Doctor de Leyes* que no me conocía. Deví al Señor *Prosecretario Doctor D^{n} Juaquin de Sagra y Periz el sertificado* de mi pobre talento, y diré que o se equibocan los ombres e ystoriadores, o no se vio en el mundo la ydea de caudales que oy se pondera aqui. [...] Las Grandes Ciudades de Hacia, Africa, Europa, y America no presentan planos o masas tan ecsecibas; cada ombre ase su casa, muchos ombres aran muchas casas, mucha Religion traerá mucha virtud, mucha Politica, mucho orden, mucha igualdad. Gran Modestia: Mucha Aplicacion, Grandes Ventajas.

El segundo paso es que Conserben V.S.S. su Gobierno, tan lleno de energia tan facil en sus profundas deliberaciones, actibo en su execucion soberano en sus ydeas. Magestuoso como emi en sus prosederes, justo en sus providencias, exemplar en su conducta, sebero en el castigo. y frugal cin yndesencia, y con decoro. Con un Gobierno de esta clase tendrá la Nacion del Uruguay exercitos ymbencibles; los exercitos Generales, las tropas Oficiales, y Soldados, subordinacion, y disciplina. Los Pueblos y Departamentos gozaran el ymponderable bien de ver restituida la autoridad legitima de los Tribunales y Magistrados, desterrada la arbitrariedad asegurada la justicia, con los yndisolubles vinculos de la *Ley* protegida la ygnocencia, y envilecidas en la ultima punicion las costumbres de un siglo ymfeliz, que ha devorado nuestras virtudes; que ha premiado la yncapacidad; que ha favorecido la ygnorancia, ennoblecido la yntriga, y honrrado el egoysmo como una deydad verdadera. Tres beses ya desde el año primero de nuestra Libertad se a orrorisado el papel publico de los fraudes y las

Estafas, no fueron no los umildes. La Acienda del Estado, ese ramo tan precioso para la vida politica de los Pueblos desde una recaudacion pura economica y fiel, ha pasado a ser patrimonio del fraude, y dote destinado a vicios. No solo saldrá de su mala versacion, pero lograra continuar la economia que ya demostró el fondo de Amortizacion descantillando la deuda Nacional cuya economia eccixen ygualmente los otros fondos del estado en su lexitimo recaudo y distribucion. [...]

Conclucion Literal

[9552] [...] E concluido Sapienticimos S.S. del *Estado del Uruguay* un prospecto [9553] que ci no yguala la Cingular Mersed que me dispensa la *Augusta Soberania de el Estado del Uruguay* demuestra los exercicios, avitos, y costumbres que tube desde que aprendí a ablar ... *Negrito, as lo que tu amo te manda, y comeras con el a la mesa. El Memorial, Ystorica Oracion, que boy a empesar* dará otra prueba de mis xenerales estudios en la Doctrina baria de autores en los Ydiomas, aunque no los able, en las Ystorias Sagradas y Particulares, en la Moral, y Teoloxia, estudiadas por aplicacion o dibercion, en la filosofia por persuacion de los Religiosos de la Mersed de B^{s} A^{s}, en las Leyes, por persuacion de el Sor *Doctor Contreras* que avia cido Asesor del Marquez de Casa Ermosa en el Peru, y recide en Paz en las mismas. Ynstruyendome los libros de Politica Yndiana para la Practica el *Ecl^{mo} Sor D^{n} Josep Antonio Esquerranea* y dandome una suma de borradores suyos, se dibertia en que cada domingo se los diese de memoria. Entonses como en las barias Epocas de mi vida, con ygual proteccion organisaba la Reyna de los Angeles mi suerte, mi carrera y semejante a la estrella del Norte al Lusero de la Mañana, ... Estela matutina. Elebado por la unidad de Tantas Mersedes. [...]

En la Nabe ynconstante de la vida
Ya feliz Jacinto: Al Puerto se Encamina
De Eccila, y de Caripdis atrevida,
No teme los Escollos ni la Ruina,
Porque al Norte Nabego Dirigido
De la vrillante estrella Matutina
Y perderse no puede quien por Guia
Al Norte mire fijo de Maria
Dios Gue a V.S.S. m^{s} a^{s} S.S. Savios de
El Estado de Uruguay
B.L.M. de V.S.S. el Primer Colexial
De la Unibercidad de Maria Rufina Campana

Jacinto Ventura de Molina

Solicita empleo de Letrado al Presidente del Senado de Uruguay [T2]

[9534] [...] Eccistió, en ygual Epoca, el 6 del presente Mayo con 5 años de practica, constantemente ordenada, en tres posteriores ordenes de S.A.A., y si mi ynobediencia me yniciaria despreciable, o culpable reo, es ygualmente Equitatibo y justo que V.E. no solo me reytere el Titulo que estravío la desatenta, yronica, falacia. Mas es ygualmente justo que V.E. me concidere, en una edad, naturalmente yndigente, mucho mas ci como puramente artesano, nesecitaría mayor principal para octar mis adelantos, cuando mi actitud y eccistencia, ya repugnan, mucho mas, mi calidad, que ci aquellos supieron succitarla, ynstalarla, deprimirme asta adactarla. ¿Ci devieron sostenerla? V.E. Piadoso supo asociarla, avituandome, en suma, asta adactarmela y apropiarla.

Con mayor solidez: debo detenerme quando solicito mi colocacion, con esepcion, a otros Tribunales en el de *Representacion* en que V.E. propio y su primer Prosecretario se Dignaron Protegerme y elegirme. Alli de Portero, seré un *Letrado*, o de Archibero acaso desempeñaré, ambos Empleos, ci no es dificil, comforme a la *Constitucion y Codigo nacional en los Nos 1 o 5, y 6, de la Secion 9 del Poder Judicial y sus diferentes atribuciones. A este poder Legislatibo, segun el N° 3 corresponde proteger todos los Dros Yndividuales, y fomentar la Ylustracion [...] crear o suprimir Empleos Publicos, dar Penciones, o Recompensas Pecuniarias.*

Mi Aplicacion y Conducta presenta a *V.E. y Augusta Camara de Representacion una Ystoria* a las [9536] *Altas Camaras de este reciente Estado.* A, ¡ci mi felicidad Oyese lo que el Minsitro de el Rey de España Don Felipe 4°! *Mirala vien, pues es fruta nueba de los negros de el Estado de el Uruguay*. Dijo S.M., con distinto sonido *de los comentarios Reales, de Garcilaso el Mayor*, Su merito entre los Españoles fue pequeño a pesar que solo trata sus balerosas acciones en America y muchos desengaños en la Europa. Pero ¿con que Estimacion y aprecio respetan los americanos las noticias que les ynstruye de la antigüedad de su Pays? Y Porque para el asunto, jusgo aber echo el Pedimento mas comforme y arreglado.

A V.E. Pido y Suplico Se Digne consederme la Reyteracion y colocasiones que umildemente pido, porque a su tiempo, se pueda conoser de la viblioteca de el Estado, que le es Anecsa. Pero ciendome tan yntimo el Onor de V.E. no temo las reflecciones que sobre el *Magistrado o Magistratura* pudiera aun ogectar la Nobedad. ¿Responde a Todo el *Dro* de mi *Naturaleza y Propiedad* de Meritos desde 1817? El de *Justicia* ... mi pluma ci yso el vien de todos, ¿ofendió jamas a nadie?

El de Política no conose otra que *la berdad desnuda y Civilidad de mis Sociedades, la Obediencia de las leyes* y

M. Alta, Soberania.
Ecl^{mo} Sor Precidente:
B.L.M. de V.E.
El Lisenciado
Jacinto V de Molina

Molina en los escritos de sus contemporáneos

Afortunadamente para los lectores de hoy en día, Molina tuvo la buena idea de insertar comentarios de sus contemporáneos –algunos eran conocidos personajes del Montevideo de los años 1830, como Joaquín de Sagra y Périz o Miguel Antonio Berro– y notas que recibió en la colección de sus escritos. Estos comentarios son en su mayoría críticos. Algunos textos, como los de J. Oyuela y de autores anónimos, constituyen verdaderos insultos. Es de particular interés el «trámite» que llevó a Jacinto por diferentes oficinas del naciente Estado Oriental del Uruguay para conseguir una autorización para actuar como letrado. En algunas ocasiones, hemos adjuntado la respuesta que Jacinto escribió a esos escritos. También reproducimos el texto publicado por Isidoro de Molina, en el que encontramos una descripción humorística, pero en la que no falta el desprecio. Por último, hemos rescatado otras menciones a Molina: una aparecida en la prensa montevideana durante el régimen luso-brasileño; una publicada en un períodico de la capital durante la década de 1830; y otra que acompaña al retrato de Jacinto.

Leídos en conjunto con los escritos de Molina, los textos de sus contemporáneos ayudan a entender la popularidad de Jacinto Ventura de Molina en el Montevideo de los años 1820 y 1830. Aun las críticas más duras señalan que Molina fue ampliamente conocido por su escritura y que gozaba de una fama como leyenda viviente. Él mismo se dio cuenta de su condición excepcional y, en parte por ello, decidió incluir ejemplos de lo que le escribían otros letrados entre sus propias composiciones. Por otro lado, es cierto que Molina creía que las críticas de los «filósofos» no podían competir en términos morales, lógicos, legales o literarios con sus propios escritos, e incluir muestras de ambas escrituras juntas servía de evidencia clara de este punto.

Jacinto en la prensa durante el régimen luso-brasileño[1]

PAPEL EN DERECHO

Por casualidad ha llegado á nuestras manos la estupenda –*Adición, y saludo político á la ciudad de Montevideo del licenciado sargento mayor Joaquin Ventura de Molina*– del negro Molina –impreso en Canelones. Esta bella obra, es parto ó aborto de los montes del Miguelete, donde fué concebido en el período de tres meses. Esaminada pues, con la imparcialidad y detencion que merece, la encontrámos, no solo digna del célebre Molina, bien conocido en la república nigro-literaria, sino tambien de la causa que aboga, y de los altos personajes á quienes preconiza. Para que el público no carezca, entre sus curiosidades, de esta produccion, se ha puesto en la librería de Yañez, donde tambien se admiten suscritores, para hacer de ella una magnífica edicion en papel estraza ó calabaza.

Joaquín Sagra y Périz comenta la colección de los escritos de Molina [T1]

[8351] Coleccion preciosa y mas q[e] infinita q[e] se han publicado, publican y publicarán en todo el orbe, y q[e] sin embargo p. la incuria de los tiempos quedara inedita de algunas de las innumerables obras escritas de puño, y letra, y p. consiguiente, autografas y originales (exceptu exceptuandi) del Dr D. Jacinto Ventura de Molina.

Esta nota es de puño y letra del Sor Joaquin Sagra y Piriz, de quien se adquirio esta obra.

[Firma] M. Ferreira

Carta de J. Oyuela a Manuel Oribe sobre Molina y sus «impertinentes escritos» [T3]

[0211] A ntro Sor Gral D[n] Manuel Oribe, gefe del EMG y comandante gral de las armas en el Estado Oriental

Señor

[1] *Los Amigos del Pueblo*, n° 6, Montevideo, 13 de setiembre de 1823, p. 24. Agradecemos a Wilson González Demuro por habernos dado a conocer este pasaje. A pesar de que el periodista le llama Joaquín en lugar de Jacinto, el personaje no es otro que Jacinto Ventura de Molina, «el negro Molina».

Gloria a Dios a quien toda gloria es debida. ¿No dijo Mahoma todo hombre que ame a Dios y haga buenas obras, cualquiera que sea su religion, será salbo? Pues señor general, en esta inteligencia y lleno de la mas grande, de la mas alta y poderosa confianza, es que me presiento ante el severo pero no infinito Tribunal de V.E., diciendo tener el mas profundo desagrado de no solo serme dificil presentar el imforme que se me pidió en la solicitud que hizo el Licenciado Jacinto Ventura de Molina, sino que tambien la falta de la solicitud misma original que no he podido recabarla de un filosofo viajante naturalista que, registrando este emisferio, fue sorprendido [0213] con encontrar redactada una produccion de un Etiope (como el dice) tan llena de logica y sublimidad de imaginacion pensativa. No hay duda, señor general, grandes y maravillosas son las obras del Señor. Cuando V.E. tenga que volver a [pernoctar en] la Campaña, rogare a los Angeles de la Victoria barran el polbo de vuestro Camino y os dén señor y llenen vuestro espiritu de alegria, fuerza y prosperidad. No es culpa mia ni ha estado en mi que el Sor Naturalista D^{n} Carlos Orviñeta que vive en la casa del Sor [nombre no legible] se hubiese apoderado del escrito del Licenciado Jacinto V.^{a} de Molina para que ni mi esfuerzo, ni los que hicieron los Señores Doctores D Joaquin de Sagra y Peris y D Florencio Varela, como tambien los Sres coroneles D Pedro Lenguas y D Gabriel Velasco que se hallaban presentes, fueron suficientes ni eficaces para quitarselo de las manos por decir una [0214] de las curiosidades que mandaba al concervatorio de Boloña. Y en este estado que poder hacer sino comformarse con la Voluntad del gran arquitecto del Universo, con la opinion de Jesus, filosofo de Nazaret, que en tales casos enseña la paciencia y comformidad. Este es el motivo, señor general, de no estar evacuado el informe que se me pidió; pero en su reemplazo puedo permitirme, Señor gral, rogar a V.E. advierta al licenciado Molina haga una nueva presentacion para darle los cursos que sean correspondientes y puedan en lo sucesivo convenirle p^{a} q^{e}, evacuado que sea, obtenga el logro de sus intereses e intensiones salvo meliore. Que grandes, que portentosas y que maravillosas son, señor gral, las obras del Señor. Cuando un Caduco Etiope nos distrae con sus impertinentes escritos del tiempo precioso de nuestras obligaciones, soy de opinion, [0215] señor gral, que para que en lo succesivo el licenciado Molina no sea mas incomodo, se le marche en primera oportunidad al edificio de la Convalecencia de B^{s} Ayres o al Panoptico de Neu Jorch para que encerrado alli concluya sus dias en paz y con el sosiego que caritativamente le desea

J Oyuela
Montev.^{o} Mayo 11 de 1833
Traslado y autores:

Pr su Exa
Balberdi

Respuesta de Molina a la carta de Oyuela [T3]

[0218] Con el Acjunto Libelo Eretico al
Eclenticimo Sor Cura Vicario Xeneral Apostolico del Estado de Uruguay

Jacinto Ventura de Molina, Negro libre de *nativitate*, Lisenciado en *Rs Dros* por la Gracia *cingular* del M.A. y P. Sor *Dn Pedro Alcantara Pro, Emperador del Vracil, 4º Rey de Portugal, y Duque de Vraganza*: Ante V.E. con mi mayor respeto digo: Que ciendo evidente el termino de la Eumanidad, como prudentes los consejos de mis primeras ynstrucciones–*Nesecito para amar y servir a Dios en esta vida y berlo Eternamente feliz en la otra.* Aviendo ya cumplido con las obligaciones sociales que encarga toda *Moralidad Civil* en la Carrera *Militar* en el Anterior gobierno *Realista*, Propuesto por los *S.Ss Arse* y *Sobremonte*, y depachado por los S.S. Virreyes *Feliú* y *Pino*, a quíenes *V.E.* conoció, seria, *Benigno Sor*, muy diminuta mi Conducta ci viendola peligrar no ocurriese al *Dios de Piedad*, de *Misericordia*, a su *Santa Yglecia*. [...]

[0219] Quando el solido e yncontrastable principio de todos los *Dros* –la *verdad*, la *Rason* ... en el *Digesto parta 1ª* dictó *Antes se debe dar tuerto sentido que dejar propocicion alguna cin exposición* –enseña que aunque paresca devil, un *vocablo, cilaba, asento, o coma*, produciran cin embargo un error conciguiente a la materia y obgetos de su producion. ¿Que será una decidida y desembarasada propocicion? El acjunto *Libelo* que manifiesto a V.E. representa el Sagrado nombre de *Dios Salbador* ayado del modo mas *perfido* y *ateo*, garrantiendo al nombre de *Maoma*. ¿Qual es o puede ser el obgeto de esta propocicion? ¿Supone el conocimiento de mi *Religion*? Cristiana, y como tal *Ombre de Cristo ofrecido desde que recivi el bautismo, unicamente a su mas ecselente servicio.*

Y acvertirá V.E. que (el Ymfeliz filosofo murio ya como disen que mueren los que no creen ni temen; ¡destestable perjuro!) mi *paciencia* ymitando a ese vuen *Jesus Nasareno* sabe contestarle. *Ci mal dige, dime en que, y sino, ¿por que me yeres?* Yo ygnoro ci algun *cristiano, V.E. ciendo tan afable*, Toleraria la garrantia de *Jesus* por el mero echo de desagradarlo. Tal es el orden que ynspira el contesto de ese papel.

[...] Digo en suma, lo que V.E. berá estando yo Persuadido que no puede despacharse *mi disertacion literaria* asta la liturgia de 1834, cin embargo de aberla yo concluido y entregado toda a la *Augusta Camara de Representacion* el 17 del anterior Septiembre por la direccion del Pro [0220] Secretario *Doctor de Leys Dn Juaquin de*

Sagra y Peris. Yo digo alli que aci como el *Joben Alejandro* el Magno, despreciado por *Dario*, le benció, pudiera suceder aqui un metamorforsoci del mismo genero en un asunto en que de modo alguno tengo mas que obedeser. Lo que sertificará la rubrica a todos los curiosos de Montevideo es que los Savios y Poderosos filosofos *ban tirando el Carro de la Gloria de un umilde letrado negro*.

La decicion y desembolvimiento de tan magnifico acontecimiento, contra la erronea y *pecima filosofia*, me decide en fabor de el *Estado del Uruguay, de su Yglecia, Saserdocio, de los pies de la Republica* con la *Politica Yndiana*, y de mi mismo, ci para estimularme *a escribir*, porque se diviertan los S.S. oyendo mis disparates. ¿Es preciso degradar a *Dios*, a *Jesus*, a los *Angeles*? Lo sofistico de este epilogo de ynsertidumbres, de todos modos mal dictadas, me conduse, *Ecl*^mo^ *Sor*, a dar un paso ystorico cin desender a ser mistico. *V.E.* solo con los mejores *moralistas Catolicos* que la *Ygnorancia*, las *Paciones*, la *Sobervia banidad*, en todos tiempos subcitó contradictores al *Cristianismo*. Las paciones y la ygnorancia son un ostaculo para la fe.

¿Que otra cosa puede producir el encanto de un espiritu altibo, este fue Maoma, no queriendo reconoser otra autoridad, que su yperbolica, propia rason, formando juicios como Soberano? Lo prueba la paloma que suponia le ablaba al oydo. ¿Que ydea tenia de mis ynstrucciones, de mi caracter, de mi religion, quien se libra con rason alguna a proponerme las mordases eregias de tal propocicion? Ci mal *dige dime en que* etc.

La religion cristiana, jamas tubo otros contradictores que los Sobervios, ygnorantes, y el odio popular atribuyó a los primeros cristianos un ateysmo disfrasado, cuyas atribuciones destruyeron [0222] *Quadrato, Aristides, Atenagoras, Justino Tertuliano*. De los dos ultimos eccisten aun sus obras. Mostrad *filosofos* americanos la mas minima de las buestras, y os lisongeareys de aberme rendido, puesto que en buestro defecto desde aqui *Glorioso Jacinto* Canta la Vitoria. [...]

Ecl^mo^ *Sor* ... Jamas acabaria ci ablase de los modernos perseguidores de la religion, que empiesan en *Lelio* y *Socino* durando asta oy. *Espinosa* no acmitió los milagros del *Antiguo Testamento*. Con todo la *Divinidad* del *Cristianismo* esta sentada en pruebas tan fuertes y claras que es ympocible dejar de combenserse de ellas. Por cuyas Justas *Atencion* y *Refleccion* Pido a Dios en *V.E.*, que es su *Digno Ministro* en ellas, me faboresca, eccibiendo de la *Augusta Camara* de Representacion por la via [0223] del Sor *Prosecretario Doctor D*^n^ *Juaquin de Sagra* los papeles yniciales de una materia acsolutamente nueba en las *Americas* cuanto ymportante a este Estado del *Uruguay* que abrá sancionado la *erudicion sencilla* con que e dictado quanto propongo y espero conseguir de la *Benigna Piedad* del *S.P. Gregorio* decimo sesto, y de los *Augustos S.S. Monarcas de España y Portugal*. No se me oculta que el papel a que contesto pueda ser un estimulo para todo esto.

Ecl^{mo} Sor: Quiera mi suerte que *V.E.* propenda a dar a *Dios la Gloria que se le debe*, contribuyendo yo con mis Talentos, *umilde* y pronta *boluntad* para lo que sea util a la *Santa Yglecia* del *Uruguay*. Dios Gue a *V.E.* M^{s} A^{s}

Ecl^{mo} Sor Vicario
B.L.M. de V.E.
El Lisenciado
Jacinto Ventura de Molina

Dos anónimos cercanos a Jacinto le aconsejan que deje de escribir [T2]

[9375] Aparta negro, loco y asqueroso
no seas impertinente y majadero,
trabaja en tu oficio de zapatero
no seas holgazan y perezoso:
dejate de escribir temeridades
que no sirve a todos mas que de gran risa
un amigo que te ama te lo avisa
a ver si asi enmiendas tus barbaridades.
B.S.M.
llS
Panamá

Sor d.^{n} Jacinto Molina

Mi caro amigo: al ver las voces que andan esparcidas por este pueblo contra un hombre tan distinguido, y a quien tanto aprecio, no puedo menos que tomar la pluma y comunicarle un aviso que tanto le interesa. La adjunta poesia es una prueba evidentisima de lo que se habla, y lo que le avisa para su resguardo su amigo. G.B.S.M.

El argos de sus operaciones

Documentos del Estado que le permiten a Jacinto actuar como abogado [T2]

[Portada del documento realizada por Jacinto en hoja aparte]

[9485] TYTUL o ASOCYACYCYON DE EL LYCENCYADO NEGRO A La AGUSTA CAMARA DEL URUGUAY; Año 1832

[9486] La Soberania de la Nacion

Considerando, que la sabiduria, ilustracion y talentos, de que ha dado repetidas Pruebas el Licenciado Don Jacinto Ventura de Molina, lo hacen tanto mas acreedor a lo que en su humilde representacion solicita, cuanto es el unico en su especie;

Considerando por otra parte la grande escases de Letrados en que desgraciadamente se encuentra la República

Considerando finalmente la utilisima adquisicion que harán los ciudadanos de color en un defensor de sus derechos tan elocuente y filantropico como el suplicante; ha acordado y decreta

Art.° 1° Autorizase suficientemente al sabio Secretario Relator y Doctor en Leyes D. Joaquin de Sagra y Peris y al eminentisimo Doctor en ambos derechos Don Florencio Varela, para que, previas las diligencias de estilo, espidan los titulos Nacionales que pide el espresado licenciado.

Art.° 2° Los titulos de que trata el articulo anterior, serán estensivos a todos los ramos cientificos que posea el Señor Molina

[9488] Art.° 3° Espedidos que sean, se tomará razon de ellos en la escrivania del Tribunal superior de justicia, y en la Contaduria general, por el Contador interventor D. Manuel Reisig y Ruano.

Art.° 4° Hecho lo dispuesto en los precedentes articulos, el Señor Molina queda en aptitud de dirijirse al Juez ordinario Don José Maria Platero para que le administre justicia en el espediente promovido sobre *actos vergonzosos irreverentes y escandalosos* cometidos por el etiope Manuel Alonso

Art.° 5° Comuniquese a quienes corresponda

Hay una rubrica de S.S. A.A. el Presidente y Secretario

Concuerda con el original registrado a f. 115 del Libro 7° de acuerdos. Mayo 4 de 1832

[Firma]
Miguel Antonio Berro
Secretario

[Sello oficial de lacre, muy quebrado, con el escudo uruguayo]

[9489] Departamento de Policia

Expuesto por este Departam^{to} y reconocidos los eminentisimos meritos y conocidas aptitudes del sapientísimo licenciado D^{n} Jacinto Ventura de Molina, Ocurra p^{a} la expedicion del titulo q^{e} debe hacer habil su persona p^{a} el ejercicio de las funciones a q^{e} es destinada y que desde hoy seran *¡enerentes de Su condicion*!!! a la Escribania en Hacienda y en gobierno

Por Com^{on} del S. I. de P.
Pedro R. Diaz
Sec^{o} Ynt^{o}
[Firma]

Toma de razon en la Contaduria G^{l} del nombramiento del yntrincado, y gerundisimo D^{or} D^{n} Jac^{to} Ventura de Molina.

Por que la memoria dure
del Licenciado Molina
hoy le nombra esta Oficina
Dotor *in utró-que jure*;
defienda, abogue, y procure
por las gentes de color;
con el sueldo superior
de treinta dias al mes:
Montev^{o} Octubre tres,
Firma= El Contador Mayor.
Manuel Reissig y Ruano

[Sello de la Contaduría General a la izquierda del escrito]

[9491] Contaduría General de la Nación

Montev^{o} Nov 8 de 1832

Siendo desconocido y por tanto sospechoso el sentido de la frase *¡enerente de su condicion!!!* q^{e} se lee en el decreto q^{e} antecede del departam^{to} de Policia; pase al Secretario de la Junta Economico Administrativa D^{n} Fran^{co} Araucho para q^{e} esplique su sentido genuino; y echo debuel^{se} p^{a} provecho.

[Firma]
Roman de Acha

Secretario de la J.E.A. transformada en Tribunal Censorio

Para proceder como corresponde en la comision que me está contenida de explotar las preinsertas frases requiero, invito y exorto certifique antes la Porteria de la Superior Gobernación si en los distintos autos y documentos oficiales o semi diplomaticos y demas, que de [largos] tiempos han girado, y a pasar en ella se encuentra trahida la malhadada frase; y con un resultado vuelva al Censorio recomendandose la brevedad para obsequio a la vindicta publica.

Montev° Fha ut supra

[Firma]
Araucho

Escrito de Molina en respuesta a Ambrosio Mitre, quien responde a continuación

[9492] Sor Tesorero D^{n} Ambrocío Somitre

No presenta en sus anales
Espresos la «Antigüedad»
El suseso que oy «Demuestra»
A la Gran Posteridad
D^{n} AMBROCYO SOMYTRE
Por vyen «Rara» Nobedad
De padres ¡O Estado Pio!
¿Es la Accion que me Dictays?
Y a los Negros que Adoctando
Qual como a Ysac me Enxendrays…

A Abraam, padre de Ysac, prometió Dios que su generacion eccederia a las estrellas en su Numero

R Sensor

La Ystoria de los Negros no manifiesta en sus factos un suseso que se asemexe al mio entre los barios ciertos o apocrifos que se les decignan. Me separo aqui de lo comun de la muger de Moyses y de los Santos que conosen las Yglecias de España y America: S^{n} Bernabe en los Actos Apostolicos; San Baltasar y S^{n} Benito de Palermo, El Ritual Romano, La adoracion de los Reyes y el Ritual y Misal del Orden de S^{n} Fran^{co}.

Ynglaterra presenta a Uronoco, prinsipe fino, enamorado de Ectiope, al Negro Agradecido el Norte Americano; España al negro Juan el Latino en Granada; Juan de Alba, negro baliente en Flandes, es solo uno nacido criado y liberto por dos Duques de Alba padre e yjo. Los años 1798 asta 802 o 3 nos presentan al Xeneral Juan Fran^{co} en Cadiz de la Ysla de S^{to} Domingo. Recivido magnificam^{te} por el Conde de Orreli, gobernador y victima ynconsecuente del Ministro Godoy, el Canselario oy de la Unibercidad de B^{s} A^{s}; trató a este triste negro criollo de la Ysla de S^{to} Domingo. El año de 1803 viniendo de Madrid por Cadiz asta esta Ciudad trato, comio y me dibujó en suma a este triste negro que bengó la Ysla de S^{to} Domingo.

En el Libro 3° de los Reyes cuenta el YL^{mo} Sor *Eccio* el suseso de pasar un millon de negros del Oriente contra las naciones del Occidente que los bencieron, pero se cigue que ciendo la Reyna Saba Oriental, yo, contra el Sor Eccio, digo que esta Reyna es Negra; que mereció espresarse discutiendo con el Savio Rey Salomon descriviendo en su llegada a Jerusalem el Madero, Encina, Cipres, Olibo, en que despues murio Jesucristo. [...]

El Estado del Uruguay providencia, la Eccistencia de un umilde Lisenciado, que como Josef el de Egipto, como Mardoqueo en Susa de la Percia se dedicara desde el momento a reunir los Ectiopes y sus oriundos, derramando en sus yjos la Civilidad, [9493] costumbres, y Relixion, materias que jamas an podido los tiempos anteriores dictar con esprecion y rectitud al Pueblo Negro.

Dios Gue a V.S. m^{s} a^{s}

Sor Tesorero de el Estado
B^{a} L^{s} M^{s} de V.S. umilde el Lisenc^{do}
Jacinto Ventura de Molina

[Escrito de Ambrosio Mitre]

Si el Eruditisimo Licenciado Molina no hubiera antes de ahora probado su vasta literatura, bastaria la anterior nota p^{a} demostrar de un modo indudable los indigestos trozos de historia que se amontonan en su mollera. La breve y compendiosa historia que presenta de la negreria confirma lo que dijo aquella misma Sapientisima Reyna que cita en su anterior exposición: *Verus est serum quem andivi in terra mea circa sermonibus tus, et circa sapiente tua mayour est enim sapientia et opera tua quam audivi*. Por tanto, y ateniendo a los meritos y servicios preteritos y presentes y futuros propongo el Sor Presidente de la Junta Economica Administrativa D. Fran^{co} Juanicó y su colega D. Geromino Pio Bianqui el modo y adbitrios con que puede ser atendido el antedicho licenciado cuio merito recomienda el Tesor.^{o} Gral q.^{e} firma: Tesor.^{a} Gral. Nob^{re} 8, 1832

Y fecho pase todo original al promotor D. Juaquin Sagra y Periz

[Firma]
Ambrosio Mitre

Montevideo, fecha ut supra

Los arbitrios son los q.[e] la Asamblea Gral designará p.[r] tales y de lo recolectado de ellos pague el Tesorero Gral igual estipendio mensual q.[e] el designado al Decano del Superior Trib.[l] de Justicia q.[e] debe crearse

[Firma] [Firma]
Juanicot Vanquiet

[9497] [Letra de Sagra y Périz] El Promotor considera q.[e] a la altura que se halla expediente corresponde elevarlo con todos sus antecedentes al S.P.E. para que, en conformidad a lo acordado p. la J.E.A., ordene el pago de la bien merecida asignacion del Licenciado Molina bien sea de los fondos generales del Estado o bien de los particular.[s] del tribunal del Consulado, Policia, o extinguido Cabildo interin la Sob. Asamblea no fije la arbitrios de la junta A. Departamental p.[a] este y semejantes obgetos.

Montevideo fha ut retro

[Firma]
J. Sagra

[Letra de anónimo] Mont.[o] Nov.[e] 15 de 1832

Considerándose al sin par Dr D. Jacinto Ventura de Molina, el acreedor único de todos los altos y eminentes grados literatos, que *in vitam eternam* le acuerden las diferentes ilustres corporaciones que constan de este espediente

La Contaduria liquide
el haber del Licenciado
y vuelva para *mandar*
lo que arriba está *mandado*
debiéndola revisar
para evitar toda duda
el oficial auxiliar
que le agrada a D. Ventura
[firma de seudónimo] Mamerto Lechiguano

Versos atribuidos a Jacinto con un comentario de un anónimo[2]

[frente de la hoja]
Poesias de tio Jacinto
Ventura Molina
Um moreno que se decia
Doctor en Leyes, y que todos
los antiguos le hacian creer
que lo era.

[revés]

Una cautiva hizo
con denuedo un ensayo
y el veinte y cinco de Mayo
su deseo satisfizo

Una es el conseguir
otra es el conservar
siempre debe observar
la armonia en seguir

La libertad sin virtudes
es libertad quimerica
serás libre America
con las buenas habitudes

Todo Estado y Nacion
podrá ser bien gobernada
y de lo contrario nada
si domina la ambicion

Ninguno podrá ser felíz
Si le rigen las pasiones
Estas son las ocasiones
Para dominar su Cervíz

La ambicion y la Codicia
en todo ramo y negocio
igualm.te que el ocio
corrompe, destruye y vicia

El bien de la Patria pende
en el bien del vecino
no en cortar el revesino
como el necio presente

Al contrario la justicia
las virtuosas costumbres
la remonta á las cumbres
y todo lo enguicia

Todo el buen Patriota
huye del antagonista
y tambien del Egoista
e instruye al idiota

Cuando el hombre camina
con desmedida ambicion
acarrea la destruccion
y la libertad termina

---

2 AGN, Ex Archivo y Museo Histórico Nacional, caja 205, carpeta 7

Descripción de Molina realizada por Isidoro de María[3]

Jacinto Ventura de Molina, por la gracia de Dios, a quien llamaban el *Licenciado,* los que pasaban buenos ratos con los partos de su fecundidad, sorbiendo un polvo, era un hombre de color, cocinero de don José de Molina, reputado jefe español, que fue gobernador o cosa parecida en Río Grande, cuando la venida de Cevallos.

Era muchacho bien dispuesto, y el negrito cayóle en gracia a Molina, quien al venir a esta ciudad le dio una buena educación, habiendo tenido el honor nada menos que de ser condiscípulo de gramática y filosofía del Padre Larrañaga.

Concluidos sus estudios, le hizo el amo aprender el oficio de zapatero, dándole su carta de libertad.

Muy luego el buen Jacinto Ventura cayó en las redes del travieso Cupido y tuvo que doblar el cuello al yugo matrimonial, entregando el corazón a su Dulcinea, María Rufina Campana, a quien inmortalizó con sus *versos,* y con el epitafio que escribió con buena tinta en la cruz que su piedad puso en la cabecera de la humilde sepultura de la que fue su esposa.

El liberto y fecundo Molina hacía zapatos para ganarse la vida, pero su afición a las letras era tan grande, que la mayor parte del tiempo lo empleaba en escribir prosa y verso a su modo, figurándose un gran gramático, filósofo, teólogo, y con sus ínfulas de poeta, con cuyas producciones formó un grueso volumen, que con su cubierta de pergamino y su encuadernación a la manera de los libros de comercio del tiempo de las pajuelas, tuvimos en nuestras manos, y que es posible ande todavía por ahí entre algunos tiestos viejos, si es que los ratones o la polilla no han dado cuenta de él.

Lástima que al tío Licenciado Molina no le diese el oficio para costear las resmas de papel, los frascos de tinta y los manojos de plumas de que necesitó para tanto borronear papel; y gracias a sus buenos protectores como el extremeño don Raymundo José Guerra, y otros por el estilo, que lo habilitaban con esos artículos, porque a pesar de su color, era estimado por sus cualidades recomendables por muchos sujetos de valer social.

Nuestro Jacinto, que pasaba por una originalidad, y a quien no desdeñaban de tratar los figurones, no sólo empuñó la pluma, sino también la tizona, siendo teniente del cuerpo de Libertos.

---

[3] María, Isidoro de (1957): *Montevideo antiguo: tradiciones y recuerdos.* Prólogo de Juan E. Pivel Devoto. Montevideo: Ministerio de Instrucción Pública y Previsión Social (Clásicos Uruguayos, vol. 23), vol. 1, pp. 240-242.

Era aficionado a la comedia, y tenía entrada franca en los convites, en que hacía por presentarse de gran parada, con sus grandes cuellos, sus anchos pantalones, su chaleco de pana y su frac azul más que raído, y con muestras de cernidor, teniendo la santa paciencia de pegarle parches de pedacitos de paño en los agujeros hechos por la polilla; y adelante el Licenciado Molina, muy orondo, que si le faltaba el color sobrábale la honradez y las maneras corteses, como al mejorcito blanco.

Mención de Molina en la prensa de Montevideo, 1832[4]

[…] Por la cara no deducirá V. el sexo a que pertenece: pero es molletuda y cetrina. […]
La hecha de entendido, habla tomando el labio inferior a la barba entre los dedos pulgar e indice y con el otro brazo descansando sobre los riñones: con misterio y en tono decisivo: debe ser gran literato pues dice que ha leido cuanto hai escrito desde Beroso, Orfeo, Sanchoniaton y Foie, hasta los legajos del licenciado Jacinto Ventura Molina: con la fisonomía y expresión del cual tiene cierta semejanza. Me dicen que es escritor público y que se yama Viceo. En fin me dicen que es como aquel hombre de quien decia Bonaparte que si le daban un puntapié por detrás no se le conocía en la cara, pues que la volverá risueña y almivarada y dirá, que travieso!!

Un Curioso

Leyenda del retrato de Molina de Juan Manuel Besnes e Irigoyen[5]

EL D.r D.n JACINTO VENTURA de MOLINA
Escritor original e infatigable sobre toda materia, en prosa y verso,
Militar, Teologo, Jurista, Literato, Economista, Historiador, Filósofo,
MAESTRO DE OBRA PRIMA;
Nació libre en la villa de S. Pedro del Sud del Río Grande

---

[4] *La diablada o el robo de la bolsa*, 17 de marzo de 1832, pp. 5-6.

[5] El dibujo de Besnes e Irigoyen se encuentra en la Biblioteca Nacional, Materiales Especiales.

EL 15 DE OCTUBRE DE 1766
Hijo de Ventura Molina criado del Brigadier Español
D.n Jose Eusebio de Molina:
De su himeneo con
MARIA RUFINA CAMPANA
No queda prole; mas los abortos de su fecundo ingenio, aunq.[e] inimitables,
Dexan fundado un nuevo genero de literatura, q.[e] ya lleva su nombre y
lo hara tan famoso
ó mas, que Dulcinea hizo al Tobozo.

«Defensor de los pobres»

Desde, por lo menos, la década de 1820, Molina trabajó en la sociedad civil como escribano y abogado. En tiempos de la ocupación luso-brasileña de la Banda Oriental, Molina es descrito como escribano de cámara. Asimismo, Jacinto proclama que Pedro I le otorgó un título de Licenciado en Derechos Reales en 1821 o 1823. En 1823 Molina ya actúa como abogado. Como secretario de la Cofradía de San Benito, Jacinto redactó el testamento de una de las cofrades. Después de la independencia de Uruguay, Jacinto continúa siendo descrito como licenciado, así como cumpliendo funciones de escribano. El Estado uruguayo reconoce sus «títulos» en 1832.

Aquí se presentan ejemplos de su actuación en asuntos judiciales desde 1823 hasta 1834. No son los únicos textos en donde Molina actúa como representante legal, pues abogó por la sala de nación Congos de Gunga, como aparece en la sección «Los afrodescendientes en los escritos de Molina». Entre los expedientes recogidos en esta sección se incluyen un testamento que redactó en 1823 y el caso de Pedro Gómez. Con mucha intriga, suspenso y diálogo, Molina relata el trágico fin de Gómez, inmigrante español que murió en el Hospital de Caridad en 1828. Molina trabajó también en litigios sobre la separación de bienes. Ejemplos son los casos de Domingo Lima contra su esposa y Teresa Mojica contra Marselino Durán, hijo de su fallecido esposo. Lima, negro libre, tuvo problemas con su esposa a quien acusó de prostituirse y malgastar los bienes comunes. Su esposa había vendido uno de los once esclavos que tenían «para el derramen de su desonestidad». Por su parte, Teresa Mojica, segunda esposa de Cayetano Durán, había criado al hijo de éste, Marselino, desde los cuatro años. Cuando falleció su esposo, Marselino le disputó a Teresa la herencia del finado.

Estos textos muestran de qué manera el licenciado ejerció como escribiente legal para afrodescendientes y para habitantes pobres en general. Estos manuscritos también ofrecen una visión única sobre cómo un letrado negro sirvió de mediador no sólo entre jerarquías raciales, sino también entre distintas capas sociales en épocas diferentes. Y por supuesto, dejan ver otros modos en que Molina desarrolló su escritura e ideas literarias.

Redacta testamento de María Castro, 1823 [T3]

[0493] En el Nombre de Dios todo Poderoso i con su Santisima Gracia Amen

Sepan quantos esta carta vieren como io Dª Maria Castro y Torres, S^a Viuda, natural de la Ciudad de B^s A^s, Que hallandome por la Gran misericordia de Dios en mi entero i cabal juicio con las demas Potencias i sentidos; creiendo firmemente en el mui alto y Sagrado Misterio de la Santisima Trinidad–Padre, Hijo, y Espiritu Santo, tres Personas Distintas, y un solo Dios Verdadero–y en todas los demas Misterios i articulos que cree, confiesa, i manda creer i comfesar nuestra Santa Madre la Yglecia Catolica, Apostolica Romana.

Asimismo: teniendo la muerte natural a todo viviente i su hora incierta, ordeno i mando esta simple memoria i hultima boluntad q^e quiero se guarde, cumpla, i se execute como tal. I reboco otra qualquiera que antes de esta huviese echo de palabra o por escrito.

$Primeram^{te}$ Encomiendo mi alma a Dios que la crió i redimió, con su Sagrada Vida Pasion, i Sangre Presiosisima. I mi cuerpo mando a la tierra de que fue formado. Y es tamvien mi voluntad que cuando la de Dios fuese servido, llebarme de esta presente vida a la eterna, sea sepultado mi cuerpo en la Yglecia del Combento de nuestro Padre S^n $Fran^{co}$, deviendo efectuar mis exequias mi tutelar cofradia de S^n Benito de [0494] Palermo en la qual estoi asentada, i pago hanualmente la luminaria establecida.

En cuia disposicion ultima boluntad ademas terminos referidos-

Peticion: Suplico a mis Ermanos i hermanas de la referida Comfraternidad lo cumplan o manden cumplir so cargo de sus consiencias.

Echa ante testigos, i firmada a mi ruego en Montevideo, a seis de abril del año mil ochocientos veinte i tres, como testigo que hize a ruego de la S^a otorgante.

Lisenciado
Jacinto de Molina
Secretario

Fr. Vicente Enriquez
Capellan

Expediente de Pedro Gómez con respuestas del Hospital de la Caridad, 1828 [T3]

[9860] Apelacion
de el

Lisenciado Jacinto de Molina
A M.A.Y.P. Sor Emperador
Sobre la causa de el
Finado
Pedro Gomez

[9861] YLL^{mos} y Ecc^{mos} S.S. De la Ymp^{l} Camara de apelacion Ospital de caridad nombra axente al Licenciado en *R^{s} dros* Jasinto Bentura de Molina.

[Letra de Sagra y Périz]
Montevideo febrero 22 de 1828
Pongase constancia del estado de salud del enfermo: recomiendese al Padre Capellan del hospital le proporcione, en caso de fallecer, los sufragios de costumbre, y al licenciado en R^{s} Dros, Escritor de camara de S.M. y protector de desvalidos subscriba los pedimentos q^{e} introduzca en favor de un protegido; y sin perjuicio el mayordomo del hospital tomando del doliente los necesarios informes de parte de todo al juzgarlo del crimen.

[Letra de Molina, y sigue a continuación]
Pedro Gomez, de Nacion Español, natural de el Reyno de Murcia, Ante V.E. con mi mayor respeto y lugar que haya en *Dro* paresco y digo: Que ciendo mi exersisio bendedor de frutos para los abastos de esta ciudad, recido en las ynmediaciones de los conosidos ornos de el besino transeunte oy en solis chico, D^{n} Juan Perez, siendo mi havitacion una casa frontera a esta Quinta nombrada Dª Manuela.

Causa

Uno de los dias, hará como quinse, fui a dar agua a mi caballo en un pequeño arroyito que, a la parte de el norte, atraviesa la parte de arriba de la Quinta de D^{n} Juan Perez y otras ynmediatas. En aquella siembra y avita un canario cuyo nombre ygnoro, aunque doy de el las mejores premisas a consecuencia de su fiador sobre esta propia demanda –D^{n} Antonio el Portuguez, Labrador Rico y hasendado, de ygual modo contiguo besino a esta posesion de D^{n} Juan Perez.

Echo

En este se me escapó el caballo y entro a la quinta de Mays saltando el sercado. Yo corri a sacarlo [9862] quando sin duda habria ya pisado y comido barias espigas, plantas y mieses. Yo acmito la queja justa, o ynjusta, de el Canario. Logre agarrar el caballo y dirixirme asi afuera por el camino de trabajo por la calle y cuadra de D^{n} Antonio el Portuguez. El canario me ocserbaba y alcanso disiendo:

Palabras

«Dame ese caballo.» Se lo entregue (Satisfaccion Singular). Bolvi la espalda para marchar quando la yntencion de el yniquo canario aguardaba esto para darme un golpe bajo de la nuca con un grueso y solido palo que traiha en su mano. Cay en tierra tremulo y desafallecido, repitiendo aun tres mas en los brasos y piernas como se ben, añadiendo un puntaso con el mismo en la parte alta de el estomago y punta de el pecho, que decreta mis ultimos ynstantes arrojando sangre por la boca sobre la ynchason de un humor corrosibo o sanguinario de mi cuerpo ya mortal.

Suplica y Esprecion Concluyente

En aquella situacion deplorable, esclame rendido y humilde «... No me mate paysano ... », a que contesto, «... Te he de matar y_ _ de pu_ _». Me dejo en una especie de distraccion de mis sentidos, tendido sobre la tierra, y marcho a su casa. Ocurrieron los criados y D[n] Antonio, y hasiendome bolber en mi hacuerdo dandome agua. Puesto en pie, fui a mi havitacion lleno de dolores y fatiga que motibaron el conosimiento de que peligraba sin ausilios eclesiasticos; llamaron al Señor presvitero D[n] Damaso Antonio Larrañaga que me confesó la tarde de este dia que en el 22 presente hase quinse.

[9863] Prision de el canario por el Alcalde de aquel Partido
Estado agonisante de el Pasiente, y Justificasion de esta resolucion
comforme a los *Dros* y Defenza

Informado el Alcalde de tal suseso preendio luego al canario que es su paysano, pero comparesio escapado al siguiente dia, consecuensia de la obserbasion peligrosa en que yo estaba, *pues el muerto no habla.* Sobre la simonia de conoserme pobre sin personas que ysiesen por mi, pero notando que yo estaba peor, volvieron a preender al canario, y lo conduxeron al cordon en que le produxo fianza segun sus metodos el pudiente besino D[n] Antonio el Portuguez, dejando en dicho alcalde la desision y compostura de este resiente como concluido suseso.

Prueba

V.E. conose que nada mas se necesita que la verdad de estas dilixencias de el Alcalde y D[n] Antonio, siendo la mayor prueba el estado actual y disposision de este Medico y sus oficiales. Sin que mi relixion me permita otro que perdonar al canario lo que puedo que es la vida, pero no los costos de curacion a la caridad y su asistencia. Los sufraxios de mi alma y costas de esta dilixensia, sin cohartar de modo alguno los *Dros de V.E.*, solisitando a mas que depositado el dinero de estas costas, el Canario en su entera libertad.

Defensa

Si es verdad, YLL^{mo} y Eccl^{mo} Señor, que Triunfa [9864] con el Espiritu de las leyes ... L ... 12 ... c ... 4 ... (Montesquieu) la Libertad Quando las leyes criminales regulan cada pena por la naturaleza particular de cada delito, cesa todo lo que es harbitrio, y de consiguiente no es el ombre quien hace violencia a otro ombre. Cuando el soberano es quien tiene *Dro* de Rexir y Ordenar, todo lo que puede contribuir para el vien comun por consiguiente es quien tiene ygual facultad para estableser reglas xeneralez, esto es Leyes por las quales cada uno se ynstruya de lo que debe y no debe haser.

El soberano tiene *Dro* para dar Providencia a la seguridad Publica y consiguientemente para castigar a haquellos que la perturban causando estragos y delitos casi a sangre fria de este caracter. Comparese la perdida que causaria este caballo con la vida de un ombre. Con el modo de pribarle de ella y uso de sus sentidos con la postrasion, dolores y enfermedad, con los perjuicios que en quinse dias ha sufrido esta pobre humanidad, V.E. de un modo simpatico con migo combendra en el castigo con solo el obxeto de que los ombres se enmienden o para que sus castigos sirban de exemplo a los demas malbados. No obstante que los vasallos estan suxetos a las Leyes, y de consiguiente a las penas ympuestas a los trangresores, V.E. conose que hay delitos que difieren mucho en las sircunstancias.

Yo tengo oy la suerte de que el asunto de que estoy encargado es garrantido por la fe y berdad de un cristiano Nacional moribundo en esta caridad, cuyos radiantes halientos no respiran otro que bellos sentimientos y deseo de hatraer sobre si satisfacciones al todo Poderoso [9865] de sus defectos, cuyo perdon ymplora constantemente. Y si tributa el perdon en lo que puede a su hacbersario, ymplora particularmente la mediacion sostituyendo a la Caridad para que no solo cubra sus costos y curacion «si vivo», pero ymplore el descanso de «mi alma con sus sufraxios y orasiones, entierro, misas, si muero». V.E. que conose ser esta suerte de Defensas tan conforme a la Humanidad hallara con mas berdad que Roma en sus Patronos y Clientes que esta ydea de peticiones no pueden ser ympugnes, mucho menos si en medio de la rectitud y berdad que me caracterisa es mi mas xentil adeccion la Piedad.

Estoy distante de reprodusirme con [el] obxeto de las palabras ultimas de este Canario. ¡Lexos de mi Eccl^{mo} Señor una crasitud tan yndolente a todo ombre sensible! E[s] Mas dolorosa a un ombre cruel y habaro la pena pecuniaria y la yndixencia que la Muerte y los trabajos. El aderirme a una tasasion, embargo, y transasion a benefecio de mi alma y hutilidad de la Caridad es otro prinsipio y regla de el articulo 1° de el *Derecho Sosial y Politico* Sobre los medios de seguridad y tranquilidad de los Estados. *Cuando las Leyes, dise, y disposisiones Siviles deven liar ygualmente todos los miembros de el estado para que de esta manera se establesca en ellos aquella ygualdad y libertad a que se dirixe la sosiedad civil que consiste en ser igualmente preserbada de toda violencia e yndependecia, solo de la Ley.* «¡Te he de Matar! …» Yo he de pedir que bibas [el canario], pero que bibas pobre, pobre, y pobrisimo, a tu pesar o suxeto a las penas humanas, que sepan suavisar tu cruel rusticidad.

Peticion y Conclusion

[9866] Y porque para el asunto Jusgo haber hecho el Pedimento mas harreglado.

A V.E. Pido y Suplico se Digne Ordenar que dicho Canario se prenda. Y combensido de su delito se le ymponga la pena pecuniaria que V.E. estime justa a beneficio de la Caridad y cuvierta por su fiador o por el. Y depositada en esta Caridad, sea libre, acbertido y enmendado de sus Crimenes para lo subsesibo.

Dios Gue a V.E. M^{s} A^{s} YLL^{mos} y Eccl^{mos} S.S. de la
Camara de Hapelaciones
Pedro Gomez [iniciales JVM]

[Comentario de representantes del Hospital de la Caridad]
En cumplim^{to} del Supra Scripto decreto, decimos los Profesores […] que el non existens Pedro Gomez entró en este hospítal el dia Sinco de Febrero quexandose de los bruscos alagos que le hízo un animal de especie mulan o Caballurna, y que despues ha aparecido [9867] ser [el] canaríense, los quales dados benevolentíbus y recibidos de mal grado, o a la fuerza, ocasionaron un flogosís, o sea estado inflamatorio en todo el Parenchima, membranas continentes y contenidas del lado dercho del torax que, a pesar de la inmediata aplicación de todos los indicados preservativos a contener los progresos de la inflamacion, ella fue indomita en su curso, y terminó del modo mas furibundo […] combirtiendo todo el maravilloso organo derecho de la respiracion en un líquido […] sanguinolento de asquerosa crita y olor fetido. […] Esta terminación propia muchas veces de las pneumonias […] fue la causa de la prematura muerte del desgraciado Pedro Gomez (Q.R.Y.P.) y se berificó el dia veinte y quatro del presente mes y año a las once y media del día en cuya tarde se practicó la mas escrupulosa optosía que demostró todo lo dicho ut supra. Y para [que] sirva a los altos fines del Escritor […] D^{r} en ambos derechos […] lo firmamos en este Hospìtal de Misericordia a 29 de Febrero 1828.
Leon Viscarra Luis Chouciño [las firmas corresponden a Manuel González y Juan Gutierrez]

[9868] [Letra de Juan Domingo Fernández]
En cumplimiento del Decreto que antecede, el capellan de este Hospital dice: que el finado Pedro Gomez emigró con todos los auxilios espirituales de todos los Santos Sacramentos que Nra Sta Madre Iglesia manda reciban sus hijos antes de *exitus sus*, con las demas oraciones, preces, para que la misma Igl[a] determina se digan *in articulo mortis* y demas sufragios de costumbre; agregando a todo lo otro, dos malas noches que me hizo pasar creyendose *in agone*; fuera de muchas exortaciones espirituales y palabras consolantes que le dixe durante su fatigoza enfermedad. [...]

Es cuanto tengo que informar sobre el particular, y encargo al Liz[do] Molina, escritor de camara de S.M.Y., y defensor de pobres desgraciados existentes en el Sarcophago pavoroso, alibie el alma del referido finado Gomez con un Pater *noster y requiem aternam*, no olvidandose de el *fidelium animo per misericordiam Dei requiescant in pace, Amen.*

Hospit[l] de Caridad de Montevideo y Marzo 1° de 1828
Juan Domingo Fernandez

[Letra de Santiago Baldomir]
El mayordomo del Hospital de Caridad cumpliendo con lo que se manda en el Decreto expedido en la solicitud del Sarg[to] mayor, Licenciado en ambos [9869] Derechos, Escritor de Camara de S.M. y protector de los inexistentes desbalidos, dice: que el cinco del pasado mes de Febrero se presentó en este establecimiento un hombre que dijo llamarse Pedro Gomez, y expuso q[e] era Natural de Murcia, soltero, labrador y que nada mas posehia que [43] años de edad [...] y unos fuertes dolores internos resultados de un saludo de cozes que le dio un Rosinante.

En mi oficina practicaron el reconocimiento de su persona el facultatibo de Guardia, y no hallandole herida alguna ni menos contusion, se ordeno sea colocado en la cirugia. En esta sala ocupó el n° 43; pasó despues al 16 de medicina, y en este lugar permaneció hasta el 24 del mismo en cuyo dia logro para siempre ponerse a salvo de que le acontezca catastrofe semejante.

El origen y progresos de lo causado, y el termino de la causa y de la Persona, lo han descripto ya los S.S. Facultatibos; el Padre Capellan lo ha echo con respecto a lo Espiritual. Por lo temporal que es lo que me encumbe, puedo asegurar se le asistio con asiduo esmero, y que cuando su alma dejo el cuerpo fue este sepultado. Nada mas puedo informar respecto al dho Gomez.

Pero no puedo dejar de exponer que el Sor Escritor requerente llevado de su laudable celo en la Defensa de sus protexidos, no procedio en el caso que motiba su solicitud con el pulso y delicadeza que corresponde al alto caracter que rebiste.

El que en todos casos a sido medido y cortes, y siempre exacto cumplidor del orden que se observa en este extablecim[to] lo ha invertido con el hecho de haber trabajado aquella instancia en la Enfermeria, sin el veneplacito de quien compete, pues es de esperar que no repita actos semejantes. Montevideo 1° de marzo de 1828.

Santiago Baldomir

[9870] [Letra de Sagra y Périz]
Montevideo 7 de marzo de 1828.
Visto: Resultando asi de la certificacion del Ramo facultativo como de la del Mayordomo del Hospital, q[e] el fallecimiento de Pedro Gomez fue precedido de unas coces que recibio y no de otra especie de golpes, segun el mismo lo expuso a otros Empleados; y de la del Padre Capellan, que le fueron suministrados todos los auxilios espirituales asi durante su enfermedad como despues de muerto, y hase q[e] concluido este asunto entregandose el expediente original al Licenciado en R[s] Dros, Sargento Mayor, Escritor de camara de S.M.Y. y protector de desvalidos, p[a] que le sirva de comprobante de un zeloso y exacto desempeño de los importantes cargos q[e] le estan confiados.
Sagra

[9871] [Letra de Molina] Hapelacion al Memorial n° 1°

M.A.Y Poderoso Sor Emperador

Jacinto Bentura de Molina, Lisenciado en *R[s] Dros*, ante V.M.Y. como conviene en causas de Relixion, paresco y digo, Que haviendo *in articulo mortis* el lastimoso heuropeo Pedro Gomez: Ordenado, le ysiese un memorial, cuyo asunto fue declarar la rason de su muerte yntempestiba, reconsiliacion con su hagresor, y sucministrar hausilios para su halma, segun se manifiesta en el siguiente memorial a la Eccl[ma] Camara de Hapelaciones, haprobada por V.M. He por vien dirixir dicha ynstancia, sus ynformes, decreto, y cohartacion de los *Dros* Eclesiasticos a V.M.Y., q[e] en virtud de la rason y sentimientos de el finado por quien hapelo, se Digne V.M. sentenciar y decretar a su fabor a consecuencia.

Alegato

De la oposicion, que las ydeas fisicas de la Siruxia presentan ymprobas [9872] Contra el vien y hutilidad de el alma de un cristiano, cuyo peso suma toda la relixion. [...] Destruyen estos sertificados ynformes la Piedad de el Gran Sacramento de la Penitencia, despues de cuyos sagrados actos me Ordenó e ynstruyó Gomez de las peticiones que demanda el memorial, de cuyo decreto hapelo y en el qual no se mensiona el Canario –Marcial Carvelo– reo que dio de palos al finado Gomez. Aquel hasendado Canario que maneja la Quinta de D^n Juan Perez, que reside en Solis chico (11) leguas de esta. Por esta rason, este pasaxe es en este harrabal, menos de una legua de esta Ciudad. De este partido es alcalde D^n Vizente Ponse, y se halla contigua a la de el P Cura D^n Damaso Antonio Larrañaga, retirado en ella, por su dolencia en la vista.

V.M.Y. save que no solo se oponen esos ymformes a los *Derechos Docmaticos*, pero a todas las reglas, leyes, y prilexios, que ordenan las testamentarias, sin que pueda halegarse la ygnorancia de Gomez sobre la del nombre de quien le yrio, y aun el de el alcalde, que yo he haberiguado despues comforme al estilo de las leyes sobre la materia. [...] Recopilacion: Sircunstancias, mui en fabor de el muerto, tanto mas siendo Catolico, pudiendo, y aun deviendo haber sido Ordenado por el Señor Saserdote Capellan de esta Caridad *D^n Juan Domingo Fernandez*, que aun se halló presente [9873] e ynmediato quando Gomez me ynstruiha. Pero como este avil Presvitero no puede dictar *per loco rigilo in acto sacramentalem penitentie*, es tambien consiguiente que esta ynnosencia ympulse los desenrrollos que manifiesto. Pero no solo sin perjuisio de unos S.S. que hamo mucho, y que con ygual merito meresen mis mas hatentas y finas hatensiones.

La Savia Prudencia y Piedad de V.M.Y. se prodagalisara en fabor de la misma Caridad a quien han perjudicado, y a mi ver con mucho mejor alisiente y aun mas seguro para el alma de mi cliente, Gomez, ordenando que la multa y castigo que se dé al pudiente labrador Carvelo, y al alcalde Ponse que aun en la fecha –21 de Marzo– no ha dado parte a juez halguno de esta Ciudad. Creyendo ygnorado un suseso que condujo arrestado a la guardia del Cordon a Carbelo, donde trató de compostura el labrador portugues D^n Antonio, y dando libertad a ese omisida, se le persuadió a Gomez que sanaría y que en este caso se le pagaria la cura y protexeria en su oficio –bendedor de frutos para los habastos de esta ciudad. [...] La desidida declaracion del mismo Gomez que siendo docmatica (1°) en articulo de muerte, (2°) despues de los sacramentos, no puede por titulo alguno ser ympugnada por ningun catolico. [9874] Y no resultando parte judisial (sin embargo de que ayer, 25 martes, he savido de que havian tratado de este asunto estos S.S. yndividuos –este asunto será una prueba mas a fabor del alma de Gomez, que no empeserá lo que trato a V.M.Y.) Judisialmente este suceso quedaba ympugne. Prestando los tiempos boluctuosos algunos modelos y exemplares bastante lastimosos, es presunta a fabor de Gomez la accion Sacramental suya, con los saserdotes de providad, virtud y Talento: uno el dia que fue erido, en los ynmediatos dias al carnabal: D^n Damaso Antonio Larrañaga; Otro en la ynmediacion de su muerte: D^n Juan Domingo Fernandez. [...]

V.M.Y. se halla ympuesto en la confraternidad de Animas de este ospital. Yo ymploro para su beneficio acsoluto la multa pecuniaria que V.M.Y., con vista de los S.S. Jueses Eclesiasticos y Teologos de el M.A.Y Real Consejo, se Digne expedir a fabor de la fundacion de esa comfraternidad en esta Capilla de la Santa Caridad y en ella nos exersitaremos los vibos (y acaso los agresores) en beneficio de los difuntos.

Yo Ymploro esta multa pecuniaria sin perjuisio de los Dros de aransel por mis defensas en que V.M. Sabe que he sido perjudicado hasta aqui, sin justisia ni rason. O serví o no. Si mis documentos y papeles estan fundados, se me debe pagar. Si no, se deben hapartar. [...]

[9876] Debo aqui notar los ynformes de el Memorial sobre cuyos contestos hapelo. El Mayordomo que oy ecsiste en esta casa es aun mas Digno de mi hatencion y cariño por la candidez de su xenio y su caracter bondoso, pero no ecsistira siempre. El *Dro Politico* dise en sus adiciones e ynstrucciones primeras: *Antes se debe dar tuerto sentido que dejar proposision ninguna sin esposision*. Los negritos criollos: seden sus padres solo para servisio de el templo, hasta que la edad y el estudio les haga amvito para tomar el avito. Y por esta rason a que no faborese aun la ynmunidad eclesiastica o el privilexio de estudiantes pudiera persuadirse este Sor que de algun modo le competen. Pero solo podra ser estando enfermos. ¿Y si estos naturalmente estan esentos? Quanto lo estoy yo como letrado, gratamente despachado por V.M.Y porque para el asunto Jusgo haber hecho el Pedimento mas Arreglado

A V.M.Y. Pido y Suplico que ordene y Mande se estrayga Judisialmente esta cantidad, y se entregue al Señor Presvitero D[n] Juan Domingo Fernandez. Y ella sola, y sus *Dros*, vinculan la pena asi de el reo como de sus apoderados. Siendo esta satisfaccion la que pidió mi Cliente, y es condigna a la Satisfaccion [9877] de la Camara de Hapelaciones de V.M.Y. en esta Ciudad que se mira ympuesta y falsificado el ynforme de los fisicos sobre que sentenció por los mismos reos que llanamente dictaron al Ermano Mayor D[n] Manuel Ocampos la berdad de este suseso. Pero como este Sor no puede sentenciar de delitos publicos o pribados, [no] es nada todo lo que alli habran querido componer.

El asenso a tan magnifico prinsipio debe ser la Justa Piedad, Relixiosa, y Equitatiba de V.M.Y., no solo para esta Caridad de Monetvideo, pero para dos negritos niños cuya madre como Ana, muxer de el Cana, y padres de el Profeta, y Juez de el Pueblo Ysraelitico Zamuel. Seden sus dos yjos para servicio de Dios. Oracion por la Augusta Esposa de V.M. Onor [9878] de el color Negro de este Pays, y onrrosa extencion en la Posteridad de la humilde doctrina de Molina. Dios Gue a V.M.Y. M[s] Años B.L.A.P[z] D.V.M.A.

M.A.Y Poderoso Señor Emperador
El Licenciado
Jacinto Bentura de Molina

Caso de la separación de bienes entre Domingo Lima y su esposa [T3]

[9848] YLL^{mo} Sor Vicario de la Sta Iglesia de Montevideo

Domingo Lima, negro libre ante V.S.S^{a} con mi mayor respeto lugar que haya en Derecho y al mio combenga, digo: que no obstante que los Juzgados Publicos conosen en los hasuntos contensiosos del Sacramento de el Matrimonio [...] debo dar este paso que si no es politico es canonico. [...] Disen los sumos Pontifices podemos dirimir, destruir, dividir ese sacramento cuya magnitud acmirable consiste en su asombrosa representacion. Y no pudiendo la Santa Iglesia puede mi muxer Maria de el Rosario Moreti, prebalida de las autoridades politicas ante cuyos respetosos Jusgados se dignara V.S.S., permitirme [...] orar por mis *Dros*, conviniendo en que mi muxer mal entretenida siga el curso de su mala vida sin que yo la moleste con cosa halguna. Es mi deliberada yntension establecerme, poniendo una casa publica de mi oficio con las proporsiones para mi ecsistencia y establecimiento que me de la parte de mis vienes que me corresponda. V.S.S^{a} sabe que ni puede mi esposa haber cosa halguna en que yo no tenga parte yo, ni yo cosa halguna en que ella no la tenga. Es yperbolica la rason de que para partir los vienes se debe aguardar a una ora que es tan contixente. [...]

[9849] *Y siendo* esta ley de la Santa Escriptura ymfalible, debo persuadirme que los Jusgados Politicos no se opondran a ella conpadecidos de ver padeser un ombre por la sola rason de ser politicos, sin hembargo de conoser que una muxer y muxer negra sucumbe el propio sexso de los mismos S.S. Jueses que la Savia Politica Moral Saviamente lo repugna: *Tu has de parir con dolor y estaras sujeta a tu baron*. Creo que siendo esta cosa antigua se habra olvidado ya a sus Señorias, pero el YLL^{mo} y Eccl^{mo} Sor Gobernador Politico aprendio esta Sagrada ley donde el autor de esta misma ynstansia dirijida a solisitar de V.S.S. que poniendo en manos del Eccl^{mo} Sor Gobernador Politico esta memoria pueda ser escuchado como lo previenen las leyes sin que yo niegue que alguna bez he delinquido y tomo bebida, pero no de un modo que falte a mi trabajo, a mi obligacion, y a mis deberes. ¿Y a pesar de esto mi muxer prostituida? [...] Mi vida no debe estar expuesta al antojo, boluntariedad y altaneria de una muxer visiada que seys beses me ha echo prender en año y medio. Y porque para el hasunto jusgo haber hecho el pedimento mas harreglado.

A V.S. pido y Suplico que, anotando esta ynstansia, la pase al Ecclmo Sor Juez Politico con el fin de que ordenando al YLLmo Sor Vise Presidente se proseda [9850] a la partision de los vienes de Maria del Rosario Moreti, dandoseme mi parte antes que visiosa asosiacion y escandaloso delirio la destruya. Y a mi que tengo la mitad en el trabajo y deconsiguiente en la utilidad, queriendo que los S.S. Jueses conoscan el orden y metodos esactamente como la ymbersion y estado de el Jornal de esclavos, pues de onse que teniamos mi mujer ha bendido uno para el derramen de su desonestidad.

Disputa entre la morena Teresa Mojica y Marselino Durán, 1834 [T3]

[0098] Testimonio en la Disertacion
Litigiosa de la morena Teresa Mojica, Viuda del finado Cayetano Duran, contra el Joben moreno Marselino Duran, pretendiente yntruso de una erencia que de ningun modo le corresponde; Mandada escribir por el Sor Juez de Pas Dn Manuel Yamvi [LLambí].

Escrito por el Lisenciado
Jacinto V. de Molina
Escrivno de Cama de S.A.A.

[0099] Orden del Sor Jues de Pas de la 3a Seccion de esta Ciudad en 17 de noviembre de 1834:

«Prosedase a formar una recopilacion de todos los antecedentes fundandolos en Dro.» Una firma, M.Y.

En Obedecimiento al Orden Politico del Sor Juez de Paz Dn Manuel Yamvi de este Jusgado de paz, yo el Lisenciado Jacinto. V de Molina, Escribano de Camara por la Gracia de la Alta Camara del Uruguay, prosedo a la Relacion Judicial sobre los acontecimientos de el moreno criollo Marselino Duran contra la Morena Tereza Mogica, su nutris desde la edad de quatro años en que se encargó de su criansa por aberse desposado con el Moreno Cayetano Duran, presuntivo padre de Marselino. Acompañó a Marselino otra ermanita de que trata Teresa Mogica en su Memorial; y estos dos ermanos fueron yjos de *Luisa Escobar*, morena libre con quien fue desposado en primeras nuncias Cayetano Duran.

Sentado este principio, debo contraerme Rigurosamente al orden del Sor Jues de Paz conforme a *Dro Publico.* [...] De conciguiente en la Relacion Juridica que dicto por aber manejado la previa defensa de Cayetano Duran un mes [o] poco mas antes de su fallecimiento, cuya asercion demuestra a todas luses la verdad y fuerza de mi Xeneral Defensa posterior a Teresa Mogica, 2ª muger segun dige a riba de Cayetano Duran.

Memorial Pº

Sor Juez Politico del Estado del Uruguay

Cayetano Duran, Moreno libre y antiguo becino de esta Capital, ante V.S. y como mejor aya en *Dro* dise: Que aviendole dado el criador de su matrimonio con *Teresa Mogica (Notese esto)* (la Madre de Marselino es primera Muger Luisa Escobar) un yjo nombrado Marselino Duran el año 1815, se dedico desde su mas tierna edad [0100] a ynstruirlo en su oficio albañil teniendo la felicidad de ocuparse conmigo en la Piadosa distinguida obra del Ospital de Caridad donde desde los nominales principios llegó Marselino a oficial. Sesó aquella obra y mi salud deteriorada con la dolencia avitual de aogos se minoró en una umanidad caci destruida en mi anterior esclavitud, estados, y documentos succistentes de mi familia. Dando margen este acontecimiento a sederlo al Maestro Dⁿ Peñalva, de Nacion Gallego, para que lo acabase de ynstruir, pero quiso nuestra terible desgracia que cuando esperé que mi yjo se doliese de mi suerte y de la suya, pues vibe y ecciste a mi lado, es tan yndolente que no solo no quiere ayudarme aun con una pequeña muestra de su atencion (notese esto), pero prebalido de la morocidad de su maestro deciende a un laberinto en que no debo dentrar saviendo que su jornal diario es 20 rˢ, pero seria feliz ci sentando la base de 2 pˢ diarios pudiera ser socorrido con 16. V.S. sabe que para dirigirme asta los pies de V.S. no solo debo saber las rasones con que pido *justicia*, pero aun las deciciones que sobre este principio le an echo solido en el *Dro Natural* (en los Cantˢ Salomon c-3-v3), y Omitiendo lo que dictaron en su flor Moral [...] quanto ynstruyen los principios documentales fundados sobre el *4º presepto* de el decalogo, lo que prescriben y ordenan las *Leyes de Recopilacion de Yndias dictadas por el Oydor Dⁿ Juan de Zolorzano.* [...] Yo sedo a V.S. este yjo en la edad de 19 años, Vicioso, discolo, quando no puedo tratar ya por mi estado doliente precario de su sugecion, comportacion, y correpcion cin dudar que ciendo V.S. el Padre Politico de la Ciudad mirara este obgeto. Quando aviendoló echo presente berbalmᵗᵉ a los alcades de barrio y Jues de Paz, olvidados de su representacion comun, o prebalidos de mi color, aun no llamaron a Marselino. [0101] Que alentado con tales victorias, se entrega a los vicios con la mayor desemboltura. Y porque para el asunto Jusgo aber echo el Pedimento mas arreglado.

A V.S. Umildemente Suplico aci lo determine y Probea reteniendo la suma que a V.S. paresca Justa para mi Succistencia, Exemplo en lo subsecibo a los yjos yndolentes de mi Na[tu]ralesa y color. Dios Gue a V.S. m^s^ a^s^ B.L.M. de V.S.

Sor Juez Politico
Por Cayetano Duran
El Lisenciado
Jacinto V de Molina

Es copia de su Original que sertifica el Escribano de Camara por la Gracia de S.A.A.

Molina

Sor Juez de Paz

Conformandome con la sola exposicion del anterior y aun unico docum^to^ que antesede, pues falleció Cayetano Duran el dia 22 de septiembre anterior. Escrivio dicha ynstancia a ultimos de Julio o principios de agosto aviendo barios dias consultado conmigo su resolucion, [el] estado de su salud quebrantada en estremo, y pormenores de las rasones que temia de ci, y Marselino, ynsolenticimo estando evrio e ymprudente, no queriendo contenerse, y cruelicimo viviendo con el, que pagaba su avitacion, manutencion, labado y su acistencia de botica y medico, cin otro acvitrio que el de su esposa Teresa Mogica, a quien yo no conocia entonses. La altibes –dire mejor, sobervia– de Marselino nos espone a el y a mi a un fracaso. Y quando me persuadia que no uviese otro mas vien educado entre los morenos de Montevideo, quando no me permiti ni aun los principios de escuela por [0102] omitir su dicipacion y la mia para que nos ayudasemos, bengo a [p]arar en los momentos que eccisto ayslado de mis crueles males y de sus vicios. Boy a entregarlo [y] prorrumpió en llanto que no contube porque se desaogase. Evitando los esfuersos de su avitual dolencia, partió llebando el original que tengo a la vista del anterior memorial.

Dos dias despues vino Cayetano y me dio 14 r^s^ por ese escrito cuyo papel avia traydo el. El me dijo, «sali de aquí», y me fui a ver poco mas o menos donde trabaja Marselino. Di con Peñalba, que lo tiene. Le salude, el a mi. Me preguntó mi estado y circunstancias. Le conteste amistoso, y combencido de mi estado yndigente y doliente, dijo «yo le pago a Marselino todas las semanas, pero me encargo desde ahora de llebar a vmd todos los sabados el dinero».

«En consecuencia de esto quiero destruir el escrito». Y yo conteste que no asta ver el resultado. Cayetano partio y guardo el Memorial que actua. [...]

Alegato

[...] Cayetano Duran no solo fue timorato; fue ombre de bien, de buena conducta, y tubo ciempre vien puesta su estimacion, la de su Esposa Teresa Mogica y la de su casa y familia. Y aviendo en sus ultimas postrimerias comfesado con dos saserdotes aviles y virtuosos recomendó a su Esposa directamente ese Expediente [0103] en qualquier caso que se ofreciese despues de su Mortalidad. [...]

El ombre abaro es estulto, pues acmìro que notando la violencia que se le yso para sacarle 22 p^s^ a quien desde el año 30 que lo ynstruye Peñalba a ganado diarios 2 p^s^ 20 reales, y se a dirigido como particular acvitro libre cin dar a Cayetano otro contesto [que] «no tengo, el maestro no me paga». Su padre Cayetano le yncignuo que estaba desnudo; Marselino se yso ropa y prosedió segun su metodo, motibando a Cayetano el Expediente cuya Espocicion e concluido.

[Entre] 7 [y] 14 dias despues del fallecimiento de Cayetano, prosedio Teresa Mogica a cumplir lo que le ordenó su Esposo, como se espresa del ymbentario de Ropa que aqui se cigue, y 5 onsas en moneda de plata que espondre despues entregue a Marselino.

2 Camisas
3 pars de Calsoncillos de Tucuyo
4 pantalones de paño y
4 chalecos de
2 chaquetas de
1 Leba encapotada con su cinto de paño fino y nuevo
1 Paragua
2 Sombreros con algun uso finos
1 Rinconera de una bara de alto
1 una caxa de una bara [...]
1 un banquito
3 Tres tipas de erramienta de albañil
1 catre y colchon propios de Teresa
Ygnacio Ximenez lo testu

La Prudente cordialidad de Teresa, Nutris de Marselino, cometio el error de darle 5 onsas de plata, que a 17 p^s^ suman 85 p^s^, y recombenida quando me lo acvirtió que por que saviendo que era evrio y vicioso le dio este dinero. Respondió que por su boluntad propia, pues [0104] Cayetano entregandole los unicos 200 p[s] que tenia le dijo: 1° me acistiras con esta suma pagando medico y botica, alimento, y la casa; 2° ci mi dolencia no gastare esta suma me enterraras y amortajaras aciendome una caja ferretro para sepultarme; 3° ci te alcansa aras un luto para ti y otro para Marselino, y ci sobra aun me mandaras decir algunas Misas. Este Testamento [...] se cigue que ciendo avil para testar el poder [...] es balida esta declaracion de Cayetano, 1° por la violencia de su emfermedad, 2° por la comfiansa consoladora de su Esposa en ella, 3ª por conserbar el onor de su primera Esposa asta el ultimo momento. En lo relatibo a Marselino, señalado eredero de lo que pudo ser un pasage de la negrita Rosa, propia de Teresa Mogica y mayor de 14 años, nos da claricimas luses de lo dictado asta aqui. Aviendo salido Teresa Mogica a sus diligencias o a la botica, quedo solo Marselino con su padre y se atrevio a ynterrogarlo diciendo, «mi padre, yo quiero saber ci tengo parte en esta negrita». Y contesto Cayetano, «tu no tienes mas que lo que tu madre te de», y reponiendo Marselino segun su genio alguna rason. *Se alteró Cayetano* y le dijo, «no me sofoques ombre, ayudame a subir a la cama», y viniendo a poco Teresa empesó la mortalidad.

Ninguna Ley a onestado tal echo en ningun yjo natural y me decido o en que la naturaleza falto, o en que Marselino no fue yjo de Cayetano, lo que savia con la mayor evidencia.

Tampoco pudo Cayetano rebelar este secreto a otro que a sus comfesores durante su vida. Y a Teresa Mogica de quien tubo un feto y para evitar este relato de la erencia, es de creer que se le dictó. Ympuesta con tal categoria, Teresa obró por ci misma para catarse la boluntad de su pupilo y guerfano, evitando allar una causa para que el ynteres de Marselino alentase creyendo tenerlo en su compaña segun se lo dicto su Esposo.

Tardo poco Marselino en descuvrir sus reflecciones y miras. Al ciguiente dia lunes, a la noche quinse dias que fallezio Cayetano, [0105] orroroso con la mayor evriedad a las 10 de la noche vino Marselino. Teresa lo esperaba cociendo en su propia cama. Marselino se sentó en la suya y dijo, «¿donde esta la llabe de esta caja?». «Esta en casa de el errero porque esta descompuesta.» «Pues benga la llabe de la papelera que nesecito, porque todo lo que aqui ay es mio, que es lo que tienes aqui la mitad de la Papelera, de las cillas, de la Caja, y de la negrita es mio.» «Eso ya lo beremos.» «¿Que ay que ver?, yo me yre a la Justicia, y vmd lo berá, pues que a de ser como asta aqui que anda vmd echo una ... por esas calles con sus paysanos.» «¿Que te an echo mis paysanos? Lo son de tu padre y mios, que jamas an echo mas que mirarnos como tales. En el refresco de el dia de el entierro gastaron 6 p[s]; no lo ycistes tu y tienes osadia de decirme lo que no ay de tu padre en 15 años. ¡Bete de mi casa! Yo yre a la Justicia.» Quedo dormido Marselino en la postura yndesente en que estaba con los brasos aviertos en m° de la cama. Y lebantandose al ciguiente dia, tomo su cama, colchon y caja y marchó. Este echo y sus amenasas causaron el Litigio, citas, y sentencias que boy a Relacionar.

Memorial de Teresa Mogica al
Sor Juez Politico del Estado 1° depart^to^ del Uruguay

Teresa Mogica, Morena libre, ante V.S. con mi Mayor Respeto y lugar que aya en *Dro*, Paresco y digo: Que aviendo enviudado del finado moreno libre de oficio albañil Cayetano Duran, que fallecio de la emfermedad de aogos el lunes 22 del pasado avril. Aquella dolencia arrebatada no le permitió testar, ordenandome como pudo que le: 1° yciese su entierro de este o aquel modo; 2° que diese a su yjo Marselino Duran liquidamente su Ropa; 3° que le acompañase, mirase y sugetase toda mi vida; 4° que lo encomendase a Dios. Este solo rango, Exprecion afectuosa, confiada, satisfactoria, y cristiana de mi esposo *in articulo* mortis, se expresa, corrobora, y confirma con el que dictará a V.S. mi esclaba, [0106] ya mayor de 14 años, que oyo a mi espozo ynterrogado por Marselino no estando yo presente. Y deviendoló declarar ella a V.S. para la mejor constan[s]ia (notesé el pasage de Rosa a fojas 6) quedando yo *ipso jure* libre, pues savia mi esposo lo que le correspondia. Esta especie de Testamento Nuncupatibo, segun el R P Fy Fran^co^ Echarri, sobre el Testamento y Codicilo n° 104.

O por palabras como lo berificó mi esposo, ciguiendosé que no tenia de que testar, de modo que pierden la fuersa las formalidades de la L[ey ...] *de la Recopilacion* y ciendo balida tal y tan succinta declaracion comforme *a la L[ey] 1ª*.
[...]

Desde aquel momento que espiró, cuidé solo de practicar quanto mi marido me ordenó. En seguida a su entierro, yse el ymbentario que acjunto, remitiendome a la esprecion del Memorial que un mes antes de su muerte tenia echo mi esposo cuya prueba es 22 p^s^ que en tres ocaciones le trajo el Maestro Peñalba. Suspendiendo el curso del expediente a efecto de que V.S. se apoderase y contuviese a Marselino, lo que con el Mayor Respeto repito a V.S. usando religiosamen^te^ los poderes que me dio y me dan: 1° el matrimonio con Cayetano su padre 15 años; 2° la tutela y criansa de ese yjo desde la edad de 4 a^s^ 7 meses [y] otra ermana que murió desde la de 2 a^s^; 3° el gran trabajo y gasto yncalculable para sostenernos, ciendo mi esposo emfermo avitual; 4° mi Estado presente Viuda, que deseo mantener mi estimacion cin las bagesas a que la cracicima y detestable yngratitud del sobervio mas ygnorante a savido desender y abatirse con total falta de su deber.

El Lunes 6 del presente (septiembre) sufri de Marselino el detestable vicio de envriagues, no ostante que savia se cumplian 15 dias que murio su padre. El domingo anterior, 5, por la tarde di yo cuenta de 200 p[s] que su padre tenia en mi poder (esta accion de Teresa es justa, decinteresada, yntegra, y umilde) y pagados los gastos de entierro, onras, medico, botica, me quedaban 5 onsas (segun la disposición de Cayetano entraba el luto de ambos y gastos de entierro y onras –las de el entierro ycieron los paysanos; las de las onrras Teresa, y solo falta a la disposición de Cayetano el luto de Marselino [...]).

[0107] (Baliendose de D[n] Narciso Ximenez para esta cuenta, como ombre blanco (y de probidad para el asunto) tomó el dinero en presencia de sus paysanos y lo entregó a Marselino, joben atolondrado. Anteriormente se demuestra la rason porque lo yso Teresa –«el lunes vino a casa evrio, pretendió mi cama, mi papelera, sillas, y aun la mitad del balor de mi esclavita. Esta Propiedad le niega el memorial de su padre». [...] Quedan acsolutamente validas las dispociciones *nuncupatibas de Cayetano a su Esposa*, no permitiendo la Religion y la equidad que pudiese declarar eredero contra su 2[a] Esposa al que lo era ynjusto por la primera –Adulterio: *est inordinatus concubitus cum persona conjugata.*)

Yo entrego a V.S. la ynstancia que me dejó su padre, y apelo *a las leyes testamentarias que protegen las viudas*, aun en los *crueles casos de ditas y concursos de acreedores*, y añado a la ynstancia de mi esposo la querella de ladron. [...]

Los muebles que yo poseo son liquidamente mios. Mi libertad personal es la primera, yo tenia 150 p[s] quando me casé con su padre y pedi y pague otros 150 con mi trabajo liquido la casa; aun quando no la uviese comprado con el beneficio de loterias, en aquel caso *del quinto* es mia. E sacado 6 loterias asta entonses, oy 7, de cuyos resultados son las cillas, papelera y mi esclaba (como se be en la ropa y dinero lo que fue de mi esposo puesto que no pudo aser mas, efecto de su dolencia avitual).

A Marselino, jobem cin estado, vicioso, toca responder a V.S. a la ynstancia de su padre, y a mi del trato ymfame de muger bandida que me obliga a separarlo de mi tutela y cuidado. Lo entrego a V.S. q[e] le obligará a defenderse, y no lo aciendo combencido V.S. Juez Respetoso [0108] sabrá bengar la criansa y asistencia Maternal y cuidadosa que tube de el, desde la tierna edad de 4 años 7 meses. [...] En el dia 26 de nobiembre se a echo Justicia, obligando la resolucion y tedio de Marselino a pedirle perdon de rodillas. Teresa lo perdonó *sub conditionis.* ¿Como se puede negar que toda la subcistencia de mi casa y acistencia de mi marido es mia? [...]

Lo que faborese en esta triste cituacion mi perseguida conducta es mi pobre marido encargandome guardase el papel acjunto (Memorial 1° [...] de Cayetano Duran) y mi aplicación [0109] a mi exercicio continuo –3 pesos diarios de pasteles ago cada dia desde el lunes asta el viernes; los sabados 5 p[s]. Suman cada mes 80 p[s], que en espacio de 15 años y meses deben aber producido a un marido q[e] V.S. y toda la Ciudad [y] la Caridad conoció, mas ci binculó su felicidad en ser yo su muger. Ci mi estimacion, mi ygnosencia, y mi conducta es el unico vien que tiene mi Umanidad.

A V.S. Rendidamente Suplico: llame a Marselino y se entregue de el, con lo que cumplo con el Orden de su padre, y con todo mi deber conformandome con la Justicia que ymploro. Dios gue a V.S. m[s] a[s].

Sor Juez Politico de este Departam[to]
B.L.M. de V.S.
Por Teresa Mogica
El Lisenc[do]
Jacinto V de Molina

Es copia fiel de el original que conserbará Teresa Mogica, lo que sertifico, Esvribano de Camara por la Gracia de S.A.A.

Jacinto V de Molina
Escribano de Cam[a]

Ymbentario de los vienes, Prendas, Ropa, y Alajas, que yo Teresa Mogica berifico en la muerte de mi Esposo Cayetano Duran, que no pudiendo testar por la rapida y molesta dolencia de aogos me ordenó que lo berificase el dia Domingo 22 de el presente septiembre a las dos o 3 de la tarde. Es como cigue:

Primero tengo una morenita propiedad mia nombrada Rosa Mogica

Yden mi casa con sus colchones y desencia regular; por la ley *Del 5° de Testam[tos]* me es propia

Ydn una comoda desente, con sus tiradores

Ydn media dosena de cillas de madera,

Ydn dos mesas chicas para mi uso,

Ydn 3 ollas de yerro mias (1 chica de la anterior esposa de mi marido)

Ydn entregué a Marselino 2 canastas de erramienta de albañileria

[0110] Ydn 100 pesos prestados para su libertad, a Manuel el Talabartero; esprecion 2 onsas al mismo;

Ydn dos onsas a otro ayjado Thomas

Ydn dos onsas para ti que mandandome decir algunas misas vistete tu con lo que resta

Montevideo, y septiembre 26 de 1834, sertifico en quanto a lugar que la morena mina Teresa Mogica es a todas luses muger de estimacion, ciendo legitimo el Ymbentario que yso en aquella f^{a}, no pudiendo testar su Esposo Cayetano quien le previno ygualmente diese a su yjo Marselino la ropa de su uso –que consta en el pliego 2º– y que jamas lo abandonase. [...]

Lisenciado
J V de Molina; ay una firma
Montevideo, septiembre 27 de 1834.
Es copia de su original a que me refiero
Jacinto V de Molina
Escrib^{no} de Camara

Providencia del Jues Politico
Montevideo, Octubre 29 de 1834

Para determinar, tengase presente el pareser del Asesor nombrado D^{tor} D^{n} Manuel B Gallardo, a quien se le remiten los antesedentes para su evacuacion. [...]

Vista del Sor Asesor de Policia

[0111] El asesor nombrado en esta causa dice que puede percibir las depociciones y evacuacion de las partes, y luego proveer como mejor comvenirle pueda. [...]

Sentencia definitiva del Sor Gefe Politico

No haviendo comparecido Marselino Duran a pesar de ser citado mas de tres veses, anotesé en esta oficina para que en el caso de yncistir incomodando a Teresa Moxica, o insultando como ya ha susedido, sin ninguna conmiseracion se le condusca arrestado para aplicarle la pena segun Ley. [...]

Sor Juez de Paz de la 3ª Secion

E concluido el Testimonio que V.S. se Dignó ordenarme debolvi[endo] los documentos que copio. Se comfrontaran, y allandolos V.S. legales y comformes a los *Dros* que testan se me debolberan los documentos de Teresa Mogica que e defendido, quedando en este Jusgado de paz del año 1834 el mas publico testimonio de la Recta y benefica equidad de V.S. Dios le gue M^{s} A^{s}

B.L.M. de V.S.
El Lisen^{do}

Jacinto V de Molina
Escrib^{no} de Cama^{a}

[...] [0112] [Letra de Bianqui]
Mont., año de nro sor Jesucristo
Pase al tasador Gral de costas p^{a} q^{e} en su vista las arregle y pueda exhibirlas el licen^{do} Molina Escribano de S.M.C.
Bianqui
Sr. D. Salvador Tort
[Letra de Tort]
No hallandose expresados en el Arancel general, aquel tasador debe arreglar sus operaciones; ninguno de los casos aducidos por el licenciado D. Jacinto Ventura Molina corresponde expedirse en el hecho presente a los Magistrados q^{e} de la causa devan conocer. Fecha ut supra
S[alvador] Tort

[Letra de Molina] Montevideo 4 de diciembre de 1834, contesto Politico por la direccion de S.A.A. Al Sor Escribano D^{n} Salbador Tort

Defiende a la «liberta» María Guardado, 1836 [T2]

[9540] Con los acjuntos espedientes de pruebas al Juez civil y cuenta Al Agente de la campaña

M.A.Y.P. Sor,

[Letra de Sagra y Périz]
Mont.° Nov.8 de 1836.
Con lo antecedente q. acompana, vista al Sr fiscal general

Sagra

Mui Alto y Poderoso Sor:
Para expedirse el Fiscal general con toda la exorbitancia de justicia que corresponde a la negra naturaleza de esta causa, necesita tener in manibus A sub oculis, el titulo de licenciado de D Jacinto V. de Molina, y el de Defensor de impuberes (tales como la negra casada Maria Guardado) de que aquel hace mencion en su libelo de f. 3. Abajese V. Alteza a mandar que dichos documentos se exhiban, agreguen, unan, peguen, cosan y acumulen, hecho lo cual, se expedira al Fiscal, en esta causa [9541] original, del modo menos mal, y en sentido formal y real.
[Firma ilegible]

[Letra de Molina y sigue a continuación] Jacinto V de Molina Lisenciado en *Derechos* Asociado, a las *Altas Camaras y Estrados de la Capital de este Estado el Uruguay*, para defender las causas de los Morenos de mi color … privilegiado ygualmente por la *Camara eccistente* en 1834, cuyo gracia adactó, y Practica el Juez *Civil, D^{n} Carlos Villademoros*. Ante V.A.A. como mejor proseda y aya lugar en *Derecho* digo: Que aviendose Motibado una querella contra la Vecina Maria Guardado, Muger liberta, morena asenda y conducta, que defiendo en el acto, con permiso de su Esposo Pedro Estrada, Moreno libre, su exercicio picapedrero abentajado en fincas a su esposa, y aun emulados por estas rasones, y otras de barios morenos, que les compiten con rasones en nada condusentes, al obgeto de esta yntriga. Ynstalada el Viernes 28 del anterior octubre, fue llamada Maria Guardado por el Agente de obgetos de la campaña. Su obgeto legalisarme sobre la supocicion de un robo que se le queria suponer, por los morenos Salbador Sabalua y Juaquin Seco. Motibado al negro esclabo del Ciudadno D^{n} Josef Vejar, Juan Jose, a que delatase aber sacado un bolcillo de la papelera de la Morena Juaquina Viancarlos, a quien acistia Maria Guardado. El moreno Salbador, Marido de Juaquina, ofreció a Juan Jose 100 p^{s} porque digese que el bolcillo que sacó Maria

[9541] Tenia 30 patacones que suman 36 pesos, por cuya premisa y denuncia delatada al Juez Agente devia Salbador darle 100 pesos. Dirigiendose en seguida el Moreno Juaquin Seco a succitar pleyteando la rendicion, atraso y fundicion de Maria Guardado (que devio ser su Muger en Africa, ambos ynfieles y muchachos, y casada cristiana aqui con Pedro Estrada que lo sabe vien aunque no puede esplicarse con mayor legalidad en la fidelidad de su esposa) a quienes emulan succitandoles estas y aun otras yntrigas de que podria Ymformar el Juez Politico, D^{n} Juan Benito Blanco en 1835. Maria Guardado acistio a Juaquina Viancarlos dia y noche 27 dias asta su fallecimiento, llamando la atencion de V.A.A. la espocicion que concluyo y deducir sobre ella los descargo u ogecciones en que se enrredó el Señor Agente el viernes 28 ya citado. [...]

Jamas uviera yo creydo ser capas por mi solo de aclarar las equibocaciones en que ya acia el Señor Agente a quien ympugno, pues ci el accidente de firmar a nombre de Maria Guardado el memorial acjunto causó pagar aquellos 24 p^s que unidos a 27 dias de acistencia de Juaquin Viancarlos por Maria Guardado, 7 baras de sayal fino de su mortaja forman la suma de 68 p^s. 1 [real] fue una suma que abandonó entonses por que la yniquidad los recoja aora a fabor de su Onrradez y Estimacion. ¿La Yniquidad? Ci M.P. Señor del Negro Salbador. [...]

Presentado al Agente de la Policia para las gentes de la Campaña debe saberse ci este Juez pudo suprimir las jurisdiciones de los Jueses de paz contra una morena becina conocida. Punto 1°:

Ci pudo suprimir la ynteligencia y conocimiento del Juez civil, y de muertos contra el conocimiento [9542] que le da el memorial que desaprueba cin embargo de allarse firmado del Juez Civil y Escribano de Muertos; punto 2°:

No es esa la prueba de no ser letrado o tener facultad para practicarlo. El *Ecsamen y mi Despacho* no enseñan que el letrado a de firmar con su nombre y titulo. Esto lo enseña la practica, alterada entonses en mi, con los discursos de Maria Guardado y su esposo, en cuya presencia escribi y noté alli mismo mi defecto al leer. Me esplicaré con un exemplo: Ci V.A.A. castigase con una multa al Señor agente, no dejaria por eso de serlo. Punto 3°:

Dictando el Eminenticimo Señor Solis sobre la Ley 1ª de las partidas en materia de declaracion, o defensa dise: que no ostante de ser yncapas el demonio de apareser en juicio, ci se presentase se le devia escuchar; el Señor Agente me llamó, y señalo el mismo y notando los descargos que propuse a fabor de Maria Guardado dijo, «todavia e de sacar del defensor de pobres los documentos y les costara a ustedes mucha plata», concluyendo «vmd no esta aprobado, no quiero escuchar». Punto 3°

Todos los *Dros* an autorisado al Ombre en la defensa de su vida, onor, y acienda, cin ygnorar yo las esepciones del *Derecho Eclesiastico y Monacal*. Debo saber ci demandada Maria Guardado ¿fui yo como defensor de ella o como testigo llamado por ella? De este modo fui y disgustado el Jues de los muchos testigos que llebó y de su grande altercado los echo a todos y me llamo por ci mismo dos beses el 28 una el 29, y no concluyente le mostré el lunes 30 el memorial con que perdio 24 p^s Maria Guardado y la salida fue mi desaprobacion.

¿Quando a desaprobado el *Titulo* el *Ecsam*^{n} Los Colegios o Unibercidades, las ordenes de la Soberania? ¿Qual es el caracter que se me conose? ¿Y la Umildad?

Yo ocurri al Señor Juez Civil, y S.S^{a} me conduse de un modo ymberso asta V.A.A. cuya Soberania compuesta de oydores, Letrados y Representantes tiene por basa solida al mismo Dios [...] S^{n} Pablo a los Rom ... 13 ... 1 ... Ybid ... Rom ... 2.

Ci me elebo por un momento a conoser con el [9543] mismo Eminenticimo Señor Solis los privilegios de los S.S. oydores, Doctores, Gentiles ombres y mas S.S. titulados con las preeminencias regalias de Camaristas togados, Escribanos porteros o Agentes de las mismas Camaras, Audiencias y Consejos, deberia reunir quanto dijo este Eminenticimo Ministro y Fiscal del Consejo de Castilla bajo el Reynado de D^{n} Felipe 5° Rey de España sobre las causas de los condes de Estepa, ambos ermanos clerigos en Granada, contra otro marquez ygualmente Grande de España que los desatendio en una casa de campo y desatendió en el Puerto con rasones ofensivas. [...]

Maria Guardado, abandonada al temor de las yntrigas del satelite Juan Josef, abandono a la suerte detestable sus esperansas que reviben aun a la solida vista de la Rectitud y Justicia de V.A.A.; mi ynnacion se estimula, mi deber y obligacion a quebrantar las trabas que solo pueden ofenderme a mi, nada al Respeto y Obediencia que debo a la Soberania de V.A.A. a quien Rendidamente Suplico ordene al Señor Agente que para seguir las premisas discuciones o Pleyto contra Maria Guardado, se depociten por Salbador [9544] los 36 p^{s} 30 patacones sobre que se quiere litigar, poniendo libre al negro Juan Jose Vejar de su esclavitud, el Negro Juaquin Seco, todo esto por su direccion dentro de tres dias contados para que dicho Juan Jose pueda testificar y ser castigado *ci perjura.* Echo esto y depocitada esta o la suma qu[e] V.A.A. estime Justa, en la Secretaria desta Camara, V.A.A. seguirá Oyendo y Jusgando, o el *Juez Civil* que conoció de los vienes de Juaquina Vyancarlos siendo los ymbentarios de aquella escribania de muertos la decicion mas solida en fabor de Maria Guardado, lo que ago Presente a V.A.A. Por ser *Justicia.*

Dios Gue a V.A.A.
M^{s} A^{s}. B.L.M. de V.A.A.
M.A.Y.P. Sor,
El Lisenciado
Jacinto V de Molina

Escritos políticos y literarios

En esta sección se reúnen escritos en que Jacinto analiza y opina sobre temas acuciantes de su actualidad, como, por ejemplo, el tráfico de esclavos y la esclavitud africana en el Nuevo Mundo. Asimismo, Molina estudia las bases del concepto de sociedad civil, el cual era de fundamental importancia para las modernas sociedades regidas por el sistema republicano. En estos escritos, Jacinto trata de relacionar este concepto con el de monarquía hereditaria, basado en sustento religioso. Estos principios se funden, no sin problemas, cuando Jacinto trata de explicar la independencia del Uruguay del Imperio brasileño. Por último, hemos seleccionado un par de escritos literarios: el primero es una composición poética del propio Jacinto; y el segundo una compilación de dichos de la época que reprodujo en sus escritos. Definir lo literario en Jacinto desde nuestra perspectiva del siglo XXI es altamente arbitrario, pues seguramente Molina consideraba todo lo que escribía como «literario» y digno de incluirse dentro de lo que se entendía por «literatura» en aquel entonces. Si bien todos los escritos son literarios en el sentido de producción textual de primera mitad del siglo XIX, hemos apartado estos últimos textos que denominamos literarios, pues no se adscriben a los otros registros o estructuras narrativas que emplea Jacinto en otros manuscritos.

El tráfico de esclavos y el derecho de propiedad [T2]

[9362] Los barios ecsamenes de todas las Naciones que cultiban el comercio de negros en las costas de Africa desde la punta de Angola al cabo de buena esperanza y en Madagascar, Minas, de donde se ha surtido el huniberso despoblando la Guinea contra el orden mismo de la Naturaleza. Esos ecsamenes aseguran que la nacion olandesa llego alternando a sacar de Guinea un año beinte mil negros; España para sus americas, Francia para sus Yslas, Portugal para el Brasil e Yslas como canarias y otros Paises llegaban a diez mil. Estas mismas naciones un año beinte mil, Olanda diez mil.

[9363] El modo era el robo de los mismos negros en la Guerra, y la Expatriacion de sus naturales, por los mas viles intereses y fruslerias de los ombres.

Conclucion

El Gran Cansiller de la R^{l} Academia de las Ciencias de Sta Barbara de Madrid en su coleccion escrita en Mallorca el año de 1811, asiendo anotaciones sobre los discursos de los bocales de la Junta Gobernadora de España sobre la Resolucion de el Alto y Poderoso Señor Rey presente de Ynglaterra para garrantir y secar el Comercio de Negros como bergonsoso i contrario a la humanidad, dise: lebantose huno de los bocales i dijo, «De ningun modo es permitido pueda aserse propocicion ninguna sobre las propiedades de esclabos de nuestros colonos en America, pues las Propiedades de qualquier modo son sagradas».

Contesto del mismo cansiller

Vrisoc, Celebre Doctor y Autor en la Hunibercidad de Paris, atacado sobre la cuestion con esta gran dificultad contesto: «Quando queramos conseder de buena boluntad que un ombre tiene Derecho para bender a otro, Debo preguntar: ¿Que Derecho de Propiedad es aquel que esta sostenido o sentado sobre la cabala, y el robo?» Y si este contesto es inrresistible, añado con el mismo autor «¿Con que *Dro* sabremos desir que siendo bendido un ombre, o mujer, Aya de ser esclaba por este echo toda su Posteridad?»

V.E.S. se allan constituidos Representantes y solidas columnas antes de la Relijion que de los Yntereses y Estados de la M^{i} A^{a} M^{a} Y^{l}, donde yo Pregunto segun aquel principio de el simbolo de la fe [...] ¿Podra decir la Yglecia en la fe de bautismo de los niños negros «es esclabo de D^{n} Fulano»? Mas si puede, ¿por que en Roma, Paris, Madrid, Napoles, y Lisboa no se hase?

Toque el fin YLL^{mos} S.S^{s}, y si la Piedad y la Rason an demostrado quanto es permitido a la alegorica Ylustracion de mi Disertacion Metodica Politica. [...]

La esclavitud [T1]

[8510] Estaba en otro tiempo en uso la esclavitud entre las Naciones todas, y aun hoy subsiste en la mayor parte del Uniberso. Nota: Los Españoles selaron aqui esto con tal cuidado que no permitieron jamas que los augustos Reyes de España supiesen que en sus Americas se prorrogaba la esclavitud de los negros eptiopes y mucho menos la de sus yjos naturales y criollos los ecsesos a que ha condusido la ydea de no enseñar a leer e ynstruir a los negros. Es tan terrible y contraria a la relixion que de este principio nase hallarse los negros criollos en la nesesidad de no ser ombres para la republica, para la Relixion, para la Yglesia. El perjuisio de sus Almas y personas es todo de los autores de tan detestable ydea. Mi muxer Maria Rufina Campana es victima constante de esta ydea. Estropeada por una maestra con el fin de que abandonase la aplicasion a aprender en cartilla, la tiro en tierra y hallandola con el pie dro en que tenia sapato con tacon de madera [8512] rompio los dos tendones ynteriores de fajan y sostienen la tunica secundina, que cayendo la yso esteril toda la vida y murio de 54 años un mes y pocos dias, ydropica despues de 15 años continuos de erucciones sanguinarias por la boca, ymflamasion del pulmon ysquierdo, y agonias. ¡O quantos ymfelises han sufrido la perbersidad y sobervia estulta de unos S.S. que no tienen otra propiedad sobre sus esclabos que el no tenerla! El Doctor [...] de la academia de Paris dise, «*Quando sea llebadero que un hombre acquiera Dro de propiedad por la compra de otro ombre, ¿P[or] serlo que este ombre sea dueño de toda su posteridad?*» Y en esta duda ygnoro la desision de las Yglesias americanas sobre la restricion del bautismo que si en rason de Sacramento Salba, debe saberse si como tal Sacramento liberta o no. ¿A que contesto que si nos libra del pecado original y otro qualquiera que se haya cometido antes del bautismo? Ydea mostruosa, yrrita y acsurda suponer que los yntereses particulares no puedan extinguirse por la virtud del bautismo tanto mas si las criaturas no han hecho costo alguno a los Propietarios, a Dios Criador, Dios Redentor y Dios Remunerador.

Consiste la esclavitud en perder luego la condision de hombres todos los que se agarran con las armas en las manos, en el Pays enemigo, pudiendo aquellos que los agarraron condenarlos al trabajo mas penoso y arriesgado, quitarles todo y maltratarlos ympugnemente, hasta quitarles la misma vida. Los yjos que de ellos nasen en esta horrorosa condision caen en la misma suerte. Y a esto llama Grocio *Dro de Xentes*, deviendo antes darles el nombre de abuzo, de el Dro Natural, barbara costumbre nasida de la crueldad e ymjustisia. Nota todo esto. Notó el M.P.S. D[n] Fernando 7°, [8513] y yo noto para huir de aquella terrible espresion de los reprobos, hay de mi quia tacui, hay de mi quia tacui –hay de mi porque calle, hay de mi porque calle. [...]

Nunca nos es lisito pribar de la libertad a alguno de nuestros semejantes, si solo quando el tiene algun designio perberso contra nosotros, y nuestra conserbacion requiere que le atemos las manos. Pero para este caso es presiso el estado de Guerra, y siendo nuestro enemigo, como tal lo tratamos. Por el contrario, humillandose el y arrojando las armas, ya no tenemos derecho para reduzirlo a esclabo, porque no tenemos entonses que temer de el. Por esta rason se conose que de la Guerra no puede resultar el *Dro* de la Esclavitud, esto es aquel *Dro* por el qual un hombre se constituye de tal suerte Señor de otro, que este quede toda la vida esclabo. Pero alguno dira que teniendo el bensedor *Dro* para quitarle la vida a su prisionero, se la dexa en recompensa de la libertad que le quita–Nego suposito, porque supone un *Dro* que no ecsiste.[1]

Tampoco la Guerra por si sola da *Dro* de Soberania, esto es para mandar a un Pueblo de tal manera que ese *Pueblo contrayga lexitima obligasion de reconoser al vensedor por su* [8514] soberano, y consiguientemente obedeserle, porque todos los hombres son naturalmente libres e yguales. Por consiguiente no puede haber para ellos obligacion de obedeser a alguno de entre ellos y reconoserlo por su soberano, a no ser que esta obligasion sea contrayda por sumision voluntaria.

Burlamaqui, hablando de los principios del Dro Politico, dise «*es necesario advertir que la Guerra o la conquista, consideradas en si mismas, no son principios y orixen inmediato de la Soberania, solo el consentimiento espreso o tasito del Pueblo. Sin este consentimiento subsiste siempre el estado de Guerra, pues ninguno podria conoser como estaria qualquiera obligado a obedeser a quien no prometio cosa ninguna*».

La abolición de la esclavitud [T2]

[9283] [...] Otra Ley será a consequencia, el precio de la libertad particular de cada esclabo, para que segun sus acbitrios puedan esos miseros conseguirla, sin el mas, y menos, de que abusan, y en suma proponen sus propietarios, con una Autoridad ynumana e Yntolerable, yludiendo y persiguiendo las humanidades con yndesible crueldad. [...]

---

[1] *Nota de Molina. Los estados cristianos abolieron el barbaro uso de redusir a esclabos los prisioneros de Guerra, pero por el *Dro* de represalia, se reduzen a la esclavitud los prisioneros de Guerra que se agarran entre los ymfieles. Sufren tambien en sus colonias la esclavitud respecto de los negros. [...]

La sociedad civil [T2]

[9213] M.A.[s] Y Poderosos S.S[s] de la Cama[ra] de Mont[deo]

Quando me dirijo segunda bez asta los Altos Piez de V.A.A. No prosedo dictando mi pareser, sobre las reglas de una prudencia eccitada por mi devil humanidad practicamente combencido del Grande Seneca quando dise ... Nihil *opinionis causa, omnia confcientia faciam: populo teste fieri credam, quidquid me nefcio faciam ... De Vita Beata* ... c ... 2°.

Punto 1°

Ret Sentioribus

Jamas olvidaré *Que es obligacion de todo ombre que se constituye miembro de una Sociedad Civil,* entregarse *a ella con todo lo que posee, obligandose a seguir sus leyes, y a concurrir quanto le fuere pocible para la hutilidad comun ... Capitulo ... 2° ... de el Derecho Social y Ovligaciones de el Ciudadano.*

La M.A. del Poderoso Señor Emperador se dignó el dia de hayer –22– darme las gracias en dictarme era mi obligacion suseciba, la que yncínuó a V.A.A. No es [9214] Poderoso Señor raro que medite en este ebento la continuacion preliminar de una obra que perderla mucho si no la adornase con el onrroso titulo de obediencia a V.A.A. –de onor– de Hutilidad.

Pero ciendo una de las reglas mas justas de la Jurisprudencia, la Aberiguacion de las causas y rasones, no e tenido cin embargo la felicidad de que este Augusto Senado de que no soy forastero se haya constituido a la justa tendencia de escucharme. Regla que en la moralidad Politica o Teologica no ha lugar –*Necnos contra ynauditam partem aliquit posumun definire.* Regla que esplica el Eminenticimo Sor Solis diciendo que aun quando el demonio que es yncapaz de todo Juizio se presentase a algun Jusgado, seria presiso escucharle, ciendo esta ovligacion acsoluta de la Toga y de los Jueses.

Yo preguntaria haqui ¿Ci fue Justo? ¿Ci pudo el Monarca o Monarcas de Europa y el Bracil caracterisarme Lisenciado en *Reales Dros*? ¡Ci pudo! ¿Ci devi, o no obedeserles? ¡Ci les obedeci V.A.A.! y ¿ci oy te alla caracterisado este Aeropago hunicamente por esa obediencia? ¿Pero ci devi obedecerles es justa la demostracion de obra, unico obgeto, cuyo permiso pido a V.A.A. para ynprimirla? Ciendo Onor de este Augusto Consejo formar sus contestos a S.M.Y. por esta via. Ci M.A.Y.P. Sor Los augustos Sellos de V.A.A. deben Onrrar el primero al humilde Jacinto y sostener sobre tal cimiento esta unvriosa Monarquia. [9215] Ci Poderoso Señor de acuerdo el alto, bajo, y medio para la victoria evidencian a V.A.A. cada letra mia mas, y mas, el ynstante, y *Dro* de Rebercion. O de *Dro* ereditario de el Augusto Emperador mi Señor y no ciendo facil que V.A.A. desconosca estas

Egecutibas reglas, parese que copio la *R^l^ Sedula* de 27 de febrero de 1803 despachada por el Secretario de S.M.C. D^n Ygnacio Ribas.

[…] Y yo doy esta Gloria a Mi Señor pues me distinguió desde el polbo de mi humildad con consentir a V.A.A. o a mi la humillacion de bolber a probar el yugo desconsertado constitucional; yo quiero ber a V.A.A. obediente a la Grandeza Augusta del Poderoso Sor D^n Pedro Alcantara de Braganza, y No quiero q^e V.A.A. obedesca al Señor Emperador de el Bracil. El estado será Aci: «el Ymperio Cisplatino de Montevideo».

Para contraerme y cimentar mis propociciones del pesar V.A.A. debe conoser Ci ha cido Justa la emancipación de este estado dictada por el Poderoso Señor Emperador. *Set ci est.* Será tambien justa la rebercion ocsequiosa y agradecida y yo me esforsaré en probar que este estado tiene naturalmente la fuerza mista que suponen todos los principios constitucionales que demuestran los ejemplares y codigo desde el ano 1803. [9216] Este estado no solo coloca todos los tribunales que tenia, pero aumenta una suma de bocales que alternan en el Supremo consejo que por su fuerza Politica ympartira en las diferentes juntas y contadurias cin degradarse. Los letrados estan caracterisados por el evangelio: *bos esti salterre bos esti luz mundi.* Yo no debo olvidar mi naturaleza aunque mi estado sea distinguido, tampoco la autoridad constituida por Dios de desender asta la asamblea […].

V.A.A. tendra a la vista la conclucion de mi Oracion berbal al Monarca de el Bracil ydentificandola con la

Formacion de la Sociedad Civil

Capitulo 1°

Se forma la Sociedad Civil por un contrato en virtud del qual muchos ombres juntos se obligan a trabajar de concierto en su utilidad comun escogiendo hun gefe al que yo llamo Principe o Soberano con titulo de «Emperador Cisplatino» para dirigir en beneficio comun la fuerza y voluntad particular de los asociados. La Ystoria de la fundacion de Roma muestra primeramente huna multitud de ombres juntos para estableserse en las riberas de Tiber, entre los quales a lo menos devia haber huna combencion tacita, por la qual se be [9217] despues que deliberaron sobre la forma de gobierno que devian estableser, y sentando en el de Monarquia dieron la autoridad soberana a Romulo. El primer punto preliminar prueba que la Nacion Portuguesa elixio al Poderoso Rey de España D^n Felipe 3° y le poseciono en Lisboa su cap^l donde aquel Monarca Murio. La Nacion Española lo egecuto en tiempos mas ynmediatos en el Poderoso Sor D^n Felipe Quinto de Nacion Franses y Duque de Orleans. […]

Discurso

A pesar de la libertad de la Prenza mi humildad se habatiria ci creyese que el Estado de Montevideo puede asegurarse Republica desmereciendose por ci mismos un Soberano, que acaba de Elebarlo y Autorisarlo, y ci se da tal ydea es acsolutamente monstruosa y ci comfieso con los Padres Mariana y Feyjo la acbercion de Españoles y Portugueses, nadie podra negarme que en eso se cree aun en una filosofia pueril. [...]

[9225] [...] No debe ser raro el que Montevideo no deje aun la Escuela ci desde ella puede asender a ser Maestro dejando atras un Lima al Oeste, un Chile, un Peru, un Paraguay, y un B^s^ A^s^ promotor lastimoso de el fenomeno mas oscuro y denso que an producido las Provincias del Río de la Plata, este mismo Río Yndo en su oriente produse un Montevideo «Que a la Faz de el Huniberso se prepara a desembolberse y elebarse». ¡O Ciudadanos! ¿V.S.S. miraran como asunto filosofico llegar a ser el ludibrio de los ombres? Notad S.S. los principios de los paises selebres de el Mundo antes que sus pobladores emprendiesen sus edificios y cultura: Exipto, Jerusalem, Esparta, Roma, Paris, Londrez, Vayadolid, Madrid, Montevideo. Empiesa el Ciglo 800 por cuyo metodo los ciudadanos lejos de degradarse en monton sabran unirse en la solidez.

¿De que se trata en Montevideo, ciudad maritima? V.A.A. no be que las artes todos deben conoser la ciudad y el comercio correspoden a la cultura, Economia, y Policia de un Estado de Montevideo. Oy nada debe salir; todo se debe conserbar y adelantar para que este vigor de ympulsos a los empleos de los obgetos que se consideren hutiles y debe desenderse asta la tasa de pesos medidas y sumas en todo [9226] para que asi lusca la Ley, la Rason y el Orden, elebandose la Saviduria de V.A.A. Por ygual Metodo corresponde a la Policia de los Estados el Monte Pio y ospitales y resulta que la Ciudad, Ciudadanos y Comercio sostienen y dan principio a este Gran punto de la Politica y estoy en el Punto 2°.

Traspaso

M.A.Y.P. Señor Aviendome ymformado el dia de Ayer de que el estado de Montevideo lo es oy de asamblea, quedo combencido de que no debo seguir por aora ciendo esa Asamblea Representacion de el estado P. ¿Que cosa es un estado? A que contesta En la Secion 2ª sobre el Derecho de las Gentes el Autor del *Orden natural de las Sociedades Politicas* Que cada Nacion es como una Provincia del Grande Reyno de la Naturaleza Cuya consecuencia es que no solo las Naciones pero los ombres se deben tratar como compatriotas, y trabajar mutuamente en beneficio unos de otros. [...]

Esta benefica ydea piadosa [9227] eleba mi humildad a tratar de la Religion en este paso porque el arrimo mas seguro de las Leyes es la Relixion. No se da motibo que obre con mas fuerza en el corazon de los ombres, que la firme creencia en un Dios Omnipotente, que castiga la maldad y recompensa la virtud. Tal motibo es el que puede emfrenar las paciones furiosas y contrabalansear los yntereses particulares. No se (dezia con gran cordura el Orador Romano) ci sacudiendonos de la Relixion y piedad no se destruye al mesmo tiempo la buena fe y la Sociedad del Genero humano, y consiguientemente la Justicia que de todas las virtudes es la mas excelente … Bayle … *de natura* Deor … L … 5 … c … 2.

Entre las Relixiones diferentes que cubren la faz de el Universo, ninguna sirbe mejor q[e] el cristianismo para formar con sus preseptos y dogmas las costumbres, emfrenar las paciones, forsar la naturaleza de el clima, e ymspirar Sumicion y obediencia a las Leyes y Soberania.

Esta Relixion da las Leyes civiles con la Mayor fuerza que pueden tener, qual es la de la conciencia hunica que puede emfrenar el corazon, el qual puede cometer injusticia cin saber o temer el castigo de los ombres. Es la Relixion mui comforme al espiritu social, porque el espiritu Social no es otra cosa que el apego y aficion a la Patria, el qual hase que el Ciudadano consagre al servicio de ella sus talentos, sus vienes, y la misma vida. De conciguiente no hay cosa que inspire mejor a los hombres este apego y aficion que el cristianismo, pues no hay cosa que ynspire mejor al ombre el amor de sus obligaciones.

[9228] ¡Pero que deviles motibos son para mober al Ciudadano a sacrificarse por su Patria! Los yntereses que estima mas, y las inclinaciones que ciente mas suabes que deviles motivos son para eso la onrra de las Monarquias, el Temor de los Estados despoticos, y la virtud Republicana. Solo el cristianismo es capaz de lebantar al Ombre sobre la fraxilidad de su corazon. En fin, la Relixion cristiana sirbe mucho para la Politica de los Estados. Y sino, ¿qual es el fin a que se dirixe la Policia? ¿No es el modo de regirse exteriorm[te] los ciudadanos? ¿Y no es tambien presepto del cristianismo, que se Obedesca a los Principes en todo lo que no es contrario a la Ley de Dios, el guardarles inviolablemente fidelidad? En quanto a sus Ministros, no les da fuerza coactiva ni dominio alguno, ya sea en el orden temporal, o en el Espiritual. […]

Aserca de estas palabras dize el Doctor Doupin [que] Esta acbertencia enseña dos cosas a los Ministros de la Yglecia. La primera, que los Apostoles y sus susesores no tuvieron o tienen poder, ni jurisdicion alguna temporal. La segunda, que el poder de dominacion no les corresponde, pues su facultad es espiritual, de Mansedumbre y caridad, porque al poder temporal pertenese reglar el esterior [9229] y al espiritual solo le es propio reglar las afecciones ynteriores … De anti. Eccles … Dis … y Dissertac … 7.

Seria despreciar las reglas de politica mas saludables no yntroducir en el Estado la Relixion catolica y sus Ministros del Ordem y Ministerios de Dignidad, Qual son Medios Racioneros, Racioneros, Capellanes de Onor, Canonigos, Ovispo. Seria ygual desprecio no conserbarlos aviendolos yntroduzido y diez años a que an cido propuestos por mi mano y humilde Talento a España, Portugal, y Roma. E ay el Ynteres y la Politica sufriendo el mas fuerte ataque de un Negro humilde, pero esto mismo estimula mi gloria e ympulso en la produzion de esta Yglecia cin ygnorar que, como la de Roma quando la formo S^{n} Pedro, no tiene rentas; es pobre el Estado. Buestra patria es pobre, Dilectissimos S.S. Doctores y Presbíteros, de ellos Amados condicipulos ayudadme a la Gloria y el Onor y No temays. [...] Alli beis a Pedro, Pablo y diez apostoles, entre ellos S^{n} Felipe y Santiago en cuyo gran dia os escribo y felicito, animo y pido que me ayudeys, pues produzida la yglecia sabreis criar, sostener, elebar buestras Dignidades, buestra Iglesia oy al concilio de Trento y otros que os priban el que buestras capellanias sean legas con que rason, ci con oraciones, misas y limosnas las adelantays. [...] Dejaclas en buestra Muerte a la Yglecia y vivireys in memoria eterna como en esta Yglecia ciempre presentes.

[9233] [...] Note V.A.A. el peso politico de este paso, y comprenderá la ydea con que garrantiso este Establecimiento, cin dudar que la Yglecia es la parte mas esencial y faborable, para la solidez de el Estado. [...]

Ciudadanos, Sostengamos esta Libertad, o seamos victimas, como los de Sagunto, Numancia, y Tiro. Mi Humildad yndixente es de V.S.S^{as} y no sesaré de servir, en tanto que V.S.S^{as} no me lo ordenen. Ya estoy en la marcha.

La ydea politica con que me dirijo a comcluir el discurso de Opocicion a toda constitucion en los principios de este Estado No solo destruye el que tenia desde el año de 1824, pero liberta a VA.A. de las ydeas q^{e} aquel Ymperio pudiera alegar sobre tales principios. Cin embargo, es aun mas solida mi reflecion. ¿Como podrá persuadirse V.A.A. que ciendo el Poderoso Sor D^{n} Pedro Alcantara de Braganza, cin adicion lisongera Politico de primer orden, [9234] pudo ygnorar el *Dro* de susecion solido, yncontrarestable, gose le faborese? ¿Y ci no lo ygnoraba o lo ygnora a la presente? ¿Como consede tal Yndependencia? Y respondo ¡Por que S.M.Y es Justo! ¡Nuevo modo de opinar! Conoser su *Dro* a esta Provincia y consederle la libertad son dos cosas opuestas en la decisión justa de Astrea. S.M.Y. es Emperador Constitucional que ase la propiedad de muchos y en este ebento quiso que gosen de esta libertad sus mas amados basallos. ¿Sus mas amados? Si Poderosos S.S^{s}, aun este titulo plural le jusgo Digno de V.A.A^{as} por esa rason y se be, con mucha claridad no solo es de el Monarca el *Dro* de susecion pero el de Ynstancia, y Altercado de los Poderosos S.S^{s} Reyes asendientes de S.M.Y. que procurando para ci, y la *R*[l] *Casa de Braganza*, no manifestaron jamas este *Dro* para las Provincias Bracileras.

S.M.Y. vio que a todos estos principios superó la ygnorancia Politica o de quien pretendió la Yndependencia o de el Poderoso Sor que medió, sedió aci sus Dros a las causas mas poderosas y fuertes, q[e] conose la naturaleza. [...]

[9235] [...] Pero es tamvien evidente que S.M.Y. a ganado para ci, y para nosotros, y esto prueba su bondad mui generosa, y la rason con que me opongo a toda constitucion. E visto las Grandes Onrras que el estado dispenso al Ciudadano Eccl[mo] Señor Rondeau. ¡Pero que dolor es Que el estado no pueda dispensarle una eccistencia equibalente! Pero ni a otro alguno. Dispensese V.A.A. a mi refleccion, y se bera todo superado, y no solo sera seguro el Estado pero será un Imperio.

[...] Yo pienso alguna cosa que no me atrevo a decir. [9236] Dentre V.A.A. lleno de humanidad sencible en el corason de un Joben Monarca que cin ynterruccion recibe golpes desde el año de 1822 y note ci S.M.Y. tiene a quien bolber los ojos. Los constitucionales son autores de su constitucion y los Monarcas Consanguineos de S.M.Y. coerederos son opuestos a ella.

Esta prueba de el Amor tierno y natural de la umanidad eccige el humilde Jacinto Ventura de Molina. Deseo que V.A.A. abra sus brasos y consuele en ellos a un Principe Amable Catolico Piadoso Justo humano. Dios sabe asta donde llegaran las recompensas y no ciendo facil estenderme mas sobre mi adiccion, la misma Politica me conduse al

Articulo 1° de el Derecho Social

Medios de procurar la Seguridad u Tranquilidad de el Estado

Para exponerla con mayor fundamento debe sancionar V.A.A. ci la ley de la fuerza o el desorden ha lugar en toda mi propocicion preliminar. Una susecion de pasages y reflecciones me condusen felizmente asta la conclucion que eccito y deseo ygual a V.A.A. que mira este Momento como el mas precioso que se presenta a un escritor negro, lisenciado en *R*[s] *Dros*. No me ynteresa despues de esto la libertad de la Prenza; los ombres segun mis procpectos an de sentenciar y baluar mis pensamientos y escritos ciendo evidente que por lo mismo teniendo Jueses tan Imparciales.

[9237] Soy mas feliz por mis facultades Politicas, morales, Reales, o Ymperiales conocidas en el Huniberso y aun por eso con el selebre Calderon de la Barca, en la Politica de Dios convido a todos [...]

Los Goviernos son de una Naturaleza, Orden, y Metodo Artificial y ci fue un yerro aquella mediacion, V.A.A. debe enmendarlo con un acierto. Mi gran satisfacion conciste en que los S.S[s] de el Pays no se allan yniciados en ella. Luego la Constitucion que quiere envolvernos [9238] quiere tanvien aser general el remedio. ¡Cierto seria que todos quedasemos enfermos. *Salbese quien pueda Salbarse, dijo el ynfeliz Dexlobes.* [...] es ympocible que la boluntad de los adictos a la costitucion sea mas que ver ci aciertan ¿y ci no? Reciba el Estado su desonor, y su Ruina.

¿Qual es la Politica de Dios? Haser tanto vien a los ombres como puede haci mismo; los S[tos] Padres aseguran que el ombre une su Naturaleza miserable a la de Dios ynconprencible y Divina y se cigue que ci Caridad es Amar a Dios, y al Proximo como aci debe este Estado Orar por el Merito de Esta Caridad.

Los puntos anteriores estan establecidos sobre las obligaciones del ombre constituido en la Sociedad. Debo Contraerme sobre ygual fundamento a lo que utilisa al Estado, pues es constante que las Leyes Civiles son el fundamento de la Seguridad y Tranquilidad de los Estados. Entre estas Leyes hunas contemplan cosas en que los miembros de el estado se refieren hunos a otros, y otras aquellos en que ellos se refieren a todo el Cuerpo. [...]

[9239] Debo Esplicarme halgo mas con nueba vista a la refleccion: bemos que el Estado se previene en adelante a depocitar en esta Caridad el Ospital de el estado y viendo la yndixencia de este no ay rason para escusarse. Un año ase que boluntariamente escrivia huna obra dibertida a beneficio de su botica que no tiene demostrandose oy mas que nunca su defecto y grande gasto en bes de utilidad aun para el Estudio y empleo de algunos de sus Niños Expocitos. [...]

[9242] [...] Por consiguiente es Ympocible que pueda la caridad abrasar este grande obgeto con sacrificio, pero que pueda auciliar segun la ley al comercio y becindario en los otros Ramos de Policia. V.A.A. conviene en que el ferreo corazon de Buenosayres yrio en 1814 esta Caridad, lo que noto porque me opongo a toda nobedad constitucional en el estado. Aquella nobedad yrio el corason de esta Caridad que son sus Pobres. Pero ci yo soy uno de ellos oy.

Los felicito, Yndixentes de todas clases. Benid y bed mi pensamiento. Las Leyes Civiles *Doctor Solorsano ... 1 ... 3 bolum[n] ... 1°* Conseden a los colexios y casas de Piedad, como esta, todos los vienes y rayses de los Yntestados que ynutilmente reclamó asta aqui esta Caridad como se be en los que sedio a los pobres D[n] Manuel Cipriano de Melo, la casa que dejo para pobres el Presvitero Doctor Perez. y los vienes y Rayses o cortijos de el finado becino yntestato D[n] Miguel Samora. A M.P. Señor ci V.A.A. por primicias de su Equidad sediese estos obgetos tan ymportantes a los Yndixentes de el Estado, a los Jobenes ydiotas [9243] cin principios o ylustracion alguna V.A.A. es el Juez, pues ha visto quanto costo a sus padres su educacion y direccion al Augusto Estado que ahora regentan y avrá quien diga aun palabra sobre los Españoles. Poderoso Sor, Este Estado es libre. Discurran los becinos y Peruanos como gusten ci V.A.A. aciente a Mis proposiciones. Ci no las Resuelbe y determina remitirlas ympresas Al Poderoso Sor Emperador D^{n} Pedro Alcantara de Braganza V.A.A., el Estado y yo beremos en lo 12 o 14 años que el Colexio de Montevideo acquiera titulo de Unibercidad que en america sera raro. Alla fueron a España, a Chuquisaca, Chile, Paraguay, Cordoba y B^{s} A^{s} a derramar caudales de sus padres. Yo espero por el onor y credito cobrar de los Peruleros recompensas. No creo que se ayan olvidado aun de las Ciencias y desearan allar espacio y quietud para cultibarlas. Recomiendo a V.A.A. este cuidado ci de mi acaso se dira algun dia que debo tener a que Poseo Protectores mui Poderosos. Nada, Poderoso Sor, oculto de mis Ydeas, y si meresen el eloxio de Cingulares Notara V.A.A. de paso Asociados y hunidos los Tribunales que he dibujado de Aduana, Estado Militar de Comercio, Becindario, la Yglecia y Protomedicato Esta Caridad, y cin Duda V.A.A. que me Ordena se que el Poderoso Sor Emperador esta de acuerdo con migo. Pruebe V.A.A. a ber ci me equiboco.

Y cigue el primer Capitulo de los Elementos [9244] diciendo Las primeras Leyes deben hasegurar la vida y acienda de cada uno de los ciudadanos, previniendo por medio de establecimientos de ciertas formalidades, el fraude en los contratos por el regular modo con que cada huno debe procurar la compensacion de los daños que se le yzieron cin que persona alguna pueda tener Dro de aserse justizia a zi propio, pues ci alguno tuviese este *Dro* ¿que crimenes y delitos resultarian de la pacion? ¿Que desorden no havria en la Sociedad? [...]

[9246] [...]

Resolucion

M.A.Y.P. Sor

Yo ygnoro ci es la Diplomacion de un Estado yndixente la que concluyo, O la hasociacion de su felicidad la que empieso. Cin embargo, me resuelbo en que qualquier Constitucion coarta el estado de asenso [9247] e yncremento en que esta constituido naturalmente el estado. Precindo de lo perjudicial que seria a la libertad que vela rigiendose por las bases de los conocimientos y esperiencia cuyo juicio quedaria sofocado para dirigir en lo subcecibo el mejor acierto.

Y ci yo como yndividuo humilde de esta Sociedad y de el Estado e discurrido comforme al cap^{lo} 2° de el Derecho Social y ci comforme a la decision del poderoso Sor Emperador pagina 1^{a}, me he contraido a Manifestar a V.A.A. mi mas respetosa y esacta Obediencia. Ha cido ygualmente teniendo a la vista los medios de procurar la felicidad y Tranquilidad de el Estado, resultando ynerentes las constituciones que puedan dictarse ci qualquiera destruye el consejo que dicta conseptuando un Estado Monarquico como lo prescirbe el cap^{lo} 1°. [...]

[9248] [...] V.A.A. debe refleccionar que el Publico acaso a creydo que el Derecho de ygualdad que establesen las constituciones destruye los respetos y Mayoria que ha establecido el Derecho Natural, el decalogo y el Ebangelio. Por estas rasones V.A.A. antes de resolberse a tan total principio debe estableser el Orden las Costumbres y la Politica que es el 2° punto Social de los que constituyen la seguridad de el Estado. [...]

La monarquía hereditaria [T1]

[8898] No nos cansamos, dise el Dro Social que sigo, en aberiguar qual es la mejor forma de gobierno. Todos V.S.S^s y yo amamos sobre nuestro corason al M.A.Y.P. Sor Emperador D^n Pedro 1° de America, sin ygnorar que todos los Pueblos pueden ser felises en poder de los Soberanos a quien obedesen. Pero tambien nos contentamos con dar el para vien a aquellos que viben en una Monarquia hereditaria, modificada por las Leyes. Este feliz Gobierno tiene en si el vigor y prontitud de la execusion que se halla en la voluntad particular de uno solo, que es el Sor de la fuerza del Puvlico. Las Leyes lo preserban del abuso del Poder Soberano. [...] Es tamvien verdad que siendo el Gobierno electivo se puede escoxer xefes capases de gobernar, que sean conosidos por sus grandes qualidades. ¿Pero quando se demostrará que los Electores tengan siempre los ojos en el vien publico? No es el ynteres particular el movil ordinario de sus votos? Demas de esto, en las Monarquias [8899] hereditarias modificadas por las Leyes no se ve aquella subordinacion y devocion de los Pueblos a los Soberanos, las quales constituyen la seguridad y felicidad de un Estado.

En virtud de el estavlecimiento de las Sociedades que les es mas racional que los hombres podian inventar, resulta a cada uno la presisosa ventaxa de no depender de violencia del todo Popular la de tener segura la vida y la hasienda, y berse obligado a oir la voz de la razon y no la de las pasiones. Esto es que los hombres reunidos en Sosiedad Cambian el poder de seguir sus caprichos contra su seguridad en la nesesidad de trabajar para su felicidad. [...]

[8913] Yo, Humilde rayo, pero hardiente, del Español vrigadier D^n Josef Eusevio de Molina, lo aviso a V.S.S., lo Pido, y por la sangre de Jesus os lo suplico; Animado por la Santa Caridad de Montevideo, abandonen V.S.S. la Patria; corran a unirse con los S.S. Portugueses de el Brasil, los quales siguen la causa del Augusto Sor y Monarca de España cuya sangre, doctrina y prinsipio tienen V.S.S^s sobre el juramento de fidelidad que ynjustos han despresiado y quebrantado. Y yo doy Palabra que tal bez no seran los yjos de V.S.S. los que beran el fin, pero si

V.S.S[s] mismos, uniendose de nuebo con sus amados consanguineos y Parientes los Españoles de Europa por la mediacion y hunidad del M.A.Y Poderoso Sor Emperador de la America.

La independencia de Uruguay del Brasil [T2]

[9306] [...] El augusto onor de V.M.Y. a cido erido por la mediación de el Monarca Yngles por su Politica ynjusta. ¿Y la Relixion de Jesucristo, Poderoso Sor Emperador, Por quien es erida y destruida? En todos y cada uno de los hombres cristianos que V.M.Y. abandona a una libertad, que sabe que no ay Y que debe impugnar como Padre, Monarca, Sor, Tutor, y Dios de la Monarquia ... *Porque Reyes Reynan.*

[9394] [...] El Todo poderoso conoce mi corazon y mis mas diminutos pensamientos cuya conclusión descubre que V.M.Y. no puede desentenderse y abandonar esta Provincia, sin el mas orroroso crimen. Tampoco puede saber mas V.M. que los anteriores Monarcas de Portugal que sostuvieron el Dro de pertenecerles esta Provincia. ¿Como puede V.M.Y. abandonar una propiedad que octubo legitima? Sino por naturaleza, por hacquicizion emanada de ella. ¿Quien Son Los Poderosos S.S. Reyes D[n] Juan 6° Rey de Portugal Y D[a] Carlota Joaquina de Borbon? Manifiestese que ambos monarcas no tuvieron por si mismos *Dro* a la Propiedad de esta Provincia; y esclarecido este punto primero, tendrá mas solidez la mediacion del Poderoso Sor monarca de Inglaterra entablada por la libertad de esta Provincia. [...]

[9449] [...] ¡El mundo acmirará! Sustituido en este Pays americano el afecto de los Monarcas, a un negro criollo del Sur (el Río grande) Por los S.S[s] Senadores y Representantes de la Republica del Uruguay y mas sensible pena será no ver un contesto de un ateleta tan savio como distinguido. Raro pensamiento. ¿Quien de estos Payses ha visto esto?

La evidencia lo ha demostrado, es un obgeto poco digno de la atención umana, no ostante que esta naturaleza me produjo. ¿Que Ombre discurrio Jamas Que puede lo que otro no? ¿Y ci lo refleccionо ¿con que seguridad se convenció? La Republica Oriental de el Uruguay dize su Majestad el Emperador del Bracil ... *Declara la Provincia de Montevideo llamada hoy Cisplatina, separada del Territorio del Imperio del Brasil para que pueda constituirse en Estado ... Art 1 de la Constitucion.* [...]

«Versos en poesía abortados y parto improvisado y de repente»[2]

VERSOS EN POESIA ABORTADOS,
Y
PARTO IMPROVISADO Y DE REPENTE
DEL
LITERATO ESCRITOR, LICENCIADO
Dr. don Jacinto Ventura de Molina.

1º
D. *Hernandez* ¿Podre Dictar!
¿Ci yo llego a conoser?
¿Pues ciendo Ciencias, Saber,
Lo que en ellas, pueda hablar.

2º
¿Hernandez supo acopiar,
Varias Ciencias, reunidas?
Haci a los ombres, Ylustra
Que oy en el *Ciglo* le acmira.

3º
Tan delicado Ynteres,
Ará que su suerte, actiba?
Semejante, a la Luz, gire.
Ydentico a las de el Dia.

4º
¡O que Feliz! que Dichosa?
En metros la *Poecia*,
Culta, le hase estos sufragios,
¿Cino noble, agradecida?

5º
Las energicas delicias,
de mi alegre melodia,
en quartetas lo selebra
Fernandez «diciendo Viva».

B.S.M.

[2] AGN, Ex Archivo y Museo Histórico Nacional, Caja 205, Carpeta 7.

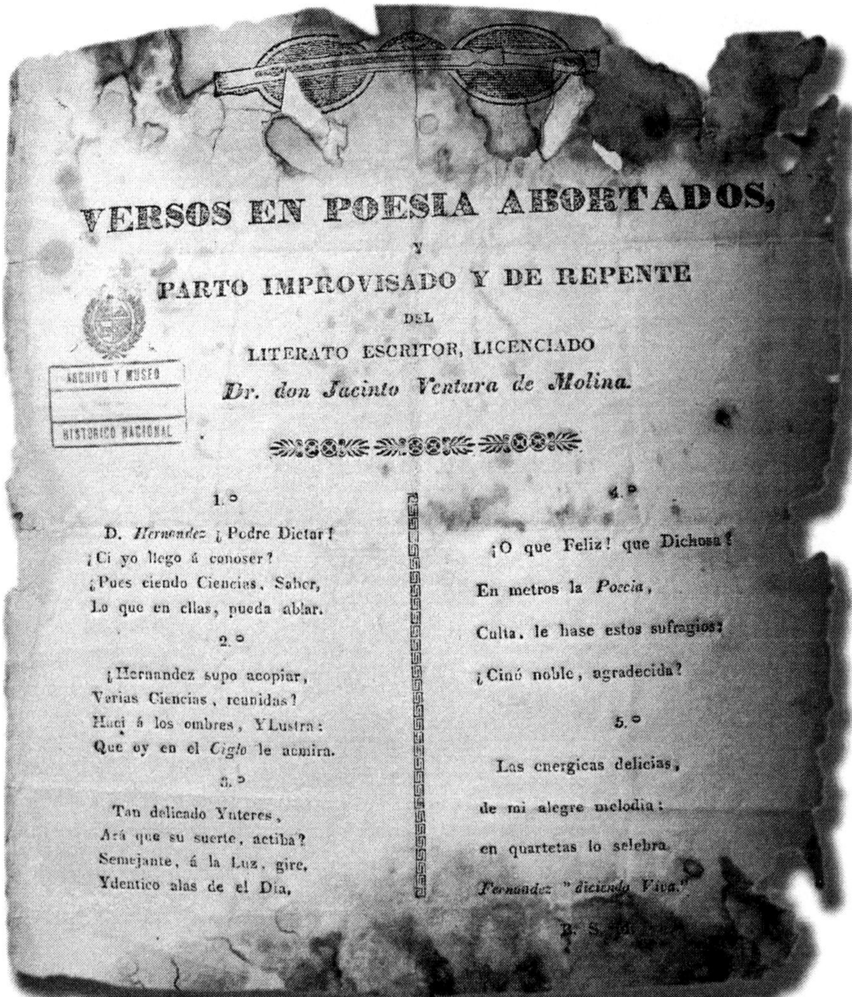

VERSOS EN POESIA ABORTADOS,

Y

PARTO IMPROVISADO Y DE REPENTE

DEL

LITERATO ESCRITOR, LICENCIADO

Dr. don Jacinto Ventura de Molina.

1.º

D. *Hernandez* ¡ Podre Dictar!
¡Ci yo llego á conoser?
¿Pues ciendo Ciencias, Saber,
Lo que en ellas, pueda ablar.

2.º

¿Hernandez supo acopiar,
Verias Ciencias, reunidas?
Haci á los ombres, YLustra:
Que oy en el *Ciglo* le acmira.

3.º

Tan delicado Ynteres,
Ará que su suerte, actiba?
Semejante, á la Luz, gire,
Ydentico alas de el Dia,

4.º

¡O que Feliz! que Dichosa!
En metros la *Poecia*,
Culta, le hase estos sufragios:
¿Cinó noble, agradecida?

5.º

Las energicas delicias,
de mi alegre melodia:
en quartetas lo selebra.
Fernandez "diciendo Viva."

B. S. M.

Hay dos copias de estos versos impresos en el AGN, dato importante,
pues sugiere que de estas poesías hubo múltiples ejemplares.
Nótese también los lentes que encabezan el texto.

Dichos [T1]

[8917] Dichos Agudos y Filosoficos

Se ha dicho de un hombre que callaba siempre quando los demas estaban en conversacion: si es un tonto, obra con mucha [8918] Saviduria, y si es un sabio, obra con mucha tonteria.

Un Grande se despedia de su Soberano que le habia nombrado por Embaxador en una corte estranxera. El encargo que el Principe le hacia se reducia solo a que tuviese una conducta en todo opuesta a la de su antecesor. «Yo obraré de tal modo», respondio el Embaxador, «que V.M. no tenga que haser un encargo semejante al que me suseda».

Cierta persona acostumbraba hablar mal de las casas adonde le comvidaban a comer. Una señora dixo, hablando de el, «este hombre no tiene la dixestion agradesida».

Un sabio a quien alababan su vasta, y profunda ciencia respondio, que solo le servia de darle a conoser su vasta y profunda ygnorancia.

Un poeta decia a otro que a el le costaba poco trabajo el hacer versos. «Os cuestan lo que valen», respondio el segundo.

Los que de nada se ofenden son tan poco aptos para la sosiedad como los que se ofenden de todo.

Vale mas agradar sin arte que saber el arte de agradar.

Los hombres vanos y de alta estatura se paresen a las espigas de trigo; las mas altas y erguidas son las que se hallan mas vacias de grano.

Lo mas dificil de lograr del orgullo de la mayor parte de los hombres no es tanto el perdon de las ynjurias que han recibido como el de aquellas que nasen de culpa suya.

[8919] El amor de la gloria forma los Heroes, y el desprecio de esta misma gloria, los hombres grandes.

Nuestras pasiones son semejantes a aquellas fiebres que dan vigor y energia al mismo tiempo que abrasan y consumen el cuerpo.

Otros títulos de El fuego nuevo, Textos recobrados

Holmberg, Eduardo L.: *Cuarenta y tres años de obras manuscritas e inéditas (1872-1915). Sociedad y cultura de la Argentina moderna.* Edición de Gioconda Marún. (El fuego nuevo. Textos recobrados, 1), 2002, 394 p. ISBN 848489069428 (521069)

* *Reúne narraciones publicadas originalmente por el escritor argentino en diarios y revistas de la época. Esta edición crítica permite situar a Holmberg en la historia cultural argentina en el tránsito de la tradición a la modernidad.*

Cabello de Carbonera, Mercedes: *Blanca Sol (Novela social).* (El fuego nuevo. Textos recobrados, 2), 2004, 214 p. ISBN 8484891143 (521114)

* *Edición de la clásica novela considerada como el inicio del realismo social en la literatura peruana.*

Manzano, Juan Francisco: *Autobiografía del esclavo poeta y otros escritos.* Edición, introducción y notas de William Luis (El Fuego nuevo. Textos recobrados, 3) 2007, 325 p. ISBN 9788484892342 (521234)

* *Edición crítica de la versión que Anselmo Suárez y Romero realizara de la* Autobiografía *del esclavo cubano Juan Francisco Manzano. El volumen se completa con una serie de poesías y con la pieza teatral* Zafira, *todo ello del propio Manzano.*

Hidalgo, Alberto: *España no existe.* Edición y notas de Carlos García. (El fuego nuevo. Textos recobrados, 4) 2007, 188 p. ISBN 9788484892960 (521296)

* *Reúne dos textos de polémica antiespañola del poeta peruano Alberto Hidalgo (1897-1967):* Muertos, heridos y contusos *(1920), sobre autores como De la Serna, Cansinos Assens o Valle-Inclán, y* España no existe *(1921).*

Remenyik, Zsigmond: *El lamparero alucinado.* Edición de László Scholz (El fuego nuevo, Textos recobrados, 5) 2009, 200 p. ISBN 9788484894421 (521442)

* *Se publican por primera vez en su integridad las obras del húngaro Zsigmond Remenyik escritas en español en la década de 1920 en Perú y Chile. Incluye una hoja, tres epopeyas y una extensa obra en prosa hasta ahora inédita.*

Arguedas, José María: *Qepa Wiñaq... Siempre. Literatura y antropología.* Prólogo de Sybilla de Arguedas. Edición crítica de Dora Sales (El fuego nuevo, Textos recobrados, 6) 2009, 192 p. ISBN 9788484894339 (521433)

* *Cuidada selección de textos de Arguedas que incluye seis de sus ensayos más emblemáticos y una muestra representativa de su narrativa breve formada por seis textos escasamente difundidos hasta ahora.*